D1985629

Rezensionsexemplar

campus
Verlag
Myliusstraße 15
6000 Frankfurt/Main 1
Tel.: 0 69/725 955-58

Hans-Dieter Schmidt studierte Psychologie an der Humboldt-Universität zu Berlin und arbeitet auf den Gebieten Entwicklungs- und Persönlichkeitspsychologie als Professor an der Sektion Psychologie der Humboldt-Universität zu Berlin.

Buchveröffentlichungen: Leistungschance, Erfolgserwartung und Entscheidung (1966); Allgemeine Entwicklungspsychologie (1970); Entwicklungswunder Mensch (1980); als Hg: Psychologie und Rechtspraxis (1965); Persönlichkeitsdiagnostik (1970); Evolution and Determination of Animal and Human Behaviour (1982).

Campus Studium:
Band 563

Hans-Dieter Schmidt

Grundriß der Persönlichkeitspsychologie

Mit einem Nachwort
von Klaus Holzkamp

Campus Verlag
Frankfurt/New York

CIP-Kurztitelaufnahme der Deutschen Bibliothek
Schmidt, Hans-Dieter:
Grundriss der Persönlichkeitspsychologie / Hans-Dieter Schmidt. Mit e. Nachw. von Klaus Holzkamp. – Frankfurt/Main; New York: Campus-Verlag, 1986.
(Campus: Studium; Bd. 563)
ISBN 3-593-32563-2

NE: Campus / Studium

Umschlaggestaltung: Eckard Warminski, Büdingen

Lizenzausgabe für den Campus Verlag Frankfurt / New York
Vertrieb in allen nichtsozialistischen Ländern

Printed in the German Democratic Republic

Inhalt

Vorwort zur zweiten Auflage 9

1. Persönlichkeitsforschung und Menschenbild 15

1.1. Errungenschaften der biologischen Evolution . . . 17

1.2. Arbeit und Menschwerdung 20
Arbeitsteilung und Individualität (24) – Arbeitsteilung und Persönlichkeit (27)

1.3. Von der Natur des Menschen 31

1.4. Zusammenfassung 33

2. Die menschliche Natur als Ausgangspunkt psychologischer Persönlichkeitsmodelle 35

2.1. Erfüllungsmodelle 36

2.2. Konfliktmodelle 39

2.3. Konsistenzmodelle 44

2.4. Schlußfolgerungen 47

2.5. Zusammenfassung 48

3. Topographie der personalen Aktivität 49

3.1. Lebenslage 49
Positionsbestimmung (50) – Relationsbestimmung (52)
Charakteristika der personalen Lebensweise (54)

3.2. Lebensprozeß 57
Das „Schicksals"-Moment (58) – Positions- und Relationswandel (59) – Dispositionswandel (61)

3.3. Lebenssituation 63
Umweltkonzept (64) – Selbstkonzept (67) – Zeitperspektive (70) – Subjektive Lebensqualität („Lebensgefühl") (72)

3.4. Die Lebenssituation als Quelle der Handlung . . . 74
Normal- und Grenzsituation (75) – Aktivation und Orientierung (77) – Antriebsorganisation (79) – Motivation (84)
3.5. Lebensweise, Handlung, Gestaltung 88
Handlungsinhalt, Handlungstechnik (89) – Ausführungsorganisation (92)
3.6. Exkurs: Zum Problem des Eigenschaftsbegriffs . . . 94
Tätigkeit und Eigenschaft (95) – Prädikation und Wechselwirkung (99) – Empirische Rekonstruktion von Eigenschaften (103) – Theoretische Rekonstruktion von Eigenschaften (105) – Rekonstruktion als sequentielle Präzisierung (106) – Wege und Irrwege der Dispositionsprädikation (110)
3.7. Zusammenfassung 112
4. Methodologische Kategorien der persönlichkeitspsychologischen Forschung 114
4.1. Forschungsstrategien 114
Phänographik (115) – Konditional- und Kausalanalyse (117) – Entwicklungsanalyse (118)
4.2. Differentielle Psychologie 120
4.3. Strukturpsychologische Ansätze 122
Intraindividuelle Strukturen (123) – Überindividuelle Strukturen (129) – Multiple Strukturierung (132)
4.4. Anmerkungen zum „Persönlichkeitsprinzip" 138
Beachtung des Systemzusammenhangs (139) – Beachtung ethischer Normative (142)
4.5. Zusammenfassung 145
5. Persönlichkeit als Prozeß 147
5.1. Individuelle Ausgangsbilanzen 147
Positionale Entwicklungschancen (148) – Biologische Entwicklungschancen (156)
5.2. Persönlichkeitsentwicklung als Sozialisation 169
Ein Schema des Sozialisationsvorgangs (170) – Prozeßcharakteristika der Sozialisation (172) – Wendepunkte des Lebenslaufs (176) – Exkurs: Der Lebensprozeß als Wandel des „Zeitplans" (182)

5.3. Zur Dialektik von Veränderung und Kontinuität . . 189
Gleichzeitigkeit von Variabilität und Konstanz (189) – Was ist Stabilität? (192) – Bedingungen von Stabilität und Veränderung (193)

5.4. Exkurs: Psychologische Biographik und Kunstwerk – das Beispiel Beethoven 197
Interdisziplinäre Forschungsaspekte (198) – Der Beitrag der Persönlichkeitspsychologie (199) – Persönlichkeit und Kunstwerk (200) – Biographie und Kunstwerk (204) – Stilwandel und Wendepunkte des Lebenslaufs (207)

5.5. Konsequenzen der Prozeßbetrachtung 211
Forschungsstrategische Konsequenzen (211) – Psychodiagnostische Konsequenzen (220)

5.6. Zusammenfassung 223

6. Persönlichkeit als Zustand 225

6.1. Alternativen der Zustandsbeschreibung 225
Die „klassische" Dreiteilung (226) – Faktorielle Beschreibungsdimensionen (228) – Multiple Strukturbeschreibung (229)

6.2. Typologische Klassifikation 233
Was ist Klassifikation? (133) – Alternativen typologischer Analyse und Synthese (235)

6.3. Beispiele typologischer Annäherung 242
Positionale Typen (243) – Aktivationstypen (245) – Konstitutionstypen (247) – Typen der höheren Nerventätigkeit (250)

6.4. Zusammenfassung 254

7. Epilog: Persönlichkeit als psychologische und gesellschaftliche Aufgabe 256

8. Literatur 265

Personenregister 280

Nachwort 285

Vorwort

In diesem Vorwort, das sich speziell an Leser in der BRD wendet, empfiehlt es sich zunächst, aus dem Vorwort zur ersten DDR-Auflage von 1982 diejenigen Passagen zu übernehmen, welche eine allgemeine Orientierungsfunktion haben und Sinn wie Zweck des Buches deutlich machen:

Der hier vorgelegte Grundriß ist als Reaktion auf verschiedenartige objektive Erfordernisse zu bewerten. Zunächst: Die gesellschaftlichen Planungen in der DDR laufen darauf hinaus, in den Grenzen des jeweils Möglichen günstige Bedingungen für eine vielseitige, erfolgreiche, subjektiv befriedigende Persönlichkeitsentwicklung aller Bürger bereitzustellen. An der Absicherung und Verbesserung solcher entwicklungsfreundlichen Umstände arbeiten viele Institutionen und Kollektive mit – im Raum von Erziehung und Bildung, im Gesundheits- und Sozialwesen, im industriellen und landwirtschaftlichen Produktionsbereich, im Rechtswesen, in Presseorganen und Massenmedien, in Behörden, Verwaltungen und Räten. Nicht alle dort tätigen Leiter, die dafür Verantwortung tragen, haben hinreichende Kenntnisse von der Theorie und Praxis der wissenschaftlichen Persönlichkeitsforschung. Ein Grundriß könnte ihnen vielleicht helfen, auch wenn er nur die explizit psychologischen Fragen dieser Forschung berührt. Ferner: Alle theoretisch oder praktisch arbeitenden Psychologen haben es mit Menschen (als Probanden oder Patienten) zu tun, die ein bestimmtes Reifeniveau ihrer Persönlichkeitsentwicklung im Handeln verkörpern. Psychologisches Tätigsein – ob beim Experimentieren oder Befragen, ob im diagnostischen oder therapeutischen Prozeß – ist mehr oder minder auf dieses Niveau bezogen, ja zielt oft auf seine Veränderung ab. Der Psychologe wird auch in seiner akademischen Aus- und Weiterbildung darauf vorbereitet und eingestellt. Aber gerade dafür gibt es in der DDR gegenwärtig kein Buch, das über den Bestand an Grundwissen im Sektor der

Persönlichkeitspsychologie informiert. Die entsprechende Fachliteratur ist breit verstreut und teilweise schwer zugänglich. So könnte auch hier – im Bereich der Qualifizierung von Psychologen – ein Grundriß nützlich sein.

Die primäre Zielgruppe meines Textes ist aus dem zuletzt Gesagten abzuleiten: Es sind Psychologiestudenten, vor allem in der Phase der Grundlagenausbildung. Aus meiner langjährigen Lehrtätigkeit für diesen Personenkreis ist die Darstellung hervorgegangen. Ich glaube jedoch, daß infolge des Elementarcharakters eines Grundrisses auch die erstgenannte Personengruppe von seiner Lektüre profitieren kann. Bei diesem erweiterten Leserkreis denke ich vor allem an Studenten, Theoretiker und Praktiker der Pädagogik, Philosophie, Medizin, Soziologie, Ökonomie, der Kultur- und Rechtswissenschaften, die in allen Sphären unserer Gesellschaft leitend tätig sind oder es eines Tages sein werden.

Welche Prinzipien der inhaltlichen Gestaltung und Ausrichtung beherrschen den Text?

Mein Bemühen ist darauf gerichtet, tragfähige Grundorientierungen und Bezugssysteme, Modelle und Daten der vergangenen und gegenwärtigen psychologischen Persönlichkeitsforschung aufzufinden und mit Hilfe von philosophischen Einsichten zu bewichten und zu integrieren. Mir geht es also nicht um den Aufbau eines neuartigen Konzepts (wenngleich Entwicklungsfragen in stärkerem Maße als in anderen einschlägigen Publikationen aufgeworfen werden). Vielmehr fühle ich mich einer Intention verpflichtet, die ganz bewußt bewahrungswürdige wissenschaftliche Traditionen reflektiert und dieses Erbe im Denken und Schreiben aufhebt. Man mag das Eklektizismus nennen. Wenn es als Vorwurf gemeint ist, trifft es mich nicht, da ich ein solches Vorgehen für akzeptabler halte als Versuche krampfhafter Originalität oder vorgetäuschter Neuschöpfung, die in Wahrheit alten Wein in neuen Schläuchen anbieten.

Außerdem lasse ich mich von der Absicht leiten, offene Fragen, ungeklärte Probleme wenigstens hier und da als solche zu kennzeichnen, um dem Leser verständlich zu machen, daß auch die Persönlichkeitsforschung ein permanenter Prozeß der Problemfindung und -lösung ist. Eine solche Problematisierung steht jedoch nicht im Mittelpunkt; ein Grundriß, so meine ich, sollte diese Funktion nicht überakzentuieren.

Meine Gegenstands- und Problemannäherung trägt oftmals einen interdisziplinären Charakter. Beispielsweise wird biologisches, philosophisches und ökonomisches Wissen herangezogen und mit der Darstellung verwoben. Das bedeutet: Die Psychologie steht dabei im Vordergrund, während die Nachbardisziplinen und deren jeweils abgerufener Erkenntnisschatz in der Regel keinen breiten Raum einnehmen. Hier erwarte ich vom Leser, daß er Nachschlagewerke und Lehrbücher dieser Disziplinen zusätzlich bemüht, es sei denn, ihm erspare eine vorhergegangene oder parallellaufende Ausbildung in diesen Fächern (wie im Falle des Psychologiestudenten) einen solchen zusätzlichen Aufwand.

Die Abfolge der Kapitel gehorcht einer bestimmten Gegenstandslogik. Ich beginne mit einer Diskussion der Beziehungen zwischen Persönlichkeitsforschung und philosophischem Menschenbild, um zentrale methodologische Ausgangspositionen zu gewinnen (Kapitel 1). Von ihrer Warte aus sondiere ich im 2. Kapitel Klassen herkömmlicher Persönlichkeitsmodelle, dies mit dem Ziel, aus der kritischen Analyse Schlußfolgerungen für notwendig einzuschlagende Wege der künftigen Theoriebildung abzuleiten. Diese Wege werden in allen nun folgenden Kapiteln genauer markiert und vermessen. Im Kapitel 3 rekonstruiere ich das lebendige, konkrete Handeln des Individuums vor dem Hintergrund seiner aktuell gegebenen individualtypischen Lebensbedingungen. Nach dieser breiten Veranschaulichung personalen Handelns wende ich mich denjenigen methodologischen Kategorien zu, die sich mittlerweile als richtungsbestimmend für die Forschung und Praxis erwiesen haben (in den Forschungsstrategien und deren Verflechtung mit der differentiell-psychologischen und strukturellen Annäherung). Diese Kategorien des Kapitels 4 fließen ein in die dynamisch-biographisch akzentuierten Analysen des Kapitels 5 und in das Kapitel 6, das sich Problemen der statisch-zuständlichen Charakteristik der Persönlichkeit (als kasuistische oder typologische Beschreibung) widmet. In beiden Kapiteln stelle ich enge Beziehungen zur psychodiagnostischen Praxis her. Im Epilog (Kapitel 7) geht es mir vor allem darum, einige Spezialdisziplinen der Psychologie (klinische, pädagogische, Arbeits- und Sozialpsychologie) gleichsam als angewandte Persönlichkeitspsychologie vorzustellen, d. h., den Persönlichkeitsbezug dieser

Richtungen – in ihrer Theorie und Praxis – deutlich vor Augen zu führen.

Bewährte didaktische Prinzipien haben die Textgestaltung beeinflußt. Eine gewisse Entlastung kann sich verschaffen, wer die eingestreuten Exkurs-Abschnitte nicht – oder nicht sofort – liest. Sie wenden sich mehr an jene, die ein psychologisches Spezialwissen erwerben wollen oder schon besitzen. Die Kapitelzusammenfassungen haben eine Verdichtungsfunktion, sollen das Herausfiltern des Wesentlichen erleichtern. Von der Möglichkeit des wörtlichen Zitierens habe ich reichlich Gebrauch gemacht (anstatt der sinngemäßen Wiedergabe), um den Leser an unterschiedliche Diktionen und Stile (und damit auch Verständlichkeitsgrade) von Autoren heranzuführen. Fremdsprachige Zitate sind grundsätzlich ins Deutsche übersetzt worden. Bei der Einbeziehung der Fachliteratur habe ich die in der DDR erschienene bevorzugt, weil sie den Zielgruppen, die ich vor allem im Auge hatte, leichter zugänglich ist. Außerdem war mir mehr am Ausfindigmachen des längerfristig Gültigen – wie ich es sehe – gelegen als am Verfolgen der letzten aktuellen Verästelungen von Theoriebildung und Untersuchungspraxis. Aus diesem Grunde ist auch vermieden worden, den Konzepten, Modellen usw. bestimmter Schulen und Arbeitsgruppen eine Vorrangstellung einzuräumen und – darüber hinaus – die Darstellung mit Gegenständen der intradisziplinären Diskussion und Polemik zu überfrachten. – Ob nun die mit allen diesen Prinzipien verbundenen Absichten den gewünschten Effekt haben, kann allein der Leser entscheiden. Ihn bitte ich um kritische Rückäußerung – als Ausdruck der unbedingt notwendigen Kooperation von Leser und Autor.

Lange hindurch war die Persönlichkeitspsychologie ein Stiefkind der DDR-Psychologie. Das hat sich seit einigen Jahren geändert. In Zeitschriften, Monographien und Lehrbüchern spiegelt sich dieser Fortschritt wider. Ein beredtes Zeugnis dafür sind die von M. Vorwerg initiierte Schriftenreihe »Zur psychologischen Persönlichkeitsforschung« (seit 1978), ferner die 1982 und 1983 erschienenen einschlägigen Publikationen von Symposien des XXII. Internationalen Psychologiekongresses, der 1980 in Leipzig stattfand (s. dazu den Nachtrag zum Literaturverzeichnis auf S. 279). Damit existieren mittlerweile in hinreichender Breite flankierende Spezialarbeiten, die natürlich auch Lesern zu empfehlen sind, die über diesen Grundriß hinaus eine zusätzliche Information über den Gegenstand suchen oder an der verknappten Skizzierung einiger Probleme in meinem Text Anstoß nehmen.

In diesem Vorwort möchte ich nun – über die oben angezielte allgemeine Orientierung hinaus – auf einige Grundvoraussetzungen und -prinzipien zu sprechen kommen, die den Text tragen oder ihn als »roter Faden« durchziehen. Außerdem scheint es mir erforderlich zu sein (da eine Überarbeitung der ersten Auflage nicht möglich war), auf Probleme hinzuweisen, deren Breite und Tiefe der Behandlung und Durcharbeitung mir, im Nachhinein betrachtet, unbefriedigend erscheint:

(1) Ich gehöre zu denjenigen Psychologen, die sich zwar daran gewöhnt haben, die Philosophie als fruchtbares Instrument der persönlichkeitstheoretischen Erkenntnisgewinnung und -bewertung anzusehen und zu benutzen, aber zugleich meinen, daß damit nicht alle Fragen der Persönlichkeitspsychologie beantwortet sind. Bei den oben erwähnten philosophischen Einsichten (mit ihrer Bewichtungs- und Integrationsfunktion) handelt es sich bei mir um solche, die primär dem dialektischen und historischen Materialismus entstammen. Diese Präferenz leitet sich aus meiner Überzeugung ab, daß die marxistische Philosophie dem hier untersuchten Objektbereich am besten deshalb entspricht, weil sie Lösungsrichtungen und -vorschläge für das Problem der Relation von Individuum und Gesellschaft und für das Problem der natürlichen/gesellschaftlichen Determination menschlicher Entwicklung anbietet, die den Gütekriterien wissenschaftlicher Analyse standhalten und zudem einzelwissenschaftlich praktikabel sind. Diese meine Überzeugung schließt nicht aus, hier und da philosophische Gedanken aus anderen Quellen aufzugreifen. Zugleich schließt sie ein, daß ich mehr als oft üblich gesellschaftswissenschaftliche Aspekte der Persönlichkeitspsychologie berücksichtige und – außerdem – daß ich der kritischen Untersuchung sozialismusspezifischer gesellschaftlicher Umstände (als Tätigkeits- und Entwicklungsraum von Individuen) Aufmerksamkeit schenke.

(2) Im Zusammenhang mit der Einführung des Begriffs »Position« (S. 50 ff.) erweist es sich mittlerweile als notwendig, die Beziehungen zu zwei ähnlichen Begriffen stärker zu problematisieren als es im Text geschieht: einmal zu dem der »gesellschaftlichen Individualitätsformen« (Sève), sodann zum Rollenbegriff der So-

ziologie und Sozialpsychologie (vgl. dazu die Ausführungen auf S. 243 ff.). Was ich dazu sage, dürfte keineswegs »der Weisheit letzter Schluß« sein. Das Beziehungsgeflecht ist verworrener und schwerer durchschaubar als es nach meiner Darstellung scheint. Da mir jedoch eine kurz gefaßte Vereindeutigung – auch angesichts der widersprüchlichen Argumente innerhalb der gegenwärtigen Diskussion – nicht möglich ist, verbleibt mir nur die Empfehlung, die auf diese Problematik bezogenen Textaussagen als sehr vorläufig anzusehen.

(3) Was die handlungstheoretischen Grundlagen und Konsequenzen persönlichkeitspsychologischer Forschung und Praxis anbetrifft, so sind hier zusätzliche Literaturverweise erforderlich (s. den oben genannten Nachtrag). Diese Quellen verdeutlichen das Gewicht, das Handlungskonzepten nach wie vor – und in der Zukunft womöglich noch stärker als jetzt – zukommt, und sie lassen vermuten, daß gerade im Forschungssektor »Handlung« die Konvergenz bislang weithin isolierter Annäherungen zunehmen wird, so daß eine Vereinheitlichung der Theoriebildung ins Haus steht.

(4) Ähnliches dürfte für Konzepte gelten, die »kritische Lebensereignisse« (vgl. dazu S. 177 ff.) und ihre entwicklungsdeterminierende Wirkung zum Gegenstand haben. Auch hier war ein Literatur-Nachtrag angeraten. Gerade für das Erwachsenenalter, dessen Entwicklungspotenzen, -chancen und -risiken mit chronologisch orientierten Bezugssystemen kaum angemessen zu beschreiben sind, dürften Forschungsansätze dieser Art und Richtung an Bedeutung gewinnen.

Der Abteilung Psychologie des VEB Deutscher Verlag der Wissenschaften, insbesondere Herrn Hertzfeldt, danke ich dafür, daß die Drucklegung dieser zweiten Auflage erfolgte.

Berlin, im Februar 1985 Hans-Dieter Schmidt

1. Persönlichkeitsforschung und Menschenbild

Der Persönlichkeitsbegriff gehört zu den extrem *vieldeutigen* psychologischen Objektbeschreibungen. Welche Gründe sind dafür verantwortlich zu machen? Die vier wichtigsten seien im folgenden genannt.

(1) Dieser Begriff war Bestandteil der *Alltagssprache*, ehe er in die Wissenschaften Eingang fand. Besonders charakteristisch für seine volkstümliche Verwendung war (und ist noch immer) das Einfließen willkürlich gehandhabter Kriterien der Bewertung menschlichen Verhaltens. Das ist nach wie vor eine Belastung des wissenschaftlichen Persönlichkeitsbegriffs.[1]

(2) Mit Persönlichkeitsproblemen befassen sich verschiedene Wissenschaftsdisziplinen, außer der Psychologie z. B. noch Philosophie, Pädagogik, Soziologie, Rechtswissenschaft, Kulturtheorie und Medizin. Unser Gegenstand liegt also im Schnittpunkt *multidisziplinärer Annäherung*. Sich überlappende Problemfelder dieser Disziplinen, daraus resultierende hybride Fragestellungen führen zu wechselseitiger Beeinflussung in Hinsicht auf die Gegenstandscharakteristik. Das trägt nicht zu verschärfender Konturierung des begrifflichen Instrumentariums bei. (Es befördert andererseits die Entstehung und Nutzung von Wechselwirkungen bei der Lösung von Forschungsproblemen und bei der Erschließung von Anwendungsbereichen.)

(3) Der Persönlichkeitsbegriff bezieht sich auf den Menschen, dessen Tätigkeit in ein vielmaschiges Netz von biologischen, sachlich-gegenständlichen, sozialen und gesellschaftlichen Bedingun-

---

[1] W. Stern (1923) erwähnt noch andere „wissenschaftlich unzulängliche Persönlichkeitsbegriffe" im Kontext „schöngeistiger Betrachtung" und „moralischer Erbauung" (S. X).
Man muß bedenken, daß der Persönlichkeitsbegriff ein Element „naiver Verhaltenstheorien" ist, die jeder Mensch tagtäglich anwendet (s. Clauß 1980)!

gen eingebunden ist. Er beschreibt also einen *äußerst komplexen Gegenstand.* Je nach der Betrachtungsebene, auf der wir uns gerade befinden, sprechen wir von einem Organismus, Subjekt, Individuum, von einer Person – oder eben der Persönlichkeit. Diese Begriffsfülle deutet an, wie schwer es ist, der Komplexität menschlichen Seins und Wirkens begrifflich Herr zu werden.

(4) Der Mensch wird mit Hilfe des wissenschaftlichen Persönlichkeitsbegriffs nicht nur beschrieben, sondern auch *interpretiert.* Die Interpretation ist stets, wenn auch oft unreflektiert, auf das konkrete Leben des Beobachters (der interpretiert) und der Person (die interpretiert wird) bezogen. Das Leben aber ist ein Bewährungsfeld des Handelns! Der Bewährungscharakter des Lebens erzeugt den jeweils spezifischen Akzent der bewertenden Interpretation des Individuums, der besonders die „soziale Qualität" des Handelns (Marx) hervorhebt. Das Leben des Menschen hat zusätzlich eine historische Dimension. Sie geht einher mit sich wandelnden gesellschaftlichen Erfordernissen. So ist es nicht verwunderlich, daß die im Persönlichkeitsbegriff jeweils akzentuierten (weil bewertungsrelevanten) Merkmale sich kontinuierlich verändern. Das belastet die begriffliche Schärfe, ist aber eine natürliche Konsequenz der Beziehungen zwischen Individuum, Lebensvollzug und Bewertung. Die historisch bedingte Relativität des Persönlichkeitsbegriffes generiert seinen Bedeutungswandel (vgl. dazu Allport 1949, Kap. II).

Eine Lösung des hier angedeuteten Präzisierungsdilemmas ist auf empirischem Wege nicht möglich. Erforderlich sind vielmehr theoretische *Voraus-Entscheidungen.* Um sie zu begründen, stützen wir uns im folgenden auf philosophische Voraussetzungen, die mit der historisch-materialistischen Konzeption des Menschen in Zusammenhang stehen. Jede humanwissenschaftliche Problemstellung, also auch jede psychologische, profitiert hinsichtlich ihrer allgemeinen Theorie und Methodologie von dieser Orientierung. Leontjew (1967) hat sie als *„historisches Prinzip"* bezeichnet: „Bekanntlich gab Marx ... zum erstenmal eine wissenschaftliche Analyse der Natur des Menschen als eines natürlichen und gleichzeitig gesellschaftlichen Wesens. Das war eine Entdeckung, die allergrößte Bedeutung für die Psychologie hat" (1967, S. 11).

Wir wenden dieses Prinzip an, indem wir den natur- und gesellschaftsgeschichtlichen Prozeß der menschlichen Gattungsentwicklung nachzeichnen, und zwar mit der Absicht, uns auf diesem Wege Grundfragen und -antworten der Persönlichkeitspsychologie anzunähern, die oben skizziert wurden.

1.1. Errungenschaften der biologischen Evolution

In seinen „Ökonomisch-philosophischen Manuskripten" betont Marx, „daß das physische und geistige Leben des Menschen mit der Natur zusammenhängt ..., denn der Mensch ist ein Teil der Natur". In ihrer „Deutschen Ideologie" präzisieren Marx und Engels diese allgemeine Aussage: „Die erste Voraussetzung aller Menschengeschichte ist natürlich die Existenz lebendiger menschlicher Individuen. Der erste zu konstatierende Tatbestand ist also die körperliche Organisation dieser Individuen und ihr dadurch gegebenes Verhältnis zur übrigen Natur ... Alle Geschichtsschreibung muß von diesen natürlichen Grundlagen und ihrer Modifikation im Laufe der Geschichte ausgehen" (Marx und Engels 1972, Bd. 1, S. 88 f., 207).

Diese Formulierungen sind eindeutig. Um mit Holzkamp-Osterkamp (1975, S. 44 f.) zu sprechen: „Die Trennung der ‚Natürlichkeit' und der ‚Gesellschaftlichkeit' des Menschen, von welchem Standort aus sie auch immer erfolgt, (ist) ein grundlegender Ansatzfehler." Die gesellschaftlich geprägte Geschichte des Menschen ist ohne Kenntnis der biologisch geprägten Stammesgeschichte unverständlich; in der Phylogenese werden Bedingungen bereitgestellt, die den Übergang in die gesellschaftliche Geschichte ermöglichen, ja erzwingen.

Der biologische Ursprung des Menschen liegt in der Entwicklung der Säugetiere, insbesondere der Primaten. Ein Teil dieser *animalischen Stammesgeschichte* ist im rezenten Menschen „aufgehoben" (im Hegelschen Sinne), und zwar in Gestalt vielfältiger phylogenetischer Erwerbungen. Sie gehören zu seinem genetisch fixierten Verhaltensrepertoire. Diese Erwerbungen sind das naturgeschichtliche Produkt permanenter animalischer Organismus-Umwelt-Interaktionen: Das Bedingungsnetz der Evolutionsfaktoren Mutation, Rekombination, Isolation, Einnischung und Zufall erzeugte eine Verhaltensvariabilität, die dem richtunggebenden Evolutionsfaktor Selektion ausgesetzt wurde (Lüers et al. 1974, Belitz 1974). Die Selektionsbewährung entschied über die Erhaltung oder Ausmerzung erblich fixierter Verhaltensmuster. Sie treten in Form von Varianten, also als *biologische Individualität* in Erscheinung. Das hängt mit der Tatsache zusammen, daß – wie die Genetik lehrt – strenggenommen nicht Merkmale, sondern stets Möglichkeiten der Merkmalsvariabilität vererbt werden.

Als Resultat der biologisch determinierten, von den Gesetzen der Evolution beherrschten animalischen Phylogenese besitzt der Mensch stammesgeschichtlich erworbene Verhaltensdispositionen und -muster, die als artspezifische und individuelle Anlagen in seinem Erbgut gespeichert sind. Sie ermöglichen die Aufrechterhaltung der organismischen Art- und Individualexistenz, sie gewährleisten die erfolgreiche Wechselwirkung mit den durchschnittlichen, relativ invarianten ökologischen Bedingungen der Gattung Mensch. Was leisten diese organismischen Grundbefähigungen (vgl. dazu Schmidt 1970, Eibl-Eibesfeldt und Lorenz 1974, Schurig 1976)?

- Sie regulieren die elementaren Lebensfunktionen (wie Wärmehaushalt, Stoffwechsel, biologische Reproduktion),
- garantieren das aktive Ansprechen auf Reiz- und damit Informationsquellen der Umwelt (Sensibilität, Aktivation),
- bewirken eine „Vorordnung" der passiv erfahrenen oder aktiv erzeugten Informationsfülle (Schlüsselreizbildung, perzeptive Diskrimination, vorsprachliche Klassifikation),
- halten für elementare Anpassungssituationen sensumotorische Sofortreaktionen bereit (unbedingte Reflexe, Instinkthandlungen in den Funktionskreisen Ernährung, Schutz, Vermehrung usw.),
- statten den Organismus mit enormen Lernfähigkeiten und beträchtlichen Gedächtniskapazitäten aus (bis hin zum kognitiv-einsichtigen Lernen),
- und sie bescheren ihm schließlich Grundvoraussetzungen sozialer Kommunikation (Produktion und Rezeption pantomimischer, mimischer und lautlicher Elementarsignale).

Die oben aufgelisteten organismischen Grundbefähigungen werden in der weiteren Entwicklung durch Verhaltensdispositionen und -muster komplettiert, die ihre Entstehung der *Anthropogenese* des sogenannten Tier-Mensch-Übergangsfeldes im oberen Pliozän verdanken (vor mehr als 3×10^6 Jahren; Heberer 1972). In dieser

Etappe formierte sich ein Gefüge von Fähigkeiten, die sich wechselseitig ergänzen und stützen (Heberer 1972, 1974, Schurig 1976, Vogel 1978, Klix 1980 a, Johst 1982):

- Permanente (lebenslange) Umgebungsexploration mit aktiver Informationserzeugung und -beschaffung durch manipulatives Eingreifen in die Umwelt;
- Werkzeugherstellung, zunächst aus dem Druck aktueller Bedürfnisnötigung entstanden und ohne vorsorgende Funktion, dann als Geräteproduktion, verbunden mit der einsichtigen Vorwegnahme künftiger Erfordernisse generalisierter Typen von Lebenslagen und -problemen (Aufbewahren und Weitergeben von Geräten, also Tradierung von Arbeitsmitteln);
- Aufbau stabiler, hierarchisch geordneter, funktionsteilig tätiger Sozialstrukturen, die soziales Lernen gestatten (Imitation), durch Lernen entstandene Traditionen von einer Generation zur anderen weiterreichen und damit Partnerbedeutungen als in der sozialen Kommunikation wirksame kognitive Komponenten entstehen lassen;
- „Einbringen" der Geräte in diese Sozialstrukturen, so daß sich Frühformen kooperativer Arbeit und – in ihrem Kontext – leistungsfähigere Kommunikationssysteme (Sprachen) entwickeln;
- kognitiv-semantische Repräsentation gegenständlicher Objektbedeutungen, entstanden aus dem Werkzeuggebrauch (Holzkamp 1973) und dem dabei realisierten „gegenständlichen Verkehr mit der Welt" (Leontjew 1964, 1979);
- Ausbildung von Regulationssystemen der Aufzucht der Heranwachsenden, die sich bei sorgfältiger Analyse als einfache, aber hocheffektive Erziehungstechniken entpuppen; sie sichern das Hineinwachsen der jüngeren Generation in die Sozialstruktur der Gruppe, befördern also aktiv die soziale Integration und „soziale Intelligenz" (vgl. dazu die Schimpansenuntersuchungen von Lawick-Goodall 1971, ferner Schurig 1976, Keiler 1977, Vogel 1978).

Eine genauere Analyse der hier aufgezählten Befähigungen verdeutlicht, daß sich das eigenaktive, bewußte und sozial „eingebundene" Verhalten des Individuums dieser Entwicklungsetappe immer mehr „vermenschlicht". Aber noch handelt es sich nicht um einen „reinen" Menschen. Was fehlt diesem Wesen noch? – Lassen wir uns von einem Gedanken Schurigs (1976) leiten:

„Mit der Bewußtseinsentstehung im TMÜ (Tier-Mensch-Übergangsfeld, H.-D. S.) hat die psychische Informationsgewinnung und organismusinterne Verarbeitung jene Intensität erhalten, die in der Rückwirkung auf die Außenwelt auch zu deren materieller Veränderung führt. Das Bewußtsein ist dementsprechend die psychische Fähigkeit, die ideelle Erfassung der Umwelt auch wieder sekundär in besonderer Weise zu materialisieren" (S. 312). „Di Informationsspeicherung in materiellen Vergegenständlichungen schafft zu seinem genetischen Pol einen Sekundärspeicher[2], der eine von der biologischen Grundlage unabhängige Entwicklung als gesellschaftlich-ökonomische Organisation ermöglicht" (S. 315).

Schurig bindet also – vernünftigerweise – den Bewußtseinsbegriff (und damit auch das Merkmal Bewußtheit) an Befähigungen der Vergegenständlichung. Diese geschieht aber zunächst, in dieser Etappe, lediglich im Kontext der Geräteproduktion. Die Entwicklung schreitet fort: Mit Hilfe von Geräten werden dauerhafte Vergegenständlichungen geleistet, die Geräte werden Mittel zum Zweck, der Arbeitsinhalt „Geräteproduktion" wird erweitert in Richtung des Inhalts „Unterstützung der Lebenssicherung durch Geräte". Auf diesem Wege erst bildet sich einzig-menschliches Bewußtsein, einzig-menschliche Bewußtheit heraus, weil die biologische in die gesellschaftliche Lebenssicherung „umschlägt" (Holzkamp-Osterkamp 1975).

1.2. Arbeit und Menschwerdung

Die Interaktion des nunmehr *menschlichen* Individuums dieser Ära mit seiner Umwelt vollzieht sich auf drei Ebenen. Sie ist physiologischer *Stoffwechsel* mit der vorgefundenen und verarbeiteten Natur; sie ist *Informationsaustausch* mit der Natur, mit anderen Menschen, mit den Produkten der eigenen und fremden Tätigkeit; und sie ist eingreifende, verändernde *Umweltgestaltung und -kontrolle.* Dabei geht es um die Befriedigung menschlicher Bedürfnisse, die sich im Vollzug der Interaktion erweitern, diffe-

[2] Wenn wir das Artgedächtnis (Erbanlagen), das Individualgedächtnis (ontogenetisch durch Lernen entstanden) und das gesellschaftlich-kulturelle Gedächtnis (Vergegenständlichungen) unterscheiden, dann handelt es sich hier um einen Tertiärspeicher.

renzieren und strukturieren. Diese dreifache Funktion der Interaktion bindet sich an die Arbeitstätigkeit. Die Arbeit produziert Gebrauchs- und Tauschwerte in vergegenständlichter Form, auf diese Weise erzeugt sie eine jeweils historisch konkrete Reproduktions- und Lebensweise. Sie setzt soziale Kommunikation der Produzenten voraus und vollzieht sich kooperativ. Dabei verändert der Mensch die Natur und die überkommenen Produkte und Arbeitsmittel früherer Generationen, er verändert seinen Partner im Kooperationsprozeß, und er verändert im Vollzug aller dieser Verrichtungen schließlich sich selbst. Wie geschieht das?

„Die Arbeit", so sagt Marx im „Kapital", „ist zunächst ein Prozeß zwischen Mensch und Natur, ein Prozeß, worin der Mensch seinen Stoffwechsel mit der Natur durch seine eigne Tat vermittelt, regelt und kontrolliert. Er tritt dem Naturstoff selbst als eine Naturmacht gegenüber. Die seiner Leiblichkeit angehörigen Naturkräfte ... setzt er in Bewegung, um sich den Naturstoff in einer für sein eigenes Leben brauchbaren Form anzueignen. Indem er durch diese Bewegung auf die Natur außer ihm wirkt und sie verändert, verändert er zugleich seine eigene Natur" (1969, Bd. 1, S. 192).

Und weiter heißt es dort: „Am Ende des Arbeitsprozesses kommt ein Resultat heraus, das beim Beginn desselben schon in der Vorstellung ..., also schon ideell vorhanden war ... Außer der Anstrengung der Organe, die arbeiten, ist der zweckmäßige Wille, der sich als Aufmerksamkeit äußert, für die ganze Dauer der Arbeit erheischt ..."

Leontjew (1967, S. 16) äußert sich folgendermaßen:

„Die Tätigkeit der Tiere ist Anpassung an die Umwelt, aber niemals Aneignung von Errungenschaften der phylogenetischen Entwicklung. Diese Errungenschaften sind dem Tier in seinen natürlichen, ererbten Eigenschaften gegeben; dem Menschen sind sie in den objektiven Erscheinungen der Welt aufgegeben. Um diese Errungenschaften in seiner ontogenetischen Entwicklung realisieren zu können, muß sie sich der Mensch aneignen; nur im Ergebnis dieses aktiven Prozesses ist das Individuum fähig, die wahrhaft menschliche Natur auszudrücken, also jene Eigenschaften und Fähigkeiten, die Produkt der gesellschaftlich-historischen Entwicklung sind."

Aus den Wirkungen und Rückwirkungen des Arbeitsprozesses sind einige Wesensmerkmale des „reifen" Menschen unmittelbar oder mittelbar zu entnehmen. *Eigenaktivität*[3] – das bedeutet moti-

[3] Der Begriff der Eigenaktivität verkörpert zwar einen Pleonasmus, wurde aber bewußt gewählt, um den Anteil des Subjekts hervorzuheben und

vierte, d. h. bedürfnisgeleitete, zielgerichtete, -gebundene und -bewertende, auf die Lebenssicherung und -steigerung bedachte Tätigkeit. *Bewußtheit* – das bedeutet antizipierende, reflektierende, prüfende, kontrollierende, vergegenständlichende Tätigkeit mit Hilfe regulierender kognitiver Operationen, die sich auch auf vorgestellte Abbilder der Realität (ihre Repräsentation im Gedächtnis) beziehen. Dabei schließen Begriffe wie Prüfung oder Kontrolle in jedem Falle rückwirkungsbedingte Korrekturen ein: Der Mensch verändert sich kraft eigener Tätigkeit, seine Evolution ist *Selbst*entwicklung, dies durch lernende Verarbeitung seiner Tätigkeitsvollzüge, -resultate und -konsequenzen.

Eigenaktivität und Bewußtheit äußern sich in der vergegenständlichenden Arbeit in ziemlich reiner Form. Dabei bedeutet Vergegenständlichung mehrerlei: Herstellung immer vollkommenerer Arbeitsmittel (als sensorische und motorische „Bauplanverstärkung"), Herstellung von materiellen Produkten mit Hilfe der Arbeitsmittel (Nahrungsmittel, Kleidung, Unterkünfte usw.), Schaffung von Organisationsformen der Kooperation (soziale Institutionen); dann aber auch ideelle Vergegenständlichungen in Gestalt von Gebräuchen, Normen, Kulten, Religionen, Rechtsvorschriften usw., kurz: von geistigen Überbauerscheinungen, deren materieller Träger die Laut- und schließlich die Schriftsprache wird. Auch künstlerische Darstellungen kann man zu den ideellen Vergegenständlichungen rechnen.

Wenn bisher vom Menschen meist als singulärem Wesen gesprochen wurde, so war das eine Abstraktion. Das Individuum ist a priori ein in soziale Gruppen integriertes, in ihnen agierendes Wesen. Die Differenzierung von Sozialbezügen in der Anthropogenese und die oben erwähnte Schaffung sozialer Institutionen deuteten das bereits an. Das Individuum bedarf für seine Zeugung und Entwicklung, für sein Hineinwachsen in die Gesellschaft, für seine Arbeit, für die Sicherung seiner Existenz und Lebensweise der sozialen Kommunikation und Kooperation. „In Gesellschaft produzierende Individuen – daher gesellschaftlich bestimmte Produktion der Individuen ist natürlich der Ausgangspunkt", so sagen Marx und Engels in der „Deutschen Ideologie". Hiebsch (1966) differenziert diese Aussage in folgender Richtung:

---

eine Absetzung von dem in der Psychologie, Physiologie und Philosophie vieldeutig verwendeten Begriff „Aktivität" zu erreichen.

„Deshalb ist die erste nähere Bestimmung der ‚freien bewußten Tätigkeit' des Menschen ihr kooperativer Charakter. Gleichviel, ob ein Bewußtsein darüber existiert oder nicht, ist folglich das Wesen des Menschen durch die Verhältnisse bestimmt, unter denen er kooperativ tätig ist. Der Mensch ist als physischer Organismus bestimmter Struktur, *als* Naturwesen, das er ist, ein gesellschaftliches Wesen" (S. 14).

Dieser Gesichtspunkt ist, wie Hiebsch betont, für die Persönlichkeitspsychologie marxistischer Prägung deshalb besonders wichtig, weil aus psychologiehistorischen Gründen der bürgerliche Individualismus zu den konservativen ideologischen und methodologischen Grundbausteinen dieser Disziplin – und der Psychologie überhaupt – gehört, zählebig und schwer auszurotten. (Dieser Gesichtspunkt läßt auch die traditionelle Trennung von Persönlichkeits- und Sozialpsychologie als fragwürdig, als überwindungsbedürftig erkennen.)

Aus der Notwendigkeit, die menschliche Arbeit (und Tätigkeit schlechthin) prinzipiell als kommunikativ gestützte, kooperativ sich vollziehende Interaktion zu betrachten (zwischen Mensch und Natur, zwischen Individuen, in Gruppen und Kollektiven), resultiert ein wichtiger Tatbestand. Neben den oben akzentuierten Merkmalen Eigenaktivität und Bewußtheit gehört das Merkmal *Soziabilität* zu den konstitutiven Wesenseigenschaften des reifen Menschen. Soziabilität – das bedeutet Fähigkeit zu sozialer Interaktion, Kommunikation und Kooperation in den Gruppen und Institutionen der Gesellschaft.

Wenn wir von Eigenaktivität, Bewußtheit und Soziabilität sprechen, dann zentrieren wir uns auf das Individuum, heben es abstrahierend aus den Bezügen seiner Interaktion heraus. Wir müssen jedoch stets bedenken, daß diese Wesensmerkmale Ausdruck, Reflex der wirklichen, konkreten, sozial und gesellschaftlich eingebundenen Lebenstätigkeit sind. Das meint Sève (1972), wenn er die Persönlichkeit als Relation begreift, als „gesellschaftliche Beziehungen zwischen den Verhaltensweisen". Das meinten auch schon Marx und Engels (1972), als sie die folgenden zwei Sätze in den Text der „Deutschen Ideologie" aufnahmen: „Wie die Individuen ihr Leben äußern, so sind sie. Was sie sind, fällt zusammen mit ihrer Produktion, sowohl damit, *was* sie produzieren, als auch damit, *wie* sie produzieren" (S. 207).

Der Übergang des Menschen zur Lebenssicherung durch *arbeits-*

bedingte Vergegenständlichungen (und deren Aneignung) liefert den Schlüssel für das Verständnis seines Gattungswesens. Dieses Gattungswesen begreifen und es zum Gegenstand der Analyse machen heißt: Ausgehen vom Medium der vergegenständlichenden Aktivität und von den vergegenständlichten Aktivitätsresultaten.

Arbeitsteilung und Individualität

Auf einer bestimmten Stufe der historisch-gesellschaftlichen Entwicklung nimmt die kooperative Produktion die Gestalt arbeitsteiliger Handlungen an. Es entstehen spezialisierte Berufe. Die Arbeitsteilung ist Bedingung und Resultat effektiverer Produktionsweisen und -verhältnisse. Für Probleme des Persönlichkeitsbegriffes wesentlich ist nun folgendes: Die Kategorie der *Individualität,* die für die Persönlichkeitspsychologie fundamental ist, erwächst auf eine ganz natürliche Weise aus der gesellschaftlichen Arbeitsteilung. Sève (1972, S. 185) und Holzkamp-Osterkamp (1975, S. 310 ff.) haben sich differenziert dazu geäußert. Wir begnügen uns mit der folgenden Begründung und Erläuterung.

Jegliche Form von Arbeitsteilung muß von *gegebenen,* vorfindbaren individuellen Unterschieden ausgehen, die Leistungsvoraussetzungen, Befähigungen betreffen. Marx hat diesen Sachverhalt im „Kapital" (im Kapitel „Teilung der Arbeit und Manufaktur" des ersten Bandes) analysiert und ausgewertet. Engels beschreibt ihn (in dem Werk „Der Ursprung der Familie, des Privateigentums und des Staats"), beispielsweise als „naturwüchsige Arbeitsteilung" zwischen Mann und Frau, der – wie er meint – Grundlage der „ersten großen gesellschaftlichen Arbeitsteilung". Heute wissen wir, daß sie keineswegs so naturwüchsig war, wie Engels es sich seinerzeit vorstellte. In urtümlichen Kulturen existieren sehr vielfältige Beziehungen zwischen den Geschlechtern und ihnen zugeordneten Arbeitsfunktionen. „Es gibt keine Grundtätigkeiten in der Produktion, die überall und zu allen Zeiten ausschließlich von einem Geschlecht betrieben worden wären"; dafür gibt es eine Vielzahl empirischer Beweise (Hiebsch und Vorwerg 1972, S. 85 ff.). Aber das ist in unserem Zusammenhang nicht gravierend. Entscheidend ist das von Engels angewendete *Prinzip:* Die

Arbeitsteilung benutzt vorhandene individuelle Kompetenzen, fordert sie ab, knüpft an sie an. Damit erhalten sie eine gesellschaftliche Bedeutung, fundieren Ansehen, Prestige und Macht. Der arbeitsteilig organisierte Produktionsprozeß führt zur *Entdeckung, Nutzung und Wertschätzung* der Individualität. (Dieser Vorgang ist in Gesellschaften mit antagonistischen Klassen regelhaft mit dem Machtmißbrauch der Herrschenden verbunden, der den Klassenkampf verschärft. Zusätzlich kommt es zur Institutionalisierung von Macht *ohne* notwendige Befähigungsbasis, d. h. zum Zerfall der Identität von Kompetenz, Einfluß, Macht als Konsequenz der Verfügungsgewalt über Produktionsmittel.)

Die Arbeitsteilung fungiert jedoch nicht nur als „Verwerter" individueller Befähigungsunterschiede. Zugleich *stimuliert und erzeugt* sie solche Unterschiede, vor allem über Bildungs- und Erziehungsmaßnahmen im Kontext beruflicher Qualifizierung. Vom Erfolg solcher Maßnahmen sind nämlich Niveausteigerung der Produktion, Effektivität der Produktionsweise und damit individueller und gesellschaftlicher Reichtum abhängig. Unter den Bedingungen antagonistischer Klassengegensätze und der ihnen immanenten Trennung von Stadt und Land, körperlicher und geistiger Arbeit, eingeschränktem Spezialistentum und breiter Fähigkeitsentfaltung entsteht zwar insgesamt ein breiteres Spektrum an Individualitäten und individueller Selbstverwirklichung. Aber der Vorteil liegt nicht bei der Masse der Werktätigen, sondern vor allem bei den Individuen der jeweils herrschenden Klasse[4] – und teilweise der wissenschaftlichen, technischen und künstlerischen Intelligenz, die in ihrem Sold steht. Die Individuen unterdrückter Klassen verkümmern und verarmen psychisch wie sozial durch einseitige Spezialisierung. Diese Beschränkungen werden mit den Mitteln des erfolgreichen Klassenkampfes, schließlich durch die sozialistische Revolution des Proletariats schrittweise aufgehoben. Im Sozialismus/Kommunismus geschieht das nicht durch Beseitigung der Arbeitsteilung, sondern durch die langfristige Herstellung einer vertretbaren, angemessenen Relation von arbeitsteiliger

[4] Das „vor allem" ist zu betonen! Auch die Aktivitäten der herrschenden Klasse können deren Persönlichkeitsstatus deformieren, und zwar vor allem wegen der Verführungen, die aus der Autoritäts- und Machtposition resultieren.

Spezialisierung und vielseitiger Persönlichkeitsentfaltung für alle. Dieser Prozeß ist freilich schwierig, der Weg zum Ziel dornig, mit Barrieren und Rückschlägen belastet – solange es antagonistische politische Weltsysteme und einen Weltmarkt gibt, auf dem die Waren nur nach ihrem *ökonomischen* Wert ausgetauscht werden.

Im Überbau einer spezifischen Gesellschaftsformation, in den institutionalisierten Normen und Idealen, in der öffentlichen Meinung sind die Zwecksetzungen der zu entwickelnden individuellen Befähigungen auffindbar. Bildungs- und Erziehungsziele, rechtliche und moralische Wertnormen, individuelle Idealvorstellungen über das anzustrebende eigene Eigenschaftsprofil – das sind Beispiele dafür. Der Reifegrad der Entwicklung des einzelnen wird an diesen Zwecksetzungen gemessen.

Die Kategorie „Individualität“ ist also eine natürliche Konsequenz der historischen Entwicklung der arbeitsteiligen Produktion. Das ist überall dort besonders klar erkennbar, wo die herrschende oder aufstrebende Klasse ihre Machtansprüche und -möglichkeiten als *Ansprüche und Rechte des Individuums* auf Selbstverwirklichung und Realitätskontrolle artikuliert. Politische Doktrinen, philosophische Anschauungen, kulturtheoretische Konzeptionen geben davon Zeugnis. Es sei in diesem Zusammenhang hingewiesen auf die elitäre Deutung des Individualitätskonzepts in der italienischen Renaissance (vgl. dazu schon Burckhardt 1860) oder in der Philosophie Nietzsches, auf die elitetheoretischen Grundlagen der Naziideologie oder des orthodoxen Zionismus. Das sind Beispiele für Vertreter oder Apologeten herrschender Klassen. Auf der anderen Seite – von der Position aufstrebender Klassen her – begegnen uns z. B. das protestierende Aufbegehren der frühbürgerlichen Revolutionäre (Thomas Müntzer), die Selbstverwirklichungsforderungen der französischen und deutschen Aufklärer in der Epoche der französischen Revolution (Rousseau, Lessing, Herder) oder das politische Programm des „Kommunistischen Manifests“ (Marx und Engels). Dort heißt es: „An die Stelle der alten bürgerlichen Gesellschaft mit ihren Klassen und Klassengegensätzen tritt eine Assoziation, worin die *freie Entwicklung eines jeden* die Bedingung für die freie Entwicklung aller ist“ (1972, Bd. 1, S. 438; Hervorhebung von mir, H.-D. S.).

Wenn soeben aus der Arbeitsteilung abgeleitet wurde, daß sie Ursprung der Entdeckung, Nutzung, Erzeugung und Wertschätzung individueller Eigenarten (als Befähigungsdifferenzen) ist, so bedeutet das zugleich: Aus der Arbeitsteilung läßt sich der Inhalt des Persönlichkeitsbegriffs auf natürliche und vernünftige Weise ableiten. Dafür wesentlich ist eine stärkere Abhebung des bereits genannten, aber kaum differenzierten *Bewertungs*gesichtspunkts.

Die Arbeitsteilung, so wurde gesagt, stimuliere und erzeuge individuelle Befähigungsdifferenzen. Dafür wiederum seien Ziel- und Normvorstellungen erforderlich, und eben sie schlössen Bewertungskategorien und -operationen ein, die sich auf interindividuelle Befähigungsunterschiede beziehen. Diese Ziel-, Norm- und Bewertungskategorien richten sich nun inhaltlich nach den Erfordernissen der gesellschaftlichen Lebens- und Produktionsweise, sie definieren also *Gütemaßstäbe der sozialen und gesellschaftlichen Handlungstüchtigkeit* des Individuums, gespiegelt an den realen, konkreten Anforderungen des jeweils vorliegenden arbeitsteiligen Kooperationsprozesses. Die Qualität dieser Aktionskompetenzen des Individuums als Basis seiner Lebensbewährung ist entscheidend dafür, wann (innerhalb seiner ontogenetischen Individualentwicklung) und in welchem Grade (auf welchem Reifeniveau) das Individuum zu einer Persönlichkeit geworden ist (Schmidt 1974). Marx sagt: „Das Wesen der ‚besonderen Persönlichkeit' ist nicht ihr Bart, ihr Blut, ihre abstrakte Physis, sondern ihre soziale Qualität" („Zur Kritik der Hegelschen Rechtsphilosophie", 1844). Und bei Smirnow (1975) lesen wir, Persönlichkeit sei „der individuelle Ausdruck sozial bedeutsamer Eigenschaften, eine Kombination sozial bedeutsamer Züge, die individuelle Form des Daseins der gesellschaftlichen Verhältnisse und ein Maßstab für die Gesellschaftlichkeit des Menschen".

Aus den früher genannten Gattungsmerkmalen lassen sich allgemeine *Bewertungsgrundkategorien* der Handlungstüchtigkeit des Individuums herleiten:

- Intensität und Qualität der Eigenaktivität, d. h.: Inwieweit ist das Individuum ein *gestaltendes Subjekt* seines Lebensprozesses?

- Ausmaß und Qualität der Bewußtheit, d. h.: Inwieweit ist das Individuum ein reflektierender, planender, *kontrollierender Gestalter* seines Lebensprozesses?
- Ausmaß und Qualität der Soziabilität, d. h.: Inwieweit ist das Individuum ein kommunikations- und *kooperationsfähiger Partner* im arbeitsteilig organisierten Lebensprozeß?[5]

In Abhängigkeit von den Erfordernissen der jeweiligen Gesellschaftsformation, modifiziert und gewichtet durch ethnische und kulturelle Traditionen, werden diese allgemeinen Grundkategorien *präzisiert,* d. h. auf die historisch-konkreten Erfordernisse zugeschnitten. Ein Beispiel dafür sind die normativen Kriterien der sozialistischen Persönlichkeit (vgl. dazu Kossakowski 1971, Smirnow 1975). Dieser historische Zuschnitt reicht aber nicht aus. Er bedarf zusätzlicher Konkretisierungen, die von der Einbettung des Individuums in die ökologischen und sozialen Bedingungen seiner speziellen Lebenslage ausgehen. Daraus erwachsen Erfordernisse bestimmter gesellschaftlicher Prozeßbereiche, in denen das Individuum tätig ist (ökonomische, politisch-ideologische, schulische usw. Bewertungskriterien), und Anforderungen spezifischer Tätigkeitsbereiche des Individuums (Bewertungskriterien im Kontext von Berufs-, Sozial- und Alterspositionen). Auf diese Weise unterliegen die obigen Bewertungsgrundkategorien einem sequentiellen Prozeß der Präzisierung und Konkretisierung (Schmidt 1974 a).

Dabei muß wiederum betont werden: Die Bewertungsmaßstäbe und -kategorien, die im Persönlichkeitsbegriff zum Ausdruck kommen, sind nicht willkürlich. Sie besitzen ihre objektive Entsprechung im konkret-historischen Stand der Produktivkräfte und Produktionsverhältnisse, der konkret-historische Erfordernisse der gesellschaftlichen Entwicklung mitdefiniert. Sie werden auf diese Weise im Überbau fixiert – als Teilkomponente des „gesellschaftlichen Gesamtsubjekts“, ehe sie sich in Urteilen konkreter

[5] Diese Bewertungskategorien sind auch geeignet, sinngemäß auf die Einschätzung des dialektischen Verhältnisses Individuum – Gesellschaft (und der persönlichkeitsfördernden Qualität der Gesellschaft selbst) übertragen zu werden. Die entsprechenden Fragen lauten: Inwieweit läßt es die konkrete gesellschaftliche Realität zu, daß das Individuum ein gestaltendes Subjekt, ein kontrollierender Gestalter seines Lebensprozesses, ein sozial integrierter, kooperativ tätiger Partner anderer ist?

Individuen (einzelner Subjekte) manifestieren. Das bedeutet: Das Individuum vermag seine Persönlichkeitsentwicklung nur im Rahmen dieser objektiven Vorgaben zu vollziehen, die Möglichkeiten und Grenzen der Entwicklung bestimmen. Und es bedeutet: Die persönlichkeitsbezogenen Bewertungsmaßstäbe und -kategorien weisen ebendieselbe Begrenzung auf.

Aus der hier vollzogenen *Bindung des Persönlichkeitsbegriffes an die Sachverhalte der Lebensbewährung und Bewertung* ergeben sich *drei wichtige Konsequenzen:*

(1) Eine wertfreie Persönlichkeitsforschung, in der Bewertungskriterien (Normative), Bewertungsprozeduren und -operationen auszuklammern wären, ist faktisch nicht durchführbar. Es wäre illusionär, eine solche Neutralität anstreben zu wollen. Dabei kann sich die Bewertung zweier unterschiedlicher Normen bedienen:

„Einerseits versteht man unter ‚Norm' das Häufige, Durchschnittliche, Mittelmäßige, ‚Normale' – wir sprechen hier von Realnormen, die nicht immer unseren Wünschen oder gesellschaftlichen Zielen entsprechen müssen. Andererseits wird mit ‚Norm' oft ein anzustrebendes Ziel bezeichnet, etwa im Falle von Leistungsnormen, gesundheitlichen Normen, den Normen der sozialistischen Moral ... Solche (nicht immer und überall realisierte) ‚Normative' nennen wir ‚Idealnormen'.

Daß z. B. Heimkinder häufig Rückstände in ihrer Sprachentwicklung zeigen, daß wir jährlich mit bestimmten Anzahlen von Sitzenbleibern, Hilfsschuleinweisungen, Verkehrs- und Betriebsunfällen usw. rechnen müssen, sind Fragen der Realnorm ... Andererseits stellen z. B. pädagogische Forderungen, Erziehungsziele, die vollständige Erfüllung von Lehrplananforderungen usw. Idealnormen dar ...

Allgemein besteht die Aufgabe der Wissenschaft und der gesellschaftlichen Praxis darin, aus der Analyse der Entwicklungsgesetzmäßigkeiten resultierende Idealnormen zu formulieren und anzustreben, wobei die Realnormen jeweils die Ausgangsbasis darstellen. In diesem Sinne bildet die Doppelkategorie ‚Idealnorm und Realnorm' eine Konkretisierung der Dialektik von ‚Möglichkeit und Wirklichkeit' ..." (Gutjahr 1971, S. 38).

Erforderlich ist darüber hinaus eine bewußte, verantwortungsvolle Kontrolle solcher – oftmals unbemerkten – Bewertungen und ihrer Konsequenzen. Diagnostische Werturteile – z. B. die Aussagen „Intelligenzminderung", „Oligophrenie", „Persönlichkeitsabbau", „Persönlichkeitszerfall" – mögen für den diagnostizierenden Psychologen oder Psychiater als objektive Zustandsbeschreibungen gelten und entsprechend verarbeitet werden. In derjenigen

Lebenspraxis jedoch, in welcher der so Diagnostizierte wirkt und die das diagnostische Urteil zur Kenntnis nimmt (Familie, Schule, Arbeitskollektiv usw.), ist die objektive Verarbeitung nicht ohne weiteres garantiert. Mannigfache Vorurteile verwandeln psychodiagnostische Aussagen in Abwertungen, Abstempelungen. Über solche Vorurteile und ihre Wirkungen gibt es empirisch gesicherte Befunde (vgl. dazu Feldes 1972).

(2) Es gibt keinen allgemeingültigen, *absolut* formulierbaren Inhalt des Persönlichkeitsbegriffs. Die speziellen Bewertungsaspekte variieren – abgesehen von der Konstanz der oben genannten Grundkategorien – mit der historischen Epoche, den formationsspezifischen Klassenstrukturen, dem Alter, der sozialen und beruflichen Position usw. Wenn wir die Persönlichkeit des 10jährigen Kindes im Auge haben, so verbinden wir die Zuerkennung des Persönlichkeitsstatus mit anderen Merkmalen, als wenn wir von der Persönlichkeit eines Produktionsarbeiters oder eines Politikers sprechen. In diesem Sinne verkörpert das Individuum immer nur mit Bezug zu seinem Lebenslagekontext und stets in einem bestimmten Ausprägungsgrad den Status einer Persönlichkeit. Die Verwendung des Persönlichkeitsbegriffes schließt Bewertungen ein, die den Rahmen der *individuell zugänglichen* epochalen, nationalen, professionellen usw. Handlungsmöglichkeiten berücksichtigen müssen!

(3) Es wurde mehrfach betont: Die mit dem Persönlichkeitsbegriff verbundenen Bewertungen beziehen sich auf gesellschaftliche Erfordernisse. Diese Formulierung muß unbedingt differenziert werden. Das mag an einem Extrembeispiel demonstriert sein. Der hochgradig aktive, mit klarem Elitebewußtsein handelnde, innerhalb der entsprechenden Institutionen und Gruppen kooperationsfähige SS-Arzt eines Nazi-Konzentrationslagers – verkörperte er nicht damals staatlich gefordertes und gefördertes Engagement, entsprach er nicht einem damaligen gesellschaftlichen Erfordernis des Nazistaates? – Die Schlußfolgerung ist klar: Wer persönlichkeitsspezifische Bewertungen des Mitmenschen mit gesellschaftlichen Erfordernissen und Gütemaßstäben in Zusammenhang bringt, der ist zugleich aufgerufen, *diese Erfordernisse selbst zu bewerten*, und dies mit Maßstäben, die an übergreifenden, historisch begründeten, den Progreß abbildenden Kriterien orientiert sind. Er muß entscheiden, für welche Klasseninteressen er

eintritt, ob er staatliche Forderungen als historisch progressiv ansieht, ob er sie für humanistisch (im Sinne der Fundierung individueller und kollektiver Selbstverwirklichung), für unzumutbar, ja für menschenfeindlich hält. An dieser Stelle erweist sich: Psychologische Persönlichkeitsforschung, insbesondere solche mit diagnostischen Implikationen, ist von der *Parteilichkeit* des Forschers oder Praktikers nicht zu trennen.

1.3. Von der Natur des Menschen

Welche wesentlichen Ergebnisse hat die Analyse des historisch-materialistischen Konzepts vom Menschen für die Grundlegung des psychologischen Persönlichkeitsbegriffes erbracht?

Es ist gelungen, diese methodologische Fundierung an ein Menschenbild zu binden, das frei ist von willkürlichen, subjektivistischen Verzerrungen. Marx und Engels drücken das so aus: „Die Voraussetzungen, mit denen wir beginnen, sind . . . keine Dogmen, es sind wirkliche Voraussetzungen, von denen man nur in der Einbildung abstrahieren kann. Es sind die wirklichen Individuen, ihre Aktion und ihre materiellen Lebensbedingungen, sowohl die vorgefundenen wie die durch ihre eigene Aktion erzeugten. Diese Voraussetzungen sind also auf rein empirischem Wege konstatierbar" (1972, Bd. 1, S. 206).

Auch das vergesellschaftete Individuum, die Persönlichkeit, ist und bleibt ein *Organismus* mit art- und individualspezifischen Eigenarten seines biologischen Verhaltensbauplans. Sie befähigen ihn, seine gesellschaftliche, kulturelle Umwelt vergegenständlichend zu schaffen und sie sich als vergegenständlichte Wirklichkeit anzueignen. Vergegenständlichung wie Aneignung können nur mit Hilfe organismischer Basissysteme geleistet werden, nie und nirgends außerhalb oder „oberhalb" von ihnen. Die biologischen Gesetzmäßigkeiten psychophysischer Prozesse, wie sie von der Verhaltensbiologie, Psychophysiologie und Neurophysiologie erforscht und formuliert werden, lassen sich nicht umgehen oder als irrelevant abtun. Sie müssen im Feld der Persönlichkeitsforschung als wirksam vorausgesetzt werden (Klix 1971, Hiebsch 1973, Schmidt 1977 b).

Das Individuum ist als arbeitender Produzent *zugleich Subjekt* seines Lebensvollzugs *und Objekt* seiner Lebensbedingungen. Es ist Subjekt, soweit es schöpferisch-aktiv seine Lebenslage und sich selbst bedürfnisgeleitet umgestaltet; es ist Objekt, soweit die von anderen oder von ihm selbst geschaffenen Lebensbedingungen auf sein Verhalten ein- und zurückwirken. Das Subjekt-Moment dieser widersprüchlichen Dialektik charakterisiert den Menschen als eigenaktives und bewußtes Wesen.

Der Mensch ist – biologisch wie psychologisch betrachtet – *Einzelwesen*, d. h. ausgestattet mit einer einmaligen, nicht wiederholbaren Konstellation individualtypischer Merkmale. Einmaligkeit, Individualität ist jedoch nicht identisch mit individualistischer Vereinzelung. Nur in interpersoneller Kommunikation mit anderen, nur in kooperativer Tätigkeit, also nur in einem sozialen *Gruppengefüge* (als Teil gesellschaftlicher Strukturen) kann das Individuum sein Leben gestalten. An dieser Stelle überlappen sich persönlichkeitspsychologische und sozialpsychologische Problemstellungen (Hiebsch und Vorwerg 1972, S. 57). Sie stoßen gemeinsam auf die sozial-gesellschaftliche Natur des Menschen, auf das vergesellschaftete Individuum, dessen Gattungswesen im „Ensemble der gesellschaftlichen Verhältnisse" auffindbar ist, wie Marx in seiner 6. Feuerbach-These sagt. Dieses Ensemble der gesellschaftlichen Verhältnisse konkretisiert sich als Summe dialektisch aufgehobener historischer Erfahrungen in Gestalt vergegenständlichter Kooperation. Weil das so ist, kann auch die „Geschichte der Industrie", ihr „gewordenes gegenständliches Dasein" als das „aufgeschlagene Buch der menschlichen Wesenskräfte" (Marx) angesehen werden. Die Einbettung und Einbindung des Individuums in gesellschaftliche Strukturen und soziale Gruppen determiniert seine Soziabilität (seine Befähigung, interpersonell zu kommunizieren und zu kooperieren), aber ebenso die Richtung seiner Eigenaktivität und die Inhalte seiner Bewußtheit.

Aus dem Wirken des Individuums in einem arbeitsteilig organisierten Lebensprozeß, der es als Träger und Gestalter sozialer Positionen und Funktionen beansprucht, erwächst die gesellschaftliche Nutzung und Förderung der ihm eigenen Befähigungen. Aus der Inanspruchnahme dieser Befähigungen entstehen zugleich *Bewertungsstandards* für die Einschätzung von interindividuellen Fähigkeitsdifferenzen. Nutzung, Stimulierung und Bewertung individueller Befähigungen kommen im Persönlichkeitsbegriff zum Ausdruck, der die *gesellschaftlich und sozial wirksame Handlungskompetenz im Bewährungsfeld des Lebens* ins Zentrum rückt. Diese Akzentuierung bringt es mit sich, daß Gattungsmerkmale an sich beschrieben werden können, nicht aber Merkmale der Persönlichkeit an sich, unabhängig von der konkret-historischen Situation, unabhängig von der individuellen Lebenslage (Ananjew 1974, S. 244 f.). Der Persönlichkeitsbegriff erhält seinen Inhalt aus der Bezugsetzung individueller psychischer Eigenschaften zu ihrer Nutzung, Förderung und Bewertung in einer konkreten gesellschaftlichen, sozialen, ökonomischen, territorialen, professionellen usw. Konstellation, die für das jeweilige Individuum charakteristisch ist.

Alle bisher genannten Beschreibungsmerkmale kennzeichnen die Natur des Menschen, des Individuums. Es wäre sicherlich falsch, obligatorische und fakultative, wesentliche und unwesentliche Merkmale unterscheiden zu wollen. Unter diesem Gesichtspunkt dürfte es notwendig sein, ein marxistisch untermauertes Persönlichkeitskonzept konsequent an die *Vollständigkeit* dieser Merkmale zu binden.

1.4. Zusammenfassung

(1) In Anbetracht des vielfältig bedingten Dilemmas einer Präzisierung des psychologischen Begriffs der Persönlichkeit sind theoretische Voraus-Entscheidungen notwendig, um den Begriff einzukreisen. Solche Voraussetzungen sind im Menschenbild des historischen Materialismus auffindbar.

(2) Die naturgeschichtliche Analyse der Menschwerdung lehrt, daß der Mensch als Produkt seiner animalischen und anthropologischen Phylogenese zahlreiche biologische Verhaltensdispositionen erworben hat, die ihn befähigen, seine gesellschaftlich-kulturelle Umwelt vergegenständlichend zu schaffen und sie sich als selbstgeschaffene Wirklichkeit anzueignen. Diese biologischen Erwerbungen gewährleisten interne Elementarbedingungen seiner Eigenaktivität, Bewußtheit und Soziabilität.

(3) Innerhalb seiner gesellschaflichen Geschichte wird der arbeitende Mensch zugleich Subjekt und Objekt seines Lebensvollzugs. Dabei wirkt er als biologisches und psychologisches Einzelwesen, das jedoch nicht vereinzelt, sondern nur in interpersoneller Kommunikation und in kooperativer Tätigkeit existiert und handelt. In ihr erwirbt der Mensch sein gattungs-, formations- und individualspezifisches Niveau der Eigenaktivität, Bewußtheit und Soziabilität.

(4) Die Tätigkeit des Menschen in einem arbeitsteiligen Produktionsprozeß führt zur gesellschaftlichen Nutzung und Erzeugung individueller Befähigungen, also zur Individuation. Da sich beides mit der Bewertung dieser Befähigungen verbindet, bildet die Arbeitsteilung zugleich die Grundlage für die Konzipierung des Persönlichkeitsbegriffs. Er rückt die „soziale Qualität" des Individuums (Marx), d. h. die sozial und gesellschaftlich effektive Handlungskompetenz bei der Bewältigung entsprechender Anforderungen in den Vordergrund. Diese Qualität des Individuums läßt sich nicht absolut bestimmen, sondern nur in Relation zu seiner konkreten Lebenslage mit ihren Erfordernissen und Anregungen. Darum gibt es keinen absoluten Inhalt des Persönlichkeitsbegriffs.

2. Die menschliche Natur als Ausgangspunkt psychologischer Persönlichkeitsmodelle

Im ersten Kapitel wurde die Natur des Menschen, des Individuums, der Persönlichkeit nachgezeichnet. Aus dieser Skizze resultiert eine naheliegende Frage: Welcher *Typus einer persönlichkeitspsychologischen Modellbildung* wäre also anzustreben, wenn man dieser Natur gerecht werden will?

Fragen dieser Art lassen sich leichter beantworten, wenn nicht der direkte Weg, sondern der indirekte – über die Sondierung eines „Gegentypus" – beschritten wird: Man untersucht bisher erarbeitete Persönlichkeitskonzeptionen der bürgerlichen Psychologie und fragt, welche Aussagen sie über die Natur des Menschen, über das Individuum, die Persönlichkeit machen.

Jede Modellanalyse bedarf bestimmter Prüfaspekte, die eine Sondierung ermöglichen. In unserem Falle entspringen sie aus der bereits erarbeiteten Merkmalscharakteristik der menschlichen Natur. Wir fragen dementsprechend (1) nach dem verhaltensbiologischen Konzept, (2) nach dem Charakter der Interaktionsbeziehung zwischen Individuum und Umwelt, (3) nach dem Wesen dieser Umwelt und (4) nach dem Entwicklungskonzept, und zwar jeweils in ihrer modelltypischen inhaltlichen Ausprägung.

Ausgangspunkt unserer exemplarischen Modellprüfung ist eine Klassifikation, die Maddi (1972) vorgelegt hat. Sie betrifft nicht die statisch-strukturellen Modelle, sondern die methodologisch viel ergiebigeren dynamisch-genetischen Modelle, die – wie der Name sagt – Entwicklungsaspekte zugrundelegen. Maddi gruppiert sie in Erfüllungs-, Konflikt-, Konsistenz- und behavioristische Modelle. Die drei ersten Gruppen sollen jetzt vorgestellt und überprüft werden. Den Typ der behavioristischen Modelle lassen wir beiseite.

2.1. Erfüllungsmodelle

Alle Erfüllungsmodelle postulieren *innere* (dem Individuum biologisch oder entelechial[6] vorgegebene) *Triebkräfte als Quelle und Ziel der Persönlichkeitsentwicklung.* Im Lebensprozeß, so wird behauptet, entfalten sich diese präformierten Triebkräfte in modifizierter, auch maskierter Form. Eine weitgehende oder vollständige Frustration dieser Triebkräfte führe zu Einbußen an erlebter Selbstverwirklichung, zu Deformationserscheinungen bis hin zu psychopathologischen Phänomenen, die einer Psychotherapie bedürfen. Als Schöpfer solcher Modelle nennt Maddi u. a. Rogers, Maslow, Adler, Allport und Fromm. Die gegenwärtige Theoriebildung vollzieht sich unter dem Dach der vielfarbig schillernden „humanistischen Psychologie", vorwiegend im angloamerikanischen Raum. Die genannten Forscher unterscheiden sich, was den Kern ihres jeweiligen Modells betrifft, vor allem durch die inhaltliche Ausfüllung der Triebziele und -zwecke. Dafür seien zwei Beispiele genannt.

Rogers (1961) entnimmt den Äußerungen seiner leidenden, gesprächstherapeutisch behandelten Patienten folgende (bei ihnen frustrierte) Lebenstendenzen: weg von den „Fassaden" des Sichgebens, vom Muß der Pflichten, von der „Erfüllung fremder Erwartungen", von der Tendenz, „anderen zu gefallen" – hin zu eigenständig-autochthoner „Selbstführung", zur „Selbstwerdung", zum „Sichöffnen gegenüber Erfahrungen", zur „Akzeptierung anderer", zum Selbstvertrauen als Akzeptierung der eigenen Person (S. 167 ff.). Die allgemeine Richtung dieser Art *„Selbstaktualisierung"* beschreibt Rogers so:

„Meiner Ansicht nach tendiert das Individuum wissentlich und bereitwillig dahin, das zu werden, was es innerlich und wirklich ist ... Es horcht immer mehr hinein in die tiefsten Tiefen seines physiologischen und emotionalen Wesens und entwickelt mehr und mehr die Bereitschaft ..., das Selbst zu verwirklichen, das es wahrhaft ist" (S. 175 f.). Es handelt sich dabei um eine Tendenz, die „in jedem organischen und menschlichen Leben

---

[6] Entelechial bedeutet so viel wie „innewohnende Zwecksetzung", deren biologische Grundlage außerhalb der Betrachtung bleibt (in Anlehnung an den Entelechiebegriff des Aristoteles).

evident ist", die eine „primäre Motivation der Kreativität ist, wenn der Organismus neue Beziehungen zur Umwelt ausformt in dem Bemühen, so vollständig wie möglich er selbst zu sein" (S. 351).

Bei Adler entstehen spezifische Triebkräfte des Lebensvollzugs aus Mängeln („Minderwertigkeiten") der biologisch-organischen Ausstattung des Individuums, ja der ganzen menschlichen Gattung. Wenn diese Mängel mit den Anforderungen des Lebens konfrontiert werden, kommt es zu Kompensationen in Gestalt von Überlegenheits- und Machttendenzen: „. . . ich begann in jedem psychischen Phänomen das Streben nach Überlegenheit klar zu erkennen. Es läuft parallel mit dem physischen Wachstum. Es bildet die Wurzel für alle Lösungen von Lebensproblemen . . . Alle unsere Funktionen folgen seiner Richtung, kämpfen . . . für Eroberung, Sicherheit, Gewinn . . . Der Drang von ‚unten' nach ‚oben' erlischt niemals . . ." (1930, zit. nach Lindzey et al. 1973, S. 74).

Diese Zitate sprechen für sich, auch in ihrer Stellvertreterfunktion für andere Autoren. Es gibt reine Erfüllungsmodelle wie im Falle von Rogers, wenn präformierte Triebkräfte angenommen werden; es gibt aber auch „unreine", sofern die Wirkung externer Kräfte – bei Adler z. B. soziale Konkurrenzbedingungen – in das Modell einbezogen wird. Bisweilen ist es so, etwa in dem Ansatz von Allport (1949, 1970), daß die Erfüllungskomponente – bei Allport die „Wachstumstendenzen des Selbst" – hinter zahlreichen anderen Modelleigenschaften fast verborgen bleibt.

Philosophiegeschichtlich gesehen, wurden die Erfüllungsmodelle durch antike Konzepte (Aristoteles, Plato) angeregt, die ein Denken in *teleologischen* Begriffen nahelegen. Das Eindringen teleologischen Denkens in die psychologische Persönlichkeitstheorie ist durch die romantische Philosophie, den Neovitalismus, mehr aber noch durch den Personalismus und Existentialismus gefördert worden (vgl. dazu Jaroschewski 1975, S. 366 ff.). Allport charakterisiert beispielsweise einige personologisch-existentialistische Tendenzen folgendermaßen:

„Es gibt eine Tendenz unter den existentialistischen Autoren" (Allport nennt u. a. Kierkegaard, Jaspers, Sartre, Nuttin, Goldstein), „nach einem grundlegenden intentionalen Thema im menschlichen Leben zu suchen ... Der Mensch ist seinem Wesen nach ruhelos und angsterfüllt; er wünscht sowohl Sicherheit als auch Freiheit. Er strebt danach, seiner Verfassung der Entfremdung entgegenzuarbeiten, indem er einen Sinn für die Existenz sucht, der das tragische Trio von Leiden, Schuld und Tod deckt. Indem er Bindungen eingeht, findet er, daß das Leben lebenswert werden kann ..." (1970, S. 552).

Wir wollen nun unsere oben genannten Prüffragen beantworten. – Für diese Modellgruppe läßt sich ein eindeutig humanbiologisch orientiertes Verhaltenskonzept nicht ausmachen. Wenn überhaupt biologische Bedingungen in die Betrachtung einbezogen werden, dann sind es unspezifische „organismische", ohne klare Trennung prähumaner und humaner Baupläne. Die permanente Interaktion Mensch–Umwelt ist kein konstitutives Moment dieser Modelle. Der Akzent verlagert sich einseitig auf das Individuum und seine Tendenzen, die Modelle sind also extrem individualzentrisch, dabei meist zugleich endogenistisch. Die Umwelt des Individuums wird in der Regel als sozial-gesellschaftliche Umwelt erfaßt, zugleich jedoch als antagonistischer, frustrierender Gegenspieler des Individuums interpretiert. Die objektiv entfremdenden Bedingungen des Kapitalismus/Imperialismus erscheinen übergeneralisiert als Daseinsbedingungen des Menschen schlechthin. Die Entwicklung des Individuums sei vor allem Entfaltung innerer Potenzen der Selbstverwirklichung, die sich Bahn brächen oder denen zu ihrer Entfaltung verholfen werden könne, z. B. durch eine Psychotherapie des Freilegens und Wachsenlassens.

Dieser Modelltyp ist also von einer marxistischen Orientierung sehr weit entfernt (vgl. dazu auch Helm 1979, Scholz 1980). Dennoch ist anzumerken: Unzweifelhaft gibt es Erlebnisinhalte und Verhaltensintentionen, die man z. B. mit dem Begriff der Selbstaktualisierungstendenz beschreiben kann. Sie treten immer dann in Erscheinung, wenn das Individuum in seiner konkreten Lebenslage Barrieren ausgesetzt ist, die einer möglichen Verwirklichung seiner psychischen Potenzen im Wege stehen. Diese Tatsache muß, theoretisch gesehen, in einem auf die konkrete Lebenslage bezogenen Modell erklärt werden. Der Fehler der Erfüllungstheoretiker liegt offensichtlich darin, diesen *Lebenslage-Bezug* nicht systematisch in die Modellbildung einzubringen.

2.2. Konfliktmodelle

Allen Konfliktmodellen liegt die Annahme zugrunde, Leben, Erleben und Entwicklung des Individuums seien vor allem *Schauplatz oder Resultat der* schmerzhaft-belastenden *Auseinandersetzung widerstreitender Triebkräfte.* Deren Ursprung wird entweder ausschließlich im Individuum selbst gesucht, oder eine Quelle wird außerhalb des Individuums in den repressiven, frustrierenden Bedingungen der sozialen Umwelt und der Gesellschaft lokalisiert.

Im Zusammenhang mit Konfliktmodellen erwähnt Maddi u. a. Freud, Murray, Sullivan, Rank und Jung. Es dominiert also eindeutig die psychoanalytische Schule mit ihren Verzweigungen. Darum ist es – vor allem aus didaktischen Gründen – zweckmäßig, den Klassiker der Psychoanalyse, Sigmund Freud, zu Wort kommen zu lassen. Er schuf den Prototyp eines Konfliktmodells, der von seinen Schülern und Epigonen in ihren eigenen Konzeptionen (Neo-Psychoanalyse, Ich-Psychologie usw.) zwar modifiziert, niemals jedoch vollständig aufgegeben wurde. Das gilt auch für die Theoriebildung der sogenannten Freudomarxisten (Reich, Marcuse, Lorenzer u. a.), wie Steigerwald (1969) und Sève (1977) belegen.

Das Freudsche Konfliktmodell hat 4 Quellen, die an die wissenschaftliche Biographie seines Schöpfers gebunden sind (vgl. dazu Jones 1960–62, Jaroschewski 1975). Als neurologisch forschender junger Mediziner lernte Freud, daß physiologische Prozesse energetische Transformationen seien. Das war eine Auswirkung des dominierenden physikalischen Denkens gegen Ende des vorigen Jahrhunderts, das um den Satz von der Erhaltung der Energie kreiste. Freud übertrug diesen Gedanken in den Bereich des Psychischen, er hörte niemals auf, einem solcherart physikalistischen Denken innerhalb der Psychologie breiten Raum zu geben. Als Freud psychotherapeutisch zu arbeiten begann, begriff er sehr schnell, daß neurotische Erscheinungen nicht organische, sondern funktionelle Störungen sind, die mit Belastungserlebnissen zusammenhängen und starke Wurzeln im Unbewußten haben. Schließlich kam er zu der Einsicht, neurotische Störungen müsse man auch (und vor allem) mit sexuellen Problemen des Patienten in Beziehung bringen. Eine letzte Quelle ist in Freuds gesellschaftlicher Umwelt zu finden. Sein Jugend- und Mannesalter fiel in die Periode des beginnenden Imperialismus; als Bürgerkind und im Umgang mit Personen und Patienten des gehobenen Besitz- und Bildungsbürgertums geriet er in den Bannkreis des bürgerlich-ideologischen Zeitgeistes. Lebensphilosophie und Irrationalismus seien als Stichworte genannt.[7] Dieser ideologische Einfluß wurde besonders gefördert durch das spezifische politische und geistige Klima der Donaumonarchie, in der die gewaltsam zusammengefaßten Nationalitäten um ihre Unabhängigkeit kämpften. Der Wiener Bürger Freud spürte die Unsicherheit, die Bedrohung der Existenz. Er neigte darum zur Übernahme kulturpessimistischer Ideen und verlieh den psychischen Angstphänomenen innerhalb seiner Theoriebildung ein hohes Gewicht. Diese letzte, vierte Quelle des Konfliktmodells entspringt also dem Welt- und Menschenbild Freuds. Der bedrohte, unsichere, ängstliche, ausgesetzte, hilfsbedürftige Mensch, seine psychodynamische Energetik, sein Unbewußtes, seine Sexualität – dies sind die Elemente, mit denen Freud konstruiert.

Die Endgestalt des Freudschen Konfliktmodells ist seinem Spätwerk „Abriß der Psychoanalyse“ (1938) am klarsten zu entnehmen. Freud differenziert einen bewußten, vorbewußten und unbewußten Bereich des Psychischen. Diese Bereichsbildung verbindet er mit der Lokalisation psychischer Wirkinstanzen, die miteinander in Konflikt geraten. Diese Konstruktion sieht so aus:

Das *bewußte Ich* ist derjenige Teil des Psychischen, welcher mit Hilfe von Wahrnehmungs-, Denk-, Lern- und Willensmechanismen die Anpassung des Individuums an die externe Wirklichkeit und deren Gestaltung gestattet. Das Ich bildet den geringsten Teil des Psychischen, es ist gleichsam die Spitze eines Eisbergs.

Das teilweise unbewußt agierende *Überich* entsteht als innere Repräsentation sozialer Forderungen, Maximen, Normen, Gebote und Zwänge. Seine Ausformung erhält es in der Kindheit im Vollzug der Erziehung durch die Eltern. Deren Normative werden verinnerlicht (introjiziert, wie Freud sagt), dadurch formiert sich eine interne Zensurinstanz des Denkens und Handelns.

Im unbewußten, dunklen, der Kontrolle und Reflexion schwer zugänglichen *irrationalen Es* des Individuums ballen sich die Triebenergien zusammen. Sie sind es, die das Verhalten im wesent-

---

[7] Thomas Mann (1965) hat diese Zeitgeistwirkungen bei Freud analysiert.

lichen fundieren und determinieren. Es sind elementare Vitalbedürfnisse des Stoffwechsels, ferner die Kräfte des „Eros", der „Libido", die auf einen psychischen „Lustgewinn" zielen über die Reizung erogener Zonen (vor allem der orale, anale, urethrale und genitale Körpersektor). Außerdem birgt das Es Destruktions-, Aggressionsimpulse, die nach handelnder Entäußerung drängen.

Das Ich des Individuums befindet sich nach Freud nahezu permanent in einer bedrängten Situation, in einer Art Rundumverteidigung. Die Bewältigung der externen Realitätsforderungen (Leistung, Arbeit, rationale Anpassung und Gestaltung) bedarf eines Vorgehens gemäß „Realitätsprinzipien" des Verstandes, der Vernunft. Ein denkbares oder ein erfahrenes Versagen erzeugt hier Realitätsangst. Andererseits ist das Ich geneigt, den Es-Impulsen nachzugeben und damit dem „Lustprinzip" optimaler Befriedigung vitaler Grundbedürfnisse zu seinem Recht zu verhelfen. Eine Unterdrückung dieser Triebkräfte beschwört die Gefahr herauf, neurotische Ängste freizusetzen. Gibt das Ich dem Es nach, so kann schließlich moralische Angst entstehen(Gewissensphänomene, Schuldgefühle), weil das Überich gebietet, seine Zensurschranken zu achten. Diese Konfliktstruktur ist nur teilweise bewußtseinsmäßig repräsentiert. Zum größten Teil bleibt sie dem Individuum verborgen, wirkt im Vor- und Unbewußten „komplexbildend". Der Psychoanalytiker macht sie sich zugänglich, wenn er z. B. Träume und neurotische Symptombildungen seiner Patienten studiert. Ihnen will er über dieses Studium ihre jeweilige Konfliktstruktur durchsichtig und bewußt machen, um so eine Heilung in Gang zu bringen.

Trotz aller Bedrängtheit ist das Ich in Freuds Konzeption nicht wehrlos. Es verfügt – unabhängig von der Hilfe des Therapeuten – über konfliktlösende Abwehr-, *Verteidigungsmechanismen.* Es-Impulse, die vom Überich und Ich nicht zugelassen werden, können sich z. B. „sublimieren", d. h. in ersatzhafte Strebungen und Motive der Leistung und Arbeit, der kreativen künstlerischen Produktivität verwandeln. Die Fabel vom Fuchs und den Trauben demonstriert einen anderen Abwehrmechanismus: die „Rationalisierung". Die Unfähigkeit oder Unmöglichkeit (kraft Überich-Zensur), sich einen Wunsch zu erfüllen, wird mit einer Scheinerklärung verdeckt, mit einer „Ausrede", die abzusichern gestattet, daß dem Ansehen der Person kein Schaden zugefügt wird. Verstöße gegen das Überich und daraus resultierende Schuldgefühle können einer „Verdrängung“ unterliegen, d. h. vorübergehend oder dauernd vergessen werden. Weitere von der Psychoanalyse entdeckte Verteidigungsmechanismen sind Regression, Konversion, Identifikation, Überkompensation, Projektion (vgl. dazu A. Freud 1964, Kiener 1978).

Das Freudsche Konzept veranschaulicht das Wesen der Konfliktmodelle: Menschliches Verhalten resultiert aus einem permanenten Gegeneinander von Kräften, und menschliches Leben erscheint als gelungener oder mißglückter Versuch, in dieser Situation zu einem Kompromiß zu gelangen.

Wir wollen wiederum unsere kritischen Prüffragen stellen. – Die meisten Schöpfer von Konfliktmodellen berufen sich nicht explizit auf ein bestimmtes verhaltensbiologisches Konzept. Aber implizit schwebt ihnen in der Regel ein Ansatz vor, der instinktartige Triebkräfte in den Mittelpunkt rückt und den Menschen als mühsam gebändigtes Triebwesen erscheinen läßt. Die zentrale Position der libidinösen Aktivitäten bei vielen Freudianern, ebenso die instinkttheoretische Deutung menschlicher Aggressionen können das belegen. Die Beziehung zwischen Mensch und Umwelt wird als antagonistische Konfrontation gesehen; die soziale Umwelt wirkt repressiv und zwingt das Individuum zu Abwehrmaßnahmen, um seine Integrität zu retten. Der Umweltbegriff bezieht die gesellschaftlichen Kräfte ein, reduziert sie jedoch auf interpersonelle, z. B. familiäre Sozialstrukturen. Sève (1972, S. 167 f.) sieht den Hauptmangel der Psychoanalyse in der vollständigen Ausklammerung der individuellen und gesellschaftlichen Arbeit, einschließlich ihrer Voraussetzungen und Konsequenzen. Die so eng, verkürzt aufgefaßte Gesellschaftlichkeit des Menschen wird in ihrer Auswirkung auf das Individuum negativ bewertet. Viele Konflikttheoretiker sind Kritiker „der“ Gesellschaft in einem kulturpessimistischen Sinne (vgl. Freud 1930). Die Entwicklung des Individuums wird in diesem Modelltyp als Sozialisation beschrieben, und zwar im Sinne eines Kompromisses zwischen individuellen Strebungen und sozialen Forderungen. Aber dieser Kompromiß ist ein Nachgeben, ein Verzicht mit Akzenten des Leidens. Individuelle Vergesellschaftung als *positive* menschliche Gegebenheit, als essentielle Entwicklungsbedingung, als Möglichkeitsfeld aktiver Gestaltung seitens der Heranwachsenden, als Hilfe und Führung durch Erziehung und Bildung – alles das liegt außerhalb des Kerns dieser Modelle (Holzkamp-Osterkamp 1976, Schmidt 1979 a).

Wiederum erweist sich also, daß Konfliktmodelle nicht geeignet sind, als Verbündete einer von marxistischen Voraussetzungen getragenen Theoriebildung zu fungieren. Aber wiederum zeigt sich auch, daß diese Konzeptionen einen bewahrungswürdigen Kern enthalten – trotz vieler spekulativer Konstruktionen, trotz methodischer Rückständigkeit und trotz fehlerhafter Auffassungen von Mensch und Gesellschaft (vgl. dazu viele kritische Analysen, u. a. in Rachman 1963, Friedrich 1977). Das bleibende Verdienst der psychoanalytischen Theoretiker[8] beruht zunächst auf der „Entdeckung" der Motivation – einschließlich der sexuellen Tendenzen – als Gegenstand der Psychologie. Auf diese Weise trugen sie dazu bei, die weithin lebensferne, einseitig kognitiv orientierte „akademische" Psychologie der Jahrhundertwende um eine neue, tragende Thematik zu erweitern. Sie regten an, Bedürfnisse, Antriebe, Willensphänomene, Konflikte auch empirisch, teilweise experimentell zu untersuchen. Ohne die provozierende Aktivität der Psychoanalyse auf dem Gebiet der Motivationsforschung wären die Feldtheorie Lewins, die Theorie experimenteller Neurosen und die psychologische Entscheidungstheorie im Rahmen der akademischen Psychologie kaum entstanden. In diesen Theorien spielen nun, ebenso wie in der Psychoanalyse, Konfliktzustände und ihre Lösung eine gewichtige Rolle. Offenbar kommt es darauf an – und die Einsicht geht auf Freud zurück –, diese Zustände stärker zu beachten. Außerdem geht es darum, ihnen innerhalb der Persönlichkeitstheorie ihren richtigen Platz zuzuweisen – irgendwo im subjektiven Abbild des komplexen Individuum-Umwelt-Interaktionsfeldes. Der Konflikt – als objektiver wie subjektiver Sachverhalt – ist für denjenigen, der in Kategorien der Dialektik denkt, etwas durchaus Natürliches. Der Dialektiker setzt eine disharmonische, widersprüchliche, also konfliktäre Welt voraus (Stiehler 1966).

---

[8] Eine umfassende Untersuchung dieses Problems – eingebettet in eine aspektreiche Kritik – findet sich bei Böttcher (1979).

2.3. Konsistenzmodelle

Diese Modellgruppe ist nach Maddi (1972) durch folgende Merkmale gekennzeichnet. Grundlage der Modellbildung ist die permanente Interaktion des Individuums mit der externen Umwelt. Bei dieser Interaktion sammelt das Individuum Erfahrungen, und zwar sowohl informationeller Art (Können und Wissen) wie emotionaler Art (Stimmungen, Affekte, Befindlichkeiten – als Konsequenz der Bewertung von Informationen). Es wird nun angenommen, daß es hinsichtlich Quantität und Qualität solcher Erfahrungen *interne Optima* des Individuums gibt: Ein bestimmtes Maß an solchen Erfahrungen wird angestrebt, wird als zuträglich, als angenehm empfunden. Bei der Interaktion entstehen nun fortlaufend Abweichungen: *Diskrepanzen zwischen erwünschtem Optimum* (Sollwert) *und real sich vollziehenden Prozessen der Erfahrungsakkumulation* (Istwert). Je nachdem, ob nun das Optimum über- oder unterschritten ist, tendiert das Individuum dahin, die Erfahrungsbildung zu reduzieren oder zu verstärken. Der Modelltyp, um den es sich hier handelt, entspricht also weitgehend theoretischen Grundannahmen, wie sie in der biophysikalischen Theorie des Fließgleichgewichts (v. Bertalanffy 1953) und in der kybernetischen Regelungstheorie – bezogen auf biologische Regulationen – enthalten sind. Da Diskrepanzen den handlungs- und entwicklungstreibenden Faktor darstellen, wäre auch der Name „Diskrepanzmodelle" für diese Gruppe von Modellen angemessen. Er wäre geeigneter, um die Verwandtschaft mit Konfliktmodellen zu unterstreichen.

Nach Maddi gibt es gegenwärtig zwei Versionen von Konsistenzmodellen. Die erste sieht den Ursprung personaler Aktionen in *kognitiven* Diskrepanzen. Kelly und McClelland wären hier als Modellschöpfer zu nennen. Die zweite, verkörpert durch Maddi selbst, zentriert ihre Aufmerksamkeit auf *motivationale und aktivationale* Diskrepanzen.

Für Kelly (1955, 1964) ist der Mensch ein Wissenschaftler im weitesten Sinne des Wortes. Er versucht unaufhörlich, Ereignisse vorauszusagen und sie unter seine Erkenntnis- und Handlungskontrolle zu bringen. Er formuliert Annahmen über diese Ereignisse, testet sie mit Hilfe seiner Tätigkeit, verwirft falsche

Annahmen und baut die empirisch verifizierten zu internen Erkenntnissystemen aus. Die Diskrepanzen zwischen Hypothesen und in der Aktion erfahrener Realität sind der Motor des permanenten Auf- und Umbaus der Erkenntnissysteme. Die Persönlichkeit, so meint Kelly, sei vor allem beschreibbar durch ihre relativ stabilen „personalen Konstrukte“, d. h. durch ihre spezifische Art und Weise, die Wirklichkeit nach Maßgabe eigener Erfahrungen begrifflich zu konstruieren, zu modellieren. Somit ist der Mensch grundsätzlich zukunftsorientiert, auf die Antizipation und Beherrschung des Kommenden ausgerichtet.

Das Wesen der von Kelly praktizierten Annäherung an das Persönlichkeitsproblem läßt sich am besten an Hand eines auch für Anwendungszwecke konstruierten diagnostischen Instruments demonstrieren, nämlich des „Role Construct Repertory Test“ (abgekürzt: „Rep Test“). Dem Probanden wird zunächst eine Liste von Personen vorgegeben, die gewöhnlich im Lebensraum der Population, zu welcher der Proband gehört, vorkommen (z. B. Vater, Mutter, Geschwister, Freund, beliebter Lehrer, Vorgesetzter). Aus dieser Liste werden (in systematisierter Form) Triaden von Personen ausgewählt, und der Proband muß jedesmal entscheiden, in welcher Hinsicht zwei Personen der Triade sich ähnlich sind und gegenüber der dritten als unähnlich abheben. Auf diese Weise gewinnt der Untersucher einen Einblick in die begrifflichen Dimensionen (als Konstrukte), mit denen der Proband seine soziale Welt differenziert, klassifizert und bewertet.

Mit Hilfe dieses Tests – und neuerer Entwicklungen auf der Grundlage von Kellys Ideen – sind innerhalb der klinisch-psychologischen Neuroseforschung aussagekräftige Unterschiede zwischen Normalpersonen und neurotischen Patienten aufgedeckt worden, die das Sozialverständnis und die dadurch determinierte soziale Anpassungsfähigkeit berühren (vgl. dazu Hugler 1978). Einen zweiten Ast der Weiterentwicklung Kellyscher Anregungen entdecken wir in der Theorie und Praxis der Untersuchung kognitiver Stile (vgl. dazu Clauß 1978), einen dritten im Untersuchungsbereich sogenannter naiver Verhaltenstheorien als Bestandteilen individueller Lebensanschauungen (s. Clauß 1980). In allen diesen Fällen geht es letztlich um die Art und Weise, wie das Individuum sich und seine Beziehungen zur Welt logisch-begrifflich diskriminiert, differenziert und organisiert.

Kellys psychologische Schwerpunktsetzung – die individuelle Konstruktion von Wirklichkeitsausschnitten – verrät auch etwas über die Erkenntnistheorie des Autors: Er akzeptiert nicht eine subjektunabhängige objektive Realität, er ist Anhänger des idealistischen Konstruktivismus (vgl. dazu Pervin 1980, S. 181 f.; ferner Abschn. 3.6.).

Maddi geht in seiner Konzeption davon aus, daß sich im Laufe der ontogenetischen Entwicklung – möglicherweise auf der Basis genetischer Prädispositionen – ein individualtypisches mittleres, gewohntes, habituelles Aktivationsniveau herausbildet. Die individuelle Verhaltensdynamik reguliert sich nun auf folgende Weise:

„In der Aktivationstheorie ... ist die Diskrepanz ebenfalls eine hauptsächliche Determinante des Verhaltens. Die Diskrepanz bezieht sich ... auf das Aktivationsniveau, an das die Person gewöhnt ist, und dasjenige, das zu einem gegebenen Moment, aktuell, vorliegt." Diskrepanzen dieser Art „erzeugen stets Verhaltensweisen, deren Ziel es ist, die Diskrepanz zu reduzieren" (1972, S. 170).

„Gewohnte oder charakteristische Aktivation bezieht sich auf typische Aktivationsniveaus, welche die Person im Verlauf mehrerer Tage erlebt. Das gegebene Aktivationsniveau ist durch das Stimulationsangebot determiniert, d. h. durch das Ausmaß von Reizintensität, -bedeutung und -vielfalt, das internen und externen Quellen entstammt. Wenn das aktuelle Aktivationsniveau das gewohnte unterschreitet, dann resuliert daraus ein Verhalten, welches das Stimulationsangebot vergrößert. Wenn das aktuelle Aktivationsniveau oberhalb des gewohnten liegt, resultiert daraus ein Verhalten, das auf ein niedrigeres Stimulationsangebot zielt" (S. 631).

Diese beiden Beispiele mögen genügen, um das Wesen der Konsistenzmodelle zu verdeutlichen. Eine Modellanalyse mit Hilfe unserer Prüffragen führt hier zu folgenden Ergebnissen. Überall dort, wo im Zusammenhang mit Detailfragen verhaltensbiologische Probleme angeschnitten werden, erfolgt die Lösung nicht im Sinne eines animalisch-biologischen Reduktionismus. Auch ein menschliches Triebwesen gibt es nicht. Permanente, diskrepanzbedingte Interaktion zwischen Individuum und Umwelt wird vorausgesetzt, wobei die Umwelt als Zugriffs- und Eingriffsfeld vielfältiger individueller Aktivitäten konzipiert ist. Hier ist eindeutig spontandialektisches Denken der Modellschöpfer am Werke. Der Umweltbegriff ist jedoch hochgradig „naturalistisch"; die Umwelt bleibt eine neutrale, anonyme ökologisch-kulturelle Gegebenheit. Die Entwicklung des Individuums wird lerntheoretisch, aus der Verarbeitung von Diskrepanzen, erklärt; als Konsequenz des Fehlens *gesellschaftlich*-kultureller Komponenten des Umweltbegriffs erscheint sie jedoch nicht als individuelle Vergesellschaftung, als Sozialisation.

Trotz der Mängel auch dieses Modellansatzes kann gesagt werden: Er korrespondiert mit einigen Tendenzen aktueller und künftiger Theoriebildung im Bereich der marxistisch fundierten psychologischen Persönlichkeitsforschung. Nur die Konsistenzmodelle fassen zwei Momente der Natur des Menschen, die im ersten Kapitel herausgestellt wurden, klar ins Auge: die eigenaktive, bewußte *Gestaltung und Kontrolle* der Umwelt, die über interaktionsbedingte Widersprüche zugleich eine *Selbstentwicklung* des Individuums garantieren.

2.4. Schlußfolgerungen

Auf der Grundlage der aus dem Menschenbild des historischen Materialismus sich ergebenden persönlichkeitspsychologischen Konsequenzen (Kap. 1) und im Anschluß an die soeben realisierte Modellprüfung entstehen zahlreiche zentrale *Aufgaben der Theoriebildung,* die einen wichtigen Grundstock der Ausführungen in den kommenden Kapiteln bilden:

- Erforderlich ist die Weiterentwicklung eines für die Persönlichkeitspsychologie tragfähigen verhaltensbiologischen Konzepts. Ansätze mit entsprechenden Perspektiven liegen in diesem Problemfeld bereits vor (u. a. Schurig 1976, Johst 1982).
- Die Theoriebildung muß permanente Interaktionen zwischen Individuum und Umwelt voraussetzen. Die Untersuchung dieses Verhältnisses bedarf der persönlichkeitsspezifischen Bestimmung von Eingangs- und Ausgangsvariablen an den Kontaktstellen der Interaktion. Hier geht es vor allem um die Kategorien Information (Klix 1971, 1980 b) und Handlung (Sève 1972, Hakker 1973, Anzyferowa 1974). Aber auch die internen Umsetzungs-, Transformierungs-, Vermittlungsvariablen müssen einer solchen Bestimmung zugeführt werden. Die Kategorien Können (Fähigkeiten, Fertigkeiten), Wissen (Kenntnisse, Überzeugungen, Meinungen usw.) und Wert (Bedeutsamkeit) treten hier in den Vordergrund. Die Problematik des persönlichkeitspsychologischen Eigenschaftsbegriffes ist mit ihnen verbunden (vgl. Herrmann 1973, Schmidt 1974, Witzlack 1977).
- Die personale Interaktion ist mit der Umwelt verkettet, deren Merkmalsrelief persönlichkeitsspezifisch beschrieben werden muß. Kategorien wie Natur, Kultur, Milieu, Gesellschaft geraten hier ins Blickfeld, dies ebenso wie Fragen einer Strategie

ökopsychologischer Forschung (u. a. Kon 1971, Walter 1973–75, Smirnow 1975, Bronfenbrenner 1976, Hiebsch und Vorwerg 1980).

- Der diskrepante, konfliktäre Charakter der Interaktionsbeziehungen verdient eine besondere Beachtung, weil er die Dialektik der Handlungs- und Entwicklungsquellen in den Mittelpunkt rückt. Ansätze der Systemtheorie, der Aktivations-, Motivations- und Entscheidungsforschung müssen hier beachtet werden; sie lassen sich mit dem theoretischen Konzept der Handlungsregulation verbinden, das – zurückgehend auf Galperin (1967) – in der DDR-Psychologie entwickelt wurde (Hacker 1973, Kossakowski 1980 a, Vorwerg 1978, 1979).

2.5. Zusammenfassung

(1) Aus der Merkmalsbeschreibung des Menschen, des Individuums, der Persönlichkeit, wie sie im ersten Kapitel gegeben wurde, resultiert die Frage nach dem Typus der persönlichkeitspsychologischen Theoriebildung, der gegenwärtig und künftighin anzustreben wäre.

(2) Um diese Frage zu beantworten, ist es zweckmäßig, die bisher erarbeiteten Persönlichkeitskonzeptionen der bürgerlichen Psychologie daraufhin zu prüfen, welche Aussagen sie über die Natur des Menschen machen. Solche Aussagen bilden jeweils den Kern eines Modells.

(3) Eine dementsprechende Sondierung von drei dynamisch-genetischen Modelltypen – Erfüllungs-, Konflikt- und Konsistenzmodelle – führt zu dem Ergebnis: Nur die letztgenannten weisen spontan-dialektische Züge auf, die in marxistisch untermauerten Konzeptionen aufgehoben werden können. Für die beiden anderen Typen gilt das nur in Hinsicht auf wenige Elemente.

(4) Eine solche kritische Modellprüfung läßt Schwerpunkte unserer künftigen Theoriebildung deutlicher hervortreten. Sie betreffen u. a. verhaltensbiologische Grundlagen, die Differenzierung der Interaktionsbeziehungen (und dabei des Handlungsbegriffs), die persönlichkeitspsychologische Präzisierung des Umweltbegriffs und die Vertiefung von Einsichten über die Handlungsorganisation und -motivation.

3. Topographie der personalen Aktivität

In den bisherigen Kapiteln wurde betont, daß die *Interaktionsbeziehungen* zwischen Individuum und Umwelt Grundlage jeder persönlichkeitspsychologischen Theoriebildung seien. Sie weisen aus: Das Individuum ist zugleich Objekt und Subjekt – ersteres, soweit es bestimmt wird von den ihm vorgegebenen konkret-historischen Erfordernissen, von der Kultur; letzteres, soweit es in den Grenzen dieser Erfordernisse eigenaktiv, bewußt und in kooperativer Kollektivität seine Umwelt als Lebenspraxis gestaltet, d. h. verändert und kontrolliert.

Von diesen Tatsachen her wird verständlich, warum es notwendig ist, die Interaktionsbeziehungen des Individuums topographisch zu beschreiben, d. h. die Handlungsfelder und die mit ihnen verbundenen oder sie bedingenden objektiven Grundlagen (Umgebungsfaktoren und personale Handlungsdispositionen) und subjektiven Repräsentationen (Vorstellungen, Anschauungen usw.) zu identifizieren. Das soll jetzt mittels einer *Makroanalyse* geschehen. Sie führt zu abgrenzbaren *molaren Einheiten der Interaktion.* Dabei unterscheiden wir zunächst drei Komplexe: Lebenslage, Lebensprozeß und Lebenssituation; danach analysieren wir die Interaktion als Handlung. Diese Komplexe werden einer begrifflichen Vereindeutigung zugeführt. Die jeweiligen Namen für diese Einheiten sind in gewissen Grenzen willkürlich; sie präjudizieren keine theoretische Positon.

3.1. Lebenslage

Dieser Begriff (im Sinne von Engels' historischer Studie „Die Lage der arbeitenden Klasse in England", 1875) beschreibt zwei verschiedenartige Sachverhalte, die sorgfältig auseinandergehalten werden müssen:

Lebenslage als *statische* Gegebenheit kennzeichnet die objektiven *Positionen* des Individuums in seinen konkreten Lebensbedingungen. Hier erscheint das Individuum gleichsam als Schnittpunkt, in dem sich Einfluß- und Anforderungsdimensionen dieser Lebensbedingungen treffen. Lebenslage als *dynamischer* Sachverhalt akzentuiert die objektiven *Relationen* des Individuums zu seinen konkreten Lebensbedingungen. Sie sind faßbar in den Interaktionsbeziehungen. Reaktionen auf Anforderungen, Pflichten, Aufgaben, Zwänge; ferner Aktionen des Zugriffs, der Gestaltung und Kontrolle; schließlich Handlungen des Stellungnehmens, Partizipierens, Verteidigens oder Abwehrens – solche Formen individueller Aktivität und Einstellung werden wesentlich.

Die Lebensbedingungen, vollständig erfaßt, umgreifen natürliche, gegenständlich-sachliche, soziale und gesellschaftliche Sachverhalte. Dabei handelt es sich sowohl um materielle wie ideelle Objekte, Prozesse, Ereignisse und deren Wechselwirkungen.

Positionsbestimmung

In positionaler Hinsicht ist das Individuum durch eine *multiple* Einbettung in seine Lebensbedingungen gekennzeichnet. Das Gefüge dieser Bedingungen läßt sich auf diese oder jene Weise durchsichtig machen. In jedem Falle muß es aufgeschlüsselt und klassifiziert werden. Wir bilden zunächst zwei große Klassen.

Das *Makromilieu* (Tab. 3.1) ist identisch mit der umfassenden gesellschaftlichen Praxis. Sie bildet den großen, weiten Rahmen individueller Tätigkeit, der teilweise sehr einschränkende Grenzen

Tab. 3.1.: *Komponenten des Makromilieus*

Positionsrahmen	Positionen (Beispiele)
Historische Epoche	Mensch des frühbürgerlichen Zeitalters
Gesellschaftsformation	Bürger eines sozialistischen Landes
Nationalität	Deutscher, Lette, Frankokanadier
Staat	DDR-Bürger, US-Amerikaner
Territorium	Sachse, Älpler, Küstenbewohner
Klasse/Schicht	Unternehmer, Arbeiter, LPG-Bauer
Geschlecht	Frau, Mann
Generation	Jugendlicher, Rentner

darstellt, teilweise aber auch leicht überschritten werden kann – dies als natürliche Konsequenz der individuellen Entwicklung oder als Folge eigenaktiver Bemühungen. Einige Bedingungen des Makromilieus sind – hinsichtlich psychologisch faßbarer Wirkungen – fern, abstrakt, nicht unmittelbar effekterzeugend; für andere gilt das nicht.

Das *Mikromilieu* (Tab. 3.2.) bildet die engere individuelle Lebenspraxis. Es ist eine Substruktur des Makromilieus, als solche der Ausgangspunkt individueller Erfahrungsbildung. Es repräsentiert zugleich die individuell *wirksamen* Faktoren des Makromilieus, es „bricht" dessen Wirkungen. Beispielsweise repräsentiert das Mikromilieu, bezogen auf die Position des Kleinkindes, kaum den staatlichen Positionsrahmen; oder: das Individuum erlebt die abstrakten Basis-Überbau-Merkmale der Gesellschaftsformation, in der es lebt, nur insoweit, als sie in seinem Mikromilieu – vor allem in seiner Arbeits- und Konsumwelt – objektiv und konkret in Erscheinung treten. Im Gegensatz zum Makromilieu ist das Mikromilieu „hautnah", greifbar, unmittelbar erfahrbar, direkt wirksam. In ihm bilden sich die personalen Bezugssysteme des Handelns, Denkens, Urteilens, Bewertens. So wird verständlich, daß die Lebensbedingungen des Mikromilieus die Einflüsse des Makromilieus vielfältig vermitteln – als Verstärkung und Stabilisierung, aber auch als Hemmung, Abschirmung, Ausfilterung, Verzerrung. Das ist abhängig davon, inwieweit beide Milieuklassen korrespondieren oder nicht.

Die in beiden Tabellen enthaltenen Lebensbedingungen sind nicht als Versuch einer vollständigen Beschreibung zu verstehen. Es geht nur um die

Tab. 3.2.: *Komponenten des Mikromilieus*

Positionsrahmen	Positionen (Beispiele)
Wohnort/Wohnung	Berliner, Altbaumieter
Beruf/Arbeitsplatz	Sekretärin, VE-Großbetrieb, Finanzbuchhaltung
Familie	Vater, Mutter, Stiefkind
Freundes-/Bekanntenkreis	enger Freund von . . ., Arbeitskollege von . . .
Gesellschaftliche Aktionsfelder	Parteisekretär, Schöffe
Felder der Freizeitaktivität	Hobbybastler, Sportklubmitglied

Illustrierung des Gemeinten. Jede dieser Positionen muß im Bedarfsfalle (etwa einer speziellen Forschungsabsicht oder psychodiagnostischen Fragestellung) ergänzt und in sich verfeinert werden. Die Anzahl der in die Positionsbestimmung einbezogenen Beschreibungsdimensionen ist abhängig davon, wie genau man die betreffende Seite der externen Determination des Individuums zu erfassen gedenkt.

Relationsbestimmung

Unter relationalem Aspekt läßt sich das Individuum durch seine *Lebensweise,* seinen *Lebensstil* charakterisieren, d. h. durch sein Interaktionsverhältnis zu den Bedingungen und Sphären seiner individuellen Lebenspraxis. Die Lebensweise ist in sich differenzierbar, wie Tab. 3.3. ausweist (vgl. dazu auch Schorochowa 1980).

Tab. 3.3.: *Beispiele für Differenzierungsaspekte der Lebensweise*

Bezugsrahmen	Inhaltliche Charakteristik
Eigener Körper	Ernährungsweise
	Bewegungsweise
	Körperpflege und -kultur
Produktion	Arbeitsweise
	Qualifizierungsweise
Haushalt	Einkaufskultur
	Haushaltsführung
Familie	Erziehungsstil
	Intim-Kommunikation
Freizeit	soziale Kommunikation und Gesellung
	kulturelle Betätigungen
	Hobby-Aktivitäten
	Urlaubsgestaltung

Aus den hier vorgenommenen Differenzierungen (die wiederum in Abhängigkeit von der speziellen Fragestellung zu erweitern und in sich zu verfeinern wären) ist ersichtlich, daß die Lebensweise sowohl von positionalen Erfordernissen mitbestimmt wird (z. B. die Qualifizierungs- und Arbeitsweise) als auch auf unspezifische Umstände (z. B. allgemeines Niveau der materiellen Reproduktion, Lebensstandard) bezogen ist. Unabhängig davon muß jedoch nun die Frage beantwortet werden, was die Aussage bedeutet, in der Lebensweise dokumentiere sich ein Interaktions*verhältnis*.

Was oben Position genannt wurde, verkörpert im Hinblick auf das interaktionsfähige und -bereite Individuum bestimmte Erfordernisse, Aufgaben, Funktionen, Verpflichtungen. Die Position „Vater" z. B. schließt Aufgaben der Versorgung, des Schutzes, der Hilfe, der Bildung und Erziehung gegenüber den Kindern ein, damit die Integrität, Stabilität, Funktionstüchtigkeit der Familie gewährleistet ist. Auf diese Weise entsteht aus den Positionen ein *Anforderungsfeld*, das dem Individuum *vorgegeben* ist, ihm entgegentritt, es als *Objekt* von Einwirkungen charakterisiert, auf die es antwortet – auch wenn es die betreffende Position in eigenständiger Entscheidung übernommen hat. Die Positionen sind identisch mit *gesellschaftlichen Individualitätsformen* (Sève 1972). Sie bestimmen als personal bezogene, auf das Individuum „zugeschnittene", historisch entstandene gesellschaftliche Erfordernisse (Berufe sind beispielsweise ein Produkt der Arbeitsteilung) die Rahmenbedingungen individuellen Handelns und Wirkens. Holzkamp (1978) drückt das so aus:

> „Um herauszufinden, welche Dimensionen der Beziehung zu seinen Lebensbedingungen für die individuelle Daseinsbewältigung des Menschen ‚notwendig' ... sind, muß man zunächst die gesellschaftlichen Lebens- bzw. Entwicklungsnotwendigkeiten kennen ..., d. h., auf formationsspezifischem Niveau, die in den ... gegebenen gesellschaftlichen Individualitätsformen beschlossenen Produktionsanforderungen, in denen der gesellschaftlich notwendige Mensch-Welt-Zusammenhang an einem jeweils bestimmten Schnittpunkt innerhalb der arbeitsteiligen Struktur der Produktionsverhältnisse zum Ausdruck kommt" (S. 161).

Die in den Positionen, in den gesellschaftlichen Individualitätsformen mitdefinierten objektiven Anforderungen gehorchen einem Toleranz- oder *Minimumprinzip* in dem Sinne, daß sie über ein Mindestmaß von Aufgaben, Verbindlichkeiten, „Sollwerten" nicht hinausgehen. Dieses Prinzip ist wichtig, weil sich auf diese Weise das positional bedingte Anforderungsfeld in ein *Gestaltungsfeld* verwandelt. Es charakterisiert einen *Freiraum* für individuelle Sinngebungen, Zwecke, Ziele, Ansprüche, Handlungsvarianten usw. Geben wir dazu nochmals Holzkamp das Wort:

> „Die individuelle Vergesellschaftung ist ... ein Individuationsprozeß, durch welchen die einem Menschen ‚aufgegebenen' verschiedenen Indivi-

dualitätsformen ... in ihrer subjektiven Realisation auf je einmalige Weise zu einer besonderen, in einheitlicher Handlungsfähigkeit ihr Dasein bewältigenden Persönlichkeit integriert werden" (1978, S. 162).

Das Ausmaß, in dem das Individuum seine Positionen nicht nur gerade ausfüllt, sondern individualtypisch „färbt", anreichert, ausbaut, vertieft – gegebenenfalls auch in Frage stellt und für sich neuartig interpretiert (z. B. wenn Positionen zu Konventionen erstarrt sind), dieses Ausmaß darf als wichtiges Indiz und Kriterium seiner Persönlichkeits*reife*, also seines *Niveaus* der Eigenaktivität, Bewußtheit und Soziabilität gelten. Der individuelle Beitrag für die gesellschaftliche Realitätskontrolle läßt sich an diesem Ausmaß genauer bestimmen. Das Individuum offenbart sich als *Subjekt* seines Lebensvollzugs in der Breite und Tiefe seines Gestaltungsfeldes.

Das bedeutet nicht, diese Breite und Tiefe seien allein der Eigenbemühung des Individuums anheimgestellt. Die konkreten historisch-gesellschaftlichen Bedingungen, das durch sie mitbestimmte Ausmaß der Übereinstimmung individueller und gesellschaftlicher Interessen, die durch sie erzeugten Räume (und damit auch Grenzen) individueller Selbstverwirklichung spielen eine wesentliche Rolle. Im Kommunismus, so sagt die Theorie des Marxismus-Leninismus, seien diese Räume immens ausdehnbar.[9] Die Phase des Sozialismus gewährleistet das nicht, wie Marx (in seiner „Kritik des Gothaer Programms") und Lenin (in „Staat und Revolution") feststellten und begründeten.

Charakteristika der personalen Lebensweise

Der dialektische Charakter der Lebensweise bildet sich im widersprüchlichen Sowohl-Als-auch des Objekt- wie Subjektseins ab. Im *Verhältnis von Anforderung und Gestaltungspotenz* begegnet uns die *objektive* individuelle Lebens*qualität*. Sie ist mit Hilfe von Frageaspekten und entsprechenden Beschreibungsdimensionen erfaßbar. An den folgenden Beispielen läßt sich das Prinzip einer solchen Charakteristik erläutern:

---

[9] Man darf diese Ausdehnbarkeit und die damit verbundenen Chancen der Selbstverwirklichung nicht überschätzen. Es gibt fundierte Einwände gegen eine utopistische Interpretation der kommunistischen Formation. Die Kritik verweist auf die Gefahren einer hemmungslosen Ausbeutung der natürlichen Ressourcen unseres Planeten, auf die Überschätzung der

- Wie viele Positionen nimmt das Individuum ein, wie viele Anforderungsdimensionen schneiden sich also im Individuum? Hier erfassen wir die *positionale Belastung,* die aus der Vielfalt von Anforderungen resultiert.
- Welche dieser Positionen ergänzen und stützen sich, welche sind nicht oder wenig verträglich? Die bekannten Schwierigkeiten der gleichzeitigen Erfüllung von Mutterpflichten und von Aufgaben am Arbeitsplatz der berufstätigen Frau sind ein Beispiel dafür. Worum es geht, sind die *Positionskonflikte.*
- Welches Verhältnis von Anforderung und Gestaltung erwächst aus dem jeweiligen Bildungs- und Erziehungssystem, aus einem bestimmten Berufsbild, an einem bestimmten Arbeitsplatz? Denken wir hier etwa an den erheblichen Unterschied zwischen dem in ein programmiertes Arbeitsregime „eingetakteten" Produktionsarbeiter (z. B. in einem Fließsystem) und dem freischaffenden Maler oder Schriftsteller. Bei diesem Aspekt stehen die *Gestaltungspotenzen* einer Position im Mittelpunkt.

Die objektive individuelle Lebensqualität, die mit diesen Fragestellungen unter die Lupe genommen wird, charakterisiert *Chancen und Risiken individueller Selbstverwirklichung* und -entwicklung. Denn – um noch einmal Holzkamp zu zitieren:

„Gesellschaftliche Widersprüche und Beschränktheiten der in bestimmten Individualitätsformen beschlossenen gesellschaftlichen Anforderungen

---

Heilswirkung materieller Bedürfnisbefriedigung (damit auch auf die Notwendigkeit der Unterscheidung vernünftiger und unvernünftiger Bedürfnisse) und auf die grenzenlose, dabei luxurierende – und darum die jeweils verfügbaren Befriedigungsmöglichkeiten weit überschreitende – Natur der menschlichen Bedürfnisse. Was das letzte Argument betrifft, so wäre einzuwenden, daß diese Kennzeichnung der menschlichen Bedürfnis-„Natur" eine Extrapolation der Beobachtung bisheriger Bedürfnisentwicklung ist – eines Prozesses also, der geprägt ist in Klassengesellschaften, somit gebunden an den „Eigentumscharakter" der Bedürfnisobjekte. Unabhängig davon bleibt jedoch festzuhalten: In unserem Zeitalter des immens akzelerierenden wissenschaftlich-technischen Fortschritts erwächst uns daraus ein Maß an Verantwortung für künftige Generationen, Leben, Welten, das alles bislang Gekannte und Erfahrene überschreitet. Es gebietet, eine neue Ethik der Verantwortung in unserem Denken und Planen zu verankern (vgl. Fjodorow 1974, Jonas 1979). Zugleich unterstreichen diese Probleme die aktuellen Bemühungen um eine Präzisierung der Theorie des Kommunismus.

können bei ‚ungünstiger‘ Kumulation der ... Rahmenbedingungen ... zu ... Behinderungen und Störungen der individuellen Persönlichkeitsentwicklung und Daseinsbewältigung, sei es als ‚Persönlichkeitsverkümmerungen‘, psychische Krankheit, oder als ‚Kriminalität‘ o. ä. führen“ (1978, S. 163).

Die individuelle Lebensweise (vor allem als Arbeitsweise und als Art und Weise der Aneignung von Können und Wissen) ist Quelle des Entstehens von *Basisdispositionen,* z. B. Befähigungen, Haltungen, Anschauungen. Umgekehrt ist die Lebensweise zu einem bestimmten biographischen Zeitpunkt in erheblichem Ausmaß davon abhängig, welche zuvor erworbenen psychophysischen Basisdispositionen eigenaktiven, bewußten und soziablen Handelns das Individuum in neue Interaktionen, in seine Relation zu den Bedingungen des Makro- und Mikromilieus einbringt. Es ist möglich, diese Basisdispositionen unter dem Aspekt ihres Beitrags zur Fundierung von Eigenaktivität, Bewußtheit und Soziabilität zu *klassifizieren.* In vergröberter Annäherung (eine Differenzierung erfolgt im Kap. 6) lassen sich folgende Gruppen von psychischen Eigenschaften unterscheiden:

- in Hinsicht auf die Eigenaktivität: Aktivierungs-, Antriebs- und Motivationsdispositionen;
- in Hinsicht auf die Bewußtheit: kognitive (intellektuelle) Operationsdispositionen und von ihnen erzeugte Wissensrepräsentationen (einschließlich der akzentuierenden Bewertungs„raster“ über dem Wissenskörper);
- in Hinsicht auf die Soziabilität: motivationale, kognitive und repräsentationale Dispositionen, die zu sozialer Kommunikation und Kooperation befähigen.

Die Basisdispositionen entscheiden darüber, ob das Individuum auf eine verfügbare Interaktionsmöglichkeit anspricht, ob und wie diese verarbeitet wird, welche Handlungsresultate daraus erwachsen. Die Bestimmung der individuellen Basisdispositionen der Interaktion gehört zu den wichtigsten Aufgaben der praktischen Persönlichkeitspsychologie als psychologische *Diagnostik.* Die individuelle Lebensqualität ist eben auch von den Befähigungen des Individuums, mit den Anforderungsfeldern „umzugehen“, abhängig; davon, ob es sie erkennt, sie ausschöpft, sie gestaltend meistert. In welchem Grade das zutrifft, ist besonders gut dort zu studieren, wo diese dispositionellen Grundlagen aus dem Normbereich herausfallen. Der Sinnesgeschädigte, der geistig Retardierte, der Geisteskranke – sie alle können vorhandene Gestaltungsmöglichkeiten nicht in dem Maße für ihre Entwicklung und Selbstverwirklichung ausschöpfen wie der Normale. Dieses Handicap abzumildern oder gar zu beseitigen, ist eine der zentralen Aufgaben pädagogischer, psychotherapeutischer und rehabilitativer Arbeit von Pädagogen, Psychologen und Medizinern.

Auf den folgenden Aspekt des Gestaltungsmoments individueller Lebensweise sei ausdrücklich verwiesen. Er betrifft die *Identifizierung* mit den Positionen, d. h. die individuelle Entscheidung, das Engagement, die Strebungsintensität, bezogen auf bestimmte Elemente oder Seiten der gesellschaftlichen Individualitätsformen, der in ihnen zum Ausdruck kommenden Aufgaben und Handlungsmöglichkeiten. Mit welchen identifiziert sich das Individuum, mit welchen nicht? Welche akzentuiert es als bedeutsam, wichtig, verbindlich, welche nicht? Aus welchen Hemmnissen und Schranken sucht es sich zu befreien? Welchen individuellen, sozialen, gesellschaftlichen, historischen Perspektiven fühlt es sich bei all dem verbunden?

Die Relevanz dieses Aspekts läßt sich an einem Beispiel sehr eindringlich demonstrieren: An der Entscheidung von Individuen, die einer politisch-historisch ohnmächtigen oder rückständigen oder überholten Klasse bzw. Schicht entstammen und sich bewußt, oft unter Opfern und Entbehrungen, gegen ihre Herkunft und für eine soziale Kraft engagieren, welche die historische Perspektive vertritt. Denken wir an Namen wie Müntzer, Lenin, Brecht oder Camillo Torres.

3.2. Lebensprozeß

Der Zeitraum zwischen Geburt und Tod des Individuums ist als Sequenz von Lebenslagen beschreibbar. Aus der Hinzufügung der *zeitlich-biographischen Dimension* verwandelt sich also der Lebenslageaspekt in den des Lebensprozesses. „Das Sein der Menschen ist ihr wirklicher Lebensprozeß", heißt es in der „Deutschen Ideologie". Das bedeutet: Der Lebensprozeß ist das Absolute, *Primäre;* die Lebenslage ist als Ausschnitt, als Durchgangsstadium relativ, abgeleitet, *sekundär.*

Psychologisch betrachtet erscheint der Lebensprozeß als *Biographie des Verhaltens*, dessen entwicklungsabhängige Dialektik von Konstanz und Veränderung – einschließlich ihrer Bedingungen im Interaktionskreis Individuum-Umwelt – interessiert. Dabei geht es um die Korrespondenz der in der Person-Umwelt-Interaktion sich verändernden Bedingungen des Makro- und Mikromilieus (als Anforderungsfelder) einerseits, der konstanten bzw. sich verändernden Gestaltungsaktivitäten und Interaktionsdispositionen des Individuums andererseits. Diese Korrespondenz wird bei der psychologischen Biographik des Individuums (vgl. Thomae 1968), unter psychodiagnostischem Aspekt bei der psychologischen Anamnese, in den Mittelpunkt der Analyse gerückt (s. dazu Abschn. 5.5.). Vor einer solchen Analyse bewährt es sich, folgende Sachverhalte zu beachten.

Das „Schicksals"-Moment

Der Lebensprozeß beginnt als Schicksal. Das Kind wird hineingeboren in Lebensumstände, die es sich nicht aussuchen kann. Es kommt auf die Welt mit dem ihm eigenen biologischen Potential, das seine Entwicklung zwar nicht bestimmt, aber doch beeinflußt. Es ist in seinen frühen Lebensphasen zunächst *vorgegebenen* Umweltwirkungen unterworfen, die seine psychophysische Konstitution zusätzlich formen. Von allen diesen Komponenten, am stärksten aber von den konkreten materiell-ökonomischen, sozialen und gesellschaftlichen Umständen, in die das Individuum mit der Geburt eintritt, ist es abhängig, ob diese Ausgangsbedingungen ihm die Chance einer erfolgreichen Entwicklung seiner Persönlichkeit eröffnen oder ob ihm das Programm eines unvollkommenen, verkümmerten oder deformierten Lebensprozesses bereits in die Wiege gelegt wurde. Die hier existierenden Alternativen treten klar in Erscheinung, wenn wir die Entwicklungschancen unserer Kinder mit solchen in den Slums der Großstädte kapitalistischer Länder oder in verelendeten Entwicklungsländern vergleichen. Aber auch unsere Kinder haben unterschiedliche Entwicklungschancen. Erinnert sei an solche familiären Bedingungen, die das Entstehen asozialer oder krimineller Verhaltensweisen bewirken können, oder an pathologische Ausgangsbedingungen, z. B. in Gestalt von Hirnschädigungen verschiedenartiger Herkunft.

Innerhalb des Lebensprozesses verändern sich sowohl die Positionen des Individuums als auch seine Relationen. Bereits die Position in einer bestimmten Gesellschaftsformation kann sich wandeln, wenn wir an diejenigen denken, deren Biographie durch eine soziale Revolution gleichsam geteilt wird. Der Wechsel einiger Positionen erfolgt während des Lebensprozesses gesetzmäßig, so etwa der von einer Generation in die nächstfolgende oder der aus der elterlichen Familie (Kind-Position) in die selbstgegründete Familie (Vater-Mutter-Position). Der Wechsel anderer Positionen (im Territorium, am Arbeitsplatz, im Freundeskreis usw.) ist zufallsbedingt oder Reaktion auf drängende Anforderungen oder geschieht auf der Grundlage eigener Entscheidungen. Die Häufigkeit von Positionswechseln ist also zum Teil ein individualspezifischer Parameter der Biographie. Er läßt sich als *positionale Mobilität* bezeichnen. Lebensläufe erscheinen – von diesem Gesichtspunkt aus betrachtet – als einförmig-stabil, als farbig oder als unstet. Die Biographien vieler Emigranten dokumentieren eine – in der Regel aufgezwungene – positionale Mobilität hohen Grades. In der Biographie Beethovens verblüfft der ständige Wohnungswechsel, in der Kants die Bindung seines Lebens an eine einzige Stadt – fast ohne Reiseintentionen.

Persönlichkeitspsychologisch besonders aussagekräftig ist die *selbständig herbeigeführte,* die angestrebte, gewollte positionale Mobilität. Es ist eben nicht nur aufschlußreich, welche dem Individuum im Vollzug des Lebensprozesses „zufallenden" neuen Positionen es wie, mit welchen Mitteln, in welcher Tiefe und Breite auslotet, ausfüllt, erschöpft, auf sich „zuschneidet"; es ist mindestens gleichermaßen aufschlußreich, welche es ohne Nötigung aufsucht, besetzt, für sich gewinnt, welche es dafür aufgibt, um seine Aktivitätsmöglichkeiten zu verändern. Entscheidend ist hier natürlich die Frage, warum, aus welchen Motiven heraus ein Positionswechsel erfolgt. Diese Motivation läßt sich hinsichtlich ihrer moralischen, sozialen, politischen usw. Qualität bewerten und verrät uns so etwas über das Reifeniveau der Persönlichkeit.

Wenn im Vorhergehenden vom Positions- und Relationswandel gesprochen wurde, so war das *Aufgeben* einer Position X zugunsten einer anderen Position Y gemeint. Es gibt nun noch eine andere

Art von Veränderung der Positionen und Relationen. Sie betrifft die *Kumulation*, die Zunahme positional und relational relevanter Faktoren des Lebensprozesses. Dieser biographische Parameter drückt die schon erwähnte positionale Belastung aus, die teilweise eine natürliche, gesetzmäßige Konsequenz der individuellen Vergesellschaftung (Sozialisation) im Bezugsrahmen der Arbeits- und Funktionsteilung ist, teilweise aber wiederum eigenständig-aktiv herbeigeführt wird. Beispiele für diesen Vorgang sind jedermann geläufig: Schon der 15jährige ist zugleich Kind, Schüler, FDJler und unter Umständen Torwart der Schulmannschaft, er agiert in einem Bekannten- und Freundeskreis; und Frau X ist gleichzeitig Kind ihrer pflegebedürftigen Eltern, Mutter von 2 Kindern, Sachbearbeiterin in einem Industriebetrieb, Mitglied der Gewerkschaft, Ehefrau, Leiterin einer HGL usw. usf.

Die mit dem Lebensprozeß parallellaufende Kumulation von Positionen, die zunächst zunehmende, dann relativ konstant bleibende und schließlich abnehmende positionale Belastung ist gebunden an *Wendepunkte des Lebenslaufs*, z. B. den Eintritt des Kindes in die Schule, den Übergang ins Berufsleben, die Partnerfindung und Gründung der Familie, die Übernahme einer verantwortlichen Leitungsfunktion. Der Begriff Wendepunkt ist deshalb angemessen, weil z. B. die Übernahme zusätzlicher Positionen mit erheblich wachsenden Verpflichtungen, mit einer oft schlagartigen Ausdehnung der Anforderungsfelder verbunden ist, die gleichzeitig neue Gestaltungsmöglichkeiten eröffnet. Auf diese Weise werden Kräfte der Persönlichkeitsentwicklung freigesetzt. Hinter dem bisweilen zu hörenden Satz: „Seit sie Mutter ist, ist sie viel reifer geworden", verbirgt sich diese Realität.

Auch der umgekehrte Fall, der *Positionsverlust*, ist persönlichkeitspsychologisch bedeutsam. Das weiß man insbesondere aus der Alternsforschung. Lebenskonflikte und -krisen von Menschen jenseits des 50. Lebensjahres korrespondieren häufig mit einem Defizit an Anforderungen, Aufgaben, Pflichten, an Einsatz- und Gestaltungsmöglichkeiten, die z. B. aus dem Wegfall der Erziehungsfunktion gegenüber den eigenen Kindern (die das Haus verlassen, sich selbständig gemacht haben), aus dem Verlust der Arbeitsverpflichtungen im Rentenalter erwachsen. Die sprichwörtliche Leere und Einsamkeit des Seniorendaseins folgt daraus. Sie zu beseitigen durch eine Gesellschaftsstrategie der Aufrechterhaltung von Positionen für das Renten- und Greisenalter – das ist eine der dringlichsten Aufgaben unserer Zeit (U. J. Schmidt et al. 1974, Thomae 1975).

Ebenso wie im Falle der positionalen Mobilität ist es bei der positionalen Belastung besonders wichtig, die *selbst erzeugte* Belastung zu beachten. Sie ist kennzeichnend dafür, was sich die Persönlichkeit „zutraut", in welchem Maße sie sich um eine Erweiterung ihrer Gestaltungs- und Kontrollfunktionen bemüht. Die Analyse der hinter der positionalen Belastung verborgenen Motive (im negativen Falle z. B. auch egoistische Macht- oder eitle Selbstdarstellungsmotive) läßt uns zu Einschätzungen des moralischen Reifeniveaus gelangen. Und – unter klinisch-psychologischem Aspekt – ist ein Übermaß an positionaler Belastung (unter der Bedingung ungünstiger konstitutioneller Disponiertheit) oft genug der Schlüssel für die Erklärung psychosomatischer Störungen und Krankheiten, zugleich der Ansatzpunkt dafür, die Herabsetzung dieser Belastung in die Therapie einzubeziehen.

Dispositionswandel

Indem das Individuum seinen Lebensprozeß vollzieht, Positionen einnimmt und wechselt, sich Anforderungen aussetzt, Gestaltungen wagt und realisiert, verändern sich – wie früher schon gesagt – viele psychophysische Basisdispositionen der Interaktion. Umgekehrt speist es seine im Lebensvollzug erworbenen Eigenschaften in neue Interaktionen ein, die wiederum Veränderungen des Dispositionsgefüges bewirken. Das ist ein geregelter[10] Spiralprozeß, der erst in dem Augenblick zur Ruhe kommt, da die Positionen (und damit Relationen) konstant bleiben oder gar schwinden.

Für die *progredierenden* Lebensperioden gelten bestimmte *Regelhaftigkeiten,* die wir u. a. aus entwicklungspsychologischen Erkenntnissen ableiten können. Dafür seien Beispiele genannt:

– In den ersten Stadien des menschlichen Lebensprozesses – bis hin zum Erwerb der relativen ökonomischen, sozialen und geistigen Unabhängigkeit im Kontext der Berufsausübung – ist

---

[10] Regelung ist hier im kybernetischen Sinne gemeint (vgl. dazu Abschn. 3.5.).

das Individuum mehr Objekt als Subjekt seines Lebensprozesses, wirken die Anforderungsfelder der Positionen stärker dispositionsverändernd als die Gestaltungsfelder.[11] Wann, zu welchem Alterszeitpunkt das Individuum sich stärkere Subjektfunktionen erobert, das hängt vor allem vom Entwicklungsniveau der konkreten Makro- und Mikromilieubedingungen ab, in denen es lebt. Es ist bekannt, daß z. B. in solchen Sozietäten, die ökonomisch, sozial und gesellschaftlich wenig differenziert sind (die sogenannten Naturvölker), dies viel früher geschieht als in modernen kapitalistischen und sozialistischen Industrieländern.

- Je differenzierter die konkrete soziale und gesellschaftliche Umwelt des Individuums ist, je mehr gesellschaftliche Individualitätsformen sie enthält, je reichhaltiger das mit diesen Positionen verbundene Mosaik von Anforderungs- und Gestaltungsbereichen ist, desto besser sind die Voraussetzungen dafür, die latenten Möglichkeiten zu entwickelnder Interaktionsdispositionen auszuschöpfen. Es gibt jedoch natürliche Grenzen dieser individuellen Selbstverwirklichung. Sie werden bestimmt durch die Zeitdauer der individuellen Biographie, ferner durch das individualtypische biologische Potential, schließlich durch den Entwicklungsstand des konkreten Makro- und Mikromilieus mit seinem Anforderungs- und Gestaltungsgehalt. Was in einer bestimmten historischen Epoche an Selbstverwirklichung total möglich ist, läßt sich nur an Gruppen, Populationen, schließlich an der Gattung, niemals am Individuum ablesen.
- In allen Klassengesellschaften können wir feststellen, daß das Ausmaß von Dispositionsänderungen – im Sinne einer progredierenden Persönlichkeitsentwicklung – klassen- und schichtspezifisch ist und letztlich nur soweit zugelassen wird, wie daraus keine Gefahren für die Existenz und Macht der jeweils herrschenden Klasse zu erwachsen scheinen.[12] Diese Einschrän-

---

[11] Es ist jedoch zu beachten, daß im Spielverhalten ein Ausgleich dieser Disproportion erzielt wird!

[12] Das Wort „scheinen" ist wichtig! – Bereits die frühen Entwicklungsstadien des Kapitalismus lehren z. B., daß die entstehenden ökonomisch-technologischen Erfordernisse ein bestimmtes Maß an Persönlichkeitsentwicklung bei den Proletariern erzwangen (z. B. bessere Schul- und Berufsbildung), das seinerseits auf deren politische Bewußtseinsentwicklung zu-

kungen werden im Sozialismus prinzipiell wie schrittweise beseitigt. Die größten Probleme auf diesem Wege entstehen aus der Arbeitsteilung, ferner im Zusammenhang mit der Vervollkommnung des demokratisch-zentralistischen Leitungs- und Organisationsprinzips gesellschaftlicher Prozesse. Eine nüchterne Analyse der gegenwärtigen Bedingungen lehrt, daß die Potenzen des „subjektiven Faktors" – d. h.: der Möglichkeiten eigenaktiven, bewußten Handelns, die in den Volksmassen schlummern – keineswegs ausgeschöpft sind.

3.3. Lebenssituation

Lebenslage und Lebensprozeß sind – wie immer wieder betont wurde – objektive Sachverhalte. Die Lebenssituation hingegen ist etwas *Subjektives:* Sie ist ein vom Individuum erzeugtes *internes Abbild,* bezogen auf seine eigene Lebenslage, seinen eigenen Lebensprozeß. Sie repräsentiert entsprechende Erkenntnisse, Einsichten, Einstellungen, Befindlichkeiten usw.[13]

Erkenntnistheoretisch gesehen, ist die Lebenssituation als subjektives Abbild nur verständlich als simultane Widerspiegelung sowohl externer Objekte, Ereignisse usw. als auch der eigenen Person (Helm 1968, Stadler 1975), sie ist also Abbild einer *Relation.* Sie hat in diesem Sinne einen *reflexiven* Charakter (Vorwerg 1978, 1979). Daraus ergibt sich die Konsequenz, späterhin zwar zwei Klassen von Abbildern zu unterscheiden (nämlich Umwelt- und Selbstkonzept), zugleich aber den wechselseitigen Bezug beider zu beachten.

Dem personalen Abbildungsprozeß, der die Lebenssituation erzeugt, liegen Basisdispositionen, Befähigungen des Abbildens zugrunde – als Mittel, „Organe", „Werkzeuge" der internen Widerspiegelung. Sie ermöglichen Operationen der Aufnahme, Speiche-

---

rückwirkte und dazu beigetragen hat, ein Potential späterer sozialer Revolutionen auszubilden.

13 Es ist zu beachten: Dieser Situationsbegriff unterscheidet sich von dem der Alltagssprache, der objektive und subjektive Sachverhalte nicht scharf voneinander trennt.

rung, Verarbeitung und Bewertung von Informationen gemäß den Regeln und Gesetzen, die in der Allgemeinen Psychologie gefunden wurden und werden (Klix 1971). Diese Gesetzmäßigkeiten beinhalten u. a. die Aussage, daß im Abbildungsprozeß *erkennende* (kognitive) und *bewertende* (affektiv-emotionale) Komponenten verschränkt sind. Gleichzeitig müssen wir *Niveaustufen* der internen Repräsentation unterscheiden, die mit den Begriffen bewußt, unterbewußt und unbewußt belegt sind (Helm 1968). Die Konzepte innerhalb der Lebenssituation können dementsprechend introspektiv zugänglich, verfügbar, sie können aber auch unterhalb dieses Niveaus, also unterbewußt, repräsentiert sein (z. B. als hochgradig automatisierte Schemata) und sich dann der Introspektion schwerer aufschließen.[14]

Die Allgemeine Psychologie belehrt uns auch darüber, daß und warum die Abbildungsprozesse, welche die Lebenssituation aufbauen, die Lebenslage, den Lebensprozeß nicht kopieren, sondern *schematisieren, „brechen“* (Rubinstein 1962). Insbesondere die im Langzeitgedächtnis gespeicherten Erfahrungs-, Wissensstrukturen, aber auch aktuelle Zustände der Ermüdung, der Angst, der Konzentration usw. filtern, verstärken, hemmen, verzerren die einlaufenden Informationen. Die vielfältig gebrochene Abbildung ist ein normalpsychologisches Phänomen, dessen Wesen uns besser durchsichtig wird, wenn wir an akute Ausnahmezustände (Alkohol-, Drogen-, Panik-, Schockeinfluß) oder an psychotische Zustandsbilder (z. B. Wahnideen) denken, die zu hochgradigen Verzerrungen der Widerspiegelung der Realität führen.

Die Lebenssituation als Repräsentations-, Erlebens-, Befindlichkeitsphänomen, konstituiert durch Lebenslage und -prozeß, läßt sich deskriptiv vielfach untergliedern. Das soll im folgenden geschehen.

Umweltkonzept

Wie der Name sagt, ist das Umweltkonzept die interne Repräsentation der extraindividuellen Wirklichkeit, in die das Individuum

[14] Unbewußte Repräsentationen beruhen auf rein physiologischen Regulationsvorgängen, die niemals ins Bewußtsein treten, z. B. als Abbilder, die – über den sensorischen Informationsspeicher (Ultra-Kurzzeitgedächtnis) – das Bewegungssehen ermöglichen.

positional und relational eingeordnet ist. Das Umweltkonzept ist in sich differenzierbar; spezifische Einheiten, „Elemente" lassen sich voneinander abheben:

- *Das Natur- und Sachweltverständnis.* – Es beschreibt die interne Abbildung der externen physikochemischen, biologischen, gegenständlichen Objekt- und Ereigniswelt mit ihren Relationen.
- *Das Person- und Sozialverständnis.* – Hier handelt es sich um die Abbildung der sozialen Welt als Welt von Personen und interpersonellen Beziehungen (in Kommunikation und Kooperation).
- *Das Gesellschaftsverständnis.* – Es umfaßt als internes Modell die externen gesellschaftlichen Prozesse, Ereignisse und Institutionen als Komponenten von Basis und Überbau.
- *Das Positionsverständnis.* – Hier geht es um die interne Abbildung der positional bedingten Anforderungs- und Gestaltungsfelder des Makro- und Mikromilieus.

Diesen Elementen des Umweltkonzepts begegnet der Psychologe mit verschiedenen Aspekten der Analyse. Sie stellen u. a. folgende Sachverhalte in den Vordergrund:

- den jeweiligen *Wissensstand* (Kenntnisse über Fakten, Gesetze), z. B. physikalisches, anthropologisches, politisches Wissen;
- das *Verständnisniveau,* z. B. naives, pragmatisches, wissenschaftliches Verständnis[15];
- *Überzeugungskomponenten* des jeweiligen Verständnisses, z. B. idealistische, materialistische, religiöse Einstellungen;
- *Wert- und Idealvorstellungen,* Normen für den Umgang mit dem jeweiligen Weltausschnitt, der in einem spezifischen Verständnis repräsentiert ist, z. B. moralische oder politische Werte, Ideale und Normen.

Diese Aspekte gelten auch für das Positionsverständnis. Der Anschaulichkeit wegen sei jedoch hinzugefügt, daß beim Positionsverständnis vor allem interessiert, was das Individuum über die Erfordernisse seiner nationalen, beruflichen, familiären usw. Positionen weiß (besonders über Leistungs- und soziale Erfordernisse), wie es sie bewertet und welche Verhaltensnormen es mit ihnen verbindet.

In das Sozialverständnis einzuordnen wäre auch das Bild des *gegenge-*

---

[15] Dieser Aspekt berührt Probleme der „naiven Theoriebildung", die in der Sozialpsychologie vor allem in Gestalt „naiver Verhaltenstheorien" untersucht werden (vgl. dazu Clauß 1980, Hiebsch und Vorwerg 1980).

schlechtlichen Partners (in der Freundschaft oder Ehe) als Partner erotischer und sexueller Aktivität.

Der in diesem Zusammenhang benutzte Begriff „Verständnis" akzentuiert also stets die sowohl kognitive als auch affektiv-emotionale Beziehung des Individuums zu den verschiedenen Bereichen seiner Lebenslage, seines Lebensprozesses. Verständnis – das heißt zunächst „Wissen um . . ., Erkennen von . . ."; kognitive Operationen des Diskriminierens, Klassifizierens, der Inferenzbildung usw. führen zu einem mehr oder minder strukturierten Wissenskörper im Langzeitgedächtnis. Verständnis – das heißt aber auch „Bewerten von . . ., Stellungnehmen zu . . ." als Ausdruck bedürfnisgeleiteter, motivationaler Valenzen bedeutungshaltiger Objekte, Ereignisse usw., die auf diese Weise individuell bedeutsam werden.

Alle oben differenzierten Verständnisweisen verraten etwas über die Teilhabe des Individuums am *gesellschaftlichen* Bewußtsein. Es ist niemals den natürlichen, sachlich-gegenständlichen, sozialen und gesellschaftlichen Gegebenheiten in ihrer Unmittelbarkeit konfrontiert, sondern immer zugleich den gesellschaftlichen Anschauungen und Interpretationen natürlicher, sozialer und gesellschaftlicher Phänomene in Gestalt von *Ideologien.* Diese begegnen uns als Philosophien, Religionen und politische Doktrinen, aber auch als Elemente oder Systeme vorwissenschaftlichen Wissens (als Vorurteile, Mythos und Aberglaube). In Ideologien verdichten sich auch Konventionen und Traditionen, überholte, anachronistische ebenso wie dauerhaft gültige.

Für die zusammenfassende psychodiagnostische Kennzeichnung der verschiedenen Verständnisweisen bietet sich der Begriff *„Weltbild"* (oder „Weltanschauung") an, wenn es um das Makromilieu geht. Zum Weltbild gehören das individualtypische Klassenbewußtsein, das Nationalgefühl, die Geschlechter- und Generationsstereotype. Wenn man die engere individuelle Lebenspraxis, das Mikromilieu im Auge hat, ist der Begriff *„Lebensanschauung"* angemessen. Die begriffliche Trennung ist zweckmäßig, weil es aufschlußreiche Diskrepanzen zwischen diesen beiden Tatbeständen geben kann.

Es werden Fälle berichtet, wo überzeugte Atheisten in einer lebensbedrohenden Situation zum Gebet Zuflucht nahmen. Oder: Es gibt Menschen mit einer gefestigten, wohlfundierten marxistischen Weltanschauung, die aber in der Familie Relikte kleinbürgerlicher Ideologien konservieren und in ihre Handlungsregulation einfließen lassen – bei der Kindererziehung, beim Umgang mit dem Ehepartner usw.

Diskrepanzen dieser Art sind ein Indikator für den widersprüchlichen, *konfliktären* Charakter des Umweltkonzepts *generell*. Wo liegen die Quellen, die Ursachen für solche Konflikte, und wie sind sie einzuschätzen?

Alle Verständnisweisen wirken als Element der Zielsetzung, Planung, Programmierung und Kontrolle des Handelns (s. später 3.4.). Dabei kommt es regelhaft zu Widersprüchen zwischen Konzept und Handlungsrealität (z. B. wenn ein religiös erzogenes Kind die Erfahrung macht, daß seine Gebetswünsche nicht in Erfüllung gehen). Das Konzept kann dann „nachgeben", wird verändert, umgebaut. Außerdem muß sich der vergesellschaftet tätige Mensch immerfort mit Konzepten anderer Menschen und Gruppen auseinandersetzen, die von seinen eigenen abweichen. Beispielsweise leben unsere kirchlich orientierten Bürger ständig in einem Spannungsfeld zwischen Atheismus und Religiosität, und der Marxist muß sich permanent gegenüber den Argumenten bürgerlicher Ideologen behaupten. Die meisten solcher Konflikte sind förderlich für die Persönlichkeitsentwicklung. Sie bewahren das Individuum davor, seine Konzepte zu Dogmen erstarren zu lassen, sie veranlassen es, Konzept und Realität in Übereinstimmung zu bringen, sich selbst für Entwicklungen offen zu halten.

Die entwicklungstypische, konfliktbedingte Wandlung von internen Umweltkonzepten wird natürlich noch durch die kontinuierliche Zunahme (und damit auch Veränderung) des gesellschaftlichen Wissens über die Natur, über soziales und gesellschaftliches Zusammenleben in Gang gehalten – vor allem als Konsequenz wissenschaftlicher Forschung, Lehre und Publizistik. Die Teilhabe des Individuums an dieser Wissenserweiterung löst Vergleichs- und Korrekturprozesse aus, die gegebenenfalls – beispielsweise im Gefolge sozialer Revolutionen oder wissenschaftlich-technischer Umwälzungen – alte Weltbilder zerstören und völlig neue entstehen lassen.

Selbstkonzept

Das Selbstkonzept ist die interne Repräsentation der *eigenen Person* – als Objekt und Subjekt der Lebensbedingungen – im Bewußtsein. Auch hier wieder erweist es sich als notwendig, Differenzierungen vorzunehmen.

Es wird an dieser Stelle auf die Diskussion der Begriffe „Selbst“ und „Ich“ verzichtet. Es sei nur betont: Die tiefenpsychologische, phänomenologische und existentialistische Psychologie der Persönlichkeit haben dazu beigetragen, diese Begriffe nicht nur auszuloten und zu problematisieren, sondern in gewissem Sinne auch zu diskreditieren. Der Versuch, sie im Kontext strenger, naturwissenschaftlich orientierter Theoriebildung (etwa des Behaviorismus) zu vermeiden, ist von daher verständlich, aber nicht grundsätzlich gerechtfertigt (vgl. dazu Thomae 1968, Allport 1970, Jaroschewski 1975, Reykowski 1975, Tschesnokowa 1976, Leontjew 1979).

Das *Körperschema* ist die unterbewußte interne Abbildung der raumzeitlichen Dimensionen und Koordinaten des eigenen Körpers (Metzger 1954, Ebbecke 1959), ein permanent wirkendes Bezugssystem der Sensumotorik, das dafür sorgt, bei jeder Bewegung mögliche Berührungen, Behinderungen, Verletzungen durch Objekte der Umgebung zu intendieren, einzukalkulieren, unter Umständen zu vermeiden. Die Wirksamkeit des Körperschemas ist z. B. nachweisbar als Berücksichtigung und Antizipation der Körperhaltung und -erstreckung bei sehr schnellen, nicht bewußt kontrollierbaren sportlichen Aktionen (z. B. Flugkopfball, Hürdenlauf, Stabhochsprung). Bekannt ist auch das aufschlußreiche Phänomen des „Phantomgliedes“ bei Amputierten (Katz 1921). Diese lokalisieren unter bestimmten Umständen Schmerzempfindungen in eine Extremität, die nicht mehr vorhanden ist. Das psychische Abbild des Organs überdauert hier also seine objektive Existenz. Im Zusammenhang mit der Werkzeugbenutzung und Fahrzeuglenkung erweitert sich das Körperschema durch einen Lernprozeß und schließt dann Werkzeug und Fahrzeug ein. Bereits im tierischen Verhalten ist das Körperschema als Regulationsinstanz nachweisbar; es ist also die phylogenetisch älteste Form der Selbstrepräsentanz.

Das *Selbstverständnis* ist die interne Abbildung psychophysischer Zustände, Vorgänge und Eigenschaften, die dem Individuum eigen sind, unter folgenden Aspekten:

- als *subjektive Identität* (wer bin ich, was kann ich, was weiß ich, bin ich gesund? usw.);
- als *zugeschriebene Identität* (was halten andere von mir, meinem Können und Wissen, von meiner Gesundheit? usw.);

– als *Selbstkonfidenz,* bezogen auf eine Anforderung oder auf eine eigeninitiierte Gestaltung (bin ich der Anforderung/Gestaltung gewachsen, was traue ich mir zu, reichen mein Können und Wissen dafür aus? usw.).

Die subjektive Identität ist nicht unabhängig von der zugeschriebenen (die wir in Form von Bewertungen, Kritik, Lob usw. erfahren), und die Selbstkonfidenz ist ebenfalls ein Phänomen, das in Beziehung gesetzt werden muß zur subjektiven und zugeschriebenen Identität (und natürlich zur Spezifik der Anforderung bzw. Gestaltung).

Die Unterscheidung objektiver Basisdispositionen (als Komponenten der Lebenslage, s. 3.1.) und ihrer subjektiven Repräsentation im Selbstverständnis ist wichtig, weil die Leistungsfähigkeit des Individuums oft mehr von subjektiven als von objektiven Voraussetzungen abhängt. Ein Beispiel dafür ist der – international sehr breit erforschte – Effekt der Erfolgs- bzw. Mißerfolgsverarbeitung auf die Leistungszielsetzung und -realisierung. Es gibt offenbar Menschen, die sich bei Lern- und Arbeitsanforderungen vorwiegend von der „Hoffnung auf Erfolg" motivieren lassen („Optimisten"), und andere, die mehr von der „Furcht vor Mißerfolg" determiniert sind („Pessimisten"). Das Leistungsvermögen beider Typen ist sehr unterschiedlich (Heckhausen 1974, Atkinson und Raynor 1974).

Das *Selbstideal* ist die interne Bezugsetzung extern, in der sozialen Umwelt vorfindbarer Maximen, Normen, „Sollwerte" zum eigenen Verhalten. Die Aussage „Ich möchte sein" (im Unterschied zum „Ich bin") bezieht sich auf das Selbstideal. Es ist funktional eine Zielvorstellung individueller Strebungen und gleichzeitig ein Bezugssystem der Selbsteinschätzung. Das Individuum registriert Differenzen zwischen dem eigenen Sosein und Seinwollen. Die Größe solcher Differenzen bestimmt den Grad der Selbstzufriedenheit, der *„Selbstkongruenz"* (Rogers 1964).

Auch beim Selbstkonzept müssen wir eine erkennende und eine bewertende Komponente unterscheiden. Wenn wir von Selbsterkenntnis sprechen, dann meinen wir die kognitive Seite, während die Begriffe Selbstwertbewußtsein und Selbsteinstellung auf die Bewertung mit ihren affektiv-emotionalen Tönungen zielen („ich könnte mich ohrfeigen", sagen wir manchmal).

Es gibt eine zweite Parallele zum Umweltkonzept: Auch das

Selbstkonzept ist ein in sich diskrepantes, konfliktäres Gebilde. Das Selbstverständnis stimmt oftmals nicht überein mit den Handlungserfahrungen in der Lebenspraxis und mit den Urteilen der Kommunikations- und Kooperationspartner. Auf die Differenzen zwischen Selbstverständnis und Selbstideal wurde bereits verwiesen (vgl. Helm 1974, Wolfram 1974); sie sind die Grundlage höherer Ansprüche, ehrgeiziger Zielsetzungen, intensiverer Zielbemühungen, lösen also spezifische Prozesse der Selbstentwicklung aus. Schließlich ist das Selbstideal in sich diskrepant, weil die in der konkreten Lebenslage angebotenen Maximen und Normen keineswegs einheitlich sind. Ohne Entscheidungskonflikte geht es hier nicht ab.

Zeitperspektive

In der Lebenssituation sind nicht nur aktuelle Bedingungen psychisch präsent, sondern zugleich – mit diesen verflochten – solche der Vergangenheit und Zukunft. In Anlehnung an Lewin (1942, 1953) werden sie hier als Zeitperspektive bezeichnet. Die Zeitperspektive ist die psychische (subjektive) Vergangenheit und Zukunft als retro- und prospektiver Teil der aktuellen Lebenssituation, sie ist das *Abbild von Ereignissen des Lebensprozesses,* wirklichen vergangenen und möglichen künftigen, soweit sie als Erfahrungen und Erwartungen für das aktuelle Handeln relevant sind.

In folgenden Erlebnissen ist die Zeitperspektive psychologisch erfaßbar: Wiedererkennen, Erinnerung, Wunsch, Hoffnung, Befürchtung – um einige Beispiele zu nennen. Die Wirksamkeit der Zeitperspektive demonstriert Lewin am Phänomen der Arbeitslosigkeit:

„Untersuchungen über die Arbeitslosigkeit zeigen, wie eine langdauernde Beschäftigungslosigkeit alle Lebensbezirke eines Menschen in Mitleidenschaft zieht. Hat jemand seine Stellung verloren, versucht er, sich seine Hoffnung nicht nehmen zu lassen. Wenn er sie dann schließlich doch aufgibt, beschränkt er vielfach sein Tun weit mehr, als er eigentlich muß. Obwohl er sehr viel Zeit hat, fängt er an, seine häuslichen Pflichten zu vernachlässigen. Unter Umständen hört er auf, seinen unmittelbaren Nachbarschaftsbereich zu verlassen; selbst sein Denken und seine Wünsche werden eng. Diese Atmosphäre verbreitet sich auch auf die Kinder, und auch sie werden sogar in ihren Zielen und Träumen engstirnig ... Das Verhalten des Arbeitslosen ist demnach ein Beispiel dafür, wie die Zeitperspektive die Moral senken kann" (1953, S. 152 f.).

Die experimentelle Untersuchung des Zielsetzungsverhaltens, die seinerzeit ebenfalls durch Lewin angeregt wurde, ist zugleich eine Analyse der Zeitperspektive. Die Bildung des Leistungs-Anspruchsniveaus, d. h. die Auswahl des Ziels aus mehreren Zielalternativen, erweist sich als Beleg für die Existenz einer wirksamen Zeitperspektive. Das Zielsetzungsverhalten bezieht sich als Leistungsvornahme auf Zukünftiges (auf die angestrebte Leistung), gleichzeitig jedoch auf Vergangenes, nämlich auf die Erfolgs- und Mißerfolgserfahrungen bei ähnlichen Anforderungen. Die interne Bilanzierung dieser Erfahrungen und die Attraktivität einer Zielalternative determinieren in Gestalt der Leistungserwartungen, der subjektiven Wahrscheinlichkeit künftiger Erfolge/Mißerfolge, die aktuelle Zielsetzung (Schmidt 1966, Heckhausen 1974, Atkinson und Raynor 1974).

Wie entsprechende empirische Untersuchungen ergeben haben, sind die folgenden Aspekte der individuellen Zeitperspektive psychologisch – und dabei auch psychodiagnostisch – ergiebig:

- Welche *Orientierungsrichtungen* dominieren in der aktuellen Situation? Hier geht es um das Gewicht von Vergangenheit, Gegenwart und Zukunft im konkreten Motivationsgefüge. Denken wir etwa an die starke Gegenwartsverhaftung des Kleinkindes oder an die Schrumpfung der Zukunftsbezogenheit im Greisenalter.
- *Welche Ereignisse* auf der Dimension der Zeitperspektive sind im internen Abbild repräsentiert? Ein Beispiel dafür ist – im Bereich der Leistungsmotivation – das Entweder/Oder der Orientierung an vergangenen Mißerfolgen und Erfolgen, das bei der Beschreibung des Selbstverständnisses erwähnt wurde.
- Welche *Ausdehnung* hat die Zeitperspektive? Dieser Aspekt hat sich insbesondere bei der Analyse des Zukunftserlebens im Kontext der Alternsforschung als nützlich erwiesen. Offensichtlich ist es so, daß sich die verschiedenen Phasen des Lebenslaufs in Hinsicht auf den planenden „Griff nach vorn" unterscheiden und sich der Prozeß des psychologischen Alterns u. a. in der Verkürzungen dieses Vorgriffs bekundet (Baltes et al. 1979).
- Welchen *Realitätsgrad* weist die Zeitperspektive auf? Hier steht

die Frage im Vordergrund, in welchem Ausmaß das Individuum sich beim Aufbau seiner Zeitperspektive von einer „kühlen" Einschätzung des Wirklichen, Gegebenen leiten läßt oder sich in Illusionen und Fiktionen (Tagträume) flüchtet.

Das psychische Phänomen „Zeitperspektive" ist die entscheidende Voraussetzung dafür, daß im Prinzip auch Ereignisse, die das raum-zeitliche Hier und Jetzt des Individuums und seine überschau- und planbare Zukunft *weit überschreiten* (d. h., die in den Lebensraum künftiger Generationen hineinreichen), für das aktuelle individuelle und kollektive Handeln (einschließlich des politisch-gesellschaftlichen) relevant werden. Diese Tatsache hat in unserem Zeitalter der wissenschaftlich-technischen Revolution – mit seinen gigantischen Möglichkeiten des technisch Machbaren, Veränderbaren und damit verbundenen Gefahren, unseren Planeten auf lange Sicht hin unbewohnbar (zumindest: sehr unwirtlich) zu machen – eine enorme *moralische* Bedeutung.

Subjektive Lebensqualität („Lebensgefühl")

Im Abschnitt 3.1. wurde dargelegt, inwiefern sich aus der individuellen Lebensweise, aus den Positionen – als Anforderungs- und Gestaltungsfeldern – die objektive Lebensqualität ergibt. Die subjektive Lebensqualität als Abbild-, Anmutungs- und Befindlichkeitsphänomen[16] ist ein inneres Pendant dieses objektiven Sachverhalts.

Logischerweise sind in der subjektiven Lebensqualität auch die internen Repräsentationen der positionalen Belastung, der Positionskonflikte und der Gestaltungspotenzen von Positionen vertreten. Sie determinieren das allgemeine Befinden des Mir-geht es-gut oder des Alleingelassen- oder Überfordertseins – um einige Beispiele zu nennen.

Dieses „Allgemeinbefinden" läßt sich genauer analysieren. Anregungen dafür vermittelt Thomae (1968). Letztlich geht es darum zu prüfen, in welchem Ausmaß die zentralen Positionen des Individuums in seinem Makro- und Mikromilieu Anforderungs- und/oder Gestaltungssphären individueller Aktivität sind. In diesem Zusammenhang kann man fragen nach den subjektiv repräsentierten

[16] Sie kommt auch in jener Art Emotionalität zum Ausdruck, die man als „Stimmung" bezeichnet. Auf das emotionale Moment verweist auch der Begriff Lebensgefühl, den wir verwenden.

- Gestaltungsmöglichkeiten (weit/eng, offen/eingegrenzt),
- Abhängigkeiten (autonome/heteronome Planungen, Zielsetzungen),
- Forderungen (überlastend/entfallend, abfordernd/gewährend),
- Entwicklungsmöglichkeiten (vielfältig/gering, gefördert/gehemmt),
- Bekräftigungen (befriedigte/unbefriedigte Bedürfnisse und Interessen),
- Beziehungen (harmonisch/disharmonisch),

um einige Beispiele zu nennen, die psychodiagnostisch ergiebig sind.

Die subjektive Lebensqualität wird auch davon mitbestimmt, in welchem Ausmaß die *Lebensweisen* in den verschiedenen Lebenssphären *korrespondieren oder nicht.* Das sei an einem Beispiel demonstriert, das für ein Individuum X erhebliche Widersprüche (und von daher Belastungen) belegt:[17]

Lebenssphäre	ausgewählte Qualitätsmerkmale
Produktion	moderne Produktionsmittel, zügiger Arbeitsablauf mit Produktionserfolgen, enge Gestaltungsmöglichkeiten, disharmonische Kollektivbeziehungen
Konsumtion/Einkauf	breites Warenangebot ohne wesentliche Sortimentslücken, hoher Zeitverbrauch für den Einkauf (Schlangestehen), kommunikationsarmer Einkauf in Kaufhallen
Verkehr	lange Anfahrt zur Arbeitsstelle, überfüllte öffentliche Verkehrsmittel, pünktlicher Verkehr ohne Störungen
Wohnung/Haushalt	moderne Haushaltstechnologie, starke Überlappung der personalen Aktivitätsfelder (räumliche Beengtheit), Lärmbelästigung beträchtlich (Nachbarwohnungen, Hauptstraße), hohe Luftverschmutzung (Industrie)
Freizeitbereich	körperliche Aktivitäten in einem nahe gelegenen Sportzentrum möglich, Bibliotheksbenutzung erleichtert, kein Theaterangebot, triste Umgebung des Ortes ohne Naherholungsmöglichkeit, niedriges Niveau von Restaurants, Klubs

[17] Solche negativen Merkmale der Lebensweisen wären daraufhin zu untersuchen, welche von ihnen erzwungen (z. B. aus ökonomischen Gründen),

Die subjektive Lebensqualität gewährt einen ersten, relativ groben Zugang zu den konfliktären Momenten der Lebenssituation und damit auch zu den Quellen von Entwicklungsanreizen oder -hemmnissen. Die Erfassung des Lebensgefühls läßt die Bildung psychodiagnostischer Hypothesen zu, die dann genauere Prüfungen mit spezifischen Prüfinstrumenten erlauben.

3.4. Die Lebenssituation als Quelle der Handlung

Die Lebenssituation ist, wie gezeigt wurde, zunächst erfaßbar als strukturierte interne Repräsentation, als Abbild, als Erlebens- und Befindlichkeitsphänomen. Zugleich ist sie jedoch Grundlage, Voraussetzung, *Quelle individueller Aktivität* und damit des individuellen Lebensvollzugs. In ihr entsteht die *Dynamik* dieses Prozesses. Das wurde innerhalb der bisherigen Erörterungen schon hier und da deutlich; erinnert sei z. B. an den Zusammenhang zwischen Zeitperspektive und Handlungsplanung.

Für die Aufdeckung der Handlungsquellen ist es nützlich, ja unerläßlich, die *Widersprüche* der Lebenssituation in den Mittelpunkt zu rücken. Dieses heuristische Prinzip resultiert aus der Entwicklungstheorie des dialektischen und historischen Materialismus und seiner Konkretisierung in der Psychologie (vgl. dazu Hiebsch 1966, Schmidt 1970, Schorochowa 1974, 1976). Im Abschnitt 3.3. wurde auf solche Widersprüche hingewiesen, u. a. auf diejenigen zwischen Umweltkonzept und Handlungspraxis, Selbstverständnis und Handlungspraxis, zwischen verschiedenartigen Umweltkonzepten und Idealen verschiedener Personen, Gruppen und Institutionen, mit denen sich das Individuum auseinandersetzt. Alle diese Widerspüche verdichten sich in einem intrapsychischen *Sensibilisierungs- und Spannungszustand* (vgl. dazu schon Lewin 1926).

---

welche zufällig (z. B. durch Planungs- oder Verteilungsfehler bedingt) sind. Im Vordergrund von Veränderungsintentionen müssen natürlich die zufälligen stehen.

Je nach Intensität und Qualität dieses Spannungszustandes können wir normale, alltägliche, in gewissem Sinne typische Lebenssituationen von solchen unterscheiden, in denen das Individuum an die Grenzen seiner Belastbarkeit getrieben wird. Normale Widerspruchs- und damit auch Entscheidungssituationen sind z. B. erhöhte Leistungsanforderungen, der Fall des einmaligen (also nicht permanenten) beruflichen Versagens, der sozialen Auseinandersetzung mit dem Ehepartner, Vorgesetzten oder Arbeitskollegen, des Orts- oder Arbeitsplatzwechsels. Seltene, nicht nur beanspruchende, sondern hochgradig belastende Lebenssituationen hat Jaspers (1925) – im Kontext existenzphilosophischer Gedanken – als „*Grenzsituationen*" bezeichnet. Er analysiert mit seinen philosophischen Mitteln vier typisch menschliche, nämlich Kampf (Auseinandersetzung), Zufall, Schuld und Tod. Ihre Zahl ist erweiterbar; z. B. fügt Rilke in seiner philosophisch durchtränkten Gedankenlyrik (vor allem in den „Duineser Elegien") die Situation der Liebe zwischen Mann und Frau hinzu. Auch die Krankheit – in ihren schweren, chronischen Formen – ließe sich als Grenzsituation im Jasperschen Sinne auffassen.

Nimmt man den Begriff der Grenzsituation als schlichte Beschreibung konkreter Bewährungsanforderungen unter belastenden Streßbedingungen und geht man dabei über die Methode Jaspers' hinaus, allgemeingültige Situations*typen* zu finden, dann ist es möglich, die Grundidee dieses Philosophen fruchtbar zu machen. So kann es psychodiagnostisch sehr aufschlußreich sein, wie ein Individuum sich in einer solchen Streßsituation verhält. Thomae (1974) macht von dieser Einsicht Gebrauch, wenn er lebenswichtige Entscheidungen mit zentraler Bedeutsamkeit in seine persönlichkeitspsychologischen Untersuchungen einbezieht. Auch der Suizid – der vollendete wie ernsthaft versuchte – muß in Beziehung zu Grenzsituationen gebracht werden, für die das Individuum keine andere Lösung als die Vernichtung des eigenen Lebens fand (Zwingmann 1965). Und denken wir schließlich an folgendes: Das unerschütterliche, verbissene Durchhalten des Revolutionärs oder Widerstandskämpfers in den Folterkammern menschenverachtender Diktaturen imponiert uns auch als Fertigwerden mit einer Grenzsituation. Hier zeigt sich, daß der Begriff „Tat" – heutzutage infolge journalistischer Unbedenklichkeit allzu abgegriffen – der Grenzsituation zuzuordnen wäre.

Wo im jeweiligen individuellen Falle die Normalsituation aufhört und die Grenzsituation beginnt, läßt sich nicht objektiv, „von außen" bestimmen. Menschen unterscheiden sich in Hinsicht auf ihre Belastbarkeit, ihre Konflikttoleranz sehr stark voneinander.[18] In der einschlägigen Literatur finden sich empirisch fundierte Hinweise darauf, daß es ein individualspezifisches Optimum an Situationsdiskrepanz gibt, in welchem sich der betreffende wohlfühlt, denk- und handlungstüchtig ist (Maddi 1972). Wenn dieses Optimum überschritten ist, dann bemüht sich das Individuum um die Minderung oder Beseitigung solcher als störend, belastend oder unerträglich empfundenen Konflikte. Im entgegengesetzten Falle, bei Unterschreitung dieses Optimums – z. B. im Zustand der Langeweile, der erzwungenen Untätigkeit, der Unterforderung, erzeugt das Individuum aktiv Situationsdiskrepanzen, Unsicherheiten, Konflikte, Risiken. Denken wir nur an unsere permanent sich steigernden Zielsetzungen im Leistungsbereich, die stets das Gefahrenmoment des Mißerfolgs einschließen. Widersprüche eines bestimmten Ausmaßes sind offenbar notwendig, um die Lebenslage als aktivierend, reizvoll, „interessant" zu empfinden. Unabhängig davon, ob es sich um eine Normal- oder Grenzsituation handelt – in jedem Falle bringt der konfliktbedingte innere Spannungszustand aktivierende, orientierende, antriebsbezogene und motivierende Prozesse in Gang, die der eigentlichen Handlung vorgelagert oder in sie eingebettet sind. Ihnen müssen wir uns zuwenden. Es geht also jetzt – um es allgemein zu sagen – um Probleme der *Handlungsdynamik*.

Für die Behandlung dieser Probleme gibt es zwei Alternativen. Die erste besteht darin, sich einer der zahlreich existierenden Modellvorstellungen anzuschließen, die gegenwärtig in der Literatur angeboten werden. Als Beispiele seien die Konzeptionen von Anochin (1967), Tomaszewski (1978), Hacker (1973), Vorwerg (1979) und Kossakowski (1980 a, c) genannt. Eine solche Vorgehensweise schlösse aber die Gefahr ein, sich gegebenenfalls auf eine wenig

---

[18] Sehr aufschlußreich sind diesbezüglich die psychologischen Untersuchungen über die Verarbeitung der Haftbedingungen in den Nazi-KZs (Matussek 1971; vgl. ferner Dohrenwend und Dohrenwend 1974).

dauerhafte Basis einzulassen, da – wie die Erfahrung lehrt – solche spezifischen Modelle im Vollzug der Forschung schnellen Veränderungen unterliegen. Die Tatsache, daß ein Vergleich der genannten Konzeptionen zum Entdecken von invarianten Komponenten der Handlungsdynamik führt (die sich oft hinter den modelleigenen Terminologien verbergen), rückt eine zweite Alternative in den Vordergrund. Sie zielt auf die Darstellung dieser Invarianten ab – möglichst mit Hilfe von Begriffen, die nicht einem speziellen theoretischen Ansatz entnommen sind –, und sie unternimmt nur gelegentlich „Ausflüge" in spezielle Modellierungsversuche, um diesen oder jenen Sachverhalt zu verdeutlichen. Diese zweite Variante wird den folgenden Ausführungen zugrunde gelegt.

Zuvor sei jedoch noch ein Nachtrag zu den oben erörterten Fragen der Normal- und Grenzsituation angefügt. Diskrepanzen innerhalb von Lebenslage und -situation – ob nun selbst erzeugt oder von außen auferlegt – lösen nur dann Aktivitäten aus, die das Individuum letztlich (wenn auch oft nach schmerzhaften Erfahrungen) als befriedigende, wohltuende oder auch beglückende Konfliktlösung verbucht, wenn in den elementaren Basisrelationen, die Individuum und Umwelt verbinden, relative Harmonie herrscht. Damit ist gemeint: Die Grundbedürfnisse des Individuums nach Nahrung, Wohnraum, Sicherheit, produktiver Tätigkeit, sozialer Kommunikation und Geborgenheit, nach Wissen und Information – sie müssen befriedigt sein oder im antizipierbaren Zugriffsbereich der Befriedigung liegen. Nur dann ist das Individuum befähigt, Mühen, Anspannungen, Sorgen, Mißerfolge seines Alltagslebens nicht nur auf sich zu nehmen, sondern sie fruchtbar zu machen für seine Selbstverwirklichung. (Und nur die Befriedigung dieser Grundbedürfnisse kann das Ziel einer fortschrittlichen Gesellschafts- und Sozialpolitik sein[19]; von ihr gleichsam ein heiles Lebens-Sanssouci, einen Garten Eden zu erwarten oder zu verlangen, wäre vermessen und illusionär. Widerspruch, Konflikt, also auch Mühsal, Leid und Schmerz sind und bleiben Ingredienzien der Lebensbewährung und Quelle von Entwicklung.)

Aktivation und Orientierung

Das Entstehen von dynamischen Tätigkeitsvoraussetzungen innerhalb der Lebenssituation bedarf einer *unspezifischen* psychophysischen Disposition, nämlich der zureichenden Aktivation des Or-

[19] Um diese Grundbedürfnisse geht es, wenn in entsprechenden Dokumenten von „Menschenrechten" gesprochen wird.

ganismus. Unter Aktivation verstehen wir einen neurodynamischen Funktionszustand der Erregung, der das Ansprechen auf die kritischen (konfliktären) Stimuli der Situation – Ansprechen heißt hier: Sensibilität, Orientierung, Wachheit –, das Ingangsetzen und die stabile Funktionstüchtigkeit neuraler Prozesse gewährleistet, die in allen Phasen der Informationsverwertung und Interaktion in Anspruch genommen werden. Die Initiierung und Kontrolle neurodynamischer Aktivierungsvorgänge wird über die Wechselbeziehung retikulärer, limbischer und kortikaler Strukturen des Zentralnervensystems geregelt.

Das neurodynamische Erregungsniveau ist nicht konstant, sondern weist – in Abhängigkeit vom Zustand des inneren Milieus und von Anforderungsgraden und -inhalten – Schwankungen auf. Sie sind erfaßbar in physiologischen Parametern, z. B. in Veränderungen von sensorischen Schwellen, EEG- und EMG-Charakteristika, Hautwiderstandswerten und Kennwerten der Vasodilatation und -konstriktion. Psychologische Parameter der Aktivation sind Zustände variierender Aufmerksamkeit, Konzentration, Anspannung und Entspannung, emotionaler/affektiver Erregung, Wachheit und Ermüdung (Vigilanz). Über die Psychophysiologie und Psychologie der Aktivation informieren u. a. Lehrbücher der Physiologie und Neurobiologie, z. B. das von Birbaumer (1975).

In der neueren Aktivationsforschung gibt es einen Trend in der Richtung, das ursprünglich einheitliche Konzept einer den Gesamtorganismus betreffenden neurodynamischen Aktivierung zugunsten der Differenzierung mehrerer Aktivationssysteme mit jeweils spezifischen Funktionen aufzugeben. Für persönlichkeitspsychologische Fragen wesentlich ist die Unterscheidung eines *Weckalarm-Systems* (Arousal-Systems) und eines *Aktivierungssystems im engeren Sinne,* wie es Pribram und McGuinness (1976) vorschlagen und experimentell begründen. Das erstgenannte System sichert „eine phasische Reaktion auf den Eingang, bei der zentrale und autonome neurale Reaktionen im Orientierungsverhalten miteinander verbunden werden" (ebenda, S. 382).

Klix (1971) untersucht das hier angesprochene Orientierungsverhalten im Zusammenhang mit dem Lernaspekt der Informationsverarbeitung. Er unterscheidet 3 Auslösungsbedingungen, die den Organismus in einen Zustand verstärkter Orientierung, verbesserter Informationsaufnahme und -verarbeitung versetzen: „Die Neuheit von Reizeinwirkungen", „die Überraschung bzw. der unerwartete Eintritt eines an sich bekannten Ereignisses" und den Konflikt als „simultan widersprüchliche Information" (S. 477 f.). „Allen drei Auslösungsbedingungen der Orientierungsreaktion ist gemeinsam, daß sie eine Entscheidungsunsicherheit des wahrnehmenden Organismus veranlassen" (S. 479), die ihn zur Optimierung seiner peripheren wie zentralen Eingangsbedingungen befähigt.

Das Aktivierungssystem im engeren Sinne ist eine „tonische Bereitschaft zur Reaktion", die nach Pribram und McGuinness die spontane Aktivität erzeugt, das somatomotorische System funktionstüchtig macht und auch für die Verarbeitung späterer Handlungskonsequenzen Mittel bereitstellt (den „Wirkungsakzeptor" im Sinne von Anochin 1967). Auch die Herstellung eines für die Handlungsrealisierung erforderlichen Vigilanzgrades gehört in das Funktionsspektrum dieses Systems. Es garantiert als Ganzes die Fähigkeit des Individuums, innerhalb seiner Lebenssituation aus der Phase der Orientierung in die der Handlungsvorbereitung und Handlung überzugehen und im Handeln Beanspruchung und Belastung „durchzustehen".

Aus dieser Skizze von Aktivierungs- und Orientierungsgrundlagen dürfte zu entnehmen sein, daß sie zu den *organismischen* Voraussetzungen des Individuums gehören, um seine widersprüchliche Lebenssituation begreifen zu können und zu tätigen Veränderungen befähigt zu sein. Aus diesem Grunde sind Erkenntnisse der Aktivationsforschung bedeutungsvoll für die Persönlichkeitspsychologie. Sie belegen auch die Verflechtung kognitiv-orientierender und orientierend-bewertender Komponenten der Interaktion. Die persönlichkeitspsychologische Relevanz der Aktivationsforschung tritt noch deutlicher in Erscheinung, wenn wir uns den interindividuellen Unterschieden der Aktivierung zuwenden.

Antriebsorganisation

Im folgenden unterscheiden wir Antriebsorganisation und Motivation, dies mehr aus methodisch-didaktischen, weniger aus sachlichen Gründen. Die Analyse der *Organisation* zielt auf die *formalen Mechanismen und Regeln* der handlungsfundierenden Situationsdynamik; es geht hier gleichsam um die Grammatik dieser Dynamik. Demgegenüber akzentuiert der *Motivations*begriff die

Semantik und Pragmatik der Situationsdynamik, das Problem der Teilhabe an der Identifizierung mit den Werten der Lebenslage, also den *subjektiven Wertgehalt* der individuellen Antriebe.

Um die Phänomene der Antriebsorganisation richtig zu verstehen, bedarf es der Rückerinnerung an schon Gesagtes, und zwar im Zusammenhang mit der Beschreibung von Umwelt- und Selbstkonzept. Der Begriff „Verständnis" spielte dort eine Rolle, und es wurde hervorgehoben, daß die verschiedenartigen Konzeptualisierungen, um die es dort ging, immer zugleich Wissens- und Wertrepräsentationen sind. Im gleichen Sinne gilt jetzt, bei der Situationsdynamik, daß sich die Antriebsorganisation kognitiver und bewertender Operationen, Mechanismen und der durch sie erzeugten Abbilder bedient, um die Handlung vorzubereiten.

Wenn das Individuum seine aktuelle, vielfältig diskrepante Lebenssituation in das Handeln überführen will, muß es befähigt sein, Ereignisse, Objekte, Relationen usw. seiner jeweiligen Lebenslage zu erkennen. Es muß sie diskriminieren, klassifizieren, vergleichen; es muß Informationen sammeln, auswählen, speichern, auf Bedarf abrufen; es muß künftige Ereignisse, mögliche Handlungskonsequenzen schon im Vorhinein kalkulieren, Erwartungen ausbilden und verändern; es muß inkongruente Informationen als solche ausmachen, Mittel einsetzen, um die Inkongruenz zu beseitigen. Alle diese Leistungen bedürfen des Einsatzes *kognitiver Fähigkeiten.* Sie sind insbesondere mit der Gedächtnis- und Lernaktivität, mit reproduktivem Denken und mit dem Problemlösen verbunden. Letztlich geht es um die Herausbildung erfolgreicher kognitiver Strategien, wenn eine als diskrepant empfundene und erkannte Lebenslage über das Handeln in eine neue, angemessenere Lage zu überführen ist. Die dafür beanspruchten kognitiven Basisdispositionen sollen hier mit dem Begriff *„Intelligenz"* belegt werden. Er „faßt solche Merkmale individuellen Verhaltens zusammen, die sich bei der rationalen Bewältigung von Anforderungen zeigen, die sich also an Lösungen von Problemen äußern." Die Intelligenzbestimmung „wird bedeutsam im Hinblick auf ... ihren Erkenntniswert für die Voraussagbarkeit von Verhalten und Leistung unter analogen Lebensbedingungen" (Klix et al. 1967, S. 10). Der letzte Satz bedarf einer Präzisierung. Wenn wir von der Intelligenz und ihrer Diagnostik im Zusammenhang mit *persönlichkeits*psychologischen Intentionen sprechen, dann interessiert in der Regel nicht nur die Befähigung für diese oder jene intellektuelle Einzelleistung. Es interessiert auch das kognitive Vermögen, eine problem- und also konflikthaltige *konkrete Lebenslage* mit ihren Anforderungs- und Gestaltungsdimensionen problemlösend zu verwandeln – z. B. eine Neuereraufgabe zu bewältigen, ein technologisches Fertigungsregime zu rationalisieren, die Organisation eines Arbeitskollektivs zu verbessern, ein Ehe- oder Erziehungsproblem zu meistern.

Die derzeit vorhandenen Prüfmittel (z. B. Intelligenztests) sind für diese Art lebenspraktischer kognitiver Befähigung meist nicht konstruiert worden. Möglicherweise sind die Forschungen über sogenannte *kognitive Stile* – also über allgemeinere kognitive Fähigkeiten und Eigenschaften, die in stärkerem Umfang auf die globale Lebenslage und -situation beziehbar sind (vgl. Bottenberg 1972, Clauß 1978) – die Geburtsstätte für solche Prüfmittel, die in der Zukunft eine große Rolle spielen dürften. Man denke nur an den Fall der explizit psychotherapieorientierten Intelligenzdiagnose, die gegenwärtig nicht durchführbar ist.

Halten wir also zunächst fest: In die Organisation der situationalen Verhaltensdynamik fließen Intelligenzkomponenten ein. Es sind aber nicht die einzigen; die oben erwähnten Bewertungen bedürfen der Analyse auch *nicht-kognitiver* Faktoren. Wenn wir davon ausgehen, daß die Lebenssituation als konfliktäres Anforderungs- und Gestaltungsfeld erscheint, entdecken wir in ihr Aufgaben- und damit *Zielstellungen.* Die Zielsetzung ist eine kognitive Wahrnehmungs- oder Vorstellungseinheit, die mit einer *Antizipation* verbunden ist. Als Teil eines internen Handlungsprogramms erwächst die Zielsetzug aus aktuellen Situationsdiskrepanzen, die in einer künftigen (als solche vorweggenommenen) Situation beseitigt oder abgemildert sein sollen. Diese Ist-Soll-Differenz reflektiert einen *Defizitzustand,* der als *Bedürfnis* erlebt wird. Das Bedürfnis erzeugt den – die Befriedigung antizipierenden – *Antrieb,* eine Zieleinstellung, die *Gerichtetheit* auf das Ziel. Bedürfnis und Antrieb sind verbunden mit *affektiv-emotionalen* Bewertungen, die das Zielobjekt mit einer positiven oder negativen Valenz ausstatten. „Die Besonderheit der Emotionen besteht darin, daß sie die Beziehungen zwischen den Motiven (den Bedürfnissen) und dem Erfolg oder der Möglichkeit der erfolgreichen Realisierung der ihnen entsprechenden Tätigkeit des Subjekts widerspiegeln" (Leontjew 1979, S. 189). Im Zusammenhang mit der anforderungsabhängigen Zielsetzung und Handlungsprogrammierung bedarf es nun der *adaptiven Organisation* des Antriebs.

Das Wesen dieser Organisation, die in ihr zu beobachtende Verkoppelung kognitiver und nicht-kognitiver Prozeßkomponenten, ist in verschiedenartigen Konzeptionen beschrieben worden, so z. B. – wie bereits erwähnt – in den Handlungstheorien von Tomaszewski und Galperin (weiterentwickelt durch Hacker und Kossakowski), im Kontext der entscheidungspsychologischen Theoriebildung (Lee 1971, Langenheder 1975) und ausgehend von Usnadses Einstellungstheorie durch Vorwerg (1978, 1979). Als Beispiel soll hier die entscheidungstheoretische Annäherung ausgewählt werden (Abb. 3.1.).

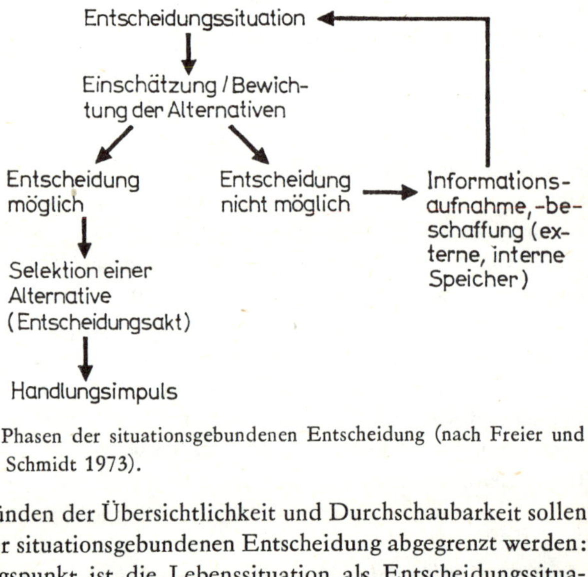

Abb. 3.1.: Phasen der situationsgebundenen Entscheidung (nach Freier und Schmidt 1973).

Aus Gründen der Übersichtlichkeit und Durchschaubarkeit sollen Phasen der situationsgebundenen Entscheidung abgegrenzt werden:

- Ausgangspunkt ist die Lebenssituation als Entscheidungssituation, d. h. als „Durchgangsstadium innerhalb der zielgerichteten Handlung, das durch einen Konflikt konkurrierender Handlungsmöglichkeiten aufgebaut und mit der Auswahl einer dieser Möglichkeiten verlassen wird ..." (Freier und Schmidt 1973, S. 342).
- Charakteristisch für die Entscheidungssituation ist ein objektiver und subjektiver Status der Unsicherheit, bedingt durch das

mit der Existenz von Handlungsalternativen verbundene „Vorhandensein widersprüchlicher und einander ausschließender Informationen und Verhaltensanforderungen" (ebenda, S. 341). Diese Unsicherheit bewirkt Orientierungshandlungen, die der Beschaffung zusätzlicher Informationen dienen.

- Wenn das Individuum über seiner Meinung nach hinreichende Informationen über die verschiedenen Handlungsmöglichkeiten (und also Zielalternativen) verfügt, nimmt es eine Einschätzung und Bewichtung der Alternativen vor. Es geht aus vom subjektiven Wert (Nutzen) der Alternativen, ferner von der subjektiven Wahrscheinlichkeit, die entsprechenden Handlungen zu realisieren (Realisierungserwartung), und vom damit verbundenen Entscheidungsrisiko. Alle diese Größen „verrechnet" es nach einem situationsspezifischen Entscheidungsprinzip – etwa dem, den größten erwarteten Nutzen zu erzielen, oder dem, das Risiko möglichst gering zu halten. Nach dieser Verrechnung erhält eine der Alternativen das höchste Gewicht, das Individuum bevorzugt sie.
- Aus der Bevorzugung erwächst die Auswahl einer Zielalternative, der Entscheidungsakt, der in einen Handlungsimpuls, in das Handlungsprogramm übergeht.

Wenn wir nach Beispielen für Entscheidungen suchen, so finden wir sie nicht in den unbedingten Reflexen, nicht in den hochgradig automatisierten Gewohnheitshandlungen. Wir finden sie u. a. im Bereich der Leistungszielsetzung (Anspruchsniveaubildung; vgl. Schmidt 1966), des Einkaufverhaltens, der Berufswahl, der Auswahl des Lebenspartners oder Freundes, der moralischen Gewissensentscheidung. Das bedeutet zugleich, daß die Organisation, wie sie hier beschrieben ist, als explizit persönlichkeitsspezifisch auch zur aufhellenden Analyse dessen beitragen kann, was früher „Wendepunkte des Lebenslaufs" genannt wurde (s. dazu 5.2.).

Es muß hinzugefügt werden, daß diese Beschreibung der Antriebsorganisation den Entscheidungsprozeß – und die in ihm auffindbaren kognitiven und bewertenden Akte – stark vereinfacht. Individualtypische Eigenschaften spielen noch hinein (z. B. Selbstkonfidenz, Impulsivität und Risikoneigung; vgl. Wolfram 1974), und auch die „existentielle Bedeutung" einer spezifischen Entscheidungssituation, die daraus resultierende Schwere von Konflikt und Entscheidung, dürfen nicht übersehen werden (Thomae 1974). Beides beeinflußt z. B. die Entscheidungszeit.

Bedürfnis, Antrieb und Motivation sind – durch ihren Bezug zur Lebenssituation und durch ihr Verbundensein mit dem Tätigkeitsprogramm (und mit der wirklichen Tätigkeit) – korrespondierende Sachverhalte. Was heißt das? Geben wir dazu Leontjew (1979) das Wort:

„Der Gegenstand, der in der Lage ist, das Bedürfnis zu befriedigen, ist im Bedürfniszustand des Subjekts ... nicht scharf umrissen. Vor seiner ersten Befriedigung ‚kennt' das Bedürfnis seinen Gegenstand nicht, er muß erst noch entdeckt werden. Erst durch diese Entdeckung wird das Bedürfnis gegenständlich, und der wahrgenommene (vorgestellte, gedachte) Gegenstand erhält seine stimulierende und tätigkeitslenkende Funktion, das heißt, er wird zum Motiv" (S. 181 f.).

Wesentlich ist, „daß die Bedürfnisse durch die Gegenstände in den Prozeß der Konsumtion transformiert werden. Und das hat Schlüsselbedeutung, um die Natur der menschlichen Bedürfnisse zu begreifen". Diese werden nämlich „durch die Entwicklung der Produktion erzeugt. Ist doch die Produktion zugleich auch Konsumtion, die Bedürfnisse schafft" (S. 183).

Motive sind also – um den Kern dieser Gedanken zu bestimmen – *vergegenständlichte Bedürfnisse*. Die Bedeutsamkeit, der subjektive Wertgehalt, der persönliche Sinn materieller oder ideeller Gegenstände – als Ziel der Tätigkeit, als Orientierungspunkt der Antriebe – erschließen uns die Motive des Handelns. Das bedeutet auch: Die Interaktionsbeziehungen des Individuums zur Welt subjektiv werthaltiger, personal bedeutsamer Objekte, auf welche sich die bedürfnisgetragenen, antriebsgeleiteten Aktivitäten richten, sind Ursprung und Quelle der Motive.

Konsequenterweise wird der beschreibende (und diagnostische) Zugang zu den individuellen Motiven durch die Analyse der (positional fundierten) *Handlungsziele innerhalb der Lebenssphären* Arbeit, Konsumtion, Bildung/Erziehung und Freizeit erschlossen. Dabei gilt es zu ermitteln, welchen *subjektiven Wert* – der Meidungs- oder Annäherungs- und Identifizierungsantriebe auslöst – die Gegenstände der Lebenssphären für das Individuum verkörpern.[20] Folgende Fragen werden also wesentlich:
– Welchen subjektiven Wert verkörpern die Arbeitsgegenstände

[20] Diese subjektiven Werte sind auch im Umwelt- und Selbstkonzept, in der Welt- und Lebensanschauung auffindbar (vgl. dazu schon Stern 1923).

des Individuums? – Entlohnung, geistiger Gehalt, körperlicher Einsatz, Prestigezuwachs usw. könnten bedeutsam sein.

- Welchen subjektiven Wert verkörpern die Lerngegenstände des Individuums? – Hier wäre es denkbar, daß Wissenszuwachs, soziale Anerkennung, Verbesserung der beruflichen Position und der Entlohnung eine Rolle spielen.
- Welchen subjektiven Wert verkörpern die Gegenstände der materiellen und ideellen Konsumtion, die Personen der sozialen Kommunikation und die Gegenstände von Freizeitbereichen des Individuums? – Hier geht es um Wertschätzungen, bezogen auf das „Essen und Trinken", auf die Mode, auf das kulturelle Angebot, auf den sexuellen Partner usw.

Insbesondere unter dem Aspekt der individuellen Wertorientierung ist die *Einstellungstheorie,* die in der Usnadse-Schule entwickelt wurde, für die Persönlichkeitstheorie fruchtbar. Das zeigt Vorwerg (1978), und zwar im Rahmen eines schematisierten „Verhaltenszyklus" (Abb. 3.2.).

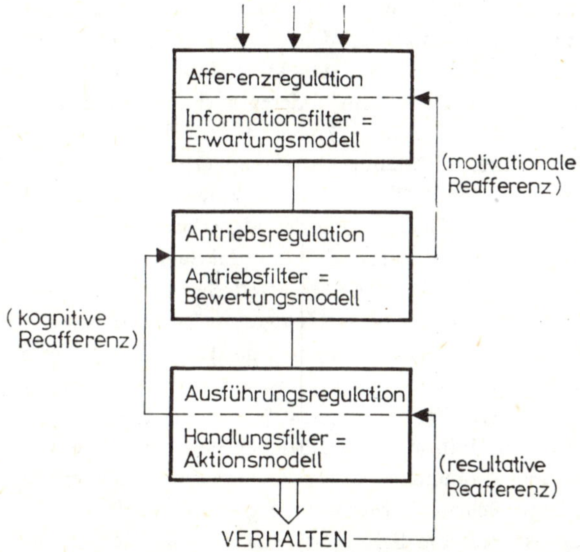

Abb. 3.2.: Schema des Verhaltenszyklus (aus Vorwerg 1978). Ebenen psychischer Regulation: Afferenz, Antrieb, Ausführung; Ebenen psychischer Funktionen: motivationale, kognitive, resultative; Ebenen psychischen Verhaltens: Erwartung, Bewertung, Aktion.

Nach Vorwerg verkörpert die Einstellung jedoch neben der bewertenden auch eine selektive und eine handlungsorientierende Funktion. Auf der Ebene psychischer Regulationen haben wir es dementsprechend mit Afferenzen, Antrieben und Handlungsausführungen zu tun, auf der Funktionsebene mit motivationalen, kognitiven und resultativen Funktionen, während uns im Verhaltensbereich Erwartungen, Bewertungen und Aktionen begegnen.

Die an dieser Stelle besonders interessierende Bewertung beschreibt Vorwerg folgendermaßen: „Die bewertende Funktion dient der spezifischen Organisation der aufgenommenen Informationen, um die Ausführung der Handlung gerichtet in Gang zu bringen (Antriebsfilter). In der psychologischen Literatur wird dieser Sachverhalt häufig als ‚Bewertungsmodell' oder ‚Bewertungsmuster' bezeichnet. Die bewertende Funktion realisiert sich auf der Grundlage der ebenfalls ontogenetisch erworbenen Antriebsregulation, die durch die Entwicklung der kognitiven Reafferenz auf die ‚Antriebsfilter' zustande kommt. Die kognitive Reafferenz entsteht aus der Wechselwirkung von Antriebs- und Ausführungsregulation" (S. 26).

Die Motivanalyse fördert also zahlreiche *interindividuelle Unterschiede* zutage. Ein und dieselbe Handlung kann sehr verschieden motiviert sein, je nachdem, welches Individuum sie durchführt. Dem objektiven Pluralismus der Werte in der konkreten Lebenslage entspricht die breite Varianz subjektiver Motive. Die Motivationsforschung hat aber noch ein anderes wichtiges Ergebnis erbracht: Die individuellen subjektiven Werte, die Motive sind *hierarchisch* geordnet. Holzkamp-Osterkamp (1976, S. 17 ff.) belegt, daß bereits generell (d. h. hier: als Konsequenz der historisch-gesellschaftlichen Entwicklung des Menschen und der in ihr wirkenden Gesetzmäßigkeiten) die „produktiven" Bedürfnisse (und Motive) nach „Teilhabe an der gesellschaftlichen Realitätskontrolle" und nach „kooperativer Integration" ein größeres Gewicht, einen stärkeren Durchsetzungs- und Einflußgrad verkörpern als die „sinnlich-vitalen" (organischen und sexuellen) Bedürfnisse und Motive. Formal gesehen geht es hier um die Priorität der kognitiven (Informations-), der aktionalen (Gestaltungs-) und der sozialen (Kommunikations-, Kooperations-) Bedürfnisse, die sich in entsprechenden Motiven vergegenständlichen. Deren Befriedigung ist für die Selbstverwirklichung des Individuums fundamental. Wenden wir uns dem einzelnen Individuum zu, so begegnet uns wiederum eine Motivhierarchie. Leontjew (1979) beschreibt sie mit Hilfe zweier Klassen: der *stimulierenden* Motive im Gegensatz zu den *sinngebenden* Motiven.

Leontjew geht davon aus, „daß die Tätigkeit notwendig zu einer ‚polymotivierten' Tätigkeit wird, das heißt gleichzeitig zwei oder mehreren Motiven entspricht. Die Handlungen der Menschen realisieren stets eine Gesamtheit von Beziehungen: zur gegenständlichen Welt, zu den Menschen der Umwelt, zur Gesellschaft und zu sich selbst." Die verschiedenen Motive liegen nun, wie Leontjew meint, auf verschiedenen Ebenen einer hierarchischen Struktur. „Somit geben die einen Motive, indem sie die Tätigkeit stimulieren, ihr gleichzeitig persönlichen Sinn. Wir bezeichnen sie als sinngebende Motive. Die anderen, die neben ihnen existieren und die Rolle von stimulierenden (positiven oder negativen) Faktoren – mitunter starken emotionalen, affektiven Faktoren – spielen, haben keine sinngebende Funktion. Wir werden solche Motive ... als stimulierende Motive bezeichnen." Die erstgenannten Motive seien für die Charakteristik der Persönlichkeit besonders wesentlich: „Die sinngebenden Motive nehmen ... stets einen höheren hierarchischen Platz ein. Als führende Motive im Leben des Subjekts können sie für das Bewußtsein ... im Hintergrund, ‚verdeckt' bleiben" (S. 192 ff.).

Auch phänomenologisch orientierte bürgerliche Psychologen haben auf die hierarchische Organisation der Motive hingewiesen. Ihre Erklärung dieser Hierarchie ist in der Regel unbefriedigend; ihre Aspekte und Kategorien jedoch sind oft anregend. Hingewiesen sei hier auf die von Spranger (1922) vorgelegte Typologie dominanter subjektiver Wertorientierungen, auf seine Beschreibung des theoretischen, ökonomischen, ästhetischen, sozialen, religiösen und des Machtmenschen, also von 6 „idealen Grundtypen der Individualität". Ein zweites Beispiel sind die von Thomae (1968) klassifizierten *„Daseinsthemen"*, denen empirische Untersuchungen zugrunde liegen (dies im Unterschied zu Spranger).

Unter Daseinsthemen versteht Thomae Klassen von Handlungsgegenständen und -zielen, die unter dem Aspekt der motivationsrelevanten *subjektiven Bedeutsamkeit, Lebensorientierung und -einstellung* zusammengefaßt werden können. Er differenziert 7 „fundamentale thematische Einheiten" und analysiert deren Varianten:

Regulation (im Sinne eines aktuellen Störungsausgleichs, der Gleichgewichtsherstellung) – antizipatorische Regulation (d. h. Abwehr künftighin möglicher Störungen, vorbeugende Absicherungen) – Aktivität (Gestaltungstendenzen) – soziale Integration – soziale Abhebung (Geltung, Prestige) – kreative Selbstverwirklichung – normative Verpflichtung (gegenüber vorgegebenen oder autonomen Regeln und Normen). Solche Daseinsthemen lassen sich als „Leitmotive" oder Motivationskerne interpretieren, von denen organisierende Tendenzen ausgehen und getragen werden.

3.5. Lebensweise, Handlung, Gestaltung

Das verhaltensdynamische Moment der Lebenssituation wurde in den Phänomenen der Aktivation, Antriebsorganisation und Motivation gleichsam von innen, im *Vorfeld der Handlung*, beobachtet. Im Übergang zur Analyse von *Entäußerungen* der Situationsdynamik erschließen sich nun die konkreten mentalen und sensumotorischen *Aktivitäten* des Individuums. Sie verbinden es mit seiner Lebenspraxis und kehren im Vollzug der Interaktion als Aktivitätseffekt zum Individuum zurück.

Der „Gegenspieler" der konkreten Aktivität ist nicht die Lebenspraxis als Ganzes, sondern jeweils eine bestimmte *Lebenssphäre.* In Relation zu ihr, in ihrem Anforderungs- und Gestaltungsmedium, vollzieht das Individuum seine Lebensweisen des Produzierens und Konsumierens, des Lernens und der Freizeiterfüllung. Wollen wir diese Lebensweisen zum Gegenstand einer psychologischen Analyse machen, so müssen wir uns ihren überschaubaren, „faßbaren" Untereinheiten zuwenden, den *Handlungen.* Im Gegenstandsbereich „Handlung" verzweigen sich *verschiedenartige psychologische Annäherungen,* wie aus dem folgenden Schema ersichtlich ist:

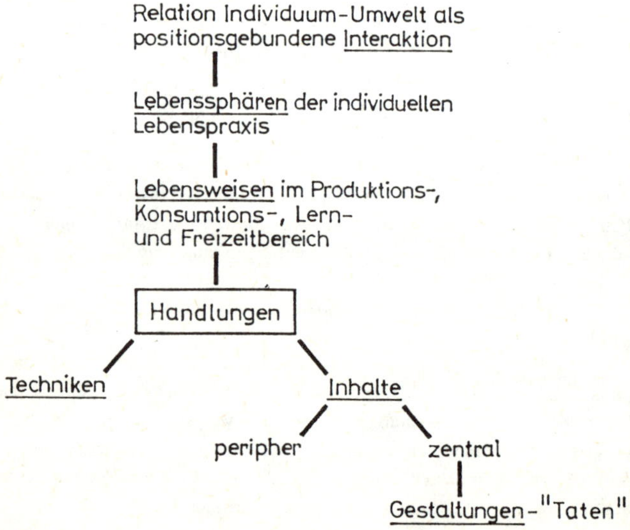

Diese Verzweigungen gestatten es, die spezifisch persönlichkeitspsychologischen Weisen der Annäherung von anderen – insbesondere allgemein-psychologischen – zu unterscheiden und abzugrenzen. (Das bedeutet nicht, ihre Interdependenz bestreiten zu wollen!)

Handlungsinhalt, Handlungstechnik

Handlungen sind – als aktualgenetische Prozesse – mentale und/oder sensumotorische *Tätigkeiten im Rahmen überschaubarer Zeiträume.* Mit der Handlung erfassen wir „die kleinste psychologische Einheit der willensmäßig gesteuerten Tätigkeit. Die Abgrenzung dieser Handlung erfolgt durch das bewußte Ziel, das die mit einem Motiv verbundene Vorwegnahme des Ergebnisses darstellt. Nur kraft ihres Ziels sind Handlungen selbständige, abgrenzbare Grundbestandteile ... der Tätigkeit" (Hacker 1973, S. 70). Mit dieser Definition sind Bewegungsabläufe instinktiver, reflektorischer und automatisierter Art aus dem Handlungsbegriff ausgeschlossen.

Der *Handlungsinhalt* muß in zweifacher Hinsicht bestimmt werden: Einmal durch das *objektive Ziel* (Resultat, Produkt der Handlung), genauer: durch die vom Ziel verkörperten materiellen, ideellen Bedeutungen im Kontext sachlicher, sozialer und gesellschaftlicher Erfordernisse der Daseinsbewältigung und -kontrolle; zum zweiten durch das *subjektive Ziel* und die mit ihm verbundenen Bedürfnisse, Motive und Antriebscharakteristika des handelnden Individuums. Objektives Ziel und subjektive Zielsetzung stimmen – hinsichtlich Bedeutung/Bedeutsamkeit – nicht immer überein.

Unter dem Aspekt der individuellen Handlungsbedürfnisse und -motive lassen sich periphere und zentrale Handlungsinhalte unterscheiden. *Periphere Inhalte* sind solche, bei denen die Handlung lediglich durch eine stimulierende Motivation ihre Dynamik erhält. *Zentrale Handlungsinhalte* weisen eine sinngebende Motivation auf, die ihnen eine starke „Ichnähe" verschafft, resultierend aus der emotional „getränkten" Identifizierung des Individuums mit objektiven Zielen und subjektiven Zielsetzungen. Periphere Handlungen, z. B. solche der routinemäßigen Nahrungsaufnahme, des Aufsuchens und Verlassens der Arbeitsstelle, des Verrichtens von

Reinigungsarbeiten, sind persönlichkeitspsychologisch wenig ergiebig, obwohl es auch in diesem Sektor der Aktivität zahlreiche interindividuelle Unterschiede gibt. Das eigentliche Feld der persönlichkeitspsychologischen Handlungsforschung sind die zentralen Arbeits-, Konsum-, Lern- und Freizeithandlungen, weil gerade in ihnen das eigenaktiv-schöpferische Moment des *Eingreifens* in die individuelle Lebenspraxis zum Ausdruck kommt. Zentrale Handlungen sind in diesem Sinne *Gestaltungen.* Sève (1972) hebt mehrfach die hier versuchte Akzentuierung des persönlichkeitspsychologischen Handlungsbegriffs als wichtig hervor:

„Wenn zum Beispiel von Verhaltensweisen gesprochen wird, dann heißt das nämlich, daß das Psychische des Menschen zwar als *Aktivität* studiert wird, aber nur als konkrete Aktivität *des Subjekts* unter Absehen von deren *objektivem Resultat für die Gesellschaft* ...

Die Persönlichkeit ist nicht Quelle einer Gesamtheit von Verhaltensweisen, deren gesellschaftliches Resultat gleichgültig wäre und deren Kenntnis sich durch Untersuchung der Mechanismen ihrer Erzeugung erschöpfend gestalten ließe. Die Persönlichkeit ist ein komplexes System von Handlungen, und das Eigentümliche einer Handlung ist, daß sie gesellschaftlich *etwas bewirkt*" (S. 308 f.). Als Beispiel für dieses Etwas führt Sève die Arbeitshandlung an, bei deren psychologischer Untersuchung die Eigentums- und Machtverhältnisse und die Entlohnung einbezogen werden müßten; die Forschung dürfe sich nicht im Studium der Bewegungsregulation erschöpfen.

Der Begriff der *Handlungstechnik* ließe sich – in allgemeinpsychologischer Annäherung – unter dem Gesichtspunkt von Mechanismen der Steuerung von Handlungsabläufen (einschließlich der Wirkungsakzeptation) definieren. Dann geht es um das, was im nächsten Abschnitt „Ausführungsorganisation" genannt wird. Handlungstechniken sind aber auch explizit *persönlichkeits*psychologisch relevant, wenn man ihr Wesen anders versteht, etwa so wie Thomae (1968), der sie – unter Verwendung des Begriffs *„Daseinstechnik"* – als instrumentelle Prinzipien oder Strategien der Zielerreichung faßt, nicht nur bezogen auf ein enges Problemlösungsfeld, sondern auf die übergreifenden sozialen und gesellschaftlichen Kommunikations- und Kooperationsbedingungen der Handlungssituation. Auch hier wieder, ähnlich wie bei seinen Motivanalysen, bemüht sich Thomae um die Charakteristik empirisch abgeleiteter „fundamentaler instrumenteller Einheiten" (S. 334 ff.). Sie weisen enge Beziehungen zum moralischen Reifeniveau der Persönlichkeit auf.

Es sind dies folgende Klassen von Techniken[21]: Leistung (als „Instrument der Lebensführung“, als Grundlage sozialer Anerkennung) – Anpassung (im Sinne der „Übereinstimmung mit sachlichen Gegebenheiten, mit Erwartungen und Bedürfnissen von Gruppen und Individuen und/oder mit bestimmten gesellschaftlichen Normen“) – Abwehr, Verteidigung (bezogen auf Belastungen, bei denen das Individuum an die Grenze seiner erfolgreichen Reaktionsmöglichkeiten gelangt und eine Gefährdung seiner Selbstidentität erlebt) – Exgression, Evasion (Entlastung, Entspannung durch „Herausgehen aus einem Spannungsfeld“, das durch Anforderungen entstanden ist) – Aggression (Durchsetzung von Zielen mittels Kritik, Abwertung, Verleumdung, Tätlichkeit).

Es sei darauf hingewiesen, daß einige dieser Techniken enge Beziehungen zu den von der Psychoanalyse breit untersuchten Mechanismen der Ich-Verteidigung und Angstabwehr haben (s. Abschn. 2.2.).

Für eine allgemein-psychologische (und zum Teil auch psychophysiologische) Forschungsorientierung bilden sowohl Handlungen mit peripherem wie auch zentralem Inhalt den Objektbereich, jedoch mit anderen Fragerichtungen und Problemstellungen, als sie bisher behandelt wurden. Die Handlungen des Individuums werden unter – in der Regel stark *eingeschränkten* – Bedingungen untersucht, die es gestatten, allgemeine Gesetzmäßigkeiten der aktionsrelevanten Informationsaufnahme, -speicherung, -verarbeitung und -bewertung (einschließlich ihrer Repräsentations- und Regulationsfunktion im und für das Handeln) abzuleiten. Die reduzierten Bedingungen resultieren aus der Methodologie und Methodik des psychologischen Experiments, und die Handlung nimmt – als Konsequenz dieser Art Reduktion – die Gestalt solcher Aktivitäten an, die optimal experimentell kontrollierbar sind. Das sind z. B. Mikroprozesse der visuellen Abtastung, Teiloperationen von Bedienungshandlungen in Mensch-Maschine-Systemen, bedingte Reaktionen/Aktionen bei Lernvorgängen. Sie werden schlicht als *Verhaltensweisen* bezeichnet. Über die Fülle mentaler und sensumotorischer Verhaltensweisen, die im Gegenstandsbereich der Allgemeinen Psychologie (und Psychophysiologie) und der Arbeitspsychologie liegen, informieren einschlägige Lehrbücher und Monographien (z. B. Klix 1971, Hacker 1973).

Es gibt Persönlichkeitspsychologen, die der Allgemeinen und

---

[21] Auf die von Thomae untersuchte Dialektik des „Umschlagens“ von Daseinstechniken in Daseinsthemen wird hier nicht eingegangen.

zum Teil Arbeitspsychologie den Vorwurf machen, sie verfehle in ihrer Art der Annäherung an das Handeln das Wesen, den Kern des Menschen, des Individuums.[22] Das mag für jene Richtungen zutreffen, welche über eine Verabsolutierung der naturwissenschaftlichen Methodologie zu einer Überschätzung der Aussagekraft von Gesetzeserkenntnissen neigen, die lediglich an der Peripherie individueller Handlungen gewonnen wurden. Die Theoreme des Behaviorismus sind ein Beispiel dafür. Aber solche extrem einseitigen Orientierungen bestimmen nicht das Bild der gegenwärtigen Allgemeinen Psychologie. Aus ihr vermag die Persönlichkeitspsychologie erheblichen Nutzen zu ziehen; in vielen Fällen ist sie auf die allgemein-psychologische Vorlaufforschung sogar angewiesen. Die Ausführungen über Probleme der Antriebsorganisation haben das bewiesen, und der folgende Abschnitt wird es nochmals zeigen.

Ausführungsorganisation

Durch die Handlung ist das Individuum mit seiner Lebenspraxis verbunden, greift in sie ein, verändert sie, bewirkt etwas – für sich, für andere, für kleinere oder größere Bereiche der gesellschaftlichen Umwelt. Das Individuum registriert seine Handlungseffekte, verarbeitet sie und verändert sich dabei selbst – hinsichtlich seines Könnens und Wissens, seiner Fähigkeiten und Fertigkeiten, kurz: seines Eigenschaftsgefüges.

In formaler Hinsicht und auf molarem Niveau ist das Problem der Generierung solcher Kreisprozesse der Interaktion innerhalb der kybernetischen *Systemtheorie* weitgehend gelöst worden. Als Beispiel dafür sei das *„Kommunikatormodell"* von Backhausen (1974) genannt, dessen Elemente und Beziehungen in Abb. 3.3. wiedergegeben sind. Die uns interessierenden Fakten der zirkulären Ausführungsorganisation von Handlungen werden von Backhausen mit solchen der Antriebsorganisation verbunden.

- Das Schema beschreibt den Interaktionskreisprozeß, bestehend aus den Elementen Signalproduktion, Perzeption, Verhalten, Signaleinwirkung, der sich zwischen dem individuellen Kommunikator (stärker umrandetes Feld) und der Umgebung („Situation") vollzieht.

[22] Vgl. die Kritik von Haug et al. (1980) an der Handlungstheorie Hackers.

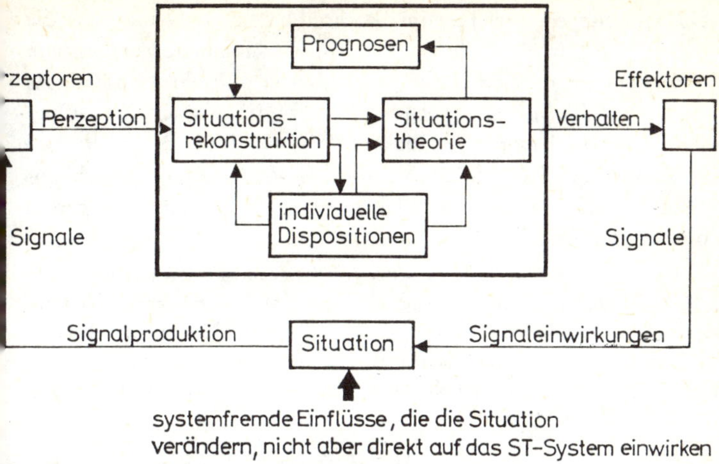

Abb. 3.3.: Elemente und Beziehungen eines Kommunikatormodells (aus Backhausen 1974); ST Situationstheorie.

Abb. 3.3.: Elemente und Beziehungen eines Kommunikationsmodells (aus)

unterscheidet kognitive, motivationale und sensumotorische) wird die Situation intern rekonstruiert, ferner wird – wie Backhausen das nennt – eine „Situationstheorie" gebildet (Extraktion der relevanten Bedingungen als Basis der Strategie- und Prognosebildung, des zielorientierten Verhaltens; Ausmachen der verfügbaren Alternativen, der zu erwartenden Verhaltenskonsequenzen usw.).

– Die Situationstheorie wird im Verhaltenseffekt getestet. Dabei kann sich herausstellen, daß sie falsch ist. Damit ergibt sich die „prinzipielle Möglichkeit des Kommunikationskonflikts als notwendige Konsequenz ... Wird eine Situationstheorie durch das nachfolgende individuelle Verhalten bzw. dessen situative Konsequenzen bestätigt oder verworfen, so werden die zu ihrer Konstruktion verwendeten Dispositionen entsprechend modifiziert: Die individuellen Dispositionen werden an die jeweiligen Erfahrungen mit der Situationstheorie adapiert. Damit erweist sich die Situationstheorie auch als der entscheidende Vermittler des ... Lernprozesses" (ebenda, S. 421).

Die von Backhausen beschriebenen Einheiten und Relationen eines lernenden Kommunikationssystems sind auch mit anderen

Akzentuierungen und Termini beschreibbar. Sehr bekannt ist die Darstellung komplexer Systeme als hierarchische Vernetzung von Rückkoppelungseinheiten, die von Miller et al. (1960) stammt. Es handelt sich hier um die sogenannten TOTE-Einheiten (Test-Operate-Test-Exist-Einheiten). Hacker (1973) wählt die Beschreibungsweise einer „VVR-Einheit" (Vergleich – Veränderung – Rückkoppelung) und umreißt die Idee eines solchen Funktionsschemas folgendermaßen:

„Die wirksame Funktionseinheit der ... Tätigkeit ist der Rückkoppelungskreis ..., also die Rückkoppelung eines auf eine Zielstellung hin entstandenen Tätigkeitsresultats – im Sinne eines Vergleichs (‚Tests') mit dem mit der Zielstellung gegebenen inneren Modell – und Fortsetzen der zielgerichteten Tätigkeit bis zum Feststellen hinreichender Übereinstimmung des rückgemeldeten Produkts mit dem Ziel im Vergleich" (S. 104).

Solche allgemeinen Modelle der Ausführungsorganisation sind in der Allgemeinen Psychologie und Physiologie an zahlreichen spezifischen Beispielen überprüft und bestätigt worden. Erwähnt seien der Aufbau der bedingten Reaktion (Anochin 1967), die Wirkungsweise von Lernmechanismen und -formen allgemein (Klix 1971), das Problemlösen (ebenda) und der Mechanismus der Zielsetzung im leistungsmotivierten Verhalten (Schmidt 1966). Aus diesem Grunde dürfte es angemessen sein, davon auszugehen, daß ganz generell die handlungsfundierte Entwicklung der Persönlichkeit in allen ihren Bereichen so erfolgt, wie es diese Modelle beschreiben (vgl. zu diesen Modellen auch Abschn. 2.3.).

3.6. Exkurs: Zum Problem des Eigenschaftsbegriffs

Wir haben bisher häufig von internen psychischen Interaktionsbedingungen, Dispositionen oder Eigenschaften gesprochen, und zwar so, als handle es sich dabei um selbstverständliche Tatsachen. Dieser Eindruck täuscht jedoch. Wissenschaftstheoretische, methodologische, sprachlogische Analysen der letzten beiden Dezennien haben den psychologischen Eigenschaftsbegriff außerordentlich *problematisiert*. Das wurde zunächst insbesondere von Forschern angeregt und geleistet, die dem Neopositivismus, logischen Empirismus oder kritischen Rationalismus nahestehen (u. a. Carnap 1960, Turner 1967, Stegmüller 1970, Herrmann 1973). Trotz ihrer fragwürdigen erkenntnistheoretischen Position haben sie zur Entstehung eines wesentlich verschärften Problembewußtseins innerhalb der Eigenschaftsforschung beigetragen. Bei marxistisch orientierten Forschern lösten sie kritische theoretische Studien aus (Kröber 1967, Schmidt 1974c, Witzlack 1977, Vorwerg 1978, Zimmermann 1979, Noack 1980).

Die in dieser Auseinandersetzung sich herausbildenden Standpunkte und Einsichten werden dem folgenden Exkurs zugrunde gelegt, obwohl sie keineswegs als voll ausgereift gelten können. Was wir hier vor uns haben, ist also eine Art Vermessung wissenschaftlichen Neulands.

Diese Vermessung beginnt mit der Untersuchung des dialektischen Verhältnisses von Tätigkeit (Interaktion) und Eigenschaft und setzt sich fort in der Analyse jener mehrschrittigen, komplizierten Rekonstruktionsprozesse, deren Ziel es ist, Eigenschaften zu bestimmen.

Tätigkeit und Eigenschaft

Der Lebensprozeß des Individuums realisiert sich in konkreten Tätigkeiten, die als Handlungen erfaßbar sind. Sie und ihre Ergebnisse liefern uns *Primärdaten* jeder psychologischen Untersuchung. Alle Handlungen sind zweifach determiniert. Einmal durch Informationen, die äußeren (Umwelt-) oder inneren (Gedächtnis-) Quellen entstammen; sie formieren das „interne Modell" als Informationsrepräsentation. Auf dieses Modell beziehen sich erkennende und bewertende Operationen, deren aktiver Vollzug (mit seiner Organisations- und Motivationsfunktion) den zweiten „Ast" der Handlungsdetermination bildet. Die internen Operationen verkörpern Verarbeitungsprozesse, deren Resultat sich in den Handlungen niederschlägt. Repräsentationen wie Operationen erfolgen auf der Basis entsprechender neuraler Strukturen, Funktionen, Mechanismen. Die zweifache Verwurzelung der Handlung beschreibt Rubinstein (1962) unter dem Gesichtspunkt seines *„reflektorischen Prinzips":* Die psychische Tätigkeit ist „einerseits als Hirntätigkeit und andererseits als Widerspiegelung der Welt zu betrachten" (S. 161).

Die Untergliederung der gesamten psychischen Tätigkeit in Prozesse der Informationsaufnahme, -speicherung, -verarbeitung und der Überleitung von Verarbeitungsresultaten in das Handeln führt uns auf natürliche Weise zu den dispositionellen Eigenschaften hin. Sie bezeichnen *Charakteristika dieser psychischen Tätigkeit unter dem Aspekt ihrer strukturellen und funktionalen Fundierung.* Ihre reflektorische und mediatorische Funktion rechtfertigt den Begriff „dispositionell", denn die Eigenschaften sind verkörpert in Bereitschaften und Befähigungen des Individuums, „auf bestimmte objektive Einwirkungen gesetzmäßig mit bestimmten psychischen Tätigkeiten zu antworten" (ebenda, S. 261 f.).

Es gibt *universelle* dispositionelle Eigenschaften. Sie gehören als phylogenetische und anthropogenetische Erwerbungen (vgl. Kap. 1) zum Verhaltensbauplan des menschlichen Organismus. Auch alle anderen Dispositionen besitzen erbmäßig fixierte Komponenten (z. B. die nervalen, physikochemischen Funktionsgrundlagen des Gedächtnisses), die ein Möglichkeitsfeld von Operationen und Repräsentationen „vorgeben". Sie sind aber einem Formungsprozeß unterworfen, der aus den Lernvorgängen des Individuums resultiert. Rubinstein verdeutlicht diesen Sachverhalt an Beispielen:

> „Die psychischen Prozesse ... sind mit den psychischen Eigenschaften ... verbunden, die sich in der Tätigkeit des Menschen bilden und die diese bedingen. So hängen z. B. die Prozesse des Empfindens und Wahrnehmens mit der Sensibilität zusammen ... als der Fähigkeit des Individuums, auf bestimmte Einwirkungen mit Empfindungen und Wahrnehmungen zu antworten. Die Formung der Sensibilität ... vollzieht sich in der aktiven praktischen Begegnung des Menschen mit den verschiedenen gegenständlichen Formen der Wirklichkeit und ist immer gesellschaftlich vermittelt. So bildet sich beim Individuum ... in der Kommunikation das sprachliche ..., das musikalische Gehör usw." (ebenda, S. 262).

Retrospektiv betrachtet, ist die Eigenschaft also ein Produkt vergangener, prospektiv gesehen, ist sie Grundlage, Voraussetzung, Bedingung künftiger Tätigkeitsbeziehungen.

Für den engen Zusammenhang zwischen Tätigkeit und Eigenschaft gibt es in der Intelligenzforschung ein treffendes Beispiel, nämlich den von Guilford (1969) vollzogenen Übergang von einem *statischen* Fähigkeitskonzept in seinem Intelligenzstruktur-Modell (SI-Modell) zu einem *dynamischen* Konzept in seinem Intelligenzstruktur-Problemlösungs-Modell (SIPS-Modell), das Fähigkeiten und Prozesse der Informationsverarbeitung in ihrer wechselseitigen Verflechtung enthält (Abb. 3.4. a, b). Im SI-Modell (auch Quadermodell genannt) wird der globale Sachverhalt „Intelligenz" unter dem Gesichtspunkt unterschiedlicher Inhalte, Operationen und Produkte des Denkens in 120 theoretisch mögliche (und empirisch untersuchbare) intellektuelle Fähigkeiten aufgeschlüsselt. Diese Fähigkeiten sind im SIPS-Modell Grundlage bzw. Resultat eines schematisierten Problemlösungsvorgangs, der durch Aktivations- und Motivationsprozesse (Eingang I) eingeleitet wird.

Es kann kein Zweifel darüber bestehen, daß den Eigenschaften eine *reale Existenz* zuzuschreiben ist. Rubinstein schreibt:

„Die Formung ... der Tätigkeit vollzieht sich notwendigerweise zusammen mit der Bildung des entsprechenden ‚funktionellen Systems', das die Ausführung der betreffenden Funktion gewährleistet ... Ein solches ‚funktionelles Organ' ist auch die neurologische Grundlage einer psychischen Eigenschaft; es ist die Eigenschaft oder Fähigkeit in ihrem physiologischen Ausdruck ... Die psychischen Eigenschaften sind, physiologisch gesehen, Systeme von Nervenverbindungen und existieren als solche in Form der gesetzmäßig auftretenden psychischen Tätigkeit" (ebenda, S. 262 f.).

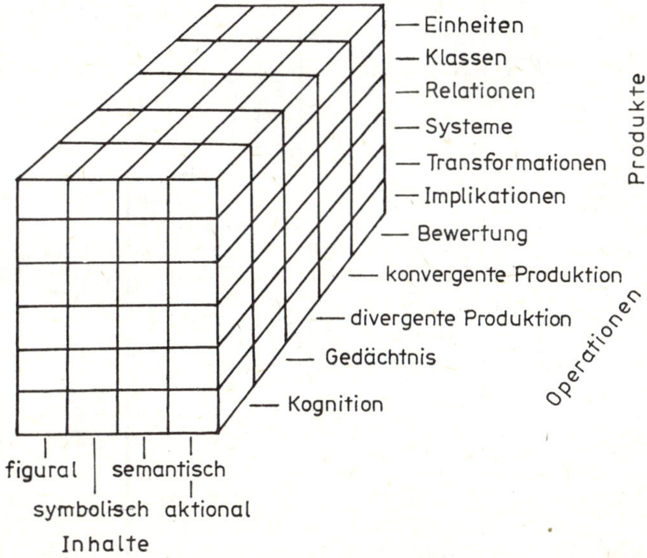

Abb. 3.4. a: Intelligenzstrukturmodell (sogenanntes Quadermodell), nach Guilford (1964).

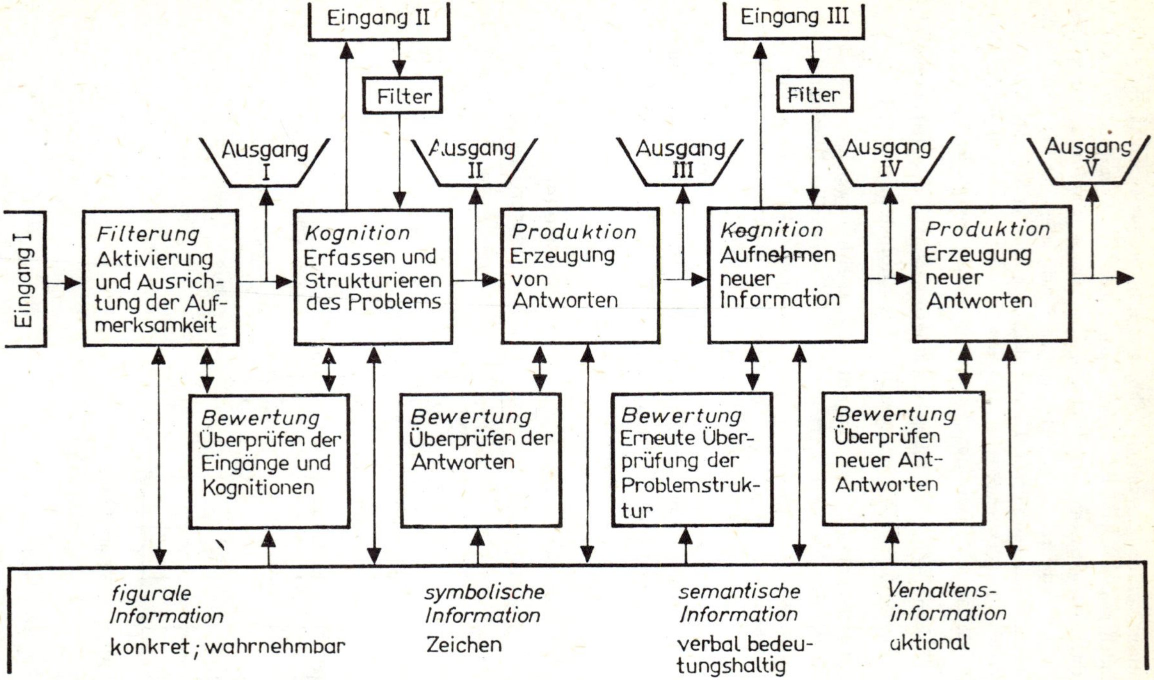

Abb. 3.4.b: Intelligenzstruktur-Problemlösungs-Modell (nach Guilford 1969).

Eine sehr komplizierte Aufgabe besteht darin, Elemente, Relationen, Funktionsprinzipien, Entwicklungsmechanismen, neurobiologische Grundlagen usw. dispositioneller Eigenschaften – als Komponenten funktioneller Systeme – *aufzuklären,* d. h. zu sagen, „welche Merkmale real sind“ (Noack 1980, S. 46). Dies ist unterschiedlich schwierig je nach der Klasse von Eigenschaften, die wir vor uns haben. Es gelingt z. B. bei den gespeicherten und abrufbaren Inhalten des Wissens (Kenntnissysteme) offensichtlich besser, leichter als bei den Basisdispositionen von Operationen, z. B. bei der Intelligenz, bei Einstellungen oder Interessen.

Prädikation und Wechselwirkung

Aussagen über Dispositionen *bezeichnen* bestimmte interne Bedingungen der Tätigkeit. Dieses Bezeichnen kann nur mit Hilfe sprachlicher Begriffe oder sprachanaloger Symbole geschehen. Sie gehören in den Kontext von „vereinbarten“ Zeichensystemen, die für den Zweck der Signifikation, Kommunikation und Kooperation gebildet werden. Kann daraus nun der Schluß gezogen werden, die Zuordnung von Eigenschaftsbegriffen zu internen Verhaltensbedingungen sei eine rein *gedanklich-verbale Konstruktion?* – Das ist die Kernfrage dieses Abschnitts, die einer Antwort bedarf. Zu dieser Antwort können wir nur gelangen, wenn wir zwei Grundprobleme der Eigenschaftsbestimmung analysieren.

Das Prädikationsproblem

In seinem Buch „Persönlichkeitsmerkmale“ weist Herrmann (1973) auf einen wichtigen logischen Grundsachverhalt menschlicher Sprachkommunikation hin, nämlich den der Prädikation, d. h. der Zu- oder Aberkennung von Eigenschaften, Merkmalen, Relationen zu Dingen, Ereignissen, Prozessen. Weiterhin differenziert Herrmann (wie vor ihm schon Carnap) zwei große Klassen von Prädikaten: *Beobachtungs- und Dispositionsprädikate.* Erstere resultieren, wie ihr Name sagt, aus der Beobachtung. Zum Beispiel handelt es sich bei der Zuordnung einer Meßgröße zu einem gemessenen Objekt um ein Beobachtungsprädikat („Vp X reagierte in der Zeit von 0,4 s auf das Signal"). Dispositionsprädikate hingegen sagen etwas über Nichtbeobachtbares, also *Verborgenes* im Objekt aus, das seinem Verhalten als Bedingungsmoment zugrunde gelegt wird, eben als latente Disposition des Verhaltens. Psychologische Begriffe wie Kontaktbereitschaft, Ängstlichkeit, Musikalität sind typische Dispositionsprädikate.

Hinter der sprachlichen Benennung von psychologischen Prädikaten verbergen sich persönlichkeitspsychologisch relevante Probleme. Roth (1972, S. 43) macht auf sie aufmerksam. Er differenziert die verschiedenen sprachlichen Bestimmungsmodi der Prädikation und aus ihnen sich ergebende Aussagen, wissenschaftliche Vorgehensweisen und Fragestellungen. Tab. 3.4. verdeutlicht das Gemeinte.

Tab. 3.4.: *Sprachliche Bestimmungsmodi der Prädikation und ihre Konsequenzen (nach Roth 1972);* p Person

Bestimmungsmodi	Aussagen	Vorgehen	Fragen
Verbal	P löst Aufgaben	Beschreibung	Zuordnung von Zeichen zu Ereignissen
Adverbial	P löst Aufgaben richtig	normierte Bewertung	Wie konsistent ist Verhalten?
Adjektivisch	P ist intelligent	Schluß auf Sosein von P	generelle oder spezifische Eigenschaft?
Substantivisch	P's Intelligenz ist hoch	Schluß auf überindividuelle Kategorie	universelle oder singuläre Eigenschaft?

Herrmann verweist darauf, daß innerhalb der Alltagssprache sehr leichtsinnig und oberflächlich mit Dispositionsprädikaten bei der Beschreibung und Erklärung menschlichen Verhaltens umgegangen wird – bis hin zur Substantialisierung irgendwelcher „Etwasse", die als autonome Gebilde, Körper (ja Kobolde) in uns ihr Wesen treiben. Leider gilt das teilweise auch für die Persönlichkeitspsychologie, wie Herrmann überzeugend zu belegen vermag – etwa am Beispiel der von Freud erzeugten Homunculi Es, Ich und Überich, die unsere Handlungsdynamik beherrschen sollen. Aus diesem Grunde muß die Verwendung von Dispositionsprädikaten als problemgeladenes Unterfangen erkannt werden. Ihr notwendiger, unerläßlicher Gebrauch in der Persönlichkeitspsychologie muß wissenschaftlich begründet und hinsichtlich der Benutzungs- und Anwendungsregeln unter Kontrolle gebracht werden. Wie das möglich ist, soll später gezeigt werden.

Das Wechselwirkungsproblem

In der marxistischen Philosophie werden Sachverhalt und Begriff der Eigenschaft untrennbar mit der Wechselwirkung verbunden (Klaus und Buhr 1969, S. 252 f.). Daraus resultieren drei Aussagen:

(1) Eigenschaften eines Gegenstandes kommen erst dann zur Geltung, wenn er in ein Wechselwirkungsverhältnis mit einem anderen Objekt eingetreten ist. – (2) Daraus ergibt sich, daß quantitative und qualitative Bestimmungsmomente einer Eigenschaft dem Gegenstand nicht absolut zuzuschreiben sind, sondern aus seiner Relation zu anderen Objekten erwachsen. Sie sind also dreifach determiniert: durch die Spezifik des fraglichen Objekts, durch die Art der Interaktion und durch die Spezifik des Referenzobjekts. – (3) Das Wesen eines Gegenstandes kann definiert werden durch solche Eigenschaften, die sich trotz des Wechsels von Interaktionsrelationen als relativ konstant erweisen. Wesentliche Eigenschaften sind also Invarianten in wechselnden Bezugssystemen dieser Relationen. Ihre Ermittlung ist somit gebunden an die Überprüfung ihrer Erhaltung in vielfältig veränderten Wechselwirkungen.

Welche Bedeutung haben diese Erkenntnisse für die psychologische Eigenschaftsforschung? Die erste philosophische Aussage bebesagt: Die Erfassung einer psychischen Eigenschaft ist an die Beobachtung natürlicher oder hergestellter *Tätigkeitsbeziehungen* gebunden. Erst das Individuum in seinem spezifischen Interaktionsfeld eröffnet uns den Zugang zu den funktionellen Systemen seiner Tätigkeit. Psychologische Methoden sind darauf ausgerichtet, solche Initialbedingungen für die Erfassung von Eigenschaften bereitzustellen. – Aus der Anwendung der zweiten philosophischen Aussage ergibt sich: Es existieren keine „reinen“ psychischen Eigenschaften, d. h. solche, die dem Individuum *absolut* zukommen. Sie sind zunächst abhängig von ihrer Stellung innerhalb des gesamten

Dipositionsgefüges. Die Eigenschaft variiert intraindividuell, weil sie mit anderen Eigenschaften interagiert. Beispielsweise ist aus Intelligenzuntersuchungen bekannt, daß die gleiche Anforderung unterschiedlich korrekt bewältigt wird, je nachdem, ob das Individuum wach oder müde, interessiert oder desinteressiert, konzentriert oder abgelenkt ist. Ein Dispositionsprädikat ist weiterhin „belastet" durch die Art der Wechselwirkung. Auch das sei an Beispielen demonstriert. Aus der Gedächtnispsychologie ist bekannt, daß die Einprägungseffekte (und ihre daraus erschließbare Fähigkeitsbasis) u. a. davon abhängig sind, ob das Lernen willkürlich oder unwillkürlich erfolgt, ob die Person aktiv oder passiv eingestellt ist gegenüber dem Lernmaterial (Sintschenko 1967). Intelligenzdiagnostische Befunde fallen hinsichtlich ihrer Güte unterschiedlich aus, wenn die Datenerhebung im Kontext eines Forschungsauftrags erfolgt, eine Prüfungssituation vorliegt oder Eignungs- und damit Auswahlkonsequenzen zu erwarten sind. Es geht also hier um Intensität und Qualität der *Aktivation* und *Motivation,* der persönlichen Beziehung des Individuums zur jeweiligen Aufgabe. Diese Beziehung wird in der Regel durch die soziale Einbindung jeder psychologischen Untersuchung mitbestimmt. Shulman fand z. B. bei der Diagnostik der Risikobereitschaft, „daß die Korrelation zweier Risikotests von $r=0{,}16$ auf $r=0{,}81$ anstieg, als der erste Vl, ein den Vpn unbekannter Assistent, durch einen bekannten Professor ausgetauscht wurde. Nach Meinung des Autors wurden dadurch die Vpn erst in eine echte Risikosituation versetzt" (zit. nach Wolfram 1973, S. 26). Auch die Abhängigkeit des Dispositionsprädikats vom Objekt, zu dem die Beziehung aufgenommen wurde, ist durch Beispiele zu belegen. So differieren die Gedächtnisfähigkeiten in Abhängigkeit davon, ob sinnfreies oder sinnhaltiges Material verwendet wird und ob dieses Material visuell oder akustisch dargeboten wird. Innerhalb der Intelligenzforschung ist man längst davon abgekommen, eine aufgabenunabhängige allgemeine intellektuelle Disposition anzunehmen. Es sei in diesem Zusammenhang an Guilfords Intelligenzstrukturmodell erinnert.

Das schwierigste Problem entsteht aus der letzten Aussage der philosophischen Eigenschaftslehre. Sobald auf der Grundlage der Tätigkeitscharakteristik in einer umschriebenen Anforderungssituation auf dispositionelle Eigenschaften geschlossen wird, bezieht sich dieser Schluß zunächst nur auf die jeweilige *konkrete Situation,* d. h. auf eine *spezifische* Eigenschaft. Ob von daher die Annahme einer gleichartigen Tätigkeitsantwort unter *anderen,* mehr oder minder ähnlichen Anforderungsbedingungen berechtigt ist, muß erst empirisch überprüft werden (Validitätsbeweis). Der Übergang vom ersten zum zweiten Schluß bedarf also einer sorgfältigen empirischen Verifikation in vergleichenden Studien. Die Schwierigkeit liegt nun darin, daß solche Studien aus naheliegenden Gründen der Aufwandsökonomie nicht beliebig weit ausgedehnt werden können. Jedes Dispositionsprädikat, das eine generelle (wesentliche) Eigenschaft beschreibt, ist deswegen von vornherein mit *Ungenauigkeiten* belastet. Trotz empirischer Fundierung bleibt eine gewisse Vagheit der Aussage, die offenbar prinzipiell hingenommen, aber in ihrem jeweils zulässigen Ausmaß einer Kontrolle unterzogen werden muß.

Empirische Rekonstruktion von Eigenschaften

Bereits die Behandlung des Prädikations- und Wechselwirkungsproblems hat gezeigt, welch schwierigen Konsequenzen derjenige ausgesetzt ist, der *Voraussetzungen* der Eigenschaftsbestimmung überdenkt. Die Lage vereinfacht sich keineswegs, wenn man diesen Bestimmungsvorgang konkret *realisiert.* Welche Möglichkeiten gibt es, um auf der Grundlage von Beobachtungsprädikaten Dispositionsprädikate zu begründen?

Jede Eigenschaftsbestimmung ist eingeordnet in die Genese eines *Problemlösungs*vorganges, der von Wissenschaftlergenerationen Schritt für Schritt über den Einsatz verbesserter Erkenntnismittel vollzogen wird. Kagan (1975, S. 89) drückt das so aus:

> „Es beginnt damit, daß ein . . . Phänomen ermittelt und vorläufig benannt wird (Kagan hat hier die Eigenschaft Angst im Auge, H.-D. S.). Im weiteren Forschungsverlauf werden Schlußfolgerungen über die Vorbedingungen des Phänomens gezogen und bald darauf Hypothesen über den kausalen Bedingungsmechanismus aufgestellt. Auf dem rauhen Prüffeld der Empirie werden Stärken und Schwächen dieser Hypothesen getestet, und entsprechend der daraus gewonnenen neuen Informationen werden Umbenennungen sowohl des Phänomens als auch des Kausalmechanismus vorgenommen. Dieser Umbenennungsprozeß wiederholt sich auf unbestimmte Zeit."

Innerhalb dieses historischen Problemlösungsvorgangs entsteht immer wieder irgendwann ein *Initialstadium* der Eigenschaftsbestimmung. Dieses Initialstadium ist durch folgende Bedingungen und Voraussetzungen charakterisiert:

- Die Eigenschaftsbestimmung ist gebunden an eine theoretische oder praktische Problemstellung (mit ihren Hypothesen) und dem in diesem Kontext vorliegenden Kenntnisstand.
- Der Forscher geht (absichtlich oder unabsichtlich) von einer Theorie der Eigenschaften aus, mit der Vorentscheidungen über die Bestimmungsprozedur getroffen werden.
- Problemstellung, Eigenschaftstheorie und aktueller Stand des methodischen Wissens induzieren den Einsatz von Erhebungs-, Auswertungs- und Interpretationsmethodiken.

Jetzt werden Eingangsbedingungen (EB) fesgelegt (Reize, Informationen, Aufgaben, Anforderungen), die durch zunächst unbekannte dispositionelle Eigenschaften (DE) des Individuums in Ausgangsdaten (AD) – Reaktionen, Handlungen – „transformiert" werden:

In dieser Situation erfaßt der Forschungsprozeß lediglich EB und AD in *direkter* Weise; DE tritt nur als *Hypothese* in Erscheinung. Die Erkundung vollzieht sich zunächst als *empirische Rekonstruktion:* Die komplexe Ganzheit der Eingangsbedingungen wird – hypothesenabhängig und -geleitet – auf solche Merkmale *reduziert,* die in Hinsicht auf die Auswertung *zugelassen* werden. Auf diese Weise entsteht EB'. Der gleiche Selektions- und Reduktionsvorgang spielt sich mit Bezug auf AD ab, so daß AD' erzeugt wird. AD' sind die *zugelassenen* Ausgangsdaten, eine kleine Auswahl aus der Menge wirklich existierender.

Der Name „empirische Rekonstruktion" bietet sich für dieses Vorgehen aus folgenden Gründen an. Es enthält ein *konstruktives* Moment insofern, als der Forscher mit seinen Absichten, Theorien, Hypothesen, Methodenkenntnissen usw. ein Quantum subjektiver Aktivität in den Erkenntnisprozeß hineinmischt. Das wird z. B.

sichtbar in der Entscheidung für einen bestimmten Datentyp (Beobachtungseinheiten, Zeitwerte, Fehlerquoten usw.), der zu einem bestimmten Skalierungsmodell paßt, das der Forscher aus der Fülle möglicher Modelle auswählt. Der Forschungsprozeß ist jedoch außerdem stets auf eine unabhängig vom Beobachter existierende *Realität* von Eingangs- und Ausgangsmerkmalen bezogen, und insofern ist er Widerspiegelung, *Abbild,* ein Erkennungsvorgang also, der relative Wahrheiten produziert. Dieses Abbildungsmoment soll in der Vorsilbe des Wortes Rekonstruktion zum Ausdruck kommen.

Der Begriff der relativen Wahrheit schließt Irrtümer nicht aus, sondern setzt sie sogar voraus. Der Irrtum – als *dialektischer* Gegensatz der Wahrheit – ist innerhalb des Vorgangs der Gewinnung relativer Wahrheiten ein entscheidender Motor für das Erreichen höherer Niveaustufen der Erkenntnis, weil er durch den Widerspruch zwischen Hypothese und (z. B. experimenteller) Praxis das Vermeiden von oder das Hinausführen aus Sackgassen der Forschung gewährleistet.

Schließlich bedeutet der Begriff „empirisch", daß der unmittelbare Bezug zu Erfahrungstatbeständen (mit *sinnlichen* Erkenntniselementen) erhalten bleibt. Die Begriffe, mit deren Hilfe die ausgewählten Eingangs- und Ausgangsmerkmale bezeichnet werden, kann man *„empirische Rekonstrukte"* nennen. Sie sind zugleich die früher gekennzeichneten Beobachtungsprädikate.[23]

Theoretische Rekonstruktion von Eigenschaften

Die empirischen Rekonstrukte eröffnen den Zugang zur theoretischen Rekonstruktion der dispositionellen Eigenschaft, wie das folgende Schema demonstriert, das an das vorhergehende anschließt:

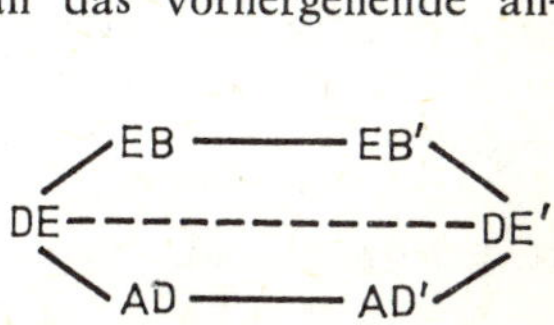

[23] Die Begriffswahl „Rekonstrukt" geschieht in Absetzung von den problematischen Positionen des neopositivistischen Operationalismus und seines Zentralbegriffs „Konstrukt" (vgl. Schmidt 1974 c, Wörterbuch der Psychologie 1976, S. 290, Noack 1980).

Das Wort „theoretisch" beschreibt den Vorgang des Verlassens der Ebene unmittelbarer Erfahrungstatbestände. Aus den Beobachtungsprädikaten (EB', AD') wird DE' *erschlossen,* also ein Bedingungskomplex informationsverarbeitender funktioneller Systeme, die in der Lage sind, Verhaltenseingänge in -ausgänge zu überführen. Dieser rekonstruierende Schlußprozeß des Forschers, der DE' erzeugt, ist identisch mit Strategien der Gewinnung von Informationen über *nicht wahrnehmbare* Umgebungsbedingungen, wie sie in der allgemeinen Psychologie kognitiver Prozesse beschrieben werden, z. B. bei Klix (1971, S. 37 ff.). Der rekonstruierende Forscher verschafft sich den Zugang zu einem „latenten Ereignisfeld" (ebenda), dies mit Hilfe diverser Strategien, wie sie in der Logik, Heuristik, Begriffsbildungs- und Problemlösungsforschung gekennzeichnet und analysiert werden.

Die modellierende Abbildung von DE in DE' hat in der Regel die *sprachliche* Bezeichnung von DE' mit Hilfe eines Eigenschaftsnamens zur Folge. Diese sprachliche Signifikation wirft eine Reihe schwieriger Fragen auf, z. B. solche der Mehrdeutigkeit, der sprachimmanenten Bewertung, des Bedeutungswechsels bei der Übersetzung von einer Sprache in eine andere (Thomae 1968, Herrmann 1969, Roth 1972, Peck 1975, Ulmann 1975). Zitieren wir in diesem Zusammenhang Kagan:

> „In der Psychologie ist der Dialog zwischen Benennung und neuer Information seltener als in den ... Naturwissenschaften. Vielleicht am deutlichsten zeigt sich unsere Tendenz, an überkommenen Termini festzuhalten, am Beispiel der Gefühlsforschung. Noch heute verwenden wir dieselben Begriffe, die Philosophen vor Jahrhunderten eingeführt haben: Begriffe wie Angst, Freude, Glück, Zorn ... Wir meinen, daß es für die Psychologie nützlicher ist, auf solche Begriffe vorübergehend zu verzichten ... Oft ist es sinnvoller, die Aufmerksamkeit zunächst auf die in der Realität bestehenden funktionalen Beziehungen zu lenken und erst später zu entscheiden, wie sie benannt werden sollten" (1975, S. 98 f.).

Rekonstruktion als sequentielle Präzisierung

Die Rekonstruktion von Eigenschaften wurde bisher auf einem abstrakten Niveau beschrieben. Zum Zwecke der Veranschaulichung wählen wir ein Beispiel aus, das diesen psychologiehistorischen kollektiven Problemlösungsprozeß als *sequentielle Präzisie-*

rung von Rekonstrukten (als Eigenschaftsbegriffen) ausweist. Aus den vorherigen Kagan-Zitaten kennen wir bereits das Problemfeld dieses Beispiels; jetzt soll dieses Feld näher gekennzeichnet werden: Es geht um das Dispositionsprädikat *„Angst"*, gebildet im Kontext kinderpsychologischer Untersuchungen über die sogenannte 8-Monats-Angst zwischen 0;6 und 1;6 Jahren.

Kagan wendet sich gegen die vorschnelle Bildung dieses Prädikats auf der Basis von Beobachtungsprädikaten wie „unbekannte Person", „neuartiger, unerwarteter Reiz" und dergleichen, ein Schlußprozeß, der für die frühen Forschungsphasen charakteristisch war. An Stelle dieses kurzschlüssigen Vorgehens (EB' = fremde Person; AD' = Stutzen, Abwendung, Weinen; also DE' = Angst) entscheidet sich Kagan zunächst für eine sorgfältige *Detailanalyse* der Eingangsbedingungen und Ausgangsdaten. Erstere betreffen „plötzliche, unerwartete Veränderungen in der physikalischen Umwelt des Kindes" (z. B. Bewegungen, Geräusche), ferner das Auftreten von Ereignissen, die „von dem bisher verfügbaren Schema für diese Ereignisklasse" abweichen (z. B. ein bekannter Mensch mit Maske, Brille, Hut oder eine völlig fremde Person).

Der Erhebung von Beobachtungsprädikaten legt Kagan allgemein-psychologisch begründete Hypothesen zugrunde:

- Das Kind beantwortet unerwartete und neuartige Ereignisse mit Aktivierungsvorgängen (Orientierungsreaktionen) und mit Prozessen der Informationsverarbeitung.
- Diese Informationsverarbeitung erfolgt auf der Grundlage einer gespeicherten kognitiven Repräsentation der hier relevanten Ereignisklasse, d. h. eines schematisierten Modells. Das kognitive Schema ist ein Bezugssystem für die Verarbeitung neuer Eingangsinformationen.
- Das Kind versucht, das Unerwartete, das Neue in seinem kognitiven Schema „unterzubringen", es zu „assimilieren". Wenn das nicht möglich ist, bildet es ein neues Schema für die neuartigen Ereignisse aus.
- Schwierigkeiten der kognitiven Assimilierung diskrepanter (von internen Modellen abweichender) Sachverhalte werden auch emotional ausgedrückt, erzeugen entsprechende Ausgangsdaten.

Aus experimentellen Untersuchungen, die auf der Basis dieser Hypothesen durchgeführt wurden, leitet Kagan nun die folgende Übersicht ab (Abb. 3.5.). Sie verdeutlicht Varianten von Eingangsbedingungen und Ausgangsdaten, welche die Bildung eines einzigen Dispositionsprädikats „Angst" als fragwürdiges Unterfangen zu charakterisieren gestatten. Kagan schreibt dazu:

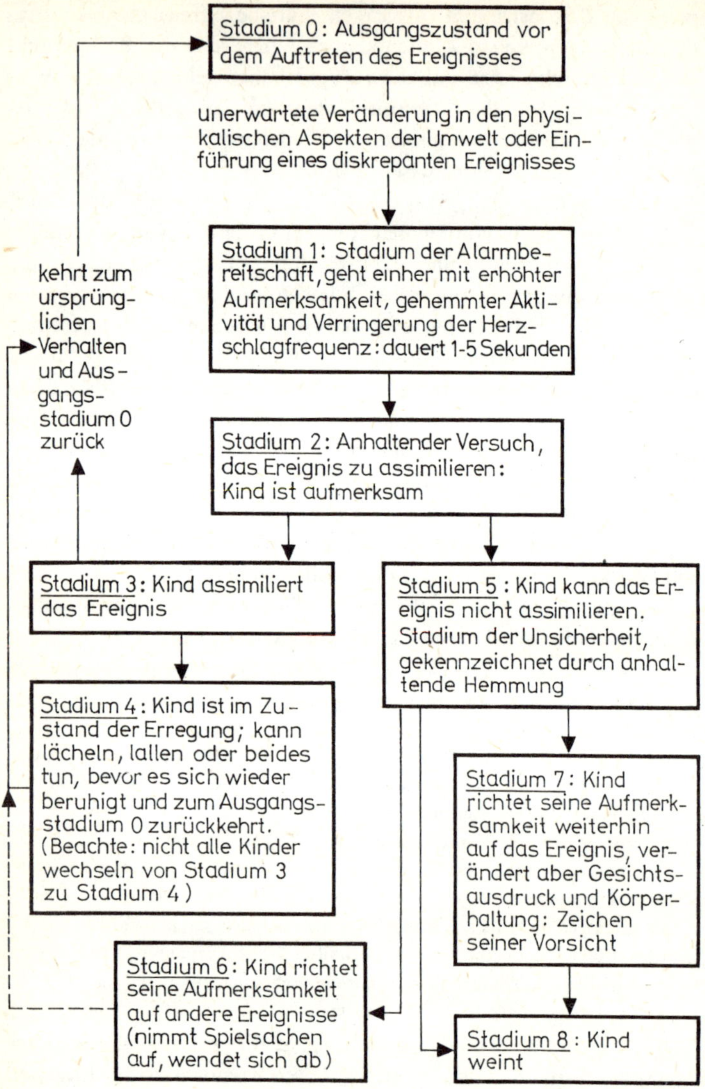

Abb. 3.5.: Präzisierung der Dispositionsprädikation am Beispiel der Eigenschaft Fremden-/Trennungsangst (aus Kagan 1975).

„Die verschiedenen Stadien werden ... mit Zahlen statt mit Begriffen benannt, um damit die Notwendigkeit neuer Bezeichnungen zu unterstreichen. Die Bezeichnung dieser ... Stadien ... hebt besonders die Mehrdeutigkeit des Begriffs ‚Angst' hervor. Manche bezeichnen Stadium 5 als Angst und verstehen Zaghaftigkeit und Weinen als operationale Anzeichen dieses Stadiums. Wenn aber situationale und Temperamentsfaktoren deutlich die Wahrscheinlichkeit beeinflussen, daß Weinen auf Stadium 5 folgt, dann ist ... das Ausbleiben von Weinen kein ernsthafter Beleg für die Folgerung, daß Stadium 5 nicht besteht. Andere halten Weinen für Angst und sehen Stadium 7 und 8 als synonym mit Angst an. Im Augenblick ist jeder dieser Ansätze zu vertreten, denn das Datenmaterial ist mehrdeutig genug und die Theorie schwach genug .. Jedoch nicht jedes Kind bekommt einen wachsamen Gesichtsausdruck und/oder beginnt zu weinen, wenn es ein diskrepantes Ereignis nicht assimilieren kann, mit dem es sich eine halbe Minute auseinandergesetzt hat" (S. 92 ff.).

Die Richtung dieser Argumentation ist klar: Kagan verlangt eine Präzisierung der Dispositionsprädikation. Wie aber? – Aus dem Beispiel geht hervor: Die Präzisierung eines theoretischen Rekonstrukts ist gleichbedeutend mit der Ergänzung, der *Erweiterung von Eingangsbedingungen über die bisher erprobten hinaus,* der Ermittlung dadurch erzeugter *neuer Ausgangsdaten,* also insgesamt mit der Schaffung einer breiteren Basis von Beobachtungsprädikaten, die eine genauere Dispositionsprädikation ermöglichen. Dies ist gebunden an eine systematische Aufstellung und Testung von dispositionsbezogenen Hypothesen.

Für zahlreiche Eigenschaftsbereiche und Dispositionen, die seit längerem in der Persönlichkeitspsychologie eine Rolle spielen und auf empirischer Grundlage erforscht wurden, läßt sich eine sequentielle Präzisierung nachweisen. Herrmann (1969) tut das in seinem Lehrbuch ausführlich, und zwar am Beispiel der Interferenzneigung, des Leistungsstrebens, der Angstneigung, der Intro-/Extraversion und der Intelligenz.

Im Präzisierungsprozeß lassen sich Theorie- und Praxisanteile sehr klar abheben, ebenso die Wechselbeziehungen zwischen ihnen. Die Theorie tritt als Hypothesenquelle in Erscheinung, während die Praxiskomponente in der empirischen und theoretischen Rekonstruktion zur Geltung kommt und in der psychodiagnostischen Anwendung und Prüfung eine Verstärkung erfährt. Das wirkt auf die Theorie zurück und bringt Prozesse und Etappen der Theoriebildung in Gang. Cattell (1966) hat diesen Vorgang als „induktiv-hypothetiko-deduktive Spirale" der Entwicklung von Theorien beschrieben.

Wege und Irrwege der Dispositionsprädikation

Das Problem der Bestimmung dispositioneller Eigenschaften ist – wissenschaftshistorisch gesehen – unterschiedlich gelöst worden. Herrmann (1973) hat diese Problemgeschichte nachgezeichnet. Er untersucht dabei zunächst folgende Varianten:

- *Streng operationale Definition* von Dispositionen (innerhalb des klassischen Operationalismus Bridgmanscher Prägung);
- Dispositionsprädikation auf der Grundlage von *Reduktionssätzen;*
- Bestimmung von Dispositionsprädikaten als theoretische Begriffe (*Konstrukte*), basierend auf der Carnapschen Zwei-Stufen-Theorie der Wissenschaftssprache.

Der Fehler aller dieser Bestimmungsmodi liegt darin, daß die Dispositionsprädikation allein als wissenschafts*sprachliches* Problem erscheint. Zudem wird (von Carnap) der wissenschaftlichen Beobachtung eine Theoriefreiheit zugestanden, die sie in Wahrheit nicht besitzt. Diese Nachteile versucht Herrmann mit seinem Konzept, das Dispositionsprädikate als *„Annahmengefüge"* auffaßt, zu vermeiden. Dieser Ansatz beinhaltet die folgenden Positionen:

- Die Dispositionsprädikation ist ein regelhaft wiederkehrendes Stadium innerhalb eines wissenschaftlichen Problemlösungsprozesses, wie er oben schon beschrieben wurde.
- Dispositionsprädikate sind „Namen", „Abkürzungen", „Abrufanweisungen" für ein „Gefüge von in Aussagen formulierten Annahmen ... verschiedener Art": solche über situationsspezifische Verhaltensweisen auf der Grundlage wissenschaftlicher Erfahrungen oder auch – unabhängig davon – Annahmen über latente Dispositionen in Gestalt von vagen Vermutungen, über „Dunkelstellen" usw. (ebenda, S. 92 ff.).
- Bei den Annahmegefügen handelt es sich um „kognitive Schematisierungen bzw. ... Resultate von Problemlösungsprozessen" als „nicht vollständig auf Sätze der Beobachtungssprache reduzier-

bare theoretische Aussagen ... mit Anspruch auf empirisches Zutreffen, soweit sie jeweils empirisch bewährt bzw. bestätigt sind". Sie besitzen einen Bedeutungsüberschuß, sind also nicht vollständig operationalisierbar. Sie sind in modellhafte Zusammenhänge eingefügt (ebenda, S. 100 f.).

Auf den ersten Blick scheinen diese Gedanken fruchtbar und weiterführend zu sein. Ein zweiter Blick jedoch läßt Probleme hervortreten, wie Noack (1980, S. 33 ff.) nachweist. Herrmann wendet sich zwar gegen die rein sprachlogischen Lösungen des Prädikationsproblems, verbleibt aber in Wahrheit selbst in diesem *konstruktivistischen* Frage- und Antwortraum, wenn er die Dispositionsprädikation in einem abgeschlossenen Bezugsrahmen von Modellen, Theorien, Forschungsprogrammen usw. beläßt. Die Tatsache der *Abbildfunktion* wissenschaftlicher Erkenntnis, in diesem Falle bezogen auf die Entdeckung von *Elementen, Beziehungen und Gesetzmäßigkeiten interner, an das ZNS gebundener funktioneller Systeme der Verhaltensbereitschaft,* bleibt unreflektiert.

Eine dialektisch-materialistische Annäherung an das Eigenschaftsproblem muß – das sei noch einmal resümierend gesagt – zumindest folgende Positionen festlegen und ausbauen. Zitieren wir Noack (1980):

„Es ist ... die *objektive* Vermitteltheit des Bewußtseins mit dem empirisch konstatierbaren Verhalten, die nach marxistischer Auffassung die Anerkennung der Realität entsprechender psychischer Merkmale, Sachverhalte usw. wissenschaftlich sinnvoll macht ... Nach marxistischem Verständnis kann ... die Frage nach der realen Existenz *bestimmter* Merkmale, Sachverhalte usw. nicht außerhalb der wissenschaftlichen Untersuchung bestimmter Kausalprozesse und Determinationsmechanismen gestellt werden.

Da somit die Frage nach der Existenz bestimmter Entitäten ... nur indirekt über Symptome, Indikatoren usw." zugänglich ist, „handelt es sich hier nicht um einen absoluten, sondern lediglich um einen relativen Existenzbegriff. Es erfolgt somit keine von der wissenschaftlichen Entwicklung unabhängige Ontologisierung ..., immer besteht eine Relativierung zur Theoriebildung ... Mit der Überprüfung der Theorie erfolgt entsprechend auch eine Überprüfung der in ihr implizit oder explizit enthaltenen Existenzannahmen.

Wird ... behauptet, daß ein bestimmtes Persönlichkeitsmerkmal real ist, so ist damit vorausgesetzt, daß ein gesetzmäßiger Zusammenhang zwischen gewissen inneren psychischen Zuständen bzw. Prozessen und dem beobachtbaren Handeln besteht, so daß das Persönlichkeitsmerkmal als ein Determinationsfaktor des beobachtbaren Verhaltens über dieses Verhalten (indirekt) bestimmbar ist . . . Für einen solchermaßen kritischen und wissenschaftlichen Realismus ist . . . also die Verpflichtung verbunden, diese Annahmen zu konkretisieren, indem sie in Tiefen- bzw. Mechanismustheorien eingebaut werden . . ." (S. 44 f.).

Auszugehen ist also von der „mittelbaren Erkennbarkeit realistisch aufgefaßter latenter Merkmale aus den empirisch erfaßbaren Verhaltenseigenschaften . . . Für eine genauere Klärung der methodologischen Probleme der mittelbaren Erkenntnis bietet sich vor allem die kybernetische Modelltheorie bzw. Systemtheorie (einschließlich Automatentheorie) als eine sehr erfolgversprechende Grundlage an" (S. 39).

3.7. Zusammenfassung

(1) Im Vollzug einer Makroanalyse der Interaktion Individuum–Umwelt werden molare Einheiten dieser Wechselbeziehungen ausgegliedert, begrifflich gekennzeichnet und beschrieben. Welche Einheiten das sind, geht aus Abb. 3.6. hervor.

(2) Ausgangspunkt der Analyse ist die Positions- und Relationsbestimmung des Individuums, d. h. vor allem: die mit den gesell-

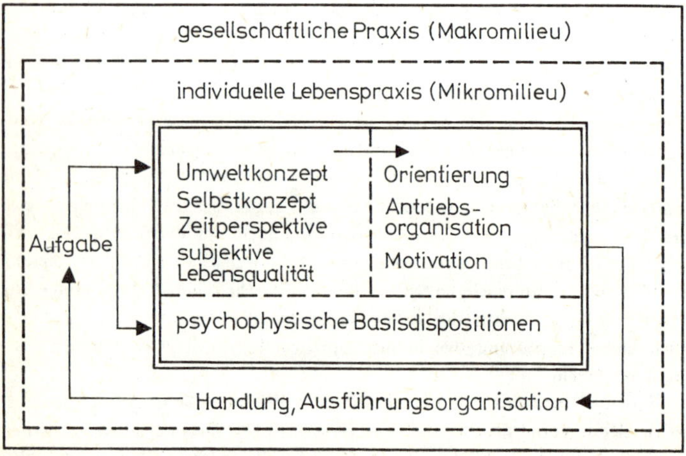

Abb. 3.6.: Schematisierte Topographie der personalen Aktivität.

schaftlichen Individualitätsformen innerhalb der konkreten Lebenslage verbundenen Anforderungen und Gestaltungsmöglichkeiten. Der Begriff „Lebenslage" beschreibt objektive Positionen und Relationen.

(3) Der objektive Lebensprozeß des Individuums, seine Biographie, konkretisiert sich als Positions- und Relationsänderung, ferner als Veränderung der Interaktionsdispositionen – dies als Konsequenz permanenter Interaktionen und ihrer Verarbeitung.

(4) Objektive Lebenslage und objektiver Lebensprozeß werden beide in der Lebenssituation subjektiv abgebildet, deren Untereinheiten als Umwelt- und Selbstkonzept, als Zeitperspektive und subjektive Lebensqualität erfaßbar sind. Die Lebenssituation ist sowohl Ort der Repräsentation individueller Interaktionsbeziehungen als auch Quelle der Handlungsimpulse und -planungen – letzteres auf der Grundlage des diskrepanten, konfliktären Charakters der Lebenssituation.

(5) Diese Quelle kann in Prozessen der Aktivierung und Orientierung, der Antriebsorganisation und Motivation ausfindig gemacht werden. Sie alle überführen die Lebenssituation in die mentale oder sensumotorische Handlung. Die Handlung greift in die individuelle Lebenspraxis ein, und die Verarbeitung dieses Effekts (Ausführungsorganisation) hat Wandlungen der Lebenssituation und der Interaktionsdispositionen zur Folge. Auf diese Weise vollzieht sich die Persönlichkeitsentwicklung.

(6) Der Eigenschaftsbegriff gehört zu den fundamentalen Konzepten der Persönlichkeitspsychologie. Trotz aller Problematisierungsversuche, die sich auf neopositivistische, logisch-empiristische oder kritisch-rationalistische Positionen stützen, läßt sich die Haltbarkeit und Anwendbarkeit des Eigenschaftsbegriffes sowohl erkenntnistheoretisch als auch psychologisch rechtfertigen. Das setzt u. a. voraus, das von Rubinstein explizierte „reflektorische Prinzip" und seinen erkenntnistheoretischen Hintergrund systematisch für eine Lösung des Problems der Eigenschaftsbestimmung einzusetzen.

4. Methodologische Kategorien der persönlichkeitspsychologischen Forschung

Die *allgemeine* Methodologie gilt als philosophische Lehre von den (insbesondere erkenntnistheoretischen und logischen) Prinzipien und Regeln der wissenschaftlichen Gegenstandsannäherung und -abbildung, die zu Aussagen über Erscheinungen, Bedingungen und Gesetzmäßigkeiten im Gegenstandsbereich hinführen. Die *spezielle* Methodologie ist – als Theorie der jeweiligen disziplinären Methodik – zwischen der allgemeinen, philosophisch fundierten Methodologie und der eigentlichen Methodenlehre angesiedelt. Sie ist also ein Vermittler zwischen philosophischer Basis und konkreter Forschungsmethodik (vgl. dazu Klaus und Buhr 1969, Bd. 2, S. 721 f., Sprung 1982).

Auch die persönlichkeitspsychologische Forschung bedarf ihrer speziellen methodologischen Grundlegung. Wir konzentrieren uns zunächst auf das Problem der Forschungsstrategien, wenden uns dann zwei Alternativen der Gegenstandsannäherung zu (differentielle/strukturelle Orientierung) und untersuchen anschließend das methodologische Persönlichkeitsprinzip und seine Konsequenzen.

4.1. Forschungsstrategien

Innerhalb der psychologischen Persönlichkeitsforschung lassen sich drei verschiedene Forschungsstrategien differenzieren. Sie gelten weitgehend für alle Teildisziplinen unseres Faches – teilweise sogar für alle Wissenschaften. Es kann hier also nur darum gehen, die jeweilige persönlichkeitsbezogene Spezifik herauszuarbeiten.

Phänographik

Phänographik bedeutet Erscheinungsbeschreibung, dies jedoch in einem ganz bestimmten Sinne: Sie zielt auf die Gewinnung *originärer,* methodisch nicht reduzierter Informationen über individuelles Verhalten. Von ihnen her soll es gelingen, zu einer ursprünglichen, lebendig-ganzheitlichen Anschauung des Individuums in konkreten, natürlichen Lebenslagen zu gelangen. Man denke etwa an den Inhalt von Tonband- oder Filmprotokollen, von Explorationen.

Forschungen, die auf ein bisher wenig bearbeitetes Gebiet gerichtet sind, beginnen gewöhnlich mit phänographischen Ermittlungen. Sie sind hier angebracht, weil sie (z. B. aus dem Vergleich des Verhaltens vieler Individuen in gleicher Lebenslage) die versuchsweise Auftrennung von Varianten und Invarianten gestatten, Vermutungen über konstituierende und modifizierende Bedingungen provozieren (als Basis späterer Forschungshypothesen) usw. usf. Aber auch eine Ergänzung reduktiv (z. B. in Experimenten) gewonnener Daten durch phänographische Befunde ist in reiferen Forschungsphasen häufig deshalb angezeigt, weil auch sie eine zusätzliche verifizierende oder falsifizierende Funktion im Zusammenhang anderer Parameter erfüllen können. Und schließlich gibt es Forschungen, die so gut wie ausschließlich auf die phänographische Grundlegung ihrer Daten angewiesen sind, z. B. die klinisch-psychologische (und hier allemal persönlichkeitsorientierte) Psychotherapieforschung.

Problematisch ist eine *Verabsolutierung* der Phänographie. Sie geschieht meist auf der Basis existenz- oder lebensphilosophischer Dogmatisierung. Ein bekanntes Beispiel dafür ist ihre Einbettung in die „idiographische" Methodologie (vgl. dazu Kühn 1980, Kap. 3). Sie muß im Zusammenhang des Gegensatzpaars *„idiographisch"* (Erfassung der Erscheinung) versus *„nomothetisch"* (Erfassung des Wesenhaft-Gesetzlichen) gesehen werden, das Windelband (1894) formulierte und mit einem eindeutigen ideologischen Gehalt verband: Er konstruierte einen unversöhnlichen *Gegensatz* von Natur- und Kulturwissenschaften (oder Gesellschaftswissenschaften), gestand nur den erstgenannten das Recht zu, nomothetisch zu forschen, während die anderen idiographisch vorzugehen hätten. Damit sprach er z. B. dem Geschichtsprozeß den Charakter gesetzmäßiger Ereignissequenzen ab. In ähnlicher Weise unterschied Dilthey zwischen einer erklärenden und beschreibenden Psychologie.

Ein Repräsentant der idiographischen Methodologie ist gegenwärtig Thomae (1968). Er versucht zwar, in seiner Konzeption einer „psychologischen Biographik" „idiographische Zielsetzung und nomothetische Denkweise ... zu vereinen" (S. 20) – hält dies aber nicht durch, weil die Idiographik zu stark dominiert. Er sagt beispielsweise:

„Wenn sich zeigen sollte, daß die Nachahmung nomothetischer Wissenschaften durch die Psychologie keineswegs jenes geschlossene und deutliche Bild von dem Verhalten des Menschen vermittelt, das man sich von dieser Nachahmung fachfremder (! H.-D. S.) Arbeitsprinzipien erwartet, dann bleibt als Konsequenz nur die Rückkehr zu jenen Prinzipien, welche die Wegbereiter einer idiographischen Persönlichkeitsforschung als wesentlich empfanden: die Rückkehr zu der ‚Anschauung' des Individuums in seiner Welt" (S. 19). – Was hier noch als Möglichkeit, als Frage formuliert ist, wird dann von Thomae in den späteren Passagen des Buches in eine Überzeugung verwandelt: Er fordert „eine methodisch kodifizierte, zugleich aber möglichst voraussetzungsfreie, der menschlichen Natur angemessene, intensivierte Annäherung an die Mannigfaltigkeit individueller Welten" (S. 583).

Eine solche Einbettung der Phänographik in die idiographische Methodologie ist jedoch nicht notwendig. Die phänographische Forschungsstrategie kann eine durchaus sinnvolle Orientierung sein, nicht nur in Erkundungsphasen der Forschung. Ihre Methoden (Exploration, differenzierte Situationsschilderungen, biographische Selbstbeschreibungen, Aufsätze usw.; vgl. Thomae 1968) haben, so gesehen, einen festen Platz im Gefüge der Forschungs- und diagnostischen Methoden, und zwar als sogenannte Breitbandverfahren (Mehl 1970). Darum sind viele mit ihrer Hilfe gewonnenen Ergebnisse – auch diejenigen von Thomae und seiner Schule – nützlich und wichtig.

Das schwierigste Problem der Phänographik ergibt sich aus der Notwendigkeit, die in der Regel außerordentlich umfänglichen Datenmengen klassifikatorisch zu verdichten, wie es z. B. bei der Thomaeschen Ableitung von Daseinsthemen oder -techniken geschieht. Hier ist sehr viel Intuition und Subjektivismus am Werke, auch wenn versucht wird, statistische Methoden der Klassifikation (Faktoren- und Clusteranalyse) mit der Phänographik zu verbinden.

Diese Forschungsstrategie, häufig auch – wie oben gesagt – als nomothetisch bezeichnet, entspricht den *Explikations*bestrebungen einer ursprünglich naturwissenschaftlichen Methodologie, die sich am reinsten in der Physik verwirklicht, mittlerweile jedoch auch in den Kultur- und Gesellschaftswissenschaften anzutreffen ist. Wie ihr Name sagt, umfaßt sie Ziele, Prinzipien, Wege und Mittel einer Forschung, die Bedingungen und Ursache-Wirkungs-Beziehungen analysiert, um letztlich zur Formulierung und Überprüfung von Gesetzesaussagen zu gelangen. Herrmann (1969) rechnet diese Strategie zum „Kanon der empirischen Persönlichkeitspsychologie", wenn er schreibt:

„Die beiden *Hauptaufgaben der empirischen Persönlichkeitsforschung* sind (1) die Entwicklung von Beschreibungssystemen für Mengen von Individuen (= ‚Persönlichkeitsbeschreibung') und (2) die Aufklärung der Unterschiedlichkeit von Individuen hinsichtlich der Beschreibungsmerkmale (= ‚Persönlichkeitserklärung')" (S. 38). – Hier ist zu beachten, daß Herrmanns Beschreibungsbegriff die Gewinnung *quantitativer* Daten aus Experimenten, Tests, Fragebögen anzielt, die sich einer strengen Explikation zuführen lassen. „Will Persönlichkeitsforschung nicht nur die ohne jede Verallgemeinerungsabsicht unternommene Sammlung einzelner ‚Fälle' sein und will Persönlichkeitstheorie nicht nur die (Methoden-) Lehre von der Erforschung einzelner Individuen sein, so muß sie ... von der Einmaligkeit eines jeden Individuums absehen und zu Regeln, Verallgemeinerungen, induktiven Abstraktionen gelangen" (S. 47).

Aus diesen Zielstellungen leitet sich ein Inventar methodischer Prozeduren ab, das sehr eng mit mathematisch-statistischen Techniken verbunden ist und im Prinzip der Leitidee des Experiments folgt. Dieses Inventar soll hier nicht näher charakterisiert werden (vgl. dazu u. a. Gutjahr 1971, Sprung 1982). Der Typus von Problemstellungen sei jedoch durch die Nennung von Beispielen skizziert: Welche regelhaften Zusammenhänge gibt es zwischen psychophysischen Dispositionen (Eigenschaften)? – Welche Alters-, Geschlechts-, Bildungs- und Arbeitsbedingungen bewirken wie, d. h. mit welchem jeweiligem Gewicht, die Ausprägung einer bestimmten Persönlichkeitseigenschaft? – Welche physiologischen Prozesse korrespondieren mit bestimmten psychischen Eigenschaften? – Im Verlaufe der Darstellung werden uns noch konkrete Forschungsergebnisse begegnen, die mit Hilfe dieser Strategie gewonnen wurden.

Die Konditional- und Kausalanalyse kann in philosophischer Hinsicht sehr unterschiedlich fundiert sein. Bürgerliche Forscher bevorzugen neopositivistische, logisch-empiristische oder kritisch-rationalistische Positionen (z. B. Herrmann 1969, 1973); marxistische Psychologen gehen vom dialektischen Materialismus aus. Deshalb führt ein und dieselbe methodische Prozedur der Konditional- und Kausalanalyse bisweilen zu entgegengesetzten Aussagen über den Gesetzescharakter eines Zusammenhangs, über die Objektivität und über den Wahrheitsgehalt einer persönlichkeitspsychologischen Erkenntnis (vgl. dazu Kühn 1980).

Entwicklungsanalyse

Bei dieser Strategie werden persönlichkeits- und entwicklungspsychologische Forschungsabsichten miteinander verknüpft. Sie richten sich auf Erscheinungen, Bedingungen und Gesetzmäßigkeiten der ontogenetischen Entwicklung als *Persönlichkeitswerdung*. Phänographische und/oder konditional- und kausalanalytische Techniken der Datenerhebung und -auswertung gehen in diese Strategie ein. Gewöhnlich setzt man hier voraus, daß der Mensch als Individuum geboren wird und erst im Vollzug seiner Entwicklung zu einer Persönlichkeit heranwächst, wenn er alters- und lebenslagespezifische Reifeniveaus der Eigenaktivität, Bewußtheit und Soziabilität erworben hat, die ihn befähigen, seine Positionen als Anforderungs- und Gestaltungsfelder – im früher definierten Sinne – auszuschöpfen. Die Schwierigkeiten der Realisierung dieser Forschungsstrategie bestehen unter anderem darin zu bestimmen, von welchem Alterszeitpunkt an wir berechtigt sind, von einer Persönlichkeit zu sprechen. Die relativ abstrakten Grundkategorien Eigenaktivität, Bewußtheit und Soziabilität bedürfen der entwicklungs-, der altersspezifischen Konkretisierung, und eben das gelingt nicht ohne weiteres, wenn man z. B. wissenschaftliche Maßstäbe der Objektivität anlegt. Wie die einschlägige Literatur zeigt, gibt es in dieser Hinsicht mehr offene Probleme als Lösungen (vgl. dazu Abschn. 5.5.).

Wenn man die erwähnten Grundkategorien der Bewertung des

Reifeniveaus als Basis wählt, dann ergibt sich daraus eine Art Rangordnung bevorzugter Befähigungen und Dispositionen. Nicht alle Bereiche kindlichen und jugendlichen Erlebens und Verhaltens, deren Veränderung/Konstanz in der Entwicklungspsychologie untersucht wird, sind gleichermaßen wesentlich, wenn es um die *Persönlichkeits*entwicklung geht. Beispielsweise interessieren in besonderem Maße: der Aufbau des Sozial-, Gesellschafts- und Selbstverständnisses, des sozialen, moralischen und politischen Verhaltens; der Grad der Abhängigkeit in der Meinungsbildung und Lebensgestaltung. Welche formalen und inhaltlichen Seiten der Persönlichkeitsentwicklung in solchen Dispositionsklassen als Gegenstand der Forschung ausgewählt werden, das hängt in hohem Maße von gesellschaftsspezifischen Bedingungen, Erfordernissen und Zielsetzungen ab. An bevorzugten Forschungsthemen und -programmen läßt sich das ablesen.

Ein Blick in zwei diesbezüglich aufschlußreiche Literaturquellen, nämlich in das 1968 erschienene Handbuch der Persönlichkeitsforschung (Borgatta und Lambert) und in das Handbuch der Kinderpsychologie (Mussen 1970), verrät für den angloamerikanischen Raum die Präferenz folgender Themen: Entwicklung der Geschlechtsrollen, der Abhängigkeit/Unabhängigkeit, des moralischen Verhaltens, der sozialen Interaktion und Organisation, der Kreativität, des aggressiven Verhaltens. Bei der Lektüre einiger dieser Kapitel wird erkennbar, daß sich bestimmte Erfordernisse der kapitalistischen Grundstruktur dieser Länder unmittelbar im Problemfeld der Forschung widerspiegeln.

Die klarste Manifestation dieser Forschungsstrategie begegnet uns dort, wo die psychische Entwicklung unter dem Aspekt der *Sozialisation* untersucht wird. Wir werden darauf zu gegebener Zeit zurückkommen (Abschn. 5.2.).

Im folgenden stellen wir zwei prinzipiell unterschiedliche methodologische Annäherungen an unseren Forschungsgegenstand vor, die sich innerhalb der Geschichte der Persönlichkeitspsychologie nacheinander herausgebildet haben: zunächst die differentielle Psychologie, danach eine Reihe von strukturpsychologischen Konzepten. Gegenwärtig begegnen uns in der Literatur beide Näherungsweisen.

4.2. Differentielle Psychologie

Eine problemgeschichtliche Analyse methodologischer Ansätze der Persönlichkeitspsychologie fördert eine wichtige Einsicht zutage. Mit der Entdeckung des Individuums als Gegenstand der Psychologie verbindet sich zunächst, in den frühen historischen Phasen, eine *Vereinzelung* des Individuums, also eine Vernachlässigung des Lebenslage-Kontextes. Ein Grund dafür dürfte in den gesellschaftlichen Bedingungen des Kapitalismus zu finden sein, die eine herrschende individualistische Ideologie erzeugten (Hiebsch 1966). Erst in den zwanziger Jahren unseres Jahrhunderts wurde das Individuum *im Zusammenhang mit seinem Lebensraum* erfaßt. Es ist aber charakteristisch, daß der Individualismus trotzdem in einem bestimmten Sinne erhalten blieb. Die unauflösliche Verkettung des Individuums mit seiner Lebenspraxis wurde nämlich nur als *subjektives* Phänomen akzeptiert und untersucht. Die konsequente Orientierung an dialektisch- und historisch-materialistischen Theoremen ist geeignet, aus diesem Dilemma herauszuführen, z. B. Lebenssituation als Abbild und Lebenslage als Urbild-Realität voneinander zu trennen und damit den Zugang zur objektiven gesellschaftlichen Determination der Persönlichkeitsentwicklung zu erschließen.

Die differentiell-psychologischen Ansätze sind aus der experimentellen Allgemeinen Psychologie psychischer Prozesse hervorgegangen, als man gegen Ende des 19. Jahrhunderts begann, die *individuellen Unterschiede* im Vollzug dieser Prozesse mit der Existenz interindividuell variierender Basisdispositionen in Zusammenhang zu bringen. Als wesentliche frühe Vertreter dieser Orientierung gelten F. Galton („Über menschliche Fähigkeiten", 1883) und W. Stern („Die differentielle Psychologie und ihre methodischen Grundlagen", 1921). Das Konzept der damaligen differentiellen Psychologie läßt sich mit Stern (1935) folgendermaßen zusammenfassen:

- Die differentielle Psychologie „will nicht eigentliche Psychologie der ‚Individualitäten' sein, sondern die Wissenschaft von den wesentlichen Differenzierungen seelischer Funktionen und Eigenschaften – damit ... eine Brücke zwischen der allgemeinen Psychologie und der psychologischen Erfassung der Individualitäten" (S. 41).

- Allen differentiell-psychologischen Forschungsansätzen gemeinsam ist der „Ausgang von der seelischen Einzelfunktion. Die Differenzierungen innerhalb jeder Funktion werden entweder auf gewisse Grundformen, ‚Typen' gebracht ... – oder sie werden in ihrer quantitativen Abstufung erforscht; das bekannteste Beispiel ist die Gradmessung der Intelligenz" (S. 42).
- „Die gefundenen Besonderheiten der Einzelfunktionen werden schließlich in ihrer mehr oder minder engen Zusammengehörigkeit (‚Korrelation') untersucht; die zahlenmäßig bestimmbare Festigkeit dieses Zusammenhanges bildet das wesentlichste synthetische Prinzip innerhalb der differentiellen Psychologie" (S. 42).
- Differentiell-psychologische Forschungen setzen eine Methodologie und Methodik der vergleichenden Untersuchung von Individuen und Populationen (Stichproben) voraus. Die differentielle Psychologie hat einen Kanon der vergleichenden Forschungsmethodik entwickelt, der an Hand des von Stern (1921) erarbeiteten Grundschemas erläutert werden kann:

	A_1	A_2	A_3	$\cdots$	A_n
a_1					
a_2					
a_3					
$\vdots$					
a_n					

In diesem Schema bedeuten A_1 bis A_n Individuen (oder Populationen), a_1 bis a_n Merkmale, Eigenschaften, Funktionen. Aus horizontalen und vertikalen Schnittlinien lassen sich 4 verschiedene *Forschungsrichtungen* ableiten (vgl. dazu Roth 1969). Wir verwenden die Begriffe von Stern für die Kennzeichnung dieser Richtungen:

Variationslehre: Horizontaler Schnitt, Variation eines Merkmals a_i über Individuen (Populationen) A_1 bis A_n. Beispiel: Gradabstufungen der Intelligenz, gemessen mit Tests. – Psychographie: Vertikaler Schnitt, Statuskennzeichnung eines Individuums A_i mit Hilfe der Merkmalscharakteristik a_1 bis a_n. Beispiel: Persönlichkeitsbeschreibung, -beurteilung mit psychodiagnostischen Mitteln. – Korrelationsforschung: Mehrere horizontale Schnitte, Untersuchung des Zusammenhangs mehrerer Merkmale über viele Individuen (Populationen). Beispiel: Korrelationsstatistische Berechnungen des Zusammenhangs zwischen Intelligenz und Schulnote. – Komparationslehre: Mehrere vertikale Schnitte, Vergleich mehrerer Individuen (Populationen) hinsichtlich vieler Merkmale. Beispiel: Verhaltensgenetische Zwillingsuntersuchungen.

In der Entwicklung einer *differentiellen Methodologie und Methodik* liegt das bleibende Verdienst der älteren differentiellen Psychologie und ihres wichtigsten Vertreters, William Stern – trotz des Individualismus, Funktionalismus und Elementarismus, die seinem Konzept anhaften. Es mag hinzugefügt werden, daß sich das obige Schema erweitern läßt. Auf einer dritten Dimension können Merkmale der externen Lebensbedingungen angeordnet werden, und durch das Hinzufügen der Zeitdimension wird der Zugang zu einer Systematik entwicklungspsychologischer Methodiken erschlossen.

Auf der Linie solcher Erweiterungen hat sich die differentielle Psychologie über Stern hinaus weiterentwickelt – bis in die Gegenwart hinein (vgl. Anastasi 1977, Sprung 1980).

4.3. Strukturpsychologische Ansätze

Methodologische Konzeptionen, die den Strukturbegriff in den Mittelpunkt rückten, überlagerten – psychologiehistorisch gesehen – das differentiell-psychologische Vorgehen. Die Funktion der methodologischen Kategorie „Struktur" im Rahmen der Persönlichkeitspsychologie resultiert aus folgenden Merkmalen. Der *Strukturbegriff* bezieht sich auf bestimmte Eigenarten eines Systems; es geht um den integrativen Zusammenhang von Teilen. Ferner akzentuiert er die Notwendigkeit, die isolierende Betrachtung der Elemente von Ganzheiten zu überwinden; er beschreibt die Teil-Ganzes-Dialektik. Das geschieht über die Zuwendung zu den Relationen zwischen Elementen, dem Gliederungsmoment der Ganzheit. Schließlich betont der Strukturbegriff den Sachverhalt der Ordnung, der Organisation von Systemen, Subsystemen und Elementen als Voraussetzung adaptiven Verhaltens. In diesem Sinne ist Strukturiertheit das Gegenteil von Chaos, von Desorganisation.

Der psychologische Strukturbegriff ist zunächst innerhalb der sogenannten geisteswissenschaftlichen Psychologie (Dilthey, Spranger) formuliert und angewendet worden, dann erfolgte seine Präzisierung in der Ganzheits- und vor allem Gestalttheorie (Wertheimer, Koffka, Köhler), bis er in der kybernetisch orientierten Psychologie seine bislang prägnanteste Fassung erhielt (vgl. Klix und Krause 1969, Lander 1970).

Intraindividuelle Strukturen

Innerhalb der Persönlichkeitspsychologie wurde der Strukturbegriff zunächst mit Problemen der Gliederung, der Bindung, der Organisation personaler Verhaltensdispositionen (Eigenschaften) verbunden. Dabei kam es zur Ausarbeitung sehr verschiedenartiger Strukturkonzepte, die jetzt an Hand von Beispielen vorgestellt werden sollen.

Schichtenmodelle. – Diese Ansätze verkörpern das Prinzip, psychische Prozesse und Eigenschaften unter dem Gesichtspunkt ihrer Zugehörigkeit zu einer „Schicht" des Psychischen zu gliedern. Dabei versteht sich diese Gliederung nicht als Ergebnis einer logischen Klassifikation, sondern als Abbildung einer *ontologischen Ordnung,* die im Psychischen a priori existieren soll – ähnlich wie die horizontale geologische Stratifikation des Erdgesteins.[24]

Der Ursprung dieser Art strukturellen Denkens liegt in der antiken griechischen Philosophie. Das anthropologische Konzept des Aristoteles z. B. beschreibt den Menschen als dreigeschichtetes Wesen. Das Vegetative (die „Pflanzenseele") reguliert die biologischen Assimilations- und Reproduktionsprozesse, das Sensitive

---

[24] Enge Beziehungen zu dieser Vorstellung einer Apriori-Ordnung hat die Ontologie Hartmanns (1940). Er „unterscheidet im Sein zwei Seinsweisen, das reale und das ideale Sein. Das reale Sein wiederum baut sich in vier Seinsstufen oder Schichten auf: Physisch-Materielles, Organisches, Seelisches, Geistiges ... Keine dieser Schichten ist auf die andere reduzierbar ..." (Klaus und Buhr 1969, 2. Bd., S. 808). Es handelt sich hier um eine Spielart des objektiven Idealismus.

(die „Tierseele“) ermöglicht Empfindungen, Gedächtnis und Erinnerung, Phantasie und Begehren. Die eigentlich menschliche Schicht ist der Intellekt (Nūs), der in sich zweigeteilt ist: Verstand, theoretische Denkkraft (Logos) und Vernunft, praktische Denkkraft – das sind die beiden Komponenten. Der Mensch wird also kraft seines Intellekts als höchstes Wesen in der Stufenleiter göttlicher Schöpfungen lokalisiert. Dieser *Rationalismus* unterscheidet den griechischen Denker sehr wesentlich von den Schöpfern neuerer Schichtmodelle.

Für die fast nur in der deutschen Psychologie (und zwar innerhalb der zwanziger bis vierziger Jahre unseres Jahrhunderts) entwickelten Schichtenlehren sind zwei weitere Quellen wesentlich geworden: die *Hirnforschung* des 19./20. Jahrhunderts (u. a. über die Architektonik des Gehirns und über die progressive Zerebration als Produkt der Phylo- und Ontogenese) und der *lebensphilosophische Irrationalismus* mit seiner Überbetonung oder Verherrlichung von Trieb, Gefühl, Gemüt und Intuition, seiner Hintanstellung oder Abwertung von Ratio und Intellekt.[25] Drei Beispiele solcher Schichtenansätze sollen kurz erläutert werden (ansonsten sei auf die Sekundärliteratur verwiesen: Helwig 1951, Mathey 1960).

Freuds Schichtenkonzept wurde früher bereits dargestellt, wenn auch in anderem Zusammenhang. Er differenziert seine Bereiche Es, Ich und Überich ganz im Sinne eines Schichtgedankens. Die Möglichkeit, das Konfliktmoment ins Zentrum zu rücken, resultiert erst aus dieser Gliederung. Die Konfliktstruktur ist eine Konsequenz der Interaktion seelischer Schichten. – Innerhalb der Medizin entstanden verschiedenartige Schichtmodelle. Sie waren von der Idee getragen, den morphologisch differenzierbaren Teilen des Gehirns psychische Funktionen zuzuordnen. So spricht Kraus (1919) von der menschlichen „Tiefenperson“, die im triebhaften, emotionalen Verhalten aus dem Hirnstamm ihre Impulse empfängt, und von der „Kortikalperson“, deren Denken, Lernen und Wollen

---

[25] So ist es nicht verwunderlich, daß manche Lebensphilosophen zugleich psychologische Schichtenmodelle konstruierten (z. B. Lersch 1966). Es ist außerdem verständlich, daß während der Naziherrschaft die Lebensphilosophie und das psychologische Denken in „Persönlichkeitsschichten“ wuchsen und blühten. Der Lebensphilosoph und Schichtenphilologe Klages war ein offener Verfechter der Naziideologie.

aus physiologischen Vorgängen in der Hirnrinde (dem Kortex) gespeist wird. – Als drittes Beispiel sei das Modell von Rothacker (1941) ausgewählt, der viele Anregungen seiner Vorläufer zu integrieren versucht. Er formuliert zunächst methodologische Grundpositionen: Die seelische Schichtung sei das Produkt der phylo- und ontogenetischen Entwicklung des Zentralnervensystems, dies im Sinne der Überschichtung niederer durch höhere Bereiche (vgl. dazu Schmidt 1970, S. 375 ff.); Erleben und Verhalten seien Ausdruck, Auswirkung der verschiedenen Schichten als relativ getrennten Funktions-, Aktionszentren; die Schichten seien verwendbar als Ordnungsaspekte bei der Persönlichkeitsbeschreibung, außerdem legten sie Erklärungsmöglichkeiten nahe, die von den physiologischen Mechanismen der Hirnbereiche ausgehen. Den geschichteten „Aufbau“ der Persönlichkeit stellt sich Rothacker folgendermaßen vor (dabei beachte man die fragwürdige Substantialisierung psychischer Funktionen und Eigenschaften!):

Vitalschicht (animalisches Leben, urtümliche Lebensvorgänge, nicht bewußtseinsfähig) – vegetative Schicht (Triebe, Grundstimmung, Aktivationsenergie) – animalisches Es (Ideomotorik, reflexartiges Antworten, physiognomisches Sehen, „Spieltrieb“) – beseelte Tiefenperson (Emotionen, Phantasie, Sympathie/Antipathie, Liebe/Haß, Fühldenken, Mythos, Dichtung) – Person- oder Ichschicht (Fähigkeiten, Gedächtnis, Lernen, Vernunftakte, Wollen) – Ich-Punkt (das eigentliche Ich: bewußt, hellwach, kontrollierend, Taten erzeugend, dies alles aber nur in seltenen Notfällen des Lebens, wo tiefere Schichten versagen).

Der hier beschriebene Modelltyp hat seinerzeit die weitere Suche nach Ordnungsprinzipien der Gliederung von Eigenschaften und Prozessen angeregt. Er hat außerdem die psychologische Phänographik befruchtet und das Nachdenken über Beziehungen zwischen Psychologie und Neuroanatomie bzw. -physiologie gefördert. Diesen wenigen positiven Kritikargumenten steht eine Vielzahl negativer gegenüber. Ideologische Momente des Biologismus und Irrationalismus sind an erster Stelle zu nennen. Fast alle Schichtentheoretiker sind außerdem skeptisch gegenüber nomothetischen Strategien; sie sind meist einer idiographischen Methodologie verhaftet und halten viel von Intuition und Einfühlung. Ihrem niedrigen Niveau methodenkritischer Besinnung entspricht auch ein uferloser spekulativer Konstruktivismus. Zwischen 1920 und 1945 wurden ohne Bedenken immer neue Schichten „entdeckt“ und mit wohlklingenden Namen versehen; man ging mit ihnen um, als seien sie substantielle Bedingungswirklichkeiten unseres Verhaltens. Schließlich gibt es natürlich gravierende Einwände gegen überholte Vorstellungen über die Lokalisation psychischer Funktionen im Gehirn. Heute belehren uns alle einschlägigen physiologischen Arbeiten (z. B. Anochin 1967, 1978) darüber, daß und wie neurale funktionelle Systeme unter Inanspruchnahme des *gesamten Gehirns* ausgebildet werden, wenn es zu einem Verhaltensakt kommen soll (der über das hinausgeht, was endogene Automatismen oder unbedingte Reflexe leisten). Solche Systeme sind – vom Standpunkt der Schichtmodelle aus gesehen – „vertikale", nicht „horizontale" Gebilde.

Faktorenmodelle. – Die Modelle dieses Namens verbinden sich eng mit den empirischen Persönlichkeitsforschungen von Eysenck (1953), Guilford (1964) und Cattell (1965). Auch in der Sekundärliteratur, soweit sie Lehrintentionen einschließt, finden sich ausführliche Darstellungen dieser Ansätze (z. B. bei Herrmann 1969, Pervin 1980).

Ausgangspunkt der Modellbildung sind die *psychophysischen Eigenschaften* des Individuums als Elemente des strukturellen Gefüges. Von diesen Elementen wird angenommen, daß sie auf Grund funktionaler Gemeinsamkeiten eine natürliche *bindungsbedingte Ordnung* aufweisen, die sich in Eigenschaftsgruppen oder -klassen manifestiert. Diese Art von „Verwandtschaft" zwischen den Elementen ist die Grundlage hypothetischer Apriori-Strukturen, die als Klassifikationssysteme für sämtliche relevanten Eigenschaften des Individuums in Erscheinung treten.

Cattells Apriori-Struktur enthält z. B. folgende Klassen: Leistungsfähigkeiten und -fertigkeiten – Temperamentszüge – Triebe und Antriebe – Attitüden (Einstellungen, Haltungen) – Rollenzüge (sozial-positional bedingt) – zeitweilige modulierende Zustände (situativ bedingt).

Guilford benutzt eine andere Klassifikation: Morphologische Wesenszüge – physiologische Wesenszüge – motivspendende Wesenszüge (Bedürfnisse, Interessen, Einstellungen) – Eignungen (Leistungsfähigkeiten, Befähigungen) – Temperamentszüge.

Wie zu erkennen ist, stimmen die Klassifikationen insofern überein, als kognitiv-intellektuelle, affektiv-emotionale, Temperaments-, motivationale und konstitutionell-somatische Dispositionen jeweils zusammengefaßt werden. Dabei handelt es sich fast ausschließlich um *instrumentelle* Operationsdispositionen, die gleichsam das Wie des Verhaltens, nicht aber das Was betreffen. Eigenschaften des Bedeutungswissens, der Welt- und Lebensanschauung, die *inhaltliche* Momente der Interaktion Individuum-Umwelt ausmachen, bleiben in der Regel ausgespart.

Die Elemente der Modellbildung, die Eigenschaften, werden als *dimensional organisiert* angesehen. Das bedeutet: Sie lassen eine Beschreibungsform zu, bei der Ausprägungsgrade der Eigenschaft auf einer Dimension „abgetragen" werden – z. B. auf einer bipolaren Skala (freundlich/unfreundlich, angepaßt/unangepaßt, gesellig/sozial isoliert). Diese Ausprägungsgrade werden als *normalverteilt* angesehen, d. h., extreme, polare Ausprägungen sind relativ selten, die im Mittelbereich sind am häufigsten anzutreffen.

Die oben genannte natürliche, bindungsbedingte Ordnung (Struktur) der Eigenschaften wird auf der Basis von Apriori-Strukturen (die dafür Hypothesen liefern) *mit objektiven Methoden empirisch getestet.* Darin liegt der wesentliche Fortschritt dieser Strukturkonzepte, die auf solche Weise fruchbare Ideen der differentiellen Psychologie (Sterns „Korrelationsforschung") aufgreifen und weiterentwickeln. Die Objektivität der Prüfinstrumente bezieht sich einmal auf die Gewinnung der Ausgangsdaten über Eigenschaftsausprägungen; standardisierten, dabei objektiven, reliablen und validen Methoden (im Sinne der methodischen und psychodiagnostischen Gütekriterien) wird der Vorzug gegeben. Zum zweiten wird auch der Strukturnachweis mit objektiven Mitteln erbracht, nämlich mit Hilfe der mathematisch- tatistischen Faktorenanalyse. Die ihr zugrunde liegende Faktorentheorie definiert die Relationen zwischen Elementen als korrelationsstatistische und Faktorbeziehungen. Sie gestatten es, mehrere elementare, spezifische Eigenschaften auf Grund gemeinsamer Varianzanteile in einer Klasse (Gruppe) zusammenzufassen und dieser Klasse einen generalisierenden Eigenschaftsnamen zuzuordnen. Die unstrukturierte Mannigfaltigkeit spezifischer Eigenschaften wird also durch die statistische Prozedur geordnet und dabei zugleich reduziert. Da die Faktorentechnik die Möglichkeit bietet, die so entstandenen Eigenschaftsgruppen wiederum Interkorrelationen und Faktorenanalysen zuzuführen, kann schrittweise eine *hierarchische Strukturierung* durchgeführt werden.

Diese sehr allgemeine und abstrakte Darstellung der faktorenanalytischen Eigenschaftsstrukturierung muß an dieser Stelle genügen. Eine einführende, didaktisch vorzügliche Beschreibung dieses Vorgangs findet sich bei Herrmann (1969, Kap. II). Zum Zwecke der Veranschaulichung sei lediglich der Weg skizziert, den Eysenck in seinen empirischen Forschungen wählte, um zu Strukturen von Eigenschaften zu gelangen:

Ausgangspunkt: Diagnostische Bestimmung *spezifischer* Eigenschaften

1. Schritt: Zusammenfassung spezifischer Eigenschaften in Gruppen *habitueller Verhaltenstendenzen*

2. Schritt: Zusammenfassung habitueller Verhaltenstendenzen in Gruppen von *Persönlichkeitszügen*

3. Schritt: Zusammenfassung von Persönlichkeitszügen in *Grunddimensionen*

↓ Faktorenanalysen von Interkorrelationen

Trotz des unbezweifelbaren methodologischen und methodischen Fortschritts, der in den Faktorenmodellen auf Grund der Objektivitätsbestrebungen ihrer Schöpfer erzielt wurde, sind einige Vorbehalte anzumelden. Sie betreffen zunächst die Selektion der Ausgangsdaten – vor der objektiven Strukturbestimmung; diese Selektion verrät bisweilen den Einfluß von Normen, die der bürgerlich-kapitalistischen Ideologie entstammen (z. B. Hochschätzung des materiellen Gewinns, der konformistischen Anpassung bei Cattell; Thomae (1968, S. 24 ff.). Außerdem bedürfen die Meßwerte der Faktorenanalyse stets einer inhaltlichen Interpretation und einer ihr entsprechenden verbalen Kennzeichnung, so daß auch hier Subjektivismen nicht ausgeschlossen sind. Einwände sind auch geltend zu machen gegen die nachweisbare Tendenz, die Faktoren als Bedingungen oder Ursachen des Verhaltens zu deuten, obwohl es sich bei ihnen lediglich um klassifikatorische Deskriptionen handelt. Und schließlich gibt es kritische Argumente gegen das mathematisch-statistische Linearmodell, das der von Eysenck, Guilford und Cattell benutzten Faktorentechnik zugrunde liegt. Von entscheidender Bedeutung ist die Kritik am *individualzentrischen* Vorgehen mancher Faktorentheoretiker[26], wie sie Anzyferowa

[26] Cattell verrät in seinem Vorgehen eine Tendenz zur Überwindung dieser Art von Subjektverhaftung.

(1976) vorbringt: Sie vermißt die Bezugsetzung der Eigenschaften und Eigenschaftsgruppen zur Tätigkeit, zur Verhaltensregulation, kurz: zur Dynamik von Handlung und Entwicklung als den zentralen Momenten einer Persönlichkeitstheorie. In dieser Kritik sind Ideen enthalten, die auf die Ausdehnung der strukturellen Analyse – über das Intraindividuelle hinaus – hinlenken. Das wird Gegenstand der folgenden Ausführungen sein.

Überindividuelle Strukturen

Psychologische Strukturkonzepte blieben zunächst, wie gezeigt, auf die intraindividuelle und zugleich statische Ordnungscharakteristik von Dispositionen beschränkt. Das gilt weitgehend auch für die persönlichkeitspsychologische Strukturforschung der Gegenwart, wie die Beispiele lehren. Das muß aber nicht Anlaß sein, auf dieser Stufe der Strukturbestimmung stehenzubleiben.

Am Beispiel der Lewinschen *Feldtheorie des Lebensraums* (Lewin 1951, 1969) soll ein Versuch demonstriert werden, die Suche nach strukturellen Gegebenheiten über die Grenzen des isolierten Individuums hinaus zu erweitern (vgl. dazu auch Solle 1969).

Kurt Lewin, der theoretische und methodologische Prinzipien der Gestaltpsychologie aus dem Ursprungsbereich der Kognitions- in den der Antriebsforschung überführte, machte zunächst geltend, psychologische Gesetzmäßigkeiten müßten grundsätzlich aus der *Wechselwirkung aller personalen und Umweltbedingungen* in einem raum-zeitlichen Kontext abgeleitet werden. Er nannte diese Denkweise „galileisch" – im Unterschied zur „aristotelischen", die dem Substantialisieren, Rubrizieren und Klassifizieren statischer Gebilde verhaftet bleibt.

In Lewins Theorie „werden die ursächlichen Bedingungen eines psychischen Geschehens nicht mehr allein einer Person ... selbst zugeschrieben ..., sondern grundsätzlich mit Begriffen gefaßt, die ... nur durch eine Beziehung auf die jeweils vorliegende Gesamtsituation bestimmt werden können ... Die auf die Gesamtsituation bezogene Begriffsbildung fordert strikt, sowohl die Person als auch die Umgebungsbeschaffenheit als Teilmomente zu betrachten, aus deren experimentell zu ermittelnden Bedingungszusammenhängen sich die gesetzmäßige Erfassung des Verhaltens ergibt" (Helm 1960, S. 373 f.).

„Lewin nahm an, man müsse die Auffassung überwinden, das Motiv sei eine verborgene innere Kraft, die unabhängig von der Umwelt wirke. Das Verhalten müsse stets als Ergebnis der Wechselwirkung zwischen dem Individuum und seiner unmittelbaren Umwelt betrachtet werden. Die Gesamtheit der Faktoren, die in einem konkreten Zeitabschnitt auf das Subjekt einwirken, nannte Lewin ‚Lebensraum'" (Jaroschewski 1975, S. 307).

Seine Denkweise konkretisierend, entwarf Lewin schon 1926 seine „Theorie des gespannten Systems". In ihr wird der Versuch unternommen, die motivierte Handlung als Entstehung und Veränderung eines dynamischen Spannungszustandes zwischen Person und Situation (Umwelt) zu begreifen. Späterhin, nach seiner Emigration aus Nazideutschland in die USA, erweiterte Lewin diesen Ansatz in Richtung seiner „Feldtheorie" des Lebensraums. Sie erhob den Anspruch, generell, für alle Disziplinen der Psychologie, richtungweisend zu sein. Persönlichkeitspsychologisch relevant sind vor allem folgende Postulate der Theorie:

- Jegliches Verhalten wird von den situationalen Feldkräften determiniert, die sowohl die Person selbst als auch ihre psychologische Umwelt umfassen. Wirksam sind dabei die aktuellen Bedingungen, die auch die Zeitperspektive des Individuums einschließen.
- Die Bestimmung der Verhaltensdetermination muß sich auf Analysemethoden und Begriffe stützen, die ganz unmittelbar auf die Relationen zwischen Individuum und Umwelt zugeschnitten sind. [Lewin nennt und erläutert in diesem Zusammenhang die für seine Feldtheorie typischen Begriffe, z. B. Position, psychologische Lokomotion, Kraft (Lokomotionstendenz), Ziel, Konflikt, Erwartung, Wert, kognitive Struktur.]
- Es ist möglich, den Lebensraum und seine verhaltensbedingten Veränderungen als topologischen und Vektorraum zu beschreiben – mit Hilfsmitteln dieser mathematischen Disziplinen. Wenn das geschieht, dann erscheint er als *strukturierter Raum,* in dem Person und Umwelt relativ autonome Substrukturen bilden, die sich ihrerseits wieder feldabhängig (vor allem motivationsabhängig) in „Regionen" gliedern. Struktur – das ist also nichts Statisches, sondern Abbild der Interaktionsdynamik.

Der Substruktur „Umwelt" hat sich Lewin insbesondere in seinen sozialpsychologisch-gruppendynamischen Forschungen zugewendet, ferner in seinem Entwurf einer „psychologischen Ökologie" (1943; in: Lewin, 1951).

Die Bereiche, die er hier als strukturelle Untereinheiten abgrenzt, erstrecken sich auch auf Sachverhalte, die wir früher (Kap. 3) als Elemente der Lebenssituation beschrieben haben.

Kritiker Lewins haben sich gegen die teilweise unscharfen Begriffe seiner Feldtheorie gewendet; sie erschweren die experimentelle Hypothesenbildung und -prüfung, sie erweisen sich außerdem als unbrauchbar für eine Beschreibung der relativ stabilen Persönlichkeitseigenschaften, die den (auch Verhaltens*prognosen* intendierenden) Diagnostiker interessieren müssen. Es hat sich ferner herausgestellt, daß Lewins mathematisch-psychologische Versuche den Möglichkeiten und Ansprüchen von Topologie und Vektormathematik nicht genügen. Der schwerwiegendste Einwand betrifft jedoch Lewins Psychologisierung des Lebensraums:

> Bei Lewin kam es zu einer „Subjektivierung der äußeren Welt, in der das Verhalten stattfindet. Die Objekte dieser Umwelt wurden aus dem Kontext ihrer Erkenntnisbeziehungen zum Individuum gelöst ... Es entstand ein eigentümlicher ‚Motivationsidealismus' " (Jaroschewski 1975, S. 318).

Mit dieser Tatsache der fehlenden Differenzierung von subjektiver Lebenssituation und objektiver Lebenslage hängt auch die utopische Zielsetzung der angewandten sozialpsychologischen Forschungen Lewins über die „Gruppendynamik" zusammen. Sie bezogen Veränderungen der Lebenssituation, nicht aber Veränderungen realer gesellschaftlicher Verhältnisse in den USA in die wissenschaftliche Reflexion ein.

Trotz aller Kritik ist der Fortschritt, den Lewins Denkansatz für die Persönlichkeitspsychologie gebracht hat, unbestreitbar. Lewin rückte die unauflösliche Verflechtung von Individuum und Umwelt in den Mittelpunkt. Er entwickelte ein nicht-biologistisches Motivationskonzept. Gefahren und Grenzen einer Strukturbeschreibung, die dem isolierten Individuum verhaftet bleiben, zeigte er klar auf und problematisierte damit den Eigenschaftsbegriff der Persönlichkeitspsychologie. Und er leistete für eine handlungsorientierte Lösung des Strukturproblems wichtige Vorarbeiten. So ist es nicht verwunderlich, daß neuere Ansätze überindividueller Strukturierung, z. B. Thomaes Phänographie des Lebensraums (Thomae 1968), die bereits früher (Kap. 3) erwähnte Entscheidungsforschung und neuere Versuche ökopsychologischer Theoriebildung in der Sozialisationsforschung ohne seine Vorarbeit kaum entstanden wären. In diesem Sinne war Lewin ein Pionier der persönlichkeitspsychologischen Strukturbetrachtung. Es gilt, sein phänomenalistisches Lebensraumkonzept „vom Kopf auf die Füße zu stellen".

Multiple Strukturierung

Die kritischen Argumente des vorhergehenden Abschnittes lassen im Grunde nur eine Schlußfolgerung zu. Die befriedigende Lösung des Strukturproblems wäre wahrscheinlich in einem Konzept der multiplen Strukturierung zu suchen, das die *Vielfalt struktureller Einbettungen und Ordnungen* ins Auge faßt. Ein solches Konzept sollte die Annahme einschließen, daß sich die personalen Eigenschaftsstrukturen nicht autochthon herausbilden, in völlig eigengesetzlicher Dynamik, sondern in *Wechselwirkungsrelationen* stehen, die über das Handeln in die strukturierte Lebenspraxis hineinreichen und zum Individuum zurückkehren. Dabei wäre die Interdependenz folgender Substrukturen zu beachten:

- Struktur des Mikromilieus (Anforderungs-, Gestaltungsfelder),
- Struktur des Mikromilieus (Anforderungs-, Gestaltungsfelder),
- Struktur der Handlungsentwürfe (Planung, Zielsetzung, Entscheidung, Motivbildung),
- Struktur der Handlungen (Ausführungsorganisation und -motivation),
- personale Struktur der Repräsentationen (Konzepte) und der Basisdispositionen.

In den folgenden Beispielen soll gezeigt werden, was wir unter diesen Substrukturen zu verstehen haben und daß eine wechselseitige Abhängigkeit – und ihr zugrunde liegende Wirkungsbeziehungen – zwischen ihnen anzunehmen ist.

Die Strukturen des Makro- und Mikromilieus, also der gesellschaftlichen und Lebenspraxis, werden von den Positionen und den durch sie definierten Anforderungs- und Gestaltungsfeldern – als gleichsam obligatorischen und fakultativen Aktivitätsebenen – bestimmt. Bei Untersuchungen, die Strukturen des Mikromilieus in ihrer Totalität anzielen, kann man von *ökopsychologischen* Analysen sprechen. Solche Konzeptionen sind vor allem in der Sozialisationsforschung entwickelt worden (vgl. dazu die Beiträge in Rauh 1978).

Ein Beispiel dafür – wenn auch nur in Ansätzen und nicht unter diesem Namen – liefern Kossakowski und Otto (1971). Ausgehend von der objektiven gesellschaftlich-sozialen Determination der Entwicklung im Kindes- und Jugendalter werden vielfältige ökologische Bedingungen und ihre Entwicklungswirkung vorgestellt, u. a. schulische Bedingungen, familiäre Faktoren, soziale Normen von Gruppen. Die personalen Bedingungen werden in enger Wechselwirkung mit der „individuellen Lebenslage" betrachtet. Ein explizit ökopsychologisches Konzept entwirft Bronfenbrenner (1976). Es enthält folgende Gedanken:

Bronfenbrenner geht aus von der Vorstellung einer geschichteten Struktur objektiver Lebensbedingungen, welche die Regionen „unmittelbare Umgebung", „soziale Netzwerke" und „ideologisches System" enthält. Diese Regionen sind ineinander verschachtelt und beeinflussen sich wechselseitig.

Die *unmittelbare Umgebung* ist das Mikromilieu des Kindes. Es ist differenziert als physische Dimension (räumliche, stoffliche Merkmale), soziale Dimension (Personen, deren Funktionen und Rollen, deren Beziehungen zum Kind) und Handlungsdimension (Tätigkeiten der Personen, vor allem in Relation zum Kind; soziale Bedeutung ihrer Tätigkeiten). Die *sozialen Netzwerke* sind sowohl informelle Strukturen (Gruppen, Cliquen, Freunde, Bekannte) als auch formelle (z. B. Institutionen des Erziehungs-, Gesundheits- und Sozialwesens, aber auch staatliche Verwaltungen, Industrie und Handel, Massenmedien, Verkehrsmittel). Auch sie alle enthalten physische, soziale und aktionale Einflußdimensionen. Das übergreifende *ideologische System* wird für die Entwicklung insofern relevant, als es die sozialen Netzwerke „mit Bedeutungen und Motiven ausstattet". Sehr wichtig erscheint Bronfenbrenner in diesem Zusammenhang die Frage, welchen Platz und Stellenwert die Heranwachsenden im ideologischen System einnehmen, z. B. ob es sich um ein gleichsam „kinderfreundliches" oder „-feindliches" System handelt.

In einer neueren Publikation („Ansätze zu einer experimentellen Ökologie menschlicher Entwicklung", in: Oerter 1978 a) differenziert Bronfenbrenner in Anlehnung an Brim (1975) die ökopsychologisch relevanten Schichten des Lebensraums. Er unterscheidet das Mikrosystem (unmittelbare Umgebung), das Mesosystem (System interagierender Mikrosysteme), das Exosystem (soziale und gesellschaftliche Institutionen, Massenmedien, Kommunikations- und Transportnetze, Dienstleistungsbereiche) und das Makrosystem. Letzteres „bezieht sich auf die übergeordneten institutionellen Muster der Kultur oder Subkultur, wie die ökonomischen, sozialen, erzieherischen, juristischen und politischen Systeme, deren konkrete Manifestationen die Mikro-, Meso- und Exosysteme darstellen". Makrosysteme sind „Informations- und Ideologieträger" (ebenda, S. 36).

Der Fortschritt liegt hier, etwa im Vergleich zu Lewin, in der Beachtung der *objektiven* Lebenslagestruktur. Die Bedeutung der sozialökonomischen Basis (Produktivkräfte, Produktions- und damit Klassenverhältnisse) und ihr Hineinwirken in das Mikromilieu hebt Bronfenbrenner nicht ausdrücklich hervor. Andere Autoren aus kapitalistischen Ländern sehen dieses Problem klarer. So z. B. Lorenzer (1973), wenn er schreibt:

„Weil sich die frühkindlichen Bildungsvorgänge innerhalb eines umgrenzbaren familialen Feldes abspielen . . ., ist die Einbettung der Akteure dieser ‚Sozialisationsagentur' in gesellschaftliche Prozesse aufzuzeigen . . . Erst wenn der Zusammenhang von Interaktionen . . . mit den *Produktionsprozessen* begrifflich hergestellt ist, eröffnet sich die Möglichkeit, die bestimmten Interaktionsformen in ihrer Abhängigkeit von den konkret gegebenen *Produktionsverhältnissen* zu denken. Dies aber ist der Punkt, an dem sich entscheidet, ob Sozialisation als ‚materialistisch' im vollen Sinne des historischen Materialismus begriffen werden kann" (S. 269 f.).

Die Struktur der Handlungsquellen und -voraussetzungen in der Dynamik der Lebenssituation, in diesem Sinne der *Handlungsentwürfe,* wurde bereits im Kapitel 3 skizziert. Entscheidungsvorgänge z. B. sind zeitlich strukturierte Prozesse, in denen sich Elemente und ihre Relationen abheben. Zu ihnen gehören die Problemidentifizierung (Erkennen der unsicheren, risikohaften, konfliktären Entscheidungssituation), die Informationsbeschaffung (um Alternativen bewichten zu können), die strategische Planung (auf der Grundlage eines Entscheidungsprinzips) usw. usf. Ausgehend von der Galperinschen Handlungstheorie (Galperin 1967), beschreibt Hacker (1973) die strukturellen Komponenten der Handlungsprogrammierung folgendermaßen:

„*Hauptbestandteile* (Komponenten) der psychischen Struktur sind das *Entwerfen* von Handlungsprogrammen, das vom antizipierten Endergebnis als Ziel *(‚Richten')* ausgeht und die . . . Wissensvoraussetzungen berücksichtigen muß *(‚Orientieren'),* die auf Zustandsbeurteilungen einschließlich Soll-Ist-Vergleichen beruhenden Entscheidungen für Mittel und Wege der Herbeiführung des Ergebnisses (Operationsfolge) sowie die rückkoppelnden *Kontrollprozesse* des Vergleichens von Zwischenzustand und abgeleitetem

Teilziel. Die derartig entworfene, ausgewählte und kontrollierte Operationsfolge konstituiert die äußere Struktur der Tätigkeit" (S. 83).

Diese Komponeten werden dann von Hacker einzeln untersucht und beschrieben, u. a. die Orientierungsgrundlage als Aufbau eines „operativen Abbildsystems", die Antriebsregulation als sequentielle Entscheidung, Zielsetzung und Motivbildung.

Wenn man *Handlungen* als aktualgenetische Vollzüge ansieht, dann sind folgende Kriterien für die strukturelle Analyse nützlich. (1) Das Individuum richtet seine Intentionen auf Zielobjekte des Erkennens, Bewertens, Gebrauchens, Gestaltens –(2) der individuelle Verhaltenskontakt mit dem Zielgegenstand erstreckt sich über eine bestimmte Zeitdauer – (3) das zeitlich ausgedehnte Handlungsmuster ist in sich geordnet. Diese Struktur ergibt sich aus der Ereignisfolge des Musters und den Zäsuren zwischen den Ereignissen. Die zielbezogene Bewertung der Ereignisfolge gestattet es, Handlungsphasen der unmittelbaren Zielerreichung (Haupthandlungen), der mittelbaren Zielerreichung (Zwischen- und Nebenhandlungen) und der „Scheinerledigung" (Lewin) – letzteres durch Ersatzhandlungen – zu differenzieren. Hier handelt es sich um rein formale Kriterien. Immerhin können sie jedoch folgende persönlichkeitsspezifische und -relevante Befähigungen abbilden: Die Weite des intentionalen Spannungsbogens („Durchstehen" des Zeitraums zwischen Zielsetzung und -erreichung bei zeitlich sehr ausgedehnten Handlungen, z. B. der Konstruktion einer Maschine, der Absolvierung eines Fernstudiums, der Komposition einer Oper) – die Ausdehnung der Zukunftsperspektive – die Belastbarkeit durch einzuschiebende Vorbereitungs- und Unterstützungshandlungen, also der Widerstand gegen den Handlungszerfall oder -abbruch. Untersuchungsansätze für diese Art Handlungsanalyse hat die gestaltpsychologische Handlungsforschung geliefert (Köhler, Lewin, Gottschaldt; vgl. Schmidt 1970, S. 158 ff.). Auch die Ausführungsorganisation von Handlungen ist ein strukturierter Prozeß, der bereits im Kapitel 3 als solcher beschrieben wurde. Es geht hier um mentale und sensumotorische Steuerungs- und Regelungsvorgänge, die unmittelbar auf den Zielgegenstand gerichtet sind und zugleich – als Reafferenz – zum personalen Ausgangspunkt der Interaktion zurücklaufen und dadurch zur Veränderung der intraindividuellen Strukturen beitragen.

Über die Analyse der intraindividuellen, *personalen Strukturen* wurde Wesentliches bereits im vorigen Abschnitt ausgesagt. Es müssen aber darüber hinaus Konsequenzen aus den dort referierten kritischen Einwänden gezogen werden. Zunächst dürfte es zweckmäßig sein, diese Strukturen angemessen zu differenzieren. In Auswertung der Topographie der Person-Umwelt-Interaktionen, die im Kapitel 3 Gegenstand der Erörterungen war, bieten sich die folgenden Klassen an:

- Struktur der Lebenssituation als Struktur von *Repräsentationen* (Umweltkonzept, Selbstkonzept, subjektive Lebensqualität und Zeitperspektive – jeweils in sich noch weiter strukturiert);
- Struktur der instrumentellen Funktions- und Operationsgrundlagen als *Basisdispositionen* (Aktivation, Intelligenz, Temperamentseigenschaften usw.), die wiederum jeweils in sich strukturiert sind, wie z. B. die faktorenanalytisch gewonnenen Befunde über die Intelligenzstruktur (Guilford 1964) ausweisen.

Innerhalb dieser Klassen müssen die bereichsspezifischen Elemente und ihre Relationen (z. B. Bindungen aneinander, Abhängigkeiten voneinander) ausfindig gemacht werden. Nicht nur die Faktorentechnik, sondern auch andere mathematisch-statistische Verfahren (Cluster- und Konfigurationsfrequenzanalyse) sind Hilfsmittel einer solchen Strukturanalyse. Wesentlich ist dabei auch die Ermittlung der zeitlichen *Stabilität* von Strukturen, wie sie als Problemstellung der Psychodiagnostik und der entwicklungspsychologischen Lebenslaufforschung in Erscheinung tritt (Rudinger 1978). Hohe Stabilität ist insofern ein Parameter der Persönlichkeitsreife, als sie die relative Unabhängigkeit des Individuums von den wechselnden Lebensumständen bekundet – dies natürlich nicht im Sinne einer unflexiblen Rigidität, sondern der zwar umweltoffenen, aber doch kritisch-distanziert prüfenden Orientierung, welche Selbstidentität und -kongruenz gewährleistet und es dem Außenstehenden ermöglicht, den Kern, das Wesen einer Person auch nach langer Trennung wiederzuerkennen. Relative Stabilität ist auch eine elementare Vorausetzung guter Kooperation, weil nur sie zuverlässige Verhaltensprognosen über den Partner gestattet.

Eine wichtige Frage ist die nach den *Korrespondenzen* zwischen den im obigen Schema differenzierten Strukturen. Gibt es solche Entsprechungen?

Am leichtesten zu erfassen sind sie als Abhängigkeit zwischen der Struktur von Basisdispositionen und den repräsentationalen

Strukturen. Ein Beispiel mag das belegen. Bei geistig behinderten Kindern, Jugendlichen und Erwachsenen finden wir regelhaft ein strukturelles Defizit im Bereich der Intelligenz, z. B. in Form eines erheblichen Rückstandes logischer, rechnerischer und verbaler Leistungsfähigkeiten gegenüber besser entwickelten perzeptiven, praktisch-manipulativen Befähigungen. Das hat Auswirkungen auf die Repräsentationen, etwa auf die angemessene Abbildung externer rechtlicher Normative in Gestalt eines internen Normsystems, so daß geistig Behinderte sich als anfälliger gegenüber Verführungen zu kriminellen Handlungen erweisen als Normale (Dettenborn und Fröhlich 1971). – Aus arbeitspsychologischen Untersuchungen wissen wir: Die Güte der raum-zeitlichen Strukturen von Handlungsentwürfen und Handlungen bei komplizierteren, mehrschrittigen Operateurtätigkeiten (in hochgradig rationalisierten technologischen Systemen) ist von der Güte der internen Struktur des operativen Abbildes dieses technologischen Prozesses (seiner Elemente, der Beziehungen dieser Elemente) abhängig (Hacker und Raum 1980). – Schließlich ist bekannt, daß es regelhafte Abhängigkeitsbeziehungen zwischen objektiven Positionen des Individuums (und den positionalen Strukturen) und subjektiven Konzeptualisierungen gibt. Eine Überakzentuierung des Anforderungsmoments von Positionen (unter Hintanstellung der Gestaltungsmöglichkeiten) schlägt sich in der Negativierung der subjektiven Lebensqualität nieder. Ferner gibt es Korrespondenzen zwischen den Positionen der Geschlechter, also den geschlechtsbezogenen gesellschaftlichen Individualitätsformen, und den analogen internen Konzepten, in denen sich das geschlechtsspezifische Ich oder der soziale Partner mit seinem Geschlecht als „Geschlechtsstereotyp" abbildhaft verdichten (Dannhauer 1973). Auch die Hierarchie im System der sinngebenden und stimulierenden Motive ist nicht unabhängig von entsprechenden Bedeutungsstrukuren, welche die Vielfalt von individuellen Positionen im Makro- und Mikromilieu organisieren, indem sie den einen mehr, den anderen weniger Gewicht verleihen.

4.4. Anmerkungen zum „Persönlichkeitsprinzip“

Der Persönlichkeitsbegriff diente uns bisher als Mittel zur Bezeichnung eines Untersuchungs*objekts*. Gleichzeitig beschreibt er aber auch ein Forschungs*prinzip*, das in allen psychologischen Einzeldisziplinen angewendet werden kann. Wesen und Funktion des Persönlichkeitsprinzips sind insbesondere von sowjetischen Psychologen herausgearbeitet worden. Seinen Inhalt faßt Platonow (1974) so zusammen:

> „Das Persönlichkeitsprinzip berücksichtigen heißt, an einem Menschen, ... der insbesondere Forschungsobjekt ist, als ganzheitliche Persönlichkeit unter Beachtung ihrer ganzen Kompliziertheit, der Geschichte ihrer Entwicklung und all ihrer individuellen Besonderheiten heranzugehen, d. h. unter Beachtung der ganzen individuellen dynamischen und funktionalen Struktur ... Psychische Erscheinungen ..., die sich in der Tätigkeit äußern, und folglich auch die Tätigkeit selbst sowie ihre Elemente ..., können nicht ohne Berücksichtigung ihrer Bedingtheit durch die Persönlichkeit verstanden werden“ (S. 165).

Dieses Prinzip darf nicht fehlgedeutet werden, etwa als Ablehnung analytischer Forschungsintentionen. Die Persönlichkeit läßt sich niemals vollständig, gleichsam als geschlossene Variable, untersuchen oder als Bedingungskomplex in ein Untersuchungsvorhaben einbeziehen. Wie in der Biologie der Grundsatz gilt, daß Lebewesen als Ganze nicht vergleichbar sind, sondern nur auf dem Wege über einzelne Organe, Gewebe, Funktionen usw., so gilt auch hier: Wir bedürfen einer Zerlegung, einer Zuwendung zu *Teilkomponenten*, um persönlichkeitspsychologische Forschungen durchzuführen. Unter dieser Voraussetzung bedarf das Prinzip einer *Präzisierung*. Sie muß mindestens zwei Orientierungspunkte im Auge behalten. Einmal geht es um die Beachtung der soeben diskutierten strukturellen Systemzusammenhänge, in denen psychische Zustände, Prozesse und Eigenschaften existieren und wirken; zum zweiten impliziert das Persönlichkeitsprinzip ethische Maximen und Zielstellungen. Sie laufen auf die Forderung hinaus, einen Beitrag zur Persönlichkeitsentfaltung und -förderung zu leisten, sofern das von der Untersuchungsabsicht her möglich ist, in jedem Falle aber die Integrität und Würde der Persönlichkeit nicht zu verletzen. Unter dem Gesichtspunkt dieser beiden Orientierungen lassen sich konkrete Forderungen formulieren.

Beachtung des Systemzusammenhangs

Zu verwerfen ist ein isolierender *Elementarismus*, der Psychisches unabhängig von den Tätigkeitsbedingungen und -beziehungen interpretiert, die das Individuum mit seiner konkreten Lebenslage verbinden. Anders ausgedrückt: Bei der Beschreibung, Erklärung und Deutung psychischer Phänomene, die man notwendigerweise unter teils erheblichen Reduktionsbedingungen untersucht (z. B. bei Wahrnehmungsexperimenten im Dunkelraum), müssen Intensität und Qualität der Reduktion sorgfältig einkalkuliert werden. Der Generalisierbarkeit solcher Befunde sind Grenzen gezogen, und diese gilt es genauer zu bestimmen (Guthke und Lehwald 1980).

Der Einfluß des reduzierenden Untersuchungsregimes auf das Forschungsergebnis läßt sich nur dann sicher abschätzen, wenn spezifische *Tätigkeits*bedingungen, in die das geprüfte Phänomen eingebettet ist, systematisch *kontrolliert* werden. Hier nähert sich das Persönlichkeitsprinzip dem *Tätigkeitsprinzip* (Anzyferowa 1974) an: Die Veränderung des Forschungsresultats mit veränderten Tätigkeitsmerkmalen kann zugleich den Persönlichkeitsanteil am Zustandekommen der jeweiligen Zustands- oder Prozeßcharakteristik reflektieren. Für solche Veränderungen gibt es viele experimentelle Beweise.

Zunächst sei auf eine ältere Untersuchung von Klix (1956) verwiesen, der sich die Frage vorlegte, ob Größenkonstanzphänomene invariant sind gegenüber den Bedingungen des Ruhezustands und der Eigenbewegung des Wahrnehmenden. Seine Begründung dieser Fragestellung trifft genau das Tätigkeitsprinzip: „Wenn unter den Bedingungen des Experiments nachgewiesen wird, daß die Sehgrößenverhältnisse im Raume bei eigener Bewegung andere sind als in Ruhe, dann ist über die Gesetze der Größenkonstanz noch nicht das letzte Wort gesprochen. Im Gegenteil: Wann nimmt ein Mensch in seinem ... Wahrnehmungsraum in vollkommener Ruhe die Gegenstände der Umwelt visuell auf? ... Nur unter diesen Bedingungen aber ist die Erscheinungsweise der Größenkonstanz bisher untersucht worden. Das Wahrnehmen bei eigenem Bewegen in der Umwelt ist jedoch die Regel, und wenn dabei andere Gesetzmäßigkeiten gelten sollten, so können die nicht als Anhängsel von schon Bekanntem aufgefaßt werden, sondern umgekehrt: die Gesetze bei ruhender Beobachtung müßten als Sonderfälle jener allgemeinen Erscheinungsformen auszuweisen sein" (S. 4). Die Resultate der Versuche erbrachten den Nachweis, daß die Größenkonstanz unter den Bedingungen der Eigenbewegung sich gegenüber der bei ruhendem Organismus systematisch, gesetzmäßig verändert: „Bei der geradlinigen Vorwärts- und Rückwärtsfahrt (es handelte sich um induzierte phänomenale Eigenbewegungen, H.-D. S.) verändert sich die Sehgröße der Gegenstände im Sinne einer ansteigenden Konstanz. Die Variation des phänomenalen Fahrtempos zeigte, daß die Konstanzgrade im Verhältnis zu den Ruhewerten um so mehr ansteigen, je höher die Geschwindigkeit ist und umgekehrt" (S. 169). Die Interpretation der zahlreichen Einzeldaten folgt dann bei Klix ganz und gar der Linie des Tätigkeitsprinzips.

Rubinstein (1962) referiert analoge Daten; u. a. schreibt er: „So ist bekannt, daß Weber, die an schwarzen Geweben arbeiten, Dutzende von Schwarztönen unterscheiden, während andere Menschen nicht mehr als drei oder vier unterscheiden können" (S. 92). Platonow (1974) erwähnt u. a. Untersuchungen von Tereschina über die Automatisierung einer Wahlreaktion, die sehr verschieden verläuft, je nachdem, ob es in der betreffenden Berufsgruppe auf Genauigkeit (Dispatcherstichprobe) oder auf Schnelligkeit (Telefonistenstichprobe) ankommt, wenn auf ein Signal reagiert wird.

Die Reduktionswirkung einschränkender Verhaltensinstruktionen im Untersuchungsregime der traditionellen Experimentalpsychologie wird häufig *überschätzt.* Zumeist sind mehr Bedingungen und Komponenten am Zustandekommen eines Phänomens beteiligt, als von den Kontrollprozeduren her intendiert war. Stets ist das explorierende, motivierte Individuum als Ganzes einbezogen; die eingrenzenden Versuchsbedingungen verändern nicht in direktem Eingriff das interne Bedingungsgefüge (wie z. B. in physikalischen, chemischen oder molekularbiologischen Experimenten). Auch der soziale Charakter der Untersuchungssituation, also die Kommunikation Versuchsleiter–Proband mit ihren Überlagerungseffekten, ist niemals vollständig auszuschließen. Das gilt für diagnostische Situationen ebenso wie für experimentelle (vgl. dazu Sprung 1982). Beispielsweise durch die Versuche von Milgram (1963) und Mantell (1971) ist das belegt worden.

Beide Untersucher gewannen normale, durchschnittliche männliche Erwachsene für eine vermeintliche Versuchsleitertätigkeit in einem Lernexperiment, bei dem es darum ging, den Vorgang des Einlernens verbalen Materials durch elektrische Strafreize (bei fehlerhaften Antworten der Vp) zu steuern. In Wahrheit hatte jedoch der wirkliche Versuchsleiter (Milgram oder Mantell) kraft einer entsprechenden Programmsteuerung den ganzen Versuchsablauf in der Hand; es gab gar keine lernende Vp, sondern die fehlerhaften oder korrekten Lernresultate und die Reaktionen der Vp auf die Schmerzreize (z. B. Schreie) wurden mittels Tonbändern aus einem nicht einsehbaren benachbarten Raum (in dem die fiktive Vp angeblich saß) in den Raum des vermeintlichen Versuchsleiters überspielt. Dieser war angewiesen, mit fortschreitendem Lernverlauf die elektrischen Strafreize in ihrer Intensität gemäß einem Stufenprogramm zu steigern; auf dem Tableau seines Steuerpults waren die Voltzahlen und ihre Konsequenz (bis hin zu einer solchen, die Lebensbedrohung anzeigte) vermerkt. Der vermeintliche Versuchsleiter konnte jederzeit aus dem Versuch „aussteigen"; der wahre Versuchsleiter wandte keine harten Zwangsmaßnahmen an, um die Realisierung des Versuchs um jeden Preis durchzusetzen, sondern steigerte allenfalls den Grad seiner Überredung. (Auf verschiedene Bedingungsvariationen des Experiments wird hier nicht eingegangen.) Das Hauptergebnis dieser Experimente war, daß die Mehrzahl der vermeintlichen Versuchsleiter den fiktiven Vpn auch sehr gefährliche Strafreize applizierte, dies unter Hintanstellung moralischer Bedenken, offensichtlich „gedeckt" durch die entlastende Übertragung ihrer Verantwortung auf den leitenden Initiator des Experiments. Ein schlimmes Gehorsamsverhalten in einer Situation mit relativ geringem Autoritätsgefälle!

Diese Experimente sind ethisch nicht vertretbar. Brandt (1971, S. 271) wirft Milgram vor, daß er „rationalisierten Sadismus" untersucht habe und dies „nur dadurch aufrechterhalten konnte, daß er seine eigene unprovozierte Mißhandlung der Vp . . . als ad maiorem scientiae gloriam motiviert erklärte, während er diese Erklärung für die Vpn nicht anwandte" (bei ihnen war es Gehorsam).

Diese Befunde können in Grenzen verallgemeinert werden: In jeder psychologischen Untersuchung ist ein mehr oder minder starkes Autoritätsgefälle zwischen Untersucher und Proband vorhanden, das gegebenenfalls als Manipulierungseinfluß wirken kann. Das gilt vor allem für kinderpsychologische Experimente.

Marxistische Psychologen aus der BRD (vgl. Autorenkollektiv Wissenschaftspsychologie 1975) meinen, die Ungleichheit von Versuchsleiter und -person im traditionellen reduktiven psychologischen Experiment sei ein Abbild der Machtverhältnisse im Kapitalismus. Auf diese Weise liefere „das psychologische Experiment mit der Grundstruktur der Verfügung des Vl über das Verhalten der Vp . . . Ansatzpunkte zur Entwicklung von Sozialtechniken, die zur Aufrechterhaltung und Verbesserung dieser Verfügung notwendig sind" (Bruder, zit. nach Brandt 1971). Diese Meinung stellt vielleicht eine Übergeneralisierung dar. Am Beispiel der Milgram/Mantell-Versuche wird jedoch die *Möglichkeit des Mißbrauchs* experimentalpsychologischer Techniken besonders augenfällig.

Die bisher gekennzeichneten Einbettungsverhältnisse aller psychischen Phänomene lassen auch die folgende Tatsache hervortreten. Für das untersuchte Individuum ist sein jeweiliges Tätigkeitsfeld, auch das experimentell eingeschränkte, ein Feld von *Bedeutsamkeiten.* Sie erwachsen aus dem Verhältnis einer konkreten Motivation zu konkreten sachlichen/personalen Bedeutungsträgern der Situation. Dadurch erscheinen diese als beachtenswert, erstrebenswert, besitzenswert, als negativ getönte Auslöser einer Meidungstendenz usw. Die *Allgegenwart* solcher Bedeutsamkeitsakzentuierungen wirkt im individuellen Handeln stets als simultane Verschränkung von Kognition, Aktivation, Emotion und Motivation, auf die wir bereits im Kapitel 3 hingewiesen haben. Neuere Darstellungen des Gesamtgebiets der allgemeinen Psychologie, die explizit „organismisch" orientiert sind, können das besonders gut belegen. Dem Text von Klix (1971, u. a. S. 37, 476, 502 f.) ist diese Konsequenz leicht zu entnehmen.

Beachtung ethischer Normative

Vor allem in den angewandten psychologischen Disziplinen fungiert das Persönlichkeitsprinzip als Anweisung, den jeweils untersuchten Teilaspekt der Tätigkeit in die Zielstellung der *Entwicklung, Entfaltung, Formung der Persönlichkeit* einzuordnen. In der klinisch-psychologischen Therapie z. B. geht es darum, über die Beseitigung der pathologischen Symptomatik hinaus Wohlbefinden, Leistungsfähigkeit, Selbstvertrauen, soziale Integration usw. des Patienten wiederherzustellen, also eine Regeneration komplexer personaler Zustands-, Befindlichkeits- und Tätigkeitskennwerte zu erreichen (vgl. dazu Helm et al. 1979). Und in der Arbeitspsychologie gilt: „Arbeitsstudium, Arbeitsnormung und Arbeitsgestaltung müssen nicht nur der Steigerung von Effektivität und Produktivität dienen, sondern stets zugleich Möglichkeiten zur Förderung der Persönlichkeit im Arbeitsprozeß bereitstellen" (Hacker 1973, S. 418). Analoges wäre für andere angewandte Disziplinen auszusagen (Lompscher 1974, Vorwerg 1980).

So ist es nicht verwunderlich, daß dieses Element des Persönlichkeitsprinzips in besonderem Maße im *psychodiagnostischen* Prozeß beachtet werden muß. Das ist z. B. abzulesen an den Arbeitsmaterialien „Psychodiagnostik in der DDR", die 1972 von einer Kommission der Gesellschaft für Psychologie der DDR im Manuskriptdruck für Mitglieder der Gesellschaft publiziert wurden.

In diesen Materialien sind Passagen enthalten, die das hier Gemeinte unmittelbar anzielen:

Es heißt dort, daß die Entwicklung und Anwendung psychodiagnostischer Verfahren stets „im Dienste ... begründeter Entscheidungen steht, die dem Ziel der optimalen Entwicklung und Förderung der Persönlichkeit ... (durch Bildungs-, Erziehungs- und Therapiemaßnahmen) untergeordnet sind" (S. 4). Das Prinzip der „Entwicklung, Förderung und Achtung der Persönlichkeit" (das an erster Stelle neben anderen Prinzipien genannt wird) „läßt sich im wesentlichen aus dem Inhalt unserer Verfassung ableiten", deren Aussagen u. a. „festlegen, daß der Mensch im Mittelpunkt aller Bemühungen der Gesellschaft und des Staates steht, daß jeder Bürger das Recht auf Fähigkeitsentwicklung durch Bildung und Erziehung besitzt, daß für Menschen mit physischen und psychischen Schäden, für kranke und invalide Bürger besondere Bildungs- und Gesundungsmaßnahmen ergriffen werden müssen, daß Freiheit und Würde aller unserer Menschen gesichert und gewahrt bleiben ... Von diesen Voraussetzungen her ist zu beachten, daß Diagnostizierung und Entwicklungsförderung eine Einheit bilden, daß die Einschätzung des aktuellen Zustandsbildes der erste Schritt zu seiner Veränderung ist" – ebenso wie in der Medizin (S. 8).

Diesen Festlegungen ist zu entnehmen, daß der ethische Kern des Persönlichkeitsprinzips und die Konkretisierung des ethischen Moments in der Psychodiagnostik einerseits und gesellschaftliche Zielstellungen unserer Wirtschafts-, Rechts-, Sozial-, Bildungs- und Gesundheitspolitik andererseits in wesentlichen Punkten übereinstimmen[27] – zunächst, soweit es die entsprechenden *Absichten* und Normative anbetrifft. Darüber hinaus gibt es zahlreiche Korrespondenzen zwischen den Normativen und unserer gesellschaftlichen Realität. Die Normative verwirklichen sich aber keineswegs spontan. Sie bedurften (und sie bedürfen weiterhin) der permanenten aktiven und demokratischen *Durchsetzung und Kontrolle* seitens aller einschlägig arbeitenden Personen und Institutionen.

Es ist aufschlußreich, auf der Ebene der ethischen Normative Vergleiche mit den Verhältnissen in kapitalistischen Ländern anzustellen. Die American Psychological Association (APA) hat im

---

[27] Nicht in allen! Aus ökonomischen Zwangslagen (z. B. solche, die der Druck des Weltmarktes erzeugt) können Arbeitsbedingungen resultieren, die der Psychologe von seinen Erkenntnissen her kaum als persönlichkeitsfördernd ansieht. Man denke etwa an körperliche Schwerstarbeit oder hochgradig monotone Arbeitsabläufe.

Jahre 1963 „Ethische Normen der Psychologen" veröffentlicht. Sie enthalten einen Katalog menschlicher Werte und Rechte, ferner 19 Prinzipien für die angemessene Realisierung psychologischer Tätigkeiten in Forschung, Lehre, diagnostischer und therapeutischer Praxis, bei Publikationen usw., die mit den Werten und Rechten des Menschen im Einklang stehen sollen.[28] Diese Normen sind im Ganzen durchdacht, abgewogen und vollständig; sie verraten das Bemühen der Verfasser um eine bürgerlich-humanistische, aber damit zugleich utopische, weil auf *den* Menschen – ein ungreifbares Abstraktum – gerichtete Grundhaltung und -orientierung. Darum bekunden sie Inkonsequenz und zum Teil auch Hilflosigkeit angesichts der konkreten USA-Realität. In ihr wird die Psychologie für Zwecke der psychologischen Kriegführung und der Ausbeutung mißbraucht, der physisch und psychisch Kranke ist ein Objekt ungezügelten Profitstrebens privat praktizierender Ärzte, Psychologen und ganzer Institutionen des Gesundheitswesens.[29]

Diese Problematik der APA-Normen ist an folgenden Passagen abzulesen (Lubin und Levitt 1967, S. 335 ff.):

„Der Psychologe in der Industrie, im Erziehungswesen und in anderen Situationen, in denen Interessenkonflikte zwischen verschiedenen Parteien entstehen können, so zwischen Management und Arbeit oder zwischen Klient und Auftraggeber des Psychologen, *definiert für sich selbst* Wesen und Richtung seiner Gesinnung und Verantwortung und informiert die betreffenden Parteien über diese seine Verpflichtungen" (S. 336).

„Der Psychologe *versucht*, eine klinische oder konsultative Beziehung einzugrenzen, wenn ihm ziemlich klar ist, daß der Klient davon keinen Nutzen mehr hat" (S. 336).

Das Prinzip 10 (Ankündigung von Hilfe- und Dienstleistungen) regelt in 6 Unterpunkten, wie ein Psychologe verfahren soll, wenn er seinen „Service" realisiert: „Ein Psychologe *hält sich mehr* an professionelle als an kommerzielle Normen, wenn er seine professionellen Hilfe- und Dienstleistungen bekanntmacht" (S. 337). En Unterpunkt lautet: „Der Gebrauch von ‚attestierten Befähigungen durch zufriedene Nutzer' ist nicht zu akzeptieren. Das Angebot einer probeweisen Inanspruchnahme von Hilfe- und Dienstleistungen ist nicht zu akzeptieren, *sofern* es dazu führt, in irgendeiner Weise das Wesen oder die Wirksamkeit der Leistung zu verfälschen, die der Psychologe erbringt. Ansprüche in der Richtung, ein Psychologe habe einzigartige Fähig-

[28] Vgl. dazu auch Davison und Neale (1979, Kap. 21).

[29] „Unsere Krankenhäuser haben sich in Warenhäuser verwandelt", heißt es in einem kritischen amerikanischen Spielfilm.

keiten oder Möglichkeiten, die anderen Berufskollegen nicht verfügbar seien, können nur *geltend gemacht werden*, wenn sie durch wissenschaftlich akzeptierbare Beweismittel untermauert sind" (S. 337 f.) (Hervorhebungen sämtlich von mir, H.-D. S.).

Diese Zitate sprechen für sich. Ethische Normen, die aus der Maxime optimaler Entwicklung, Entfaltung, Förderung der Persönlichkeit resultieren, sind nur dann frei von Halbheiten und Widersprüchen, sie haben nur dann eine Chance, über ihre papierne Existenz hinaus wirksam zu werden, wenn die Idealität gesellschaftlicher Normative und die Realität gesellschaftlicher Verhältnisse wenigstens in den Grundlinien und -konturen übereinstimmen.

4.5. Zusammenfassung

(1) Im Kontext methodologischer Erörterungen werden die in der Psychologie angewandten Forschungsstrategien (Phänographik, Konditional- und Kausalanalyse, Entwicklungsanalyse) persönlichkeitspsychologisch spezifiziert und konkretisiert. Dabei geht es sowohl um Fragen ihres angemessenen Einsatzes, der Beziehungen zwischen ihnen und der Grenzen ihrer Reichweite.

(2) Dem Gange der Psychologiegeschichte folgend, steht zunächst das Konzept der differentiellen Psychologie – als Brücke zwischen Allgemeiner und Persönlichkeitspsychologie –, sodann die Akzentuierung des Strukturbegriffs im Mittelpunkt der Analyse. In Hinsicht auf den strukurellen Aspekt werden nicht nur Beispiele skizziert (Schichtenmodelle, Faktorenmodelle), sondern es wird zu zeigen versucht, daß und mit welchem Erfolg die strukturelle Orientierung über das Individuum hinaus in dessen Lebens- und Handlungsraum vorstößt (Lewins Feldtheorie). Daraus wird die Konsequenz abgeleitet, für die Persönlichkeitspsychologie könnte ein generelles Konzept der multiplen Strukturierung (bezogen auf das Makro- und Mikromilieu, auf Handlungsentwürfe und Handlungen, auf das interne Eigenschaftsgefüge) sinnvoll sein.

(3) Auch das in der marxistischen Psychologie entwickelte Persönlichkeitsprinzip gehört zu den methodologischen Voraussetzungen der Forschung. Es verweist zunächst auf die Beachtung des

innigen Zusammenhangs sämtlicher psychischer Zustände, Prozesse und Eigenschaften im System des personalen Handelns (einschließlich des Handlungsfeldes). Außerdem lassen sich ethische Normative, welche die psychologische Forschung an die Verpflichtung binden, keine Beeinträchtigung und Schädigung der untersuchten Person zuzulassen, ja ihre optimale Entwicklung nach Kräften zu fördern, in den Kontext des Persönlichkeitsprinzips einordnen.

5. Persönlichkeit als Prozeß

In den folgenden Kapiteln 5 und 6 kommen wir nochmals auf einige Problemstellungen des Kapitels 3 (Topographie der personalen Aktivität) zurück, um sie aufzufalten. Dabei rücken auch *Anwendungs*gesichtspunkt stärker in den Vordergrund, vor allem solche der Persönlichkeits*diagnostik*.

Persönlichkeit als Prozeß – dieser Schwerpunkt berührt den Lebensvollzug des Individuums. Fragen der individuellen Ausgangsbilanzen in verschiedenen Etappen dieses Prozesses, ferner der sozialisationsbedingten Formung der Persönlichkeit und der lebenslaufbezogenen psychologischen Biographik sollen aufgeworfen, diskutiert und einer Abklärung zugeführt werden.

5.1. Individuelle Ausgangsbilanzen

Wenn wir den Begriff „Ausgangsbilanz" verwenden (in Anlehnung an Thomae 1968), so meinen wir die *objektiven Chancen* (und damit auch *Risiken*), die in *bestimmten Phasen* des individuellen Lebenslaufs entstehen und die künftige Persönlichkeitsentwicklung in bestimmtem Umfange mitbestimmen.

Bei dem Versuch, Entwicklungschancen zu klassifizieren, kann man positionale und biologische gegenüberstellen. Das Wort „positional" verweist auf die Tatsache, daß die unterschiedlichen Positionen des Kindes und seiner Erzieher im Makro- und Mikromilieu – mit ihren Relationen als Anforderungs- und Gestaltungsfeldern – unterschiedliche Möglichkeiten der individuellen Persönlichkeitsentwicklung in sich einschließen. Die biologischen Chancen betonen dagegen individuelle genetische und organische Voraussetzungen. Beide Klassen von Ausgangsbilanzen wollen wir jetzt an Hand von Beispielen vorstellen.

Ausgangsbilanzen dieser Art dokumentieren sich u. a. im Einfluß von Klassen- und Schichtbedingungen, von Geschlechtspositionen, von Familienbedingungen und von Alternativen der beruflichen Entwicklung.

Die *Position der Eltern im* gesellschaftlichen *Gefüge von sozialen Klassen und Schichten* ist ein wesentliches Bedingungsmoment der kindlichen Persönlichkeitsentwicklung (vgl. dazu Wacker 1976). Das läßt sich am deutlichsten zeigen, wenn man eine Gesellschaft auswählt, in der sich Klassen extrem antagonistisch gegenübertreten, und außerdem noch eine solche Klasse untersucht, die sich durch offensichtliche Entwicklungsrisiken auszeichnet. Aus diesem Grunde entscheiden wir uns für die Gesellschaft der USA und für die Entwicklungsrisiken der in ihr lebenden unterdrückten, hochgradig verarmten Klassen und Schichten. Wir stützen uns auf das Sammelreferat eines amerikanischen Forschers (R. D. Hess 1970). In Tab. 5.1. referieren wir die von Hess beschriebenen durchschnittlichen Lebensumstände und die daraus resultierenden Verhaltenskonsequenzen der Erzieher. Die Vermittlung zwischen erzieherischem und kindlichem Verhalten wird außerdem an Beispielen erläutert, so daß deutlich wird, wie aus einer Klassen-/Schichtposition unterschiedliche Entwicklungspotenzen entstehen können. Alle diese Befunde sind das Ergebnis zahlreicher empirischer Untersuchungen, die Hess ausgewertet und verallgemeinert hat.

Die Lebensumstände und die mit ihnen verbundenen Verhaltensweisen der Familienmitglieder sind wesentliche Richtungsdeterminanten der kindlichen Entwicklung. Das geschieht durch erziehungsrelevante „Vermittlungsoperationen" (Hess), z. B. durch folgende:

– Zwischen den gesellschaftlichen Basisbedingungen, d. h. den spezifischen ökonomischen Aktivitäten, und den Prinzipien der Kindererziehung gibt es funktionelle Zusammenhänge. Breite kulturvergleichende Studien haben z. B. belegt, daß nomadisierende (jagende und fischende) Naturvölker ihre Kinder frühzeitig zur Unabhängigkeit und Selbständigkeit erziehen, während seßhafte Völker, die Haustiere züchten und Landwirtschaft betreiben, genau die entgegengesetzten Prinzipien der Erziehung verwirklichen.

Tab. 5.1.: *Lebensumstände und Verhaltenskonsequenzen der Erzieher am Beispiel unterdrückter, verarmter Klassen/Schichten in den USA (nach Hess 1970)*

Lebensumstände	Verhaltenskonsequenzen
– Ökonomische Armut – Machtlosigkeit – Hilflosigkeit im Unglück, bei Katastrophen – Wenig Aktionsalternativen – Bildungs- und Erziehungsdefizit – Fehlen von Autorität, Status, Prestige in der Öffentlichkeit – Kaum Überlappung eigener Erfahrungsbereiche mit denen anderer Klassen und Schichten	– Machtorientierte und -strukturierte Sozialbeziehungen – Geringschätzung des eigenen Wertes, eigener Wirksamkeit und Aktivität – Bevorzugung der Familienwelt, Simplifizierung der externen Welt – Abweisung alles „Intellektuellen“ – Niedriges Niveau der sprachlichen Kommunikation – Soziale Beziehungen außerhalb der Arbeitssphäre und von Organisationen angesiedelt – Niedriges Niveau der Beschaffung und Verwertung von Informationen über Leben und Welt

Beachten: Es besteht kein unmittelbarer Zusammenhang zwischen den Zeilendaten der beiden Spalten!

- Durch die Lebensumstände nahegelegte Wertorientierungen werden von einer Generation auf die andere übertragen, wobei die Eltern als Modelle der Identifizierung fungieren. Die Wertsysteme der unteren Klassen/Schichten sind konservativ, sie halten mehr an Traditionen fest. Das ist wahrscheinlich eine Folge des Bildungsdefizits.
- Soziale Stellung, Autorität und Prestige werden ebenfalls zwischen den Generationen „weitergereicht“, dies durch Beobachtungslernen.
- Klassen und Schichten unterscheiden sich hinsichtlich der Stimulierung oder Frustration (Deprivation) kindlicher Erfahrungssammlung. Letzteres gilt mehr für untere Klassen/Schichten.

Wenden wir uns nun dem zweiten Beispiel zu, dem der *Geschlechtspositionen.* – Es gibt eine erdrückende Fülle von Beweismaterial dafür, daß – unabhängig von den biologischen Unterschieden der Geschlechter – Mann und Frau in allen Gesellschaftsformationen und Nationen ungleiche Entwicklungschancen besitzen, dies als Konsequenz historisch entstandener geschlechtsspezifischer gesellschaftlicher Individualitäsformen. Dabei kann das eine oder andere Geschlecht mehr oder minder benachteiligt sein; in der Regel ist es heute noch die Frau. Das gilt selbst für unsere Gesellschaft, in der zwar die rechtliche Chancengleichheit für beide Geschlechter durchgesetzt und gesichert ist, in der aber – traditionsbedingt – dennoch unterschiedliche Entwicklungsmöglichkeiten für Junge und Mädchen, Mann und Frau existieren. Das ist abzulesen an *faktischen* Positionsunterschieden. Frauen bekleiden z. B. extrem seltener höchste akademische oder politische Ämter, sie schöpfen die Vielfalt des Angebots an Berufen für eigene Berufsentscheidungen nicht voll aus, sie haben erhebliche Schwierigkeiten, um den Konflikt zwischen Anforderungen des Berufes, der Hausarbeit, der Ehe und der Kinderbetreuung/-erziehung befriedigend zu lösen.

Über die außerordentlich starke Traditionswirkung kann sich jeder leicht informieren. Wer am Sonnabendvormittag in eine Kneipe hineinschaut, wird feststellen, daß mindestens 90 % der Gäste männlichen Geschlechts sind. Geht er dann hinüber in die Fleischerei, so wird er dort etwa denselben Prozentsatz an Frauen unter den Kunden finden. Oder ein anderes Beispiel: Welche biologischen oder logischen Gründe gibt es dafür, daß Krippen- und Kindergartenerzieher, Verkäufer, Friseure und Büro-Schreibkräfte ausschließlich oder überwiegend Frauen sind?

Sobald das Kind sein eigenes biologisches Geschlecht erkannt hat (mit etwa 3 Jahren), beginnt es, sich mit den Geschlechtsgenossen seiner sozialen Umwelt zu identifizieren, lernt es, eine weibliche oder männliche „Rolle“ zu spielen. Das geschieht durch Nachahmung geschlechtsspezifischer Tätigkeiten (etwa der Mutter oder des Vaters) im Spiel, ferner dadurch, daß die Erzieher – von ihrem Konzept geschlechtsspezifischer Verhaltensweisen und Normen ausgehend – nur bestimmte Handlungen des Mädchens oder des Jungen positiv bekräftigen (loben, belohnen) bzw. als negativ auszeichnen (durch Tadel, Strafe). Über den Mechanismus und über die Konsequenzen einer solchen Erziehung unterrichten Tab. 5.2. bis 5.4. Wir entnehmen sie (modifiziert) dem Buch von Dannhauer (1973). Die Daten wurden zwischen 1965 und 1968 erhoben.

Die Daten dieser Tabellen verraten etwas über die außerordentlich frühe erzieherische Orientierung der Kinder auf konventionelle geschlechtsspezifische Tätigkeiten und damit Berufe. Über die

Tab. 5.2.: *Der Spielzeugbesitz von Jungen und Mädchen im Kleinkindalter. Das Kreuz kennzeichnet eine signifikant größere Häufigkeit. Geschlechtsunspezifische Spielzeuge wurden weggelassen*

Spielzeug	Altersklasse 1;10–2;9 Jungen	Mädchen
Puppen		+
Puppenwagen		+
Große Fahrzeuge	+	
Kleine Autos	+	
Eisenbahn	+	

Tab. 5.3.: *Berufswünsche von Kindergartenkindern (älteste Gruppe). Die Tabelle ist ebenso zu lesen wie die vorhergehende*

Berufsgruppen	Jungen	Mädchen
Fahrzeugführer	+	
Praktisch-technische Berufe	+	
Erzieher		+
Medizinische Berufe		+
Verkäufer		+
Friseur		+

Tab. 5.4.: *Berufswünsche von jüngeren Schulkindern (3./4. Klasse) und Jugendlichen. Die Tabelle ist ebenso zu lesen wie die vorhergehenden*

Berufskategorien	Jüngere Schulkinder Jungen	Mädchen	Jugendliche Jungen	Mädchen
Medizinische Berufe		+		+
Pädagogische Berufe		+		+
Handwerkliche Berufe	+		+	
Dienstleistungsbereich		+		+
Büroberufe		+		+
Industrielle Berufe	+		+	
Verkehrswesen	+		+	
Kaufmännische Berufe	nicht angegeben			+

Konsequenzen im Schul- und Jugendalter informieren sie ebenfalls.

Interessant ist in diesem Zusammenhang ferner die Tatsache, daß sich konventionelle Geschlechtsstereotype auch im Selbst- und Partnerkonzept niederschlagen. Wie Dannhauer berichtet, bevorzugen etwa 70 % der männlichen Studenten einen geistig etwas unterlegenen Ehepartner, wenn es um ihr Partnerideal geht; die Studentinnen wünschen sich in mehr als 90 % aller Fäller einen geistig etwas überlegenen Partner.

Wer sich diese Daten (die einen Trend anzeigen, der auch heute noch gültig sein dürfte) klar vor Augen führt und sie durchdenkt, der kann sie nicht als befriedigend empfinden. Offensichtlich sind wir noch weit entfernt von der *psychischen* Emanzipation unserer Mädchen und Frauen, und wir müssen noch sehr viel tun, um – auch mit Hilfe gesellschafts- und sozialpolitischer Korrekturmaßnahmen – für beide Geschlechter gleiche positionale Ausgangsbilanzen der Persönlichkeitsentwicklung zu garantieren.

Das letzte Beispiel betrifft die *familiär bedingten positionalen Entwicklungschancen.*[30] Wir wollen sie an Hand einer empirischen ökopsychologischen Untersuchung belegen, die von Rösler (1967) durchgeführt wurde. Der Autor untersuchte 1958 u. a. die familiären Bedingungen und Lebensweisen leistungsschwacher (d. h. versetzungsgefährdeter) und leistungsstarker Schüler der Klassen 1 bis 8 einer Berliner Schule. (Die Ergebnisse dürfen also nicht als Abbildung gegenwärtig existierender familiärer Umstände und Lebensweisen in der DDR angesehen werden; nach wie vor aussagekräftig ist jedoch der *konditionale Zusammenhang* eines bestimmten Mikromilieufaktors mit der schulischen Leistung.) In die Untersuchung einbezogen waren jeweils 107 leistungsschwache (L-schw) und leistungsstarke (L-st) Kinder. Die folgenden Tabellen (Prozentsätze der Stichproben) spiegeln den Einfluß verschiedenartiger Parameter des familiären Milieus wider. Er ist – korrelationsstatistisch berechnet – in jedem Falle signifikant oder sehr signifikant ($p = 5\,\%$ bzw. $1\,\%$).

[30] Der Begriff „positional" bezieht sich im folgenden Beispiel auf die Objekt- bzw. Subjektpositionen des Kindes in der Familie und auf das Positionsverständnis der Eltern als Erzieher, das sich auch auf die Gestaltung der familiären Lebensweise erstreckt.

Tab. 5.5.: *Berufe der Eltern als Bedingung der schulischen Leistung*

Berufsklasse	Väter L-st	Väter L-schw	Mütter L-st	Mütter L-schw
A	43,0	20,6	21,5	12,2
B	49,6	55,1	14,0	14,9
C	7,4	24,3	15,9	33,6
Hausfrau	–	–	48,6	39,3

A Akademiker, Lehrer, Ingenieur, Angestellter
B Facharbeiter, Werkmeister, selbst. Handwerker, Kaufmann
C ungelernter/angelernter Arbeiter, Rentner

Tab. 5.6.: *Wechsel des Erziehungsmilieus als Bedingung der schulischen Leistung*

häusliche Erziehung	L-st	L-schw
Immer durch dieselben Personen	58,6	44,9
Wechsel einzelner Personen	36,4	28,6
Totaler Erzieherwechsel	5,0	26,5

Tab. 5.7.: ***Beaufsichtigung der Schularbeiten als Bedingung der schulischen** Leistung*

Art der Beaufsichtigung	L-st	L-schw
Hilfe und Kontrolle	16,8	12,1
Hilfe	7,5	19,6
Kontrolle	62,6	39,3
Weder Hilfe noch Kontrolle	13,1	29,0

Tab. 5.8.: *Schularbeiten bei gleichzeitigem Radiohören als Bedingung der schulischen Leistung*

	L-st	L-schw
Immer	13,1	37,4
Manchmal	14,0	10,3
Nie	72,9	52,3

Tab. 5.9.: *Kinobesuch von L-st- und L-schw-Schülern (Prozentsätze gerundet)*

	L-st		L-schw	
3- bis 4mal/Woche	0	28	5	84
2- bis 3mal/Woche	6		22	
1- bis 2mal/Woche	22		57	
Nicht jede Woche	43		13	
Nicht jeden Monat	29		3	

Bezüglich dieses Faktors dürfte geschlußfolgert werden, daß heute das Fernsehen die Stelle des Kinos eingenommen hat.

Tab. 5.10.: *Zimmeranteil des Schülers (d. h. Zimmerzahl, dividiert durch Personenzahl der Familie) als Bedingung der schulischen Leistung*

	L-st	L-schw
0,6 – 1,0	62,6	39,3
0,1 – 0,5	37,4	60,7

Alle diese Daten sprechen für sich und bedürfen keines Kommentars. Sie sind nur ein Bruchteil der von Rösler erhobenen Befunde, die insgesamt zu belegen vermögen, in welchem Ausmaß die Familie, in der das Kind groß wird, der in der Familie praktizierte Lebensstil und der familiäre Lebensraum des Kindes (als Mikromilieu) die Chancen seiner frühen Entwicklungsetappen bestimmen und damit – insbesondere durch bildungs- und erziehungsrelevante Prägungen – in ziemlichem Umfange die Weichen stellen für den Erfolg späterer biographischer Perioden. Instruktiv ist in diesem Zusammenhang die Rangordnung der Korrelationen familiärer Lebensumstände und einer hohen Wahrscheinlichkeit schulischen Versagens (Tab. 5.11.).

Die jüngst publizierten jugendpsychologischen Untersuchungen des Leipziger Instituts für Jugendforschung (Friedrich und Müller 1980) dokumentieren u. a. zahlreiche Entwicklungschancen und -risiken, die mit unterschiedlichen beruflichen bzw. berufsausbildungsspezifischen Positionen von Jugendlichen zusammenhängen. Das ist ein Ausdruck der methodologischen Grundorientierung der Leipziger Intervallstudien, die Friedrich (ebenda, S. 13) so formuliert: „Die Jugendlichen ... werden nicht primär unter dem Aspekt ihres Lebensalters oder ihrer biologischen Reife, sondern nach der

Tab. 5.11.: *Zusammenhang zwischen Familienbedingungen und schulischem Versagen*

Bedingungsfaktor	Korrelation (*r*)	*P*-Wert
Erziehungsprobleme im Elternhaus	0,36	0,01
Unharmonisches Familienleben	0,31	0,01
2 und mehr Geschwister	0,30	0,01
Milieuwechsel	0,29	0,01
Unqualifizierter Beruf der Mutter	0,25	0,01
Unqualifizierter Beruf des Vaters	0,23	0,01
Zimmeranteil/Person unter 0,6	0,23	0,01
Kein eigenes Bett	0,20	0,01
Unvollständige Familie	0,14	0,05
Berufstätigkeit der Mutter	–0,09	n.s.(!)

Bei den *P*-Werten handelt es sich um statistische Irrtumswahrscheinlichkeiten in %; n.s. bedeutet „nicht signifikant".

von ihnen eingenommenen sozialen Position (als Schüler, Lehrling, Facharbeiter) betrachtet ... Die Anforderungen und Lebensbedingungen, die sie in diesen sozialen Positionen vorfinden, wodurch sie zu bestimmten Tätigkeiten veranlaßt werden, erweisen sich als entscheidende Determinanten ihrer Persönlichkeitsentwicklung."

Einen Beleg dafür liefern Untersuchungsdaten von Mehlhorn (ebenda, S. 84 ff.), die sich auf die geistige Entwicklung beziehen. Der Autor zeigt, daß das Verhalten der Intelligenztestwerte nach dem Abschluß der für alle Jugendlichen verbindlichen POS-Ausbildung davon abhängig ist, welchen Ausbildungsweg sie danach einschlagen, welche berufsspezifischen geistigen Anforderungen ihren Arbeitsplatz charakterisieren. „Ein Verharren der Testwerte tritt ... bei solchen Jugendlichen auf, die intellektuell nicht mehr so stark gefordert werden, sondern die sich z. B. die in der Berufsausbildung erforderlichen Kenntnisse auf der Grundlage des bisher erreichten Fähigkeitsniveaus aneignen" (ebenda, S. 111). Sogar ein Absinken der Werte ist zu beobachten, und zwar dann, wenn eine „intellektuell permanente Unterforderung" längere Zeit hindurch die Ausbildung oder die Arbeitstätigkeit auf einem niedrigen Niveau hält (ebenda).

Eine solche Differenzierung der Intelligenzentwicklung (als

Folge des Bildungsweges in POS und Berufsausbildung, des Anforderungsgehalts der Arbeit) hat erhebliche Konsequenzen für die Arbeitsmotivation. Das zeigen die Daten von Tab. 5.12. Es handelt sich hier um Erwartungen der Jugendlichen, die subjektive Werte, bezogen auf ihre Arbeitstätigkeit, verkörpern.

Tab. 5.12.: *Erwartungen von Jugendlichen an die Arbeitstätigkeit nach Beendigung der Berufsausbildung in Abhängigkeit vom Niveau der intellektuellen Entwicklung (Prozent der Stichprobe; Ankreuzungen im Wertbereich „sehr wichtig"). Ausgewählt aus Mehlhorn (in Friedrich und Müller 1980)*

Bereich subjektiver Werte	Niveau der intellektuellen Entwicklung niedrig	hoch
Viel knobeln, überlegen	4	22
Selbständig arbeiten	35	63
Gut verdienen	42	34
Gute berufliche Entwicklung möglich	21	59
Freude an der Arbeitstätigkeit	41	61
Viel Neues kennenlernen	29	58

Der Autor betont, das sogenannte „Jobdenken" sei bei den Jugendlichen mit niedrigem geistigem Niveau deutlicher ausgeprägt, außerdem sei die Wertorientierung unspezifischer, d. h. in geringerem Grade hierarchisch organisiert.

Biologische Entwicklungschancen

Wenn von diesen Entwicklungschancen gesprochen wird, so denkt man primär an solche, die mit dem sogenannten Anlagenfaktor in Beziehung stehen. Darum sollen Fragen *genetischer Chancen* (und zwar nur in der als normal geltenden Schwankungsbreite genetischer Ausstattungen) zunächst erörtert werden.[31]

Als Ausgangspunkt verdienen die folgenden Tatsachen festgehalten zu werden. Es gibt keine psychische Leistung, die nicht in

[31] Damit lassen wir Erbkrankheiten unberücksichtigt. Natürlich sind sie besonders starke Risikofaktoren, welche die Persönlichkeitsentwicklung oft sehr negativ beeinflussen.

irgendeiner Hinsicht von erblichen Voraussetzungen getragen ist. Das gilt ohne Ausnahme – aus leicht verständlichen Gründen. Wenn wir das Psychische als Funktion auffassen, das einer biologischen Basis bedarf, um in Erscheinung zu treten, dann müssen wir zur Kenntnis nehmen, daß diese Basis – unser Körper und in ihm das ZNS als „Ort" psychischer Operationen, Repräsentationen, Regulationen – ein Produkt der biologischen Geschichte (als Phylo-, Anthropo- und Ontogenese) ist. Daran ist nicht zu zweifeln, es sei denn, wir würden die Gesetze der biologischen Evolution und der Humangenetik in Frage stellen. Andererseits: Diese biologische Evolution hat mit dem ZNS ein Gebilde hervorgebracht, das die Eigenart einer genetisch programmierten Lernfähigkeit und also Plastizität (gegenüber Umweltbedingungen) besitzt, und zwar mit gegenwärtig nicht begrenzbaren Möglichkeiten psychischer Operationen und Repräsentationen.

Gestritten wird – seit nunmehr fast 100 Jahren – über die Frage, in welchem Ausmaß eine bestimme psychische Leistung X, Y oder Z genetisch determiniert ist. Den Kern dieser Frage bildete und bildet die Anlagebestimmtheit der *Intelligenz,* weil es sich hier um einen zentralen Dispositionsbereich handelt (innerhalb der industrialisierten, leistungsorientierten Gesellschaften) und weil die Intelligenz relativ am zuverlässigsten durch diagnostische Verfahren zu messen sei, wie man meinte (und noch meint). Erbpsychologische Untersuchungen der Intelligenz liegen innerhalb der letzten 50 Jahre außerordentlich reichhaltig vor; sie sind in ihrer Datenvielfalt kaum noch überschaubar.

Diese Überschau ist aber auch nicht vonnöten. Man muß davon ausgehen, daß auch wissenschaftliche Aussagen über das Ausmaß der Erbbestimmtheit einer psychischen Leistung mit der jeweils verwendeten Methodik stehen und fallen. In diesem Zusammenhang wollen wir uns mit einem methodischen Paradigma beschäftigen, das sich als dasjenige der Wahl herausgestellt hat: mit der *Zwillingsmethode,* bei der monozygotische (MZ) und dizygotische (DZ) Zwillinge in systematische Vergleichsprozeduren einbezogen werden. Bei den MZ kann man gleiches Erbgut voraussetzen, während sich die DZ genetisch nicht mehr ähneln als andere leibliche Geschwister. Wenn man also MZ und DZ miteinander vergleicht, ferner den Vergleich auf MZ ausdehnt, die in gleicher/ungleicher Umwelt aufwachsen, und schließlich noch andere Populationen einbezieht, so erhält man Hinweise auf den Grad der Erbbestimmtheit. Sie besagen, bezogen auf die Intelligenz, folgendes (Tab. 5.13.):

Tab. 5.13.: *Korrelationen zwischen Intelligenztestwerten bei Zwillings- und anderen Populationen. Angenäherte Mittelwerte zahlreicher empirischer Untersuchungen*

Vergleichsprozedur	Korrelationen
MZ (gleiche Umwelt)	0,80
MZ (ungleiche) Umwelt	0,70
DZ (gleiche Umwelt)	0,60
Geschwister	0,50
Eltern/leibliche Kinder	0,50
Eltern/Pflegekinder	0,20

Es ist offensichtlich, daß mit zunehmender Übereinstimmung in den Anlagen zwischen den verglichenen Stichproben die entsprechenden Korrelationen anwachsen. Das spricht zweifellos für die Mitwirkung von Anlagemomenten beim Zustandekommen solcher Leistungen, die durch Intelligenztests geprüft werden. Aber wie hoch ist ihr Wirkungsgrad in diesem speziellen Falle?

Um das exakt bestimmen zu können, wurden verschiedene sogenannte Erblichkeitsindizes auf statistischem Wege (über die Verarbeitung von Ausgangskorrelationen) entwickelt, dies mit dem Ziel, die Anlage-/Umwelt-Wirkungen voneinander trennen und proportional angeben zu können (vgl. Holzinger 1929, Scarr-Salapatek 1971). Der Grundgedanke dieser Methodenentwicklung ist folgender: Es werden grundsätzlich nur MZ und DZ verglichen, die jeweils in der gleichen Umwelt (Familie) aufwachsen. Die Differenzen der MZ müssen dann das Ausmaß der Umweltwirkung reflektieren, diejenigen der DZ jedoch beides, sowohl Anlage- als auch Umweltwirkungen. Aus der Differenz zwischen der MZ- und der DZ-Varianz läßt sich dann die anlagebedingte Varianz auf statistischem Wege ermitteln $\left(\text{z. B. als Intra-Klassen-}r\text{-Koeffizient } \frac{\text{rMZ} - \text{rDZ}}{1 - \text{rDZ}}\right)$. Ein solcher Koeffizient ist in dem Sinne ein Erblichkeitsindex, als er angibt, wieviel Prozent der Varianz durch den Anlagefaktor aufgeklärt wird.

Gegen das Zwillingsparadigma generell und gegen die Erblichkeitsindizes speziell – letztere wurden für den Bereich der Intelligenz in der Spanne zwischen 70 und 75 % angesiedelt! – sind in neuerer Zeit folgende Argumente in die Diskussion eingebracht worden (Ritter und Engel 1969, Köhler et al. 1976, Bronfenbrenner 1976), die für unsere Frage nach den genetischen Entwicklungschancen außerordentlich relevant sind:

(1) Zwillingspopulationen sind, vom Standpunkt der Neonatologie aus betrachtet, grundsätzlich *Risiko*populationen (wegen der biologischen Ausnahmebedingungen in der pränatalen Phase). Davon sind alle Übertragungen von Zwillingsbefunden auf Normalpopulationen belastet.

(2) Der Vergleich von MZ, die in gemeinsamen oder unterschiedlichen Umwelten (letzteres trennungsbedingt) groß geworden sind, ist nur dann aussagekräftig, wenn im zweiten Falle die beiden Umwelten *sehr stark differieren.* Das ist aber in seltenen Fällen wirklich zutreffend. Wenn MZ als Kinder voneinander getrennt werden, erfolgt eine gezielte Selektion der neuen Umwelt durch die Eltern oder durch zuständige staatliche Organisationen. Sie führt dazu, daß in der Regel für beide Kinder sehr ähnliche Umwelten auch nach der Trennung existieren. Die Leistungsähnlichkeit der MZ muß also auch hier sowohl durch gleiche Anlagen als auch durch ähnliche Umweltwirkungen erklärt werden. Außerdem gilt: Die Bandbreite der Umwelten getrennter MZ ist auf jeden Fall geringer als diejenige der Kinder in der Gesamtbevölkerung, so daß eine Generalisierung der MZ-Befunde nicht zulässig ist. Und schließlich ist ins Feld zu führen, daß wir gegenwärtig kaum über methodische Ansätze eines exakten *Umweltvergleichs* verfügen, um entsprechende Ähnlichkeitsbestimmungen vornehmen zu können (vgl. dazu v. Cranach 1976).

(3) Die Gewinnung von Erblichkeitsindizes auf die oben beschriebene Weise berücksichtigt folgende Tatsachen nicht. Positivere Anlagen lösen in stärkerem Maße entwicklungsbegünstigende Umweltwirkungen aus als im entgegengesetzten Falle. (Eine analoge Erscheinung begegnet uns bei hirngeschädigten Kindern. Ihre Entwicklung ist durch pessimistische, überbesorgte, uneinsichtige usw. Erziehungsstrategien der sozialen Umwelt oftmals zusätzlich belastet.) Ferner werden MZ und DZ in gleicher Umwelt *verschieden* behandelt; genetische Identität führt zu identischeren Um-

weltreaktionen. (Die so häufig praktizierte Wahl gleicher Kleidung für die MZ ist paradigmatisch!)

(4) Auf nicht oder kaum einbezogene Wirkungsdimensionen und -faktoren bei der Berechnung von Erblichkeitsindizes weisen folgende empirische Daten hin. Diese Indizes sind bei identischen Leistungen (insbesondere bei Punktwerten der Intelligenzbestimmung) für beide Geschlechter unterschiedlich. Hier müssen geschlechtsabhängig *differente* Wirkungen von Bildung und Erziehung berücksichtigt werden.[32] Erblichkeitsindizes variieren auch mit Rassen-, Klassen- und Schichtbedingungen (in den USA ermittelt). In diesem Zusammenhang ist noch zu erwähnen, daß die Korrelationen zwischen dem IQ des Kindes und dem der Mutter überall dort höher ausfallen als entsprechende Ähnlichkeitswerte mit dem Vater, wo die Mutter der dominierende Erziehungsträger in der Familie ist. Alle diese Daten sind biologisch-humangenetisch nicht zu erklären, sondern bedürfen der Einbeziehung diverser Umweltfaktoren, die letztlich *positionale Sachverhalte* betreffen.

(5) Die Testverfahren, mit deren Hilfe psychische Leistungen (insbesondere im Intelligenzbereich) bestimmt werden, sind inhaltlich auf gesellschafts- und kulturspezifische Anforderungen orientiert; es gibt keine „kulturfreien" Tests, wie manchmal noch behauptet wird. Sie erfassen also nicht direkt psychische *Elementar*operationen (und deren Wirkungen), die biologisch bedingte Prädispositionen und deren genetische Basis am ehesten reflektieren könnten (Lewis 1976).

(6) In einer außerordentlich peniblen methodenkritischen Analyse der Zwillingsmethodik, die vor allem in dem Vorwurf gipfelt, die Versuchsplanung (mit ihrem Paarvergleich, mit der groben Charakterisierung unabhängiger und abhängiger Variablen usw.) sei völlig unangemessen, gelangt Irle (1975, S. 206 ff.) zu folgender Einschätzung:

---

[32] Liegt hier nicht vielleicht eine der Ursachen dafür, daß Wolfgang Amadeus Mozart (und nicht auch seine Schwester Maria Anna, das „Nannerl", mit ihrem „entschiedenen Talent zur Musik", Abert 1978, S. 21) der große Komponist wurde – oder daß von den vielen Kindern Johann Sebastian Bachs nur die Söhne das musikalische Erbe des Vaters erfolgreich verwalteten? – Leider wissen wir zu wenig von den spezifischen Bildungsstrategien der hier wirksamen Eltern und sonstigen Erzieher.

„In ihrer derzeitigen Form ist die Zwillingsmethode untauglich, die relative Stärke erblicher Determination gegenüber umweltlicher Determination von Person-Eigenschaften empirisch eindeutig nachzuweisen ..." Folgende Argumente (u. a.) bringt der Autor ins Spiel:

„Die jeweilige Eigenschaft kann eine relativ größere oder kleinere Spanne der Modifizierbarkeit ... besitzen." – „Der empirische Nachweis solcher Unterschiede zwischen Eigenschaften hängt von der Möglichkeit ab, Meßanweisungen zu finden, nach denen unterschiedliche Modifizierbarkeit von Eigenschaft zu Eigenschaft vergleichbar ist." – „Für einige Eigenschaften ist nachweisbar, daß sie nicht im gleichen Maße über die gesamte zeitliche Spanne des Lebenslaufs hin gleichermaßen modifizierbar sind; in sensiblen Phasen der Reifung sind sie reversibel = modifizierbar, in anderen ... sind sie irreversibel. Es gibt Klassen von Verhaltens-Stichproben, die über zeitlich sehr ausgedehnte Phasen reversibel = modifizierbar bleiben" (S. 211).

Die Schlußfolgerungen aus allen diesen Einwänden und Argumenten sind schwerwiegend. Offenbar gibt es infolge der Apriori-Interaktion von Anlage und Umwelt, der genetisch programmierten Plastizität des kortikalen Neurons und der kaum zu bewältigenden Schwierigkeiten von Versuchsplanung und Messung grundsätzlich keine Methoden, um den reinen Anlagenanteil beim Zustandekommen einer psychischen Leistung sicher abschätzen zu können. Zusätzlich sind noch folgende Argumente bedenkenswert, die Seidel und Ulmann (1977) in die Diskussion um die Erbbestimmtheit der Intelligenz einbringen:

- Mit der Evolution des Menschen (als Gattungswesen), mit der Entstehung seines Gehirns bildet sich eine qualitativ *neue Beziehung zwischen Phäno- und Genotyp* heraus, dies insofern, als „das in der Evolution einmal erreichte Genpotential[33] unbegrenzte Modifikation und Weiterentwicklung der Lebenstätigkeit erlaubt" (S. 143). Wie bereits im Kapitel 1 dargestellt, ist diese Weiterentwicklung durch überindividuelle, also gesellschaftlich-historische Erfahrungsakkumulation abgesichert. Das bedeutet: Auf der Grundlage des gleichen Genotyps können sich sehr verschiedenartige Phänotypen herausbilden – je nach dem Stand der historischen Entwicklung.
- Eine allgemeine Intelligenz, eine allgemeine geistige Fähigkeit gehört zum *gattungsspezifischen* Erbgut aller normalen Individuen.

---

33 Das erfolgte etwa auf der Stufe des Cromagnon-Typs (vgl. Kap. 1).

Sie ist beschreibbar als „Fähigkeit, die gesellschaftlich in den produzierten Gegenständen und der Sprache vergegenständlichten Bedeutungen zu erkennen und umgekehrt die eigenen Erfahrungen zu vergegenständlichen und sich dadurch auf die anderen Individuen – über Raum und Zeit hinweg – beziehen zu können" (S. 144).

Daraus resultiert die Tatsache einer hochgradigen Gleichheit der genetischen Ausstattung bei allen Individuen, ferner die wohlbegründete Annahme, daß intelligenzmäßige Ungleichheit vor allem gesellschaftlich determiniert ist – durch breite oder enge Aneignungs- und Vergegenständlichungsmöglichkeiten als Funktion der historischen Entwicklung, der Klassen- und Schichtprivilegien oder -beschränkungen, der sozialen Entwicklungsumstände.

- Wenn es Anlageunterschiede gibt, so können diese lediglich *unspezifischer* Natur in dem Sinne sein, daß sie perzeptive und kognitive *Elementar*befähigungen betreffen (s. o.), die bereits „auf dem Niveau urgesellschaftlicher Lebensformen" (S. 147) angefordert wurden. Deshalb lassen sie sich auf dem Niveau heutiger Phänotypen (z. B. als mathematische, technische oder logisch-begriffliche Fähigkeiten) nicht definieren. Die Genotypen, die sich damals herausbildeten, müssen – wie oben schon angemerkt – so beschaffen sein, daß sich auf ihrer Grundlage qualitativ *sehr unterschiedliche* geistige Fähigkeiten erwerben lassen, je nachdem, welche zu einem bestimmten historischen Zeitpunkt erforderlich sind. Die gegenwärtig eingesetzten Intelligenzprüfverfahren sind kaum geeignet, Rückschlüsse auf solche unspezifischen Genotypen zuzulassen.
- Eine relative Ausschöpfung von Anlagepotenzen kann erst in einer „befreiten Gesellschaft" mit qualitativ neuartigen Formen von Arbeitsteilung und Spezialisierung erfolgen, welche die einseitige „Zuteilung" von körperlicher oder geistiger Arbeit beseitigt, Routinearbeiten auf alle Gesellschaftsmitglieder gleichmäßig verteilt und der qualitativen Differenzierung produktiver geistiger Arbeit auf eine Weise Raum gibt, die wir bisher nirgendwo antreffen.

Die Konsequenzen aus allen genannten Argumenten für die Einschätzung genetischer Chancen der Persönlichkeitsentwicklung liegen klar auf der Hand. Wenn wir phänotypische Leistungsunterschiede – etwa im Sektor der Intelligenz – vorfinden, dürfen wir nicht unmittelbar auf korrespondierende Anlageunterschiede (im

Sinne von genotypisch angelegten „Begabungen") zurückschließen. Wir müssen zunächst die *positionalen*, also psychosozialen Chancen (und Risiken) des Individuums überprüfen, wir müssen uns fragen, in welchem Ausmaß es die Möglichkeit hatte und hat, geistige Fähigkeiten der angeforderten Art zu erwerben. Dabei erweist es sich auch als notwendig, an die historisch bedingten Grenzen der aktuell praktizierten Bildung und Erziehung zu denken. Die Pädagogik und Didaktik sind mit Sicherheit noch längst nicht dort angelangt, wo wir ihre Prinzipien, Strategien und Empfehlungen als optimal, als *„ausschöpfend"* – bezogen auf das Entwicklungspotential – ansehen können. Wir müssen außerdem daran denken, daß in einer entwicklungs- und persönlichkeits„freundlichen" Gesellschaft allemal Chancen gegeben sind, möglicherweise stärker anlagenbestimmte Fähigkeitsdefizite kompensatorisch *aufzufangen*, indem die hochdifferenzierte Arbeitsteilung dafür ausgenutzt wird. Wenn z. B. Musikalität – als sogenannte Sonderbegabung – wirklich hochgradig erbbestimmt ist, wie angenommen wird, so ist damit der Unmusikalische in einer solchen Gesellschaft keineswegs benachteiligt, weil er ja andere Tätigkeitsfelder zur Verfügung hat, in denen er sich entfalten kann. Das gleiche gilt für andere Befähigungen.

Die periodisch immer wieder anzutreffende Behauptung von der dominierenden Erbbestimmtheit der Intelligenz (in neuerer Zeit vor allem von Jensen und Eysenck) erweist sich bei genauerem Hinsehen als ideologisch bedingte *biologistische Apologetik*, mit deren Hilfe die Existenz benachteiligter Rassen, Klassen und Schichten gerechtfertigt werden soll (vgl. dazu Friedrich 1978). Das betonen auch Forscher in kapitalistischen Ländern, die von bürgerlich-humanistischen Positionen ausgehen (u. a. Scarr-Salapatek 1971, Bronfenbrenner 1976, Lewis 1976, Pervin 1978).

Eine zweite Gruppe bilden die *organischen Entwicklungschancen* und -risiken (*exogen* verursachte Bedingungen auf der Grundlage von Traumen und Noxen physikalischer, chemischer oder psychologischer Provenienz, dies im negativen Falle, oder gesundheitsförderliche Bedingungen von Lebensweise und Hygiene). Sie unterliegen in hohem Maße einer gesellschaftlichen Determination (wenn wir daran denken, daß z. B. ökonomisch bedingte Phänome von Armut und Reichtum über die Ernährung, über das Wissen um Schädigungsmöglichkeiten und -folgen, über die gesundheitliche

Betreuung der Bevölkerung das heranwachsende Individuum und seine Entwicklungspotenzen treffen); sie sind aber – auch unter günstigen gesellschaftlichen Umständen – außerdem eine Konsequenz der familiären und individuellen Lebensweise.

Ein aussagekräftiges Beispiel für diese Chancengruppe sind die prä-, peri- und postnatalen leichteren *frühkindlichen Hirnschäden*, unter denen – relativ konstant – etwa 5–7 % aller Kinder auch unter unseren günstigen zivilisatorischen und kulturellen Bedingungen leiden. Ähnlich wie im Falle der schweren Erbleiden ist bei den schweren Formen kindlicher Hirnschäden (z. B. beim Krankheitsbild der Imbezillität) eine stark beeinträchtigte Persönlichkeitsentwicklung allein schon auf Grund mangelhafter oder fehlender Bildungsfähigkeiten unvermeidlich, dies trotz erheblicher Betreuungs-, Erziehungs- und Therapieaufwendungen. Wesentlich anders sieht es bei den leichten Hirnschädigungen (Enzephalopathien) aus. Ähnlich wie bei den oben diskutierten Anlagevarianzen im Normalbereich haben wir hier mit erheblichen oder vollständigen *Kompensationen* zu rechnen, wie zahlreiche Untersuchungen zu belegen vermögen (vgl. die Übersicht von Göllnitz und Rösler 1977). Die generelle, auf diesen Tatbestand bezogene Aussage lautet:

„Beim Vergleich der Leistungen enzephalopathischer Kinder und normaler Kontrollkinder werden die tatsächlichen, rein hirnorganisch bedingten Leistungsunterschiede zwischen diesen Gruppen *überschätzt*. Denn die klinische Symptomatik einer Enzephalopathie ist nicht die direkte psychopathologische Folgeerscheinung einer frühkindlichen Hirnschädigung, sondern das Produkt komplizierter Wechselwirkungsprozesse zwischen primär organisch geschädigtem Kind und mannigfachen sekundären Reaktionen der kindlichen Persönlichkeit und der Umwelt auf diese Schädigung" (B. Schmidt 1979, S. 276).

Belege für diese Aussage gibt es sehr reichlich. Rösler et al. (1976) führten nach einem Intervall von (im Mittel) 9,6 Jahren eine Nachuntersuchung der Intelligenz an solchen Probanden durch, bei denen im Kindes- oder Jugendalter Debilität als Folge eines frühkindlichen Hirnschadens diagnostiziert worden war. Über die Ergebnisse dieser Nachuntersuchung unterrichtet Abb. 5.1.

Innerhalb des Zeitraums zwischen den beiden Untersuchungen haben sich also erhebliche intellektuelle Leistungsverbesserungen

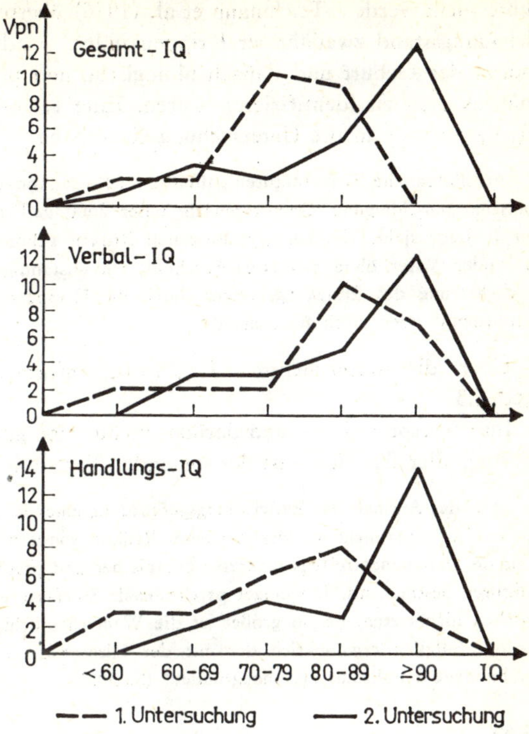

Abb. 5.1.: Verteilungskurven der Intelligenzgrade (HAWIK-HAWIE-Teilgruppe, $n = 23$) (aus Rösler et al. 1976).

eingestellt. Die gezielte Analyse der Bedingungen für diese Änderung erbrachte folgendes:

„Bei Aufteilung der Gesamtgruppe in 3 Änderungsgruppen ergeben sich keine Unterschiede hinsichtlich der Ausgangsintelligenz, des Ausgangsalters und des Zeitintervalls zwischen 1. und 2. Untersuchung. Dagegen lassen sich signifikante Zusammenhänge zwischen IQ-Änderung und Schädigungsgrad, Verhalten, Schulabschluß und der beruflichen, familiären und sozialen Eingliederung in die Gesellschaft feststellen. Sie sind in unterschiedlichem Maße als Ursache, Folge und Wechselwirkung einer weiteren geistigen Entwicklung Oligophrener im Erwachsenenalter zu interpretieren" (S. 492).

Analoge Resultate erbringen Längsschnitt-Untersuchungen, in denen frühkindlich leicht hirngeschädigte Kinder erfaßt und nachuntersucht werden. Teichmann et al. (1976) überprüften den Entwicklungsstand zweijähriger Krippenkinder, bei denen zum Zeitpunkt der Geburt und danach biologische und psychosoziale Risikofaktoren zu identifizieren waren. Eine Kontrollgruppe ohne Risiken wurde in die Untersuchung einbezogen.

Als biologische Risikofaktoren galten u. a.: Kaiserschnitt-Entbindung, Nabelschnurumschlingung, Geburtsgewicht unter 2500 g, Ernährungsstörungen im 1. Lebensjahr. Zu den psychosozialen Risiken gehörten u. a.: Mutter und/oder Vater ohne 8-Klassen-Abschluß, Unvollständigkeit der Familie, Einschätzung des Erziehungsmilieus durch die Krippenerzieherin als „unzureichend" oder „noch ausreichend".

Über die wesentlichsten Ergebnisse informieren Abb. 5.2. und 5.3.

Ihre Interpretation – und darüber hinaus eine gewisse Generalisierung aller Befunde – ist der folgenden Textstelle zu entnehmen:

„Für das Ausmaß der Entwicklungsgefährdung eines Kindes ist nach dieser ersten Übersicht nicht nur die Art eines Risikos, sondern auch die Häufigkeit des Zusammentreffens mehrerer organischer und psychosozialer Risikofaktoren bestimmend. Je weniger psychosoziale Störfaktoren zu einem organischen hinzutreten, um so größer ist die Wahrscheinlichkeit der Kompensation. Folglich erweist sich der mit der Hirnschadendiagnostik vielfach verbundene Fatalismus als unbegründet" (S. 502).

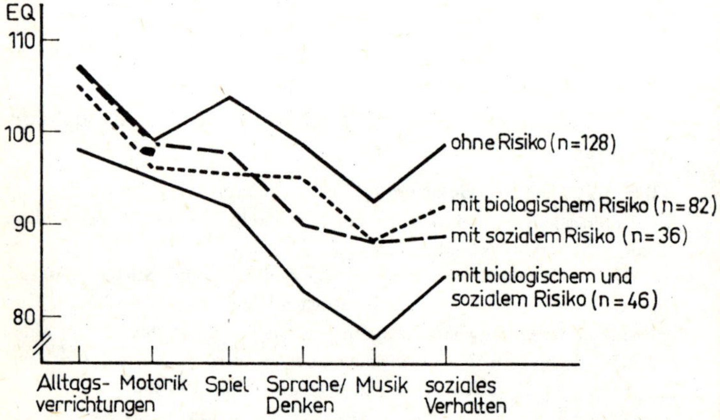

Abb. 5.2.: Risikohäufigkeit und Entwicklungsquotient (aus Teichmann et al. 1976).

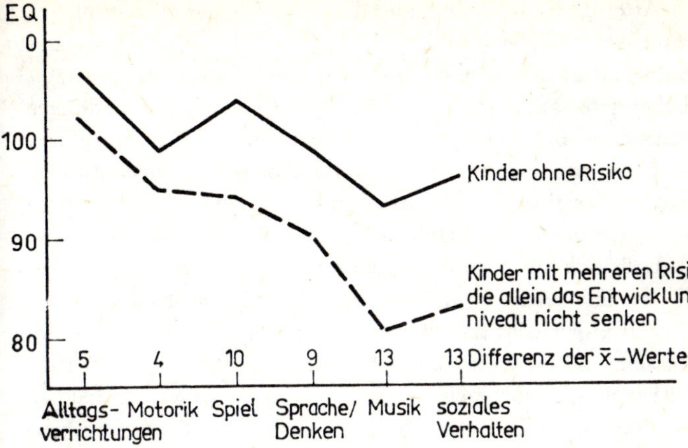

Abb. 5.3.: Entwicklungsquotienten von Kindern mit mehreren Risiken, die allein nicht in der Lage sind, das Entwicklungsniveau zu senken (aus Teichmann et al. 1976).

Die natürliche Konsequenz aus solchen Daten[34] lautet: Sorgfältige Frühdiagnostik organischer und psychosozialer Risiken, intensive Familienberatung, Bildung von Fördergruppen für Hirngeschädigte bereits in der Kinderkrippe, späterhin Bildung von Förderklassen für diese Kinder, bis das Maß an sonderpädagogischer und therapeutischer Betreuung die Überführung in Normalklassen erlaubt.

Es sei an dieser Stelle darauf verwiesen, daß uns innerhalb psychologischer Untersuchungen an Menschen im *späten Erwachsenen- und Greisenalter* analoge Probleme und Befunde begegnen. Die Erfahrungen der geriatrischen Forschung besagen, daß die organischen Risiken („Abnutzungserscheinungen", z. B. altersbe-

[34] Mittlerweile liegen Ergebnisse einer Längsschnittuntersuchung vor, die an derselben Stichprobe weitergeführt wurde (Meyer-Probst 1980). Diese Ergebnisse besagen, daß die weitaus meisten biologischen Risiken im Alter von 6 Jahren (das war der Untersuchungszeitpunkt) durch gute psychosoziale Bedingungen kompensiert werden können. Andererseits werden jedoch prä-, peri- und postnatale biologische Risiken durch sehr ungünstige, also risikohafte psychosoziale Lebensumstände hinsichtlich der negativen Auswirkungen auf die Persönlichkeitsentwicklung erheblich verstärkt.

dingte Arteriosklerose) mit dem Übergang in diese Phasen erheblich zunehmen. Wenn man Durchschnittswerte großer unausgelesener Populationen zugrunde legt, so kann man bereits vom 30./40. Lebensjahr aufwärts ein offensichtlich organisch bedingtes Nachlassen in einzelnen isolierten Leistungsbereichen feststellen. Das gilt z. B. für den Sektor elementarer Seh- und Hörleistungen (bis hin zur Presbyopie und -akusie), für die mechanische Merkfähigkeit, für die Reaktionszeit auf Signale (Löwe 1970, Ananjew 1974). Läßt sich auf der Grundlage solcher Daten ein allgemeines „Defizitmodell" der psychischen Entwicklung im Erwachsenenalter rechtfertigen, das davon ausgeht, psychische Leistungsminderungen seien generell eine einfache Funktion wachsender organischer Risiken mit zunehmendem Alter? Ein solches Modell hat die ältere bürgerliche Gerontopsychologie angeboten – damit ihre Neigung zu biologistischen Interpretationen unter Beweis stellend.

Es wird in kapitalistischen Ländern regelhaft dann wieder hervorgeholt – obwohl längst durch empirische Arbeiten in diesen Ländern widerlegt (Lehr 1977) –, wenn es sich als zweckmäßig erweist, den „Arbeitsmarkt" durch die Entlassung älterer Arbeiter und Angestellter zu entlasten (Thomae 1976) oder andere politische Zielsetzungen „wissenschaftlich" zu begründen, z. B. seinerzeit den gezielten Angriff von BRD-Juristen auf die Glaubwürdigkeit ehemaliger Nazi-Verfolgter, die als Zeugen in den KZ-Prozessen auftraten (Schmidt 1970, 1974 a).

Gegen das Defizitmodell sprechen eine Vielzahl von Befunden. Einer sei nur als Beispiel genannt. Rudinger (1971) führte Querschnittsuntersuchungen der Intelligenz (auf der Basis des HAWIE-Tests) an großen Stichproben der Spätphasen des Erwachsenenalters (7. und 8. Lebensjahrzehnt) durch und unterzog die Daten einer Varianzanalyse. Dabei stellte sich heraus, daß es die folgende Rangordnung von Lebenslagefaktoren – in Hinsicht auf ihre varianzaufklärende Funktion – gab: Beruf (etwa 20 %), Schulbildung (etwa 19 %), Gesundheitszustand (etwa 10 %), Geschlecht (etwa 8 %), Alter (etwa 4 %). Das bedeutet: Auch in den späten Etappen des Erwachsenenalters sind die Intelligenzunterschiede vor allem bedingt durch berufliche und Bildungsbedingungen, kaum durch das Alter, hinter dem sich ja organische Risikofaktoren des natürlichen „Verschleißes" von biologischen Strukturen und Funktionen verbergen. Nur dort, wo krankheitsbedingte Beeinträchtigungen eine Rolle spielen, tragen sie mehr zur Varianzaufklärung bei, erreichen jedoch nicht die Penetranz von Beruf und Bildung.

Ananjew (1974) hat in seinem sogenannten *Zweiphasenmodell der psychischen Entwicklung* kompensatorische Befunde dieser Art verallgemeinert. Dieses Modell besagt, daß es in Kindheit, Jugend und frühem Erwachsenenalter einen generellen *Evolutions*prozeß mit einem Leistungsoptimum *unspezialisierter* Funktionen gibt (erste Phase). Im mittleren und späteren Erwachsenenalter (zweite Phase) kommt es zu mehr oder minder starken *Involutions*prozessen dieser unspezialisierten Leistungen, jedoch gleichzeitig zu einer *Spezialisierung* auf bestimmte Leistungsbereiche, psychische Operationen usw. (als Folge beruflicher Arbeit und der Bedeutsamkeit bestimmter Lebenssphären), bei der spezielle Leistungsoptima erreicht und – trainingsabhängig – mehr oder minder lange gehalten werden. So erklären sich die oft erstaunlichen kreativen Leistungen von Künstlern im Greisenalter.

5.2. Persönlichkeitsentwicklung als Sozialisation

Die Entwicklung des Individuums läßt sich – in etwas vergröbernder Annäherung – auf zweierlei Weise beschreiben. Einmal als Genese *isolierter* psychischer Zustands-, Prozeß- oder Eigenschaftsbereiche unter experimentell stark eingeschränkten Umweltbedingungen. Dann spricht man z. B. von perzeptiver, kognitiver, moralischer Entwicklung. Zum zweiten ist es möglich, sie als Sozialisation zu erfassen. Hier dominiert die makroskopische Orientierung *am gesamten Lebenslauf*, am „ökologischen Bezugsrahmen" der Entwicklung (Rauh 1979), an der gesellschaftlichen Bedingtheit und sozialen Anregung, Vermittlung und Kontrolle der Entwicklung – einschließlich der Frage nach den Phänomenen, Bedingungen und Gesetzmäßigkeiten des Zustandekommens der (normativ zu bewertenden) Handlungskompetenz für die Leistungs-, die sozialen und gesellschaftlichen Bewährungen, also nach der *Persönlichkeitsreife* des Individuums (Schmidt 1977 a).

Die Sozialisation läßt sich zweckmäßig in einem Schema beschreiben, das Bedingungen und Konsequenzen dieses Prozesses übersichtlich zusammenfaßt. Es verallgemeinert eine große Zahl psychologischer Untersuchungen und Modellüberlegungen (u. a. Schmidt 1975, 1979 b). Das in Abb. 5.4. dargestellte Schema soll jetzt erläutert und interpretiert werden.

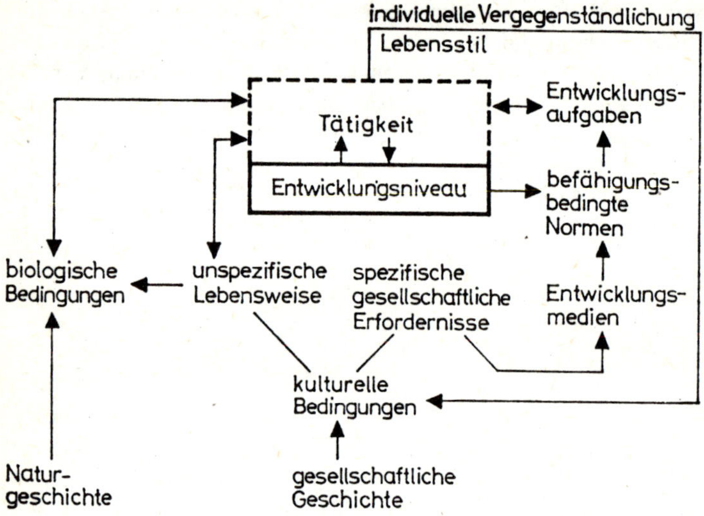

Abb. 5.4.: Schema des Sozialisationsprozesses.

- Im Mittelpunkt des Schemas steht das Individuum mit seinem entwicklungsspezifischen *Niveau von Befähigungen,* das den jeweils erreichten Stand der aktionalen und repräsentationalen Kompetenzen widerspiegelt, um den Anforderungs- und Gestaltungsmomenten der Lebenslage begegnen zu können. Das Entwicklungsniveau resultiert aus individuellen *Tätigkeitsbeziehungen* (vgl. dazu die Interdependenz von Tätigkeit und Eigenschaft; Abschn. 3.6.), und es fundiert zugleich Tätigkeitsmöglichkeiten. Die Tätigkeit entäußert sich – vor allem im Arbeitsprozeß – als individuelle Vergegenständlichung. Viele (wenn auch nicht alle) Tätigkeitsprodukte sind individuelle Beiträge zur Stabilisierung, Erweiterung und Veränderung der kulturellen Bedingungen und Umstände, in denen das Individuum lebt und wirkt.

- Im linken Teil des Schemas sind die zum Teil naturgeschichtlich entstandenen Voraussetzungen individuellen Tätigseins abgebildet (vgl. dazu vor allem Abschn. 1.1., ferner 5.1.). Sie „definieren“ die *genetischen und organischen Entwicklungschancen* bzw. -risiken, insgesamt also die biologischen Bedingungen des Handelns, die auch von Komponenten der Lebensweise und vom Individuum selbst beeinflußt werden.
- Für persönlichkeitspsychologische Fragen besonders wesentlich ist der mittlere und rechte Teil des Schemas. Als Konsequenz der gesellschaftlichen Geschichte entstehen die konkret-historischen *kulturellen Bedingungen* des individuellen Lebensraums (Vergegenständlichungen in Form von Basis- und Überbauerscheinungen). Diese kulturellen Bedingungen lassen sich hinsichtlich der psychischen Entwicklung zweifach untergliedern. Abhebbar ist zunächst die *unspezifische Lebensweise,* in die das Individuum einbezogen ist. Sie konkretisiert sich in formalen und inhaltlichen Charakteristika des Arbeitens, Sichernährens, des hygienischen Verhaltens, des Konsumtions- und Freizeitverhaltens, in Normen, Sitten und Gebräuchen des Sachumgangs, des sozialen Verkehrs usw. usf. Die individuelle Tätigkeit nimmt – unter diesem Aspekt betrachtet – die Gestalt des *Lebensstils*[35] an. Zum zweiten entstehen aus den kulturellen Bedingungen *spezifische gesellschaftliche Erfordernisse,* die mit der Notwendigkeit zusammenhängen, die jeweils vorliegenden gesellschaftlichen Umstände zu konsolidieren (soweit das zweckmäßig erscheint) oder weiterzuentwickeln, zu verändern. Aus diesen Erfordernissen resultieren auch die gesellschaftlichen Individualitätsformen, die *Positionen,* die dem Individuum mögliche Anforderungs- und Gestaltungsfelder öffnen.
- Die spezifischen gesellschaftlichen Erfordernisse werden von den *Entwicklungsmedien* aufgegriffen, genauer: Einige werden erkannt und verstärkt, andere werden vernachlässigt, uminterpretiert – also in bestimmter Weise „gebrochen“. Das geschieht in allen Entwicklungsmedien, d. h. in der Familie, in Krippe,

[35] Der Lebensstil ist die individualtypische formale und inhaltliche Partizipation an der Lebensweise des Mikromilieus.

Kindergarten und Schule, am Arbeitsplatz, in den gesellschaftlichen und politischen Organisationen und Institutionen usw., also überall dort, wo das Individuum positionsspezifischen Einwirkungen unterliegt. Auf der Grundlage der – jeweils unterschiedlich korrekt identifizierten – gesellschaftlichen Erfordernisse entstehen in den Entwicklungsmedien die *Entwicklungsaufgaben* für das Individuum. Der Begriff „Entwicklungsaufgabe" (Havighurst 1972, Oerter 1978 a, b) ist hier in einem sehr weiten Sinne zu verstehen. Er umfaßt nicht allein die Bildungs- und Erziehungsanforderungen, die durch institutionalisierte Erzieher (Eltern, Lehrer, Lehrmeister, Dozenten der Erwachsenenqualifizierung usw. – überwiegend auf der Grundlage von entsprechenden Plänen und Programmen – an das Individuum herangetragen werden. Er umgreift auch eine Vielzahl von Fremd- und Selbstanforderungen, die im Zusammenhang mit den Positionen in der Familie, im Arbeitsprozeß, in gesellschaftlichen Organisationen, im Freizeitraum usw. entstehen, ausfindig gemacht und bewältigt werden können und somit einen Entwicklungseffekt erzeugen.

– Bei der Festlegung von Entwicklungsaufgaben und bei ihrer Übertragung auf das Individuum versuchen die in den Entwicklungsmedien wirksamen Personen, sich vom jeweils vorhandenen Entwicklungsniveau des Individuums in dem Sinne leiten zu lassen, daß sie *Entwicklungsnormen* als Bezugssysteme einsetzen, um Überforderungen oder Unterforderungn zu vermeiden. Auf diese Weise werden die Entwicklungsaufgaben auf das jeweils erreichte individuelle Entwicklungsniveau „eingepegelt". Das beste Beispiel für diesen Prozeß sind die in schulischen Lehrplänen indirekt enthaltenen *Altersnormen,* die dafür sorgen, daß eine entwicklungsstandsgerechte Dosierung des Lehrstoffes erfolgen kann.

Prozeßcharakteristika der Sozialisation

Nach dieser Beschreibung der Elemente des Schemas und ihrer Beziehungen wollen wir dazu übergehen, einige wichtige Kennzeichen der Sozialisation aus dem Schema „herauszulesen".

Zunächst einmal dürfte erkennbar sein: Die Sozialisation spiegelt die *Dialektik von Aneignung und Vergegenständlichung* wider (vgl. dazu Kap. 1, ferner Schmidt 1979 b). In der Interaktion mit den Entwicklungsaufgaben und mit der unspezifischen Lebensweise vollzieht sich die selektive Aneignung der Kultur (als Erwerb von Können, Wissen und Werten). Es spielt sich also ein Lernprozeß ab, der über die Tätigkeit das Entwicklungsniveau schrittweise verändert oder auch stabilisiert. Diese Aneignung setzt bereits Vergegenständlichungen voraus, wenn auch vergängliche (z. B. das Diktatschreiben als Überprüfung des orthographischen Regelverständnisses). Im Verlaufe der gesellschaftlichen Geschichte, in die das Individuum lebenslang eingebunden bleibt, kommt es unaufhörlich zu neuen materiellen und ideellen Vergegenständlichungen (und damit potentiellen Entwicklungsaufgaben), zu denen das Individuum selbst etwas beisteuert, sobald es seine soziale und gesellschaftliche Reife erlangt hat.

Ferner vermag das Schema darüber Auskunft zu geben, daß die individuelle Entwicklungsprogression so lange anhalten kann, wie *Entwicklungsaufgaben existieren* und wirken. Das ist in Kindheit und Jugend im allgemeinen als gegeben vorauszusetzen, nicht jedoch in den Stadien der Arbeitsfähigkeit. Die gegenwärtigen Formen von Arbeitsteilung und Spezialisierung erzeugen auch solche Arbeitsplätze, die kaum Entwicklungsaufgaben bereitstellen. Das ist überall dort der Fall, wo z. B. körperlich schwere oder routinemäßig erfüllbare oder monotone Tätigkeiten das Bild des Arbeitsplatzes beherrschen, so daß dem Werktätigen sehr schnell bewußt wird, daß er bereits mit einem Bruchteil seiner Schulbildung dafür hinreichend qualifiziert wäre. Und es gibt andere Arbeitsplätze, deren Anforderungsrelief schnellen Veränderungen unterliegt, permanente zusätzliche Qualifizierungen verlangt und von daher – trotz auch hier anzutreffender Routineverrichtungen – immer wieder neue und interessante Entwicklungsaufgaben anbietet. Auf diese Weise fallen im Verlauf der Etappen des Erwachsenenalters wesentliche Entscheidungen darüber, ob und in welchem Ausmaß die Aufgaben am Arbeitsplatz einen Beitrag zur individuellen Persönlichkeitsentwicklung leisten (vgl. dazu Kon 1971, Hacker 1980).

Man darf aus dieser Tatsache nicht allzu pessimistische Schlußfolgerungen ableiten. Einmal ist zu bedenken: Der Erwachsene ist in dem Sinne autonom, daß er in bestimmten Grenzen die an den Arbeitsprozeß gebundenen Entwicklungsmedien auswählen und Entwicklungsaufgaben entdecken und *selbst erzeugen* kann. (Ein Angestellter des Wohnungsamtes z. B. mag routinemäßig Karteien und Akten verwalten und Sprechstunden abhalten; er könnte aber auch zusätzlich eigenaktive Wohnungspolitik an der Basis betreiben, in Zusammenarbeit mit den HGL, in Aussprachen mit Mietern usw.) Zum anderen vollzieht sich individuelle Persönlichkeitsentwicklung *nicht allein am Arbeitsplatz,* sondern auch in der eigenen Familie, im Freizeitbereich, durch die Mitarbeit in Parteien und Massenorganisationen – jeweils innerhalb der Anforderungs- und Gestaltungsfelder dieser Lebensbereiche. So lange die Verhältnisse der Arbeitsteilung teilweise noch zu wenig beitragen, um Entwicklungspotenzen freizusetzen, können Werktätige an ungünstigen Arbeitsplätzen ihre Ansprüche an Persönlichkeitsentwicklung und Selbstverwirklichung nur außerhalb der Arbeitssphäre suchen und finden. Darum sollten sie sich bemühen; und sie dazu zu befähigen und zu bewegen, das sollte eine wichtige pädagogische Aufgabe der Schul- und Berufsbildung und von Leitungsorganen der Betriebe sein. Wie wichtig eine solche Strategie der Menschenführung ist, das weiß man aus der gerontopsychologischen Forschung. Den Minderwertigkeitsgefühlen alter Menschen, die aus der Arbeitswelt ausgeschieden sind und Erfahrungen des Nicht-mehr-gebraucht-Werdens machen, den Vereinsamungsproblemen des Rentners, des Insassen eines Altersheims – diesen Phänomenen können wir nur begegnen, wenn wir Entwicklungsaufgaben für diese Personengruppen bereitstellen und wenn wir alle Menschen bereits lange vor dem Rentenalter befähigen, *außerhalb* der Arbeitssphäre liegende Lebensbereiche für die individuelle Persönlichkeitsentwicklung auszuschöpfen (U. J. Schmidt et al. 1974, Eitner et al. 1975, Lehr 1977). Hier käme der „Bildungsüberschuß" zum Tragen; auch hier würde sich erweisen, wie notwendig und zweckmäßig er ist.

Schließlich verdeutlicht das Schema auch den widersprüchlichen, *konfliktären Charakter* der Sozialisation – als objektives wie subjektives Phänomen. Beispielsweise müssen wir bedenken, daß das Individuum im Jugendalter seinen ausgereiften biologischen Entwicklungsstatus – als sexuelle Reife und Fortpflanzungsfähigkeit – unter unseren technologischen und zivilisatorischen Bedingungen viel früher erreicht als die geistige und soziale Persönlichkeitsreife, die es erst unabhängig und selbständig machen. Das unterschiedliche Entwicklungstempo der biologischen und psychischen Sphäre ist *eine* (wenn auch nicht die wirksamste) Grundlage von Widersprüchen, die sich in den bekannten „Anfälligkeiten“ des Jugendalters äußern können (Erziehungsprobleme, Beginn neurotischer und krimineller Fehlentwicklungen usw.). Eine weitere Quelle von Widersprüchen entdecken wir in den Entwicklungsmedien. Die hier lokalisierten Konflikte ergeben sich daraus, daß das Individuum in allen seinen Lebensphasen – und dies ausnahmslos – *mehreren* simultan wirkenden Medien (mit mehreren in ihnen agierenden Personen) ausgesetzt ist. Die Ziele, Absichten, Einflußnahmen dieser verschiedenen Medien und Personen sind oft nicht aufeinander abgestimmt; sie zwingen das Individuum, irgendwann (spätestens mit Beginn des Jugendalters) wesentliche und unwesentliche, sachlich gerechtfertigte und ungerechtfertigte, notwendige und konventionelle Entwicklungsaufgaben zu unterscheiden, dabei kritisch auszuwählen, sich zu entscheiden – für oder auch gegen eine Anforderung. In dieser Tatsache liegen Chancen der Persönlichkeitswerdung – nämlich der Befreiung aus hemmender Abhängigkeit, der Gewinnung von eigenaktiv und bewußt bearbeiteten Gestaltungsfeldern; in ihr liegen aber auch Risiken und Gefährdungen des Aneignungsprozesses (Schmidt 1979 b). Dieser Januskopf der Sozialisation läßt das Verantwortungsproblem sichtbar werden, das für die Entwicklungsmedien ebenso entsteht wie für das Individuum: Es geht letztlich um die Aneignung von vielfältigen Kompetenzen, um mit den Leistungs-, sozialen und gesellschaftlichen Bewährungsproben fertig zu werden, um die in ihnen liegenden Gestaltungsmöglichkeiten in entsprechende Handlungswirklichkeiten zu überführen – in solche, die nicht nur das Individuum befriedigen und die echt produktiv sind, sondern die auch auf der Linie langfristig gültiger gesellschaftlicher und humanistischer Perspektiven liegen.

Die Entwicklungsrisiken der konfliktbelasteten Sozialisation bilden sich in den Ergebnissen der klinisch-psychologischen Neuroseforschung besonders markant ab. Kasielke (1980) ermittelte beispielsweise folgendes: Bei Neurotikern ist der Partner-Lebensbereich in 72 % aller Fälle konfliktbesetzt, während das nur für 20 % der Normalstichprobe gilt; die analogen Resultate für den Lebensbereich „eigene Interessen“ sind 48 % (Neurotiker) versus 16 % (Normale), für den Lebensbereich „Gesundheit“ 74 % versus

28 % (in jedem Falle signifikante Unterschiede). In der Zusammenfassung dieser Arbeit heißt es: „Insgesamt konnte festgestellt werden, daß Neurotiker mehr und belastendere Konflikte angaben, bei ihnen mehr und vor allem die für sie wichtigen Grundbedürfnisse stark und lebensbereichsdurchgängig (generalisiert) frustriert sind und sie hochsignifikant mehr Hindernisse sehen, die der Lösung ihrer Grundbedürfnis-Probleme im Wege stehen. Es fanden sich erste Hinweise für die vorrangige Verwendung ineffektiver Konfliktlösungsstrategien" (ebenda, S. 42).

Wendepunkte des Lebenslaufs

Wenn wir das obige Schema nicht statisch, sondern dynamisch verstehen, d. h. als Abbildung des spiraligen Entwicklungsvollzugs, dann stellt sich die Frage, ob nicht Punkte, Orte in diesem Vollzug auszumachen sind, wo wichtige Entscheidungen über den Lebensweg fallen. Wir haben sie früher schon Wendepunkte genannt. Sie wären zu definieren als Positionswechsel (vgl. Abschn. 3.2.), d. h. hier: als Wandlungen, bedingt durch (a) den Übergang in neue Entwicklungsmedien (z. B. Schuleintritt des Kindes), durch (b) den objektiven Strukturwandel eines gegebenen Entwicklungsmediums (z. B. als Folge einer Ehescheidung) oder durch (c) die subjektive Akzentuierung, Zentrierung von Ereignissen im Kontext von Entwicklungsmedien – mit jeweils neuen, andersartigen (zugewiesenen oder selbstentdeckten) Entwicklungsaufgaben und daraus resultierenden Entwicklungschancen und -risiken.

Sowjetische Psychologen (u. a. Leontjew 1964, Elkonin 1972) weisen darauf hin, daß die Entwicklungswirkung von Ereignissen, die hier als Positionswechsel bezeichnet werden, mit dem Wechsel der Tätigkeitssphären zusammenhängen: „Experimentelle Untersuchungen von Leontjew, Saporoshez ... sowie von den Mitarbeitern Rubinsteins, Smirnow und Sintschenko, zeigten die Abhängigkeit psychischer Prozesse ... von den Motiven und Aufgaben der Tätigkeit, in die sie einbezogen sind, und von ihrer Stellung in der Tätigkeitsstruktur ..." (Elkonin, ebenda, S. 214).

Es ist zweckmäßig, obligatorische Wendepunkte (d. h. vorgegebene, auferlegte, fremdaktiv erzeugte) und fakultative (d. h. aufgesuchte, selbsterzeugte, spontan angestrebte) zu unterscheiden. Letztere sind, wie früher schon angemerkt (vgl. Abschn. 3.2.), Indikatoren personaler Lebensgestaltung. Der individuelle Lebenslauf läßt sich nach solchen Wendepunkten und den zwischen ihnen liegenden Aktivitätssphären aufgliedern (Thomae 1968).

Im Zusammenhang mit Problemen biographischer Wendepunkte erweisen sich u. a. die folgenden *Analyseaspekte* als nützlich, auch für psychodiagnostische *(anamnestische)* Vorhaben. Wir wollen sie in Form von Fragen vorstellen:

(1) Welche *prägenden Entwicklungsmedien* hat das Individuum im Vollzug seines Lebenslaufs passiert? – Um diese Frage beantworten zu können, empfiehlt sich zunächst ein allgemeines biographisches Bezugssystem, auf dem die Wendepunkte – als realisierte Alternativen aus einer Menge von Möglichkeiten – „abgetragen" werden. Ein solches Bezugssystem baut sich folgendermaßen auf: Vorschulalter – frühes Schulalter – Jugendalter – frühes Erwachsenenalter – spätes Erwachsenenalter (eine genaue Alterszuordnung wäre jeweils nur gesellschaftsspezifisch zu treffen!).
Die Wendepunkte lassen sich diesen Phasen am besten bereichsspezifisch zuordnen, und zwar bezogen auf

- die vorschulische Allgemeinentwicklung (Alternativen: Familie, Krippe, Kindergarten, Heim, Sonder- und Fördereinrichtungen);
- den Bildungsweg (Alternativen: POS, Sonderschule, EOS, BBS, Hoch-/Fachschule usw.);
- die berufliche Qualifizierung (Alternativen: Facharbeiterlehre, Anlern-Ausbildung, Studium, Graduierungen, berufliche Positionen usw.);
- die soziale Gesellung (Alternativen: Partnerfindung, Partnerverzicht, Familiengründung, Alleinbleiben, Scheidung, Familienauflösung, Tod von Angehörigen, Bindung im Freundes- und Bekanntenkreis usw.);
- die politisch-gesellschaftliche und ideologische Entwicklung (Alternativen: Ideologien und gesellschaftliche Aktivitäten in Parteien, Jugendorganisationen, Massenorganisationen, kirchlichen Gruppen usw.);
- epochen- und generationsspezifische Ereignisse (z. B. Krieg, Gefangenschaft, Revolution, Verfolgung, Emigration, Umsiedlung).

(2) Welche *„kritischen Ereignisse"* (Thomae 1968) in solchen Entwicklungsmedien haben sich verhaltensprägend auf den Lebensweg des Individuums ausgewirkt? – Aus der psychologisch-bio-

graphischen Forschung weiß man, daß u. a. die folgenden Ereignisklassen aussagekräftig sind:

- *Bindungs- und Identifizierungserlebnisse* (im positiven wie negativen Sinne), die sich an Personen in den Entwicklungsmedien knüpfen, die aber auch Phänomene der Geborgenheit, des Gemeinschaftserlebens in Gruppen und Kollektiven – also die emotionale Beziehung zu sozialen Gesellungseinheiten – umfassen können. Diese Erlebnisklasse kann entscheidend sein für die individuelle Idealbildung, für die Wertorientierung, für die Interessenbildung, für die Entstehung sinngebender Motive. Im umgekehrten Falle handelt es sich um Erscheinungen der Bindungslosigkeit, Vereinsamung, Trennung usw.

Es ist bekannt, welche zum Teil weitreichenden Konsequenzen sich aus der Begegnung zwischen Goethe und Schiller oder Marx und Engels, aus dem Kontakt zwischen Freud und Th. Mann, aus dem Wirken Rilkes im Bannkreis von Rodin, aus der innigen Bruderbeziehung zwischen Vincent und Theo van Gogh herleiten lassen. Diese „berühmten" Bindungen sind lediglich Beispiele für einen Vorgang, der sich tagtäglich in individuellen Biographien abspielt. Er muß nicht immer positive Wirkungen haben. Man denke nur an die von Goebbels vollzogene Identifizierung mit Hitler, die eine durchschnittliche Journalistenlaufbahn in die Karriere eines politischen Verbrechers umschlagen ließ; man denke an ungünstige Prägungen von Häftlingen durch einflußreiche Mitgefangene.

- *Bildungserlebnisse,* die gewöhnlich von Anregungen und Beispielen einiger (weniger!) Erzieher ausgehen und zu einem unauslöschlichen Eindruck führen, der geeignet ist, bestimmte wissenschaftliche, künstlerische oder politische Bildungsstoffe aufzuschließen und auf diese Weise geistige und weltanschauliche Interessen zu wecken und auszurichten. Auch hier gibt es positive wie negative Varianten.

Wilhelm Wundt berichtet in seinen Lebenserinnerungen (1920) von einem solchen Erlebnis; es bezog sich auf zwei Gymnasiallehrer. „Der zweite war ein später ... berühmt gewordener Orientalist, Bernhard Jülg, dem ich, wie ich wohl sagen kann, die erste Anregung zu sprachlichen und philologischen Studien ... zu verdanken habe ... Gerade diese Stunden waren so ganz anders als alles was sonst das Gymnasium zu bieten hatte, daß ich sie vor andern bleibend im Gedächtnis bewahrt habe" (S. 44 f.). Wundt rühmt diesem Lehrer nach, er habe ihm neue Gebiete der Literatur erschlossen und in Hinsicht auf die ihm schon bekannte Literatur ganz neue Wertorientierungen vermittelt.

- *Leistungserlebnisse,* d. h. Leistungserfolge/-mißerfolge, entsprechende Bestätigungen oder Abwertungen; z. B. Erfahrungen besonders markanter, mühsam errungener oder nicht geglückter Aufgabenlösungen im Zusammenhang mit Bildungsanforderungen (Abschluß der Lehre, des Abiturs, einer Diplom- oder Doktorarbeit u. ä.), mit Arbeitsvorhaben (z. B. Errichtung eines Bauwerks, Konstruktion eines Schiffes) oder auch im Bereich des Freizeitverhaltens, etwa wenn – wider Erwarten, trotz vorheriger Bedenken – der 50jährige eine 120-km-Etappe in seinem Fahrradurlaub unter der Bedingung widriger Witterungsumstände erfolgreich hinter sich bringt. Erlebnisse dieser Art stabilisieren oder beeinträchtigen das Selbstbewußtsein, legen oft Richtungen des künftigen Engagements in bestimmten Anforderungsfeldern fest und erzeugen damit sinngebende, weittragende Motivationen.
- *Gefährdungserlebnisse,* etwa im Zusammenhang mit zugespitzten Konfliktkonstellationen, mit Grenzsituationen (und ihrer intensiven Stresswirkung). – Die Beispielpalette ist hier sehr breit (Thomae 1974). Sie reicht von Erfahrungen des körperlichen oder psychischen Leistungsversagens über die Konfrontation mit dem plötzlichen Tod eines geliebten Angehörigen bis zum Durchleben der Angst- und Hoffnungsphasen bei eigener Identitäts- und Lebensbedrohung. Hier handelt es sich um existentielle Gefährdungen, welche die Integrität des Individuums, seine Selbstkongruenz, sein Selbst- und Selbstwertbewußtsein berühren. Die natürliche, tägliche Lebensbewährung verwandelt sich in eine erdrückende, überfordernde, ja inhumane. Die Entscheidungsfähigkeiten des Individuums – im Urteil über sich und andere, im Handeln mit seinen sozialen, moralischen Wertnormen – werden bis an die Grenze gefordert. Wege und Mittel der Konfliktlösung müssen gefunden werden; Handlungstechniken werden erprobt. Die Frage, ob eine Konfliktlösung gelingt oder nicht, ist oftmals entscheidend für den positiven oder negativen Effekt von Gefährdungserlebnissen. Hervorzuheben ist in diesem Zusammenhang insbesondere die mögliche „Chronifizierung“ (Thomae 1968) von Handlungstechniken (vgl. dazu Abschn. 3.5.), d. h. ihre Aufnahme in das bleibende Inventar von Aktionsmöglichkeiten für den Fall ähnlicher Bewährungssituationen.

Daß überhaupt ein positiver Effekt von Gefährdungserlebnissen auf die Persönlichkeitsentwicklung eintreten kann, dürfte damit zusammenhängen, daß ein bestimmtes Maß an Selbstgefährdung für den Menschen geradezu konstitutiv ist. So sind wir alle daran gewöhnt, uns in Anforderungslagen immer höhere Ziele zu setzen, obwohl wir uns damit der Gefahr von Mißerfolgen aussetzen. Bereits im Kinderspiel begegnet uns die „Lust am Risiko" dort, wo Balanceakte auf Brückengeländern oder Scheunenbalken vollführt werden. Es gibt Berufe und Freizeitaktivitäten, in denen das prickelnde Moment des Gefährdetseins eine Rolle spielt, z. B. bei Artisten, Rennfahrern, Bergsteigern.

Zugespitzte Konflikte der geschilderten Art sind in gewissem Umfange positionsspezifisch, z. B. geschlechtsgebunden. In Kulturen, in denen Frau und Mann noch relativ extreme konventionelle Anforderungs- und Gestaltungsfelder besetzen, sind Berufs- und Arbeitsplatzkonflikte typischer für den Mann, solche in der Familie jedoch typischer für die Frau (Lehr 1977).

Die diagnostische und therapeutische Arbeit des Psychologen und Psychiaters im Problembereich des Suizidgeschehens konzentriert sich mit Nachdruck auf das Zustandekommen von und Fertigwerden mit Konflikterlebnissen, die hohe Grade der subjektiven Gefährdung mit sich bringen (vgl. dazu Regel 1978).

(3) *Welche Entwicklungsmedien* hat das Individuum *eigenaktiv aufgesucht,* welche *Entwicklungsaufgaben selbst erzeugt,* welche kritischen Ereignisse in den Medien selbst herbeigeführt? Diese Fragen sind deshalb so wichtig, weil wir davon auszugehen haben, daß der Entwicklungseffekt um so größer ist, je mehr das Individuum den Bedingungen eines Entwicklungsmediums spontan entgegenkommt, also in ein besonders intensives Interaktionsverhältnis eintritt. Es kommt hinzu, daß Antworten auf die hier gestellten Fragen unser Urteil über die *Gestaltungs*kompetenzen des Individuums – als Kernbestandteil seiner Persönlichkeitsreife – besser zu begründen vermögen.

Darum sollten wir uns daran gewöhnen, den häufig vollzogenen Arbeitsstellenwechsel eines Werktätigen nicht kurzschlüssig als negativ zu bewerten. Es könnte ja sein – das muß überprüft werden –, daß dieser Wechsel tatsächlich die Suche nach Arbeitsplätzen anzeigt, die befriedigendere Entwicklungschancen als zuvor gewährleisten. Es gibt genügend Beispiele unter großen Wissenschaftlern und Künstlern, bei denen dieser „unstete" Zug der Lebensführung eine wesentliche Voraussetzung ihrer Kreativität war. (Wir sollten sogar darüber nachdenken, ob manche der früher geübten Traditionen des systematischen Arbeitsstellenwechsels – man denke an die

Handwerksburschen, an den Wechsel des Hochschulortes bei Studenten und Professoren – nicht wiederbelebt werden sollten!)

(4) Welche *konkreten Entwicklungseffekte* wurden an den jeweiligen Wendepunkten des Lebenslaufs erzielt? – Diese Frage, die auf eine Bewertung hinausläuft, ist natürlich die wichtigste von allen. Das ergibt sich schon aus den Bemerkungen und Erläuterungen, die mit den vorherigen Fragestellungen verbunden wurden. Sie hoben zwar mehr auf die positive Wirkung von Entwicklungsmedien ab, aber deutlich wurde auch dort schon, daß beides möglich ist: Wendepunkte der Biographie können Höherentwicklung wie Fehlentwicklung bewirken. Und beide Wirkungsklassen – das sei hinzugefügt – können reversible und irreversible Effekte hinterlassen.

Diese Tatsache berührt sich eng mit der Problematik positionaler und biologischer Entwicklungschancen bzw. -risiken, die im Abschnitt 5. 1. behandelt wurden. Wir wollen uns deshalb damit begnügen, nur noch ein Beispiel hinzuzufügen, nämlich das der kriminellen Fehlentwicklung.

In der internationalen forensischen Psychologie gibt es eine Vielzahl von Belegen dafür, daß die Wahrscheinlichkeit, in eine kriminelle Fehlentwicklung einzutreten, von der Beschaffenheit und Wirkung bestimmter Entwicklungsmedien an bestimmten Wendepunkten der individuellen Biographie abhängig ist. Wir wollen die negativen auflisten: Asoziales Mangelmilieu (auf die Familie bezogen) in der vorschulischen Periode und späterhin – frühzeitiges Ausscheiden aus dem durchschnittlichen Bildungsweg (z. B. nicht einmal 8-Klassen-Abschluß) – ungelernte Arbeitstätigkeit ohne Qualifizierung – soziale Integrierung in Freizeitgruppen ohne positive Kooperations- und Leistungsziele – fehlende Einbindung in aktive gesellschaftliche Organisationen (vgl. dazu Dettenborn und Fröhlich 1971). Diese Tatsachen bestätigen sich auch – und besonders augenfällig – in vergleichenden Untersuchungen an jugendlichen Erst- und Rückfalltätern, die in der DDR durchgeführt wurden (Abb. 5.5.).

Eine schematisierte Verdeutlichung der hier wesentlichen Zusammenhänge (Abb. 5.6.) weist auf Mechanismen komplexer Bedingungswirkung hin, wie sie auch in unserem Schema der Sozialisation – dort natürlich in einem verallgemeinernden Sinne – eine Rolle spielten.

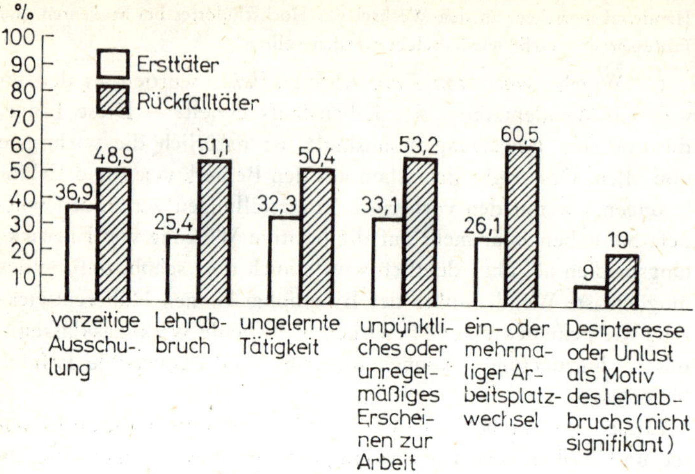

Abb. 5.5.: Häufigkeiten von leistungsbezogenen Verhaltensmerkmalen bei jugendlichen Erst- und Rückfalltätern (aus Dettenborn und Fröhlich 1971).

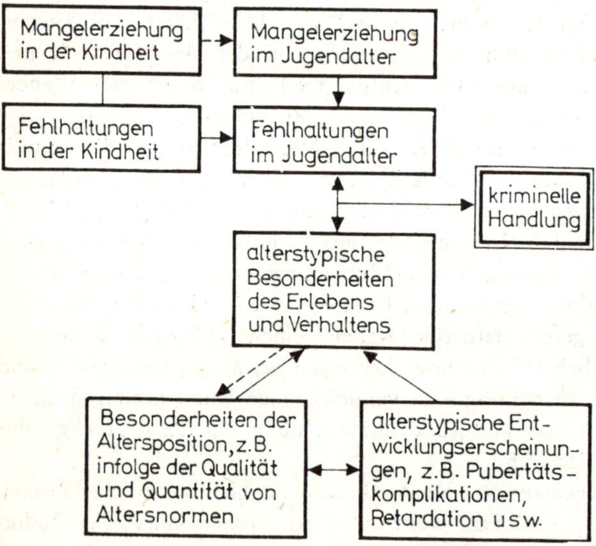

Abb. 5.6.: Beziehungen zwischen Entwicklungsspezifika und Fehlhaltungen bei der Determination krimineller Handlungen Jugendlicher (aus Dettenborn und Fröhlich 1971).

Exkurs: Der Lebensprozeß als Wandel des „Zeitplans"

Im Kontext der Problemstellung dieses Abschnittes ist es nützlich, sich mit einer Konzeption von L. Sève (1972) zu beschäftigen, die er mit dem Begriff des Zeitplans verbunden hat. Sève unterscheidet den empirischen (phänomenalen, selbsterfahrenen, erlebten), den ideellen (individuell geplanten, beabsichtigten) und wirklichen (objektiv-wesensmäßigen) Zeitplan. Sein Anliegen reduziert sich vor allem auf die Erhellung der Bedeutung des *wirklichen* Zeitplans für die Persönlichkeitspsychologie. Ihn beschreibt er (vorerst als Zustands-, nicht Prozeßphänomen) folgendermaßen:

Der wirkliche Zeitplan ist identisch „mit dem System der tatsächlichen zeitlichen Verhältnisse zwischen den verschiedenen objektiven Aktivitätskategorien eines Individuums" (S. 341). Wenn er von objektiven Aktivitätskategorien spricht, dann akzentuiert er ihren gesellschaftlichen Bezug: „Nur wenn die individuelle Aktivität nicht in ihren erlebten Formen gefaßt und nicht als unmittelbarer Effekt eines pseudokonkreten, d. h. psychologisierten menschlichen Wesens betrachtet, sondern vielmehr über den unmittelbaren Anschein hinausgehend auf die gesellschaftliche Welt, in der sie vor sich geht, bezogen und als Produkt der Strukturen dieser gesellschaftlichen Welt gesehen wird, kann die *davon abgeleitete* Gliederung der individuellen Aktivität mit einiger Erfolgsaussicht begonnen werden" (S. 342).

Sève prüft in diesem Zusammenhang die Brauchbarkeit verschiedener kategorialer Einheiten der personalen Aktivität, die in der einschlägigen internationalen Forschung eine Rolle spielen.

Dazu zählen auch die sogenannten Zeitbudgetanalysen von Soziologen und Arbeitspsychologen. In ihrer Methodik spielen Einheiten wie „Arbeitszeit in der Produktion, Zeit für Hausarbeit, Zeit für die Befriedigung physiologischer Bedürfnisse, Freizeit" (S. 342) eine Rolle. Sève hält diese Kategorien für wenig aussagekräftig, weil sie nur Oberflächeneigenschaften der Aktivität erfassen. Sie erschließen seines Erachtens keinen Zugang zu denjenigen Aktivitätsinhalten, welche die Persönlichkeit wirklich produzieren und reproduzieren.

Ausgehend von seiner Definition des Zeitplans und der in ihm lokalisierten objektiven Aktivitätskategorien, entscheidet sich Sève für solche Klassifizierungsaspekte, die ihren Ursprung im Begriffsrepertoire der marxistischen *politischen Ökonomie* haben. So gelangt er zunächst zu drei Grundformen individueller Aktivität, deren biographische Sequenz dann zu verfolgen wäre:

- *abstrakte Aktivität* (gesellschaftlich produktive Arbeit, die Tauschwerte, Waren erzeugt);
- *konkrete Aktivität* (die auf das individuelle Selbst bezogen und persönlich bedeutsam ist, z. B. die „Handlungen zur unmittelbaren Befriedigung persönlicher Bedürfnisse, das Erlernen von neuen Fähigkeiten, die nichts mit der Ausübung und den Erfordernissen der gesellschaftlichen Arbeit zu tun haben“, S. 345, also insgesamt Tätigkeiten, deren Produkte nur Gebrauchswertcharakteristika besitzen);
- *intermediäre Aktivität* (Freizeitbetätigungen, Hobbys, interpersonelle und häusliche Beziehungen).

Die intermediäre Aktivität spielt dann bei der Konkretisierung des Zeitplanmodells so gut wie keine Rolle mehr; Sève behandelt fast nur noch Fragen der Proportion von abstrakter und konkreter Aktivität zu bestimmten biographischen Zeitpunkten. Um das tun zu können, führt er noch einen anderen Gesichtspunkt der Analyse ein. In Analogie zur politisch-ökonomischen Systematik der gesellschaftlichen Reproduktionssphäre (Abteilung I erzeugt Produktionsmittel, Abteilung II Konsumtionsmittel) konstruiert er eine Struktur personaler Aktivitäten. Diejenigen von ihnen, welche im Rahmen der Konsumtion und Produktion Bedürfnisse befriedigen, rechnet er zur *Abteilung II* dieser Struktur; andere, die den Erwerb von Befähigungen betreffen – um konkrete und abstrakte Aktivitäten überhaupt realisieren zu können –, ordnet er der *Abteilung I* dieser Struktur zu. Die folgende Matrix – als „hypothetischer Entwurf zur allgemeinen Topologie von in kapitalistischen Individualitätsformen produzierten Persönlichkeiten“ (wie es auf S. 355 heißt) – veranschaulicht das gesamte Strukturkonzept:

	Konkrete Aktivität	Abstrakte Aktivität
Abteilung II	Konsumtionshandlungen auf der Basis entsprechender Fähigkeiten	gesellschaftlich produktive Arbeit
Abteilung I	Lernhandlungen, um konsumtionsrelevante Fähigkeiten zu erwerben	Lernhandlungen, um arbeits- und berufsspezifische Fähigkeiten zu erwerben

Bei der Beschreibung des individuellen Zeitplans, bezogen auf einen bestimmten Ort im Lebensprozeß, empfiehlt Sève u. a. die folgenden *Fragestellungen:*

- Welche Quadranten in der obigen Matrix besetzt das Individuum in einer bestimmten Phase seines Lebensvollzugs?
- Welche Disproportionen (die Entwicklungsprozesse bedingen können) zeichnen sich in den phasen- und individualspezifischen Aktivitätsstrukturen der Matrix ab?
- Welche objektive Zeitökonomie, welches subjektive Zeitbedürfnis resultiert aus der jeweiligen Strukturmatrix?

Sève beantwortet die erste Frage durch eine globale typologische und hypothetische Charakteristik der Aktivitätsstruktur eines Schulkindes, Studenten, Arbeiters und Rentners unter – wohlbemerkt! – kapitalistischen Lebensumständen:

Schulkind: „Vorwiegen der auf den Kreislauf der konkreten Persönlichkeit orientierten Lernhandlungen, mit sehr untergeordnetem Aspekt indirekter Vorbereitung auf die gesellschaftliche Arbeit, bedeutendem Umfang der konkreten Konsumtionshandlungen und völligem Fehlen von abstrakter Aktivität (höchstens Beteiligung an häuslichen Dienstleistungen)."

Student: „Vorwiegen der Lernhandlungen für die künftige abstrakte Aktivität, die außerdem in zweiter Linie einen konkreten Lernaspekt haben; bedeutender Umfang der konkreten Konsumaktivität, praktisch noch fehlende abstrakte Aktivität."

Arbeiter: „Erdrückendes Vorwiegen der abstrakten Aktivität, der Erwerb entsprechender neuer Fähigkeiten auf geringen Umfang reduziert, begrenzte Bedeutung der konkreten Aktivitäten überhaupt, vor allem in der Abteilung I."

Rentner: „Absolutes Überwiegen der konkreten Konsumaktivität, extreme Schrumpfung der anderen Sektoren, besonders der abstrakten Lernhandlungen" (S. 357).

Sève macht nachdrücklich darauf aufmerksam, daß es sich hier um äußerste Vereinfachungen handelt, die u. a. jene Aktivitäten unberücksichtigt lassen, die in Hinsicht auf die konkreten/abstrakten Aktivitäten eine „Reglerrolle" spielen S. 358).

Die zweite und dritte Frage, die Sève aufwirft, müssen im Zusammenhang gesehen werden. Der *Grundwiderspruch,* auf den er sich konzentriert, ist der zwischen konkreter und abstrakter Aktivität im Kapitalismus:

„Die Spaltung zwischen konkreter Persönlichkeit und abstrakter Persönlichkeit bringt die psychologische Aktivität in Gegensatz zu sich selbst und zwingt ihr eine Entwicklungsweise auf, die sie in unüberschreitbare Grenzen einschließt ... Die konkrete Persönlichkeit erscheint ... als Gesamtheit von nichtentfremdeten persönlichen, ja auch interpersonellen Aktivitäten, die sich als Selbstbetätigung entfaltet ... der Regelfall der kapitalistischen Gesellschaft (ist), daß diese konkrete Persönlichkeit von der gesellschaftlichen Arbeit getrennt und zugleich wesentlich unter deren Produkte subsumiert ist, also unter die abstrakte Persönlichkeit, die sie umzingelt, überwuchert, erdrückt, ihr Gefüge ... zerstört. Die abstrakte Aktivität dagegen erscheint als entfremdete Aktivität, die der äußeren Notwendigkeit unterworfen und den Bestrebungen der konkreten Persönlichkeit mehr oder minder fremd ist ..." (S. 349).

Ein zweiter, damit verbundener Widerspruch dokumentiert sich in den Aktivitätsverteilungen über den Quadranten der Strukturmatrix. Dort, wo extreme Aktivitätsschrumpfungen in bestimmten Quadranten zu verzeichnen sind, müssen psychologisch relevante Widersprüche die Folge sein (z. B. beim Arbeiter oder Rentner, wie Sève sie beschreibt). Diese Widersprüche erzeugen Probleme der objektiven Zeitökonomie und des subjektiven Zeitbedürfnisses.

„Im Zeitbedürfnis tritt der Widerspruch zwischen den Bedürfnissen und den Aktivitätsbedingungen zutage", der „in letzter Instanz durch die objektive Stellung des Individuums in einem bestimmten System gesellschaftlicher Verhältnisse produziert" wird ... „Ein entscheidendes Bedürfnis ... ist das Bedürfnis nach *Zeit zu leben* ... Die Forderung nach Zeit zu leben heißt *in der Praxis* ... Kritik der Trennung zwischen abstrakter und konkreter Persönlichkeit, die der Kapitalismus mit einem unsichtbaren Skalpell in unserer Seele vollzogen hat, Kritik einer *Lebensweise,* die das Aufopfern des konkreten persönlichen Lebens für das abstrakte gesellschaftliche Leben und des abstrakten gesellschaftlichen Lebens für die Erfordernisse der ständigen Reproduktion des ganzen Systems verlangt" (S. 347).

Es geht also um den Widerspruch zwischen Zeitökonomie, daraus abgeleitetem subjektivem Zeitbudget und dem erwünschten Zeitplan – samt den Versuchen, hier eine Balance herzustellen.

Diesem Referat der wichtigsten Ideen Sèves (soweit sie mit seinem Zeitplanmodell in Beziehung stehen) sollen einige kritische Bemerkungen angefügt werden – als Versuch, das Neuartige, Progressive und die Grenzen der Konzeption zu bestimmen. Das ist um so mehr notwendig, als Sève selbst nicht müde wird, in seinem Text die Vorläufigkeit des Bemühens, die hypothetischen, ja spekulativen Elemente seiner Gedanken kenntlich zu machen.

Der Wert dieses Modells dürfte zunächst darin bestehen, auf die

Notwendigkeit einer intensiveren Bearbeitung psychologisch-biographischer Probleme aufmerksam zu machen. Sie spielen nach wie vor – trotz erfolgreicher Anwaltschaft einiger Pioniere, vor allem auf dem Gebiet der Alternsforschung – eine vergleichsweise zu geringe Rolle. Darüber hinaus vermittelt Sève eine ungewöhnlich produktive, kreative heuristische Technik des „Hinterfragens" der üblicherweise untersuchten biographischen Erlebens- und Verhaltensbedingungen. Sie zielt in die Richtung einer Art Radiographie latent wirkender gesellschaftlicher Tiefenstrukturen, durch die er die Philosophie und politische Ökonomie des historischen Materialismus dem Psychologen überzeugend aufzuschließen vermag. Er regt auf diese Weise Fragestellungen und Hypothesen an, die bislang höchstens ansatzweise im Feld der empirisch-psychologischen Lebenslaufforschung ausfindig zu machen sind. Als besonders fruchtbar könnte sich das dort auswirken, wo die von Sève akzentuierten Widersprüche zwischen konkreter und abstrakter Aktivität in psychologische Problemstellungen der Lebenslaufforschung transformiert und als solche untersucht würden. Das wäre leichter durchführbar, wenn sich die Arbeitspsychologen entschließen könnten, mehr als bisher auf diesem Gebiet tätig zu sein und damit das bislang beobachtbare Vorherrschen entwicklungs-, pädagogisch- und klinisch-psychologischer Initiativen zu erschüttern.

Eine in psychologischer Hinsicht sehr perspektivenreiche Kategorie dürfte Sève mit dem Zeitbedürfnis identifiziert haben.[36] Hier handelt es sich offensichtlich um einen psychologischen Indikator mit einer gesellschaftlich relevanten „seismographischen" Funktion, dies insofern, als er Widersprüche in der Arbeits- und Lebensweise des Individuums aufdecken hilft, die den befriedigenden und erfolgreichen Lebensvollzug belasten und deformieren können. Die Analyse von Zeitbedürfnissen der Werktätigen unter unseren sozialistischen Bedingungen objektiv nichtentfremdeter Arbeit könnte das folgende Problem klären helfen: In welchem Grade erreicht die Beseitigung der Ausbeutung im Makromilieu über das Mikromilieu die Lebenssituation der arbeitenden Individuen *wirklich* – d. h. psychologisch greifbar, z. B. als „Eigentümerbewußtsein", das Arbeitszufriedenheit mit sich bringt und Gestaltungsmotive

---

36 Das Zeitbedürfnis hat nichts mit der Zeitperspektive zu tun; es resultiert aus der Zeitökonomie, nicht aber aus der Zeitwahrnehmung.

freisetzt? Eine solche Fragestellung ist paradigmatisch für eine ganze Gruppe von Fragemöglichkeiten, die Sève anregt: Sind die von ihm als kapitalismusspezifisch beschriebenen Bedingungen, Formen und Weisen der Persönlichkeitsentwicklung nur an die kapitalistische Reproduktionsweise gebunden?

Andererseits ist unverkennbar, daß Sèves Modellvorschlag unter dem Aspekt einer explizit *psychologischen* Anwendungsabsicht Schwierigkeiten bereitet. Sie erwachsen aus den natürlichen Grenzen, die seiner disziplinären Sichtweise – Sève ist Philosoph – vorgegeben sind wie jeder anderen auch. Sève verkennt bisweilen – und das gilt für den Gesamttext, nicht nur die Zeitplanpassagen –, daß der Psychologe die Anregungen und Ideen eines Philosophen in sein eigenes methodologisches System von Prinzipien, Begriffen und Erkenntnissen *einarbeiten* muß, daß philosophische Annäherungen dieses System nicht ersetzen oder ungültig machen. Eine solche Sichtverengung wird z. B. deutlich, wenn man das auf S. 183 angeführte Sève-Zitat nochmals durchliest. Die individuelle Aktivität ist eben nicht nur das „Produkt von Strukturen der gesellschaftlichen Welt", sondern sehr vielfältiger (nicht allein gesellschaftlicher!) Bedingungen. (Das gilt für die kindlichen und jugendlichen Phasen der Persönlichkeitsentwicklung in besonderem Maße, für deren Analyse Sève kaum neue Sonden bereitstellt.) Und es gehört zum Metier des Psychologen, sich auch für die Aktivität in ihren „*erlebten* Formen" zu interessieren, weil das Erleben ein wichtiger Indikator bewußter Handlungsregulation ist, weil hinter dem Erleben u. a. die dafür erforderlichen Wissens-, Könnens- und Wertrepräsentationen stehen. Anders gesagt: Sève reflektiert nicht hinreichend die Tatsache, daß gerade das Problemfeld *zwischen* den gesellschaftlichen Strukturen einerseits und dem individuellen inneren und äußeren Verhalten andererseits – als Schauplatz psychischer Operationen, Repräsentationen, Regulationen – dasjenige des Psychologen ist. Darum ist der Psychologe auch wenig geneigt, Sèves politisch-ökonomische Begriffe in sein eigenes Begriffsrepertoire zu übernehmen. Das könnte ihn außerdem dazu verführen, einem mechanistischen Denken – Persönlichkeit als ungebrochene Kopie gesellschaftlicher Umstände – anheimzufallen.[37] Es ist hinreichend bekannt, daß man Fehler dieser Art

---

37 Sève praktiziert das nicht! Auf S. 350 ff. warnt er z. B. vor einer solchen

nicht ganz so leicht begeht, wenn Begriffe, die bestimmte Denkweisen nahelegen könnten, von vornherein vermieden werden. Dies ist auch der Grund dafür, einige zentrale Begriffe Sèves, die zu wenig mit psychologischen Annäherungen an unseren Gegenstand korrespondieren, nicht in dieses Buch zu übernehmen. Wir glauben aber, daß dort, wo wir uns Sèves Meinung in Form der zustimmenden Zitierung angeschlossen haben, unsere Parallelen zu methodologischen Grundorientierungen dieses Philosophen erkennbar werden. Außerdem: Unsere *positional* ausgerichtete Analyse von Lebenslage, -prozeß und -situation enthält implizit – so meinen wir – Sèvesche Prinzipien und Zielstellungen in reicher Fülle.

5.3. Zur Dialektik von Veränderung und Kontinuität

Notwendigerweise wurde in diesem Kapitel das Phänomen der Persönlichkeits*änderung* – als Konsequenz der Wechselwirkung von Faktoren des lebenslangen Sozialisationsvorgangs – in den Vordergrund gerückt. Andererseits erwies es sich als unumgänglich, hier und da auch die Tatsache der Verhaltens- und Dispositions*konstanz* zu vermerken. Dieses Sowohl-Als-auch wirft ein Problem auf, mit dem sich nicht nur theoretische, sondern in hohem Maße auch praktische Konsequenzen verbinden. Denken wir nur an die Forderung, in der psychodiagnostischen Tätigkeit auch prognostische Aussagen zu treffen – ein Sachverhalt, der jedem in der Praxis tätigen Psychologen geläufig ist.

Gleichzeitigkeit von Variabilität und Konstanz

Erinnern wir uns zunächst an eine Grundaussage dialektischer Entwicklungstheorien, die wohl Hegel als erster formuliert hat: Entwicklung ist allemal Aufhebung im *dreifachen* Sinne, nämlich Be-

Kopievorstellung, wenn er zusätzlich auf die Innenbestimmtheit und relative Zufälligkeit der individuellen Persönlichkeitsentwicklung hinweist. Das wird jedoch von ihm nur erwähnt, nicht präzisiert.

wahrung, Negierung und Niveausteigerung. An einem einfachen Beispiel, dem der frühen Sprachentwicklung, mag das demonstriert sein: In diesem Entwicklungsprozeß wird das erworbene Vokabular aufbewahrt (gespeichert) und ergänzt, die Klassifikations-, Syntax- und Grammatikregeln der vorhergehenden Phasen werden wiederum teilweise beibehalten, teilweise negiert (durch neue ersetzt), und das Niveau, die Qualität der durch die Sprache getragenen signifikativen, kognitiven und kommunikativen Handlungskompetenzen – im Kontext von Leistungs-, sozialen und gesellschaftlichen Anforderungen – wird schrittweise gesteigert. Allgemein gilt: „Der Mensch zeigt Veränderungen, aber auch konstante und stabile Merkmale sein ganzes Leben hindurch" (Rauh 1978, S. 14). Das hat Konsequenzen für die psychologische Entwicklungstheorie (Rudinger 1978, S. 161). Das hat auch Konsequenzen für die Persönlichkeitspsychologie, dies vor allem aus zwei Gründen.

Zunächst: Wenn wir das Individuum im komplexen Interaktionsfeld der Kooperation mit anderen betrachten, dann fällt auf, daß diese Kooperation funktioniert, weil das Individuum X seine Aktionen auf Grund der *korrekten Antizipation* der Aktionen des Individuums Y plant und realisiert. Diese korrekte Vorwegnahme kann nur erfolgen, wenn unter den gegebenen Kooperationsumständen das jeweils angeforderte Dispositions- und Verhaltenssystem von Y in bestimmten Grenzen stabil, konstant ist. (Die Instabilität von Verhaltenssystemen in der frühen Kindheit ist eine – wenn auch nicht die einzige – Bedingung für das Nichtfunktionieren der sozialen Kooperation.) Relative Dispositions- und Verhaltensstabilität ist also, wie früher schon angemerkt, eine Grundvoraussetzung der Kooperation und damit Lebensbewährung. Der zweite Grund liegt darin: Nach übereinstimmender Meinung der meisten Persönlichkeitspsychologen ist die relative Konstanz/Stabilität, die damit gewonnene *relative Unabhängigkeit* von den permanent wechselnden Einzelumständen der Lebenslage – als Teilmoment der besseren, erfolgreicheren Kontrolle der Umwelt – ein wichtiges Indiz der individuellen Persönlichkeitsreife. Eine gewisse Bekräftigung dieser Ansicht erfahren wir seitens der kybernetischen Systemtheorie, die zu belegen vermag, daß ultra- und multistabile Systeme „Spitzenprodukte" der organismischen und technischen Entwicklung sind.

„Die ultrastabilen Systeme haben die Eigenschaft, ... ihre Stabilität nicht nur gegenüber einer Art von Störungen aufrechterhalten zu können, sondern gegenüber einem ganzen Störungsfeld. Multistabile Systeme sind darüber hinaus in der Lage, sich einer ganzen Reihe von Aspekten der Umgebung anzupassen. Sie vollziehen die Anpassung ... mit Hilfe einzelner ultrastabiler Teilsysteme ... Dies setzt voraus, daß die Umgebung selbst den Charakter eines multistabilen Systems hat. Dieser Tatbestand ist in der objektiven Realität in der Regel gegeben ... Im Gegensatz zum elementarsten kybernetischen System, dem einfachen Regelkreis, ist das multistabile System auch in der Lage, sich durch ständige Verbesserung der Abstimmung seiner Teilsysteme untereinander im Hinblick auf sein Verhalten zu optimieren" (Klaus 1967, S. 435).

Diese kybernetische Beschreibung der Stabilität ist auch geeignet, eine genauere Charakteristik dessen zu geben, was gemeint ist, wenn wir in unserem Zusammenhang von Stabilität, Konstanz, Konsistenz usw. sprechen. Die genannten Begriffe heben auf die Befähigung ab, nur auf solche Umgebungsbedingungen (vor allem Bedingungsklassen) mit Systemänderungen zu reagieren, die für die Anpassung, Kontrolle, Veränderung, also insgesamt für die optimale Lebensbewährung des Systems Persönlichkeit, die Sicherung ihrer Identität, *wesentlich* sind.

Die Notwendigkeit, bei der Prozeßanalyse der Persönlichkeit nicht nur die sozialisationsbedingten Veränderungen, sondern auch das Merkmal Kontinuität zu beachten, stellt die Persönlichkeitsdiagnostik vor eine schwierige Aufgabe. Geben wir dazu Witzlack (1977) das Wort:

„Diagnostisch relevante Eigenschaften sind entwicklungsbezogen, d. h., sie müssen als in ständiger Veränderung befindlich begriffen werden. Die Überprüfung der Veränderlichkeit von Eigenschaften ist eine besondere diagnostische Aufgabe ... Daraus ergibt sich ein gewisser dialektischer Widerspruch. Einerseits geht es um die Erfassung habitueller Komponenten ..., andererseits gehen wir davon aus, daß ... wir in erster Linie den Veränderungsprozeß und seine Bedingungsabhängigkeit diagnostizieren müssen, um die Veränderungsrichtung zu erkennen und die Persönlichkeitsentwicklung entsprechend definierter Zielvorstellungen pädagogisch oder therapeutisch beeinflussen zu können ... Die traditionellen psychometrischen Verfahren gehen von der relativen Invarianz der charakteristischen Persönlichkeitseigenschaften aus. Sie sind deshalb für die Veränderungsmessung wenig geeignet. Verfahren, die den Veränderungsprozeß psychometrisch exakt abbilden, müssen erst noch entwickelt werden" (S. 57).

Witzlack hat recht: Es existieren zahlreiche offene, nur zum Teil gelöste Probleme der Veränderungsmessung. Mittlerweile gibt es allerdings beträchtliche Fortschritte, wie die neuere Literatur ausweist (vgl. dazu die Materialien des Symposiums 4, XXII. Intern. Kongr. f. Psychol. Leipzig 1980).

Wir wollen uns in diesem Abschnitt bemühen, *beiden Seiten* der Persönlichkeitsentwicklung gleichermaßen gerecht zu werden.

Was ist Stabilität?

In der einschlägigen neueren Literatur (u. a. Wohlwill 1977, Buss 1977, Oerter 1978 a, Rudinger 1978) wird mit Nachdruck darauf aufmerksam gemacht, daß bei der Diskussion des Stabilitätsproblems beachtet werden muß, um welche Art von Operationalisierung des Stabilitätsbegriffs es jeweils geht. Verhaltensmuster oder Eigenschaften können als stabil angesehen werden,

- wenn sie invariant bleiben trotz einschneidender Umweltveränderungen, die über einen langen Zeitraum hinweg als solche wirksam sind;
- wenn ihre relative Position (im Rahmen einer Messung) konstant bleibt;
- wenn sich die interindividuellen Unterschiede innerhalb einer Stichprobe über einen bestimmten Zeitraum hinweg nicht verändern;
- wenn das Verhalten trotz seiner Veränderung voraussagbar ist, z. B. als Konsequenz einer definierten Entwicklungsfunktion.

Eine weitere Schwierigkeit besteht darin, daß sehr häufig nicht klar gesagt wird, *auf welchen Zeitraum* sich die Stabilität bezieht. Zu differenzieren wäre hier – in einem typologischen Sinne – aktuelle (momentane), temporäre (kurzzeitige) und chronische (langzeitige, unter Umständen lebenslange) Stabilität (Thomae 1968). Der in der Literatur häufig verwendete Begriff „habituell" zielt in der Regel auf das chronifizierte Verhalten. Die Stabilitätskoeffizienten, wie sie im Kontext der Psychodiagnostik gefordert werden – als Reliabilitätsmaße des Testinstruments –, spiegeln meist nur eine temporäre Stabilität wider. Zudem handelt es sich hier zunächst nur um eine Meßstabilität, von der aus nicht ohne weiteres auf eine Merkmalsstabilität (Verhalten, Dispositionen betreffend) geschlossen werden darf. Warum ist das so?

Bei der empirischen Erfassung eines Verhaltensmusters oder einer Eigenschaft im Sinne einer „Mehrpunkterhebung" – also entlang einer ausgedehnteren Entwicklungslinie – entsteht folgende Schwierigkeit: Bei der Verwendung ein und desselben Prüfinstruments (z. B. eines Tests mit identischen Aufgaben) ist keine Garantie dafür gegeben, daß sich die untersuchten Probanden stets auf gleichartige Weise mit den Aufgaben auseinandersetzen und ihre Testleistung erbringen. Das bedeutet: Bei Mehrpunkterhebungen könnten jeweils *unterschiedliche* Verhaltens- oder Dispositionsqualitäten erfaßt werden, so daß kein Schluß auf die Stabilität eines bestimmten psychischen Phänomens gezogen werden kann. Dieser Schluß wäre nur dann berechtigt, wenn es sich wirklich um „dimensional identische" Sachverhalte handelt (Schmidt 1977 a).

Dafür ein Beispiel: „Kind, Jugendlicher und Erwachsener beantworten ein und dieselbe Intelligenztestanforderung mit der Aktivierung entwicklungsbedingt unterschiedlicher kognitiver Funktionssysteme. Hinter demselben IQ-Wert können sich unterschiedliche kognitive Strategien verbergen, und umgekehrt könnten differierende IQ-Werte gleichartige kognitive Strategien verdecken" (ebenda, S. 12 f.).

Alle diese Argumente belasten das Stabilitätsproblem und seine experimentelle und empirisch-diagnostische Lösung erheblich. Hier gibt es mehr offene als beantwortete Fragen. Zum Zwecke der Vereinfachung der Diskussion sei festgehalten: Wenn wir von Stabilität sprechen, so meinen wir die relative Invarianz (Konsistenz) individueller Verhaltenszüge, Eigenschaften als Chronifizierung oder Habitualisierung im Zeitraum biographischer Einheiten (Lebensphasen). Das ist immer noch recht unscharf, jedoch im Kontext unserer Betrachtung wahrscheinlich klar genug. Der gegenwärtige Kenntnisstand und der Grundrißcharakter unserer Darstellung verbieten es, die Präzisierungsansprüche zu überziehen.

Bedingungen von Stabilität und Veränderung

Das mit dieser Überschrift angesprochene konditional-genetische Problem ist durch ideologisch bedingte, zudem dogmatisierte Vorentscheidungen (und also Vorurteile) der Forscher oder wissenschaftlicher Schulen außerordentlich belastet. Auf der einen Seite begegnet uns eine Art von *Stabilitätsdogma,* wenn Entwicklung endogenistisch, präformistisch interpretiert wird, in deren Vollzug sich vorgegebene „Kerne“ der Persönlichkeit in einem Vorgang des Wachsens „auswickeln“ und schließlich verfestigen. Andererseits stoßen wir auf exogenistische, also Tabula-rasa-Konzepte (Behaviorismus, Soziologismus, Mensch als „Produkt seiner Umstände“ usw.) als Grundlage eines *Veränderungsdogmas,* als dessen Konsequenz die Persönlichkeit chamäleonartige Züge annimmt (vgl. zu diesen beiden Konzepten Schmidt 1970). Diesem Dilemma der ideologischen Dogmatisierung kann man nur entgehen, wenn man sich a priori für die Dialektik von Variabilität und Kontinuität entscheidet, wie sie einleitend formuliert wurde.

Eine Bedingungsanalyse steht vor der Aufgabe, die Alternativen 1 bis 4 des folgenden Schemas zu überprüfen:

	Verhalten	
Umwelt	*v*	*k*
v	(1)	(2)
k	(3)	(4)

Gefragt wird also nach den Umständen, unter denen eine veränderte *(v)* Umwelt – z. B. in Gestalt eines biographischen Wendepunkts, pädagogischer Impulse und Maßnahmen, therapeutischer Bemühungen – oder eine konstante *(k)* Umwelt zu verändertem oder konstantem Verhalten (einschließlich der Dispositionsbasis) führt. Wir beschränken uns im folgenden auf eine Untersuchung der Alternativen 1–3.

(1) *Alternative* U_v/V_v. Die Wahrscheinlichkeit, daß diese Alternative eintritt, ist um so größer, in je stärkerem Maße die folgenden Bedingungen zutreffen.

Individuelle Repräsentationen (Wissen, Verständnisweisen, Konzepte usw.) sprechen mehr auf Umweltveränderungen an als psychische Operationen. Das ist eine Konsequenz der Tatsache, daß Repräsentationen den lernabhängigen Aufbau, die lernbedingte Korrektur von individuellem Gedächtnisbesitz am deutlichsten widerspiegeln. Demgegenüber verkörpern die Merkmale der psychischen Operationen von vornherein ein Mehr an Stabilität, dies wegen ihrer direkteren Abhängigkeit von nervalen Strukturen und Funktionen, deren Arbeitsweise hochgradig biologisch vorprogrammiert ist (Ananjew 1974, Ananjew und Stepanowa 1975).

Wenn eine geplante systematische Umweltänderung (im Sinne der Herbeiführung eines biographischen Wendepunkts) von allen Sozialisationsmedien einhellig praktiziert und unterstützt wird, so paßt sich im allgemeinen das Individuum, das ihr unterworfen wird, diesem Regime an. Darauf basieren die wirksamen Bildungspläne der Allgemein- und Berufsbildung, als deren Konsequenz wir in einem bestimmten Alter mit bestimmten Befähigungen im Sektor von Können und Wissen rechnen, die schrittweise ausgebildet werden. So belegen die früher bereits ausgewerteten Untersuchungen von Mehlhorn (in Friedrich und Müller 1980) einen kontinuierlichen Anstieg der Testintelligenz vom 6. bis zum 10. Schuljahr, also in einer Zeit, da Kind und Jugendlicher standardisierten Anforderungen einer Schülerposition ausgesetzt sind. Die Testwerte verändern sich jedoch zwischen dem 10. Schuljahr und dem 20./21. Lebensjahr kaum noch, da für die meisten der hier einbezogenen Jugendlichen (Jungarbeiter) eine so hochgradig standardisierte Lebenslage intellektueller Stimulation nicht mehr gegeben ist. Andere Beispiele erwähnt Oerter (1978): „Der Jugendliche ändert ... oft schlagartig sein Verhalten, wenn sich sein Lebensraum wandelt. Wechselt er etwa von Schule zu Berufsleben, so verschwinden typische Verhaltenszüge des (‚kindischen', ‚unreifen') Schülers, und neue Verhaltensweisen treten auf" (S. 125).

Oerter macht darauf aufmerksam, daß solche prägungsartigen Vorgänge nur eintreten, wenn die neuartigen Lebensbedingungen nachhaltig als solche identifiziert werden und wenn das Individuum sie als Basis von eigenen Verhaltensänderungen akzeptiert. Wenn es hingegen die neuen Bedingungen nach Maßgabe der alten, verlassenen strukturiert, treten keine Veränderungen ein. Eine inhaltlich ähnliche Auffassung vertritt Thomae (1968), wenn er darauf verweist, daß die Chronifizierung des Verhaltens von kritischen Eindrücken abhängig ist, die zu motivationalen „Thematisierungen" führen – mit generalisierenden, überdauernden sinngebenden Motiven im Sinne von Leontjew (s. dazu Abschn. 3.4.). Das bedeutet umgekehrt: Dort, wo diese Thematisierung nicht stattfindet, wo eine neue Umgebung nicht motivationsbedingt der alten „gleichgeschaltet" wird, ist bei veränderter Umwelt mit verändertem Verhalten zu rechnen.

Schließlich ist darauf hinzuweisen, daß es – wie aus zahlreichen Untersuchungen hervorgeht – eine interindividuell variierende Veränderungsbereitschaft gibt (zwischen den Polen Flexibilität und Rigidität), die mit darüber entscheidet, in welchem Ausmaß das Individuum Umweltveränderungen mit Verhaltensänderungen beantwortet.

(2) *Alternative* U_v/V_k. Mit dieser Alternative ist zu rechnen, wenn – wie unter (1) teilweise schon gesagt – beispielsweise die folgenden Bedingungen gegeben sind.

Es gibt elementare sensumotorische Operationen, die oft nach kurzzeitiger Übung bereits ein sehr zeitstabiles Verhalten ausbilden. Denken wir in diesem Zusammenhang etwa an motorische Fertigkeiten, die sich zu Gewohnheiten verfestigen und dann einen erheblichen Widerstand gegenüber Umweltveränderungen zeigen. Bekannt ist z. B. die Schwierigkeit von Musikern, die sowohl Geige als auch Bratsche spielen, sich schnell, „ohne weiteres“, den veränderten Griffbedingungen dieser Instrumente anpassen. Es gibt auch stabile Wahrnehmungsgewohnheiten. Sicherlich wäre es verhängnisvoll, die Farbstandards der Verkehrsampeln plötzlich zu verändern!

Erbmäßig fixierte Verhaltensmuster sind natürlich hochgradig umweltstabil. Ein treffendes Beispiel dafür ist die gekreuzte Koordination unserer Arme und Beine beim Gehen und Laufen (linkes Bein und rechter Arm schwingen gleichsinnig und umgekehrt). Auch im sexuellen Verhalten sind – trotz aller individuellen Variationen – gattungsspezifische Grundmuster erkennbar, welche die Bindung dieses Verhaltensbereichs an genetische Bedingungen erkennen lassen und somit die relative Unabhängigkeit von Situations- und Partnerbedingungen begründen (Schnabl 1972).

Mit einem chronifizierten, habituellen Verhalten haben wir, wie schon erwähnt, nach eingetretener motivationaler Thematisierung zu rechnen, ferner – in diversen Verhaltensbereichen –, wenn es sich um eine rigide Persönlichkeit handelt. Hochgradige Rigidität ist bisweilen die Grundlage einer Fehlentwicklung – als Unfähigkeit, auf neue Erfordernisse mit neuen Handlungsmustern zu reagieren.

(3) *Alternative* U_k/V_v. Diese Alternative bindet sich z. B. an die folgenden Bedingungen.

Verhaltensweisen, die noch sehr stark an biologische Reifungsprozesse gebunden sind, zeichnen sich durch Veränderungen aus, die nicht mit spezifischen Umweltveränderungen korrespondieren. Das läßt sich an der frühkindlichen Lokomotionsentwicklung belegen, ebenso an der des Greifens.

Ein anderes Beispiel liefern krankheitsbedingte Verhaltensänderungen. Der Beginn einer endogenen Depression oder einer Schizophrenie tut sich u. a. darin kund, daß ohne erkennbare Wandlungen des Umweltgefüges das Verhaltensgefüge „umschlägt" und eben darum den täglichen Partnern des kranken Individuums auffällig wird, ihnen fremdartig und bizarr erscheint.

Schließlich gibt es Verhaltensänderungen, die mit einer thematischen Umstrukturierung – als Dominanzwechsel in der Struktur sinngebender Motive – einhergehen. Ein charakteristisches Beispiel dafür finden wir im Kreis von Spitzensportlern, Politikern, Künstlern und Wissenschaftlern, wenn sich ihre primär leistungsbezogene oder kreative Thematik in eine soziale Geltungsthematik (mit der dazugehörigen Eitelkeit) verwandelt. Trotz gleichbleibender Erfolgsbekräftigung seitens der sozialen Umwelt „entdecken" sie plötzlich das neue Thema, zentrieren es und kosten es aus.

Welche Alternative wir auch immer untersuchen – es zeigt sich, wie kompliziert, wie unbefriedigend gelöst das Problem der Relation von Veränderung/Kontinuität ist. Die praktische Konsequenz dieser Aussage ist klar: Wir sind gut beraten, die Bereitschaft und Fähigkeit des Individuums, auf wesentliche Veränderungen der Anforderungsstrukturen mit veränderten Verhaltensmustern und Eigenschaften zu antworten, nicht zu unterschätzen – zugleich jedoch das Bemühen des Individuums, Erworbenes, Gewohntes, bisher Bewährtes zu bewahren, mit im Auge zu behalten.

5.4. Exkurs: Psychologische Biographik und Kunstwerk – das Beispiel Beethoven

Auf dem letzten Internationalen Beethovenkongreß (vgl. den Kongreßbericht; Goldschmidt et al. 1978) beherrschten die Beziehungen zwischen Biographie und Kunstwerk einen beträchtlichen Teil der Referate und Diskussionen. Dies geschah u. a. mit der Absicht, sich von Tendenzen abzugrenzen, Beethovens Musik – oder Musik überhaupt – gleichsam aus sich selbst heraus zu interpretieren.

Goldschmidt (1977, 1978) machte sich zum Sprecher einer völlig anderen Orientierung. Sie ist den folgenden Äußerungen zu entnehmen:

„Das Kunstwerk steht nicht neben dem Leben ... Bei aller Verselbständigung zu einem zweiten, ideellen Dasein integriert es in das Leben zurück, weil das Leben alle Quelle der Kunst ist und bleibt." – In Hinsicht auf die Methodologie wird klargestellt, „daß wir unter Biographik nicht die Summe der Lebensdaten, sondern die Lebensgeschichte der Persönlichkeit in der komplexen Simultanität aller ihrer Schichten und ihrer sozialen Determiniertheit verstehen"; „undenkbar wäre Biographik heute ohne genaue Berücksichtigung und Einbeziehung des gesellschaftlichen Kontextes, mithin ohne ihr gewachsenes eigenes Selbstverständnis als geschichtlicher Wissenschaft". – Bündig wird die Funktion der Biographik umrissen: „Früher oder später muß ... jede so verstandene biographische Fragestellung auf jenen archimedischen Punkt gelangen, wo das Leben in Kunst umschlägt" (1978, S. 439 ff.).

Interdisziplinäre Forschungsaspekte

Eine solche Orientierung verweist von vornherein auf die Notwendigkeit interdisziplinärer Forschung. Dafür wären Beispiele zu nennen:

Im Falle Beethoven hätte die *Geschichtswissenschaft* den Raum historischer Fakten zwischen der Französischen Revolution und der Metternichschen Restauration, das entsprechende ideologische Klima in Bonn und Wien und die damit verbundenen weltanschaulichen Alternativen auszuloten. So könnte sie ihren Beitrag zur Beantwortung der Frage leisten, wie Beethoven den Konflikt einer möglichen Identifizierung mit dem aufgeklärten Absolutismus, dem extremistischen Jakobinertum oder mit dem aufstrebenden Bürgertum (und seiner Citoyen-Ideologie, d. h. mit antifeudalistischen, emanzipatorischen, republikanisch-demokratischen Tendenzen) gelöst hat, wie also seine Klassenposition und Weltanschauung zu bestimmen wäre (vgl. dazu die Beiträge von Solomon, Streisand und Heise; Kongreßbericht 1978, S. 67 ff.). Die *musikwissenschaftliche* Arbeit im Kontext von Analysen nicht nur des Werkes, sondern auch der Skizzen, Konversationshefte und Briefe zum Zwecke der Sichtung und Aufdeckung biographischer Details muß den unveräußerlichen Rahmen des Faktischen stabilisieren, ihn von

Fehlern bereinigen. Das In-Beziehung-Bringen von Kunstwerk und biographischem Ereignis setzt z. B. die sichere chronologische Bestimmung beider Elemente voraus. Und sie muß darüber hinaus mit Hilfe von strukturellen und semantischen Werkanalysen den *wirklichen* Aussagegehalt der Kompositionen überzeugend belegen, um hypothetische Zuordnungen von Werk und Lebensumstand erfolgreich testen zu können. Es fällt ihr noch eine zusätzliche, in unserem Zusammenhang besonders wichtige Aufgabe zu: Es gilt zu klären, welche Mikro- und Makroeinheiten des Kunstwerks (Motive, Themen, Stile usw.) und welche musikalischen Gattungen (Oper, Sinfonie, Konzert, Sonate, Lied usw.) eine spezifische *Affinität zu bestimmten biographischen Ereignissen* (oder Klassen solcher Ereignisse) aufweisen, um bei solchen Ereignissen mit höherer Wahrscheinlichkeit als Träger einer künstlerischen Information ausgewählt zu werden. Ohne die Lösung des Affinitätsproblems läuft man Gefahr, Beziehungen zwischen Biographie und Kunstwerk nur auf der Basis von Intuition und subjektiver Evidenz herzustellen.

Goldschmidt berührt dieses Problem, wenn er meint, den Klaviersonaten ab op. 31 sei eine „eigene biographische Aura zuzuordnen", die aus der sozialen Intimsphäre (z. B. der Frauenbekanntschaften) stammt. Das gleiche macht er für die Violinsonaten geltend, mehr aber noch für die Gattung des Liedes (1978, S. 442).

In diese interdisziplinäre Arbeitsteilung muß nun auch die *Persönlichkeitspsychologie* eingeordnet werden – mit allen ihr verfügbaren Prinzipien, Methoden und Ergebnissen.

Der Beitrag der Persönlichkeitspsychologie

Die Psychoanalyse hat schon frühzeitig ihr Interesse für die Problemstellung Biographie/Kunstwerk bewiesen, und zwar in Freuds Studie über Leonardo da Vinci (1910). Diesem Vorbild folgten zahlreiche Tiefenpsychologen, u. a. in Arbeiten über Poe (Bonaparte 1934), Rilke (Simenauer 1953), van Gogh (Nagera 1967) – und auch über Beethoven (Sterba und Sterba 1964, Solomon 1977). Die sogenannte akademische Persönlichkeitspsychologie verhielt sich demgegenüber zurückhaltend. Das lag vor allem an den methodischen Schwierigkeiten und Unsicherheiten, die sich aus dem

Zwang herleiten, ausschließlich mit historischen (und dabei zum Teil lückenhaften und unsicheren) Daten arbeiten zu müssen. Damit schuf sie, ohne es zu wollen, sehr ungünstige Voraussetzungen für die Ausformung theoretischer Leitlinien und methodologischer wie methodischer Prinzipien einer interdisziplinären Forschung auf diesem Gebiet. Sie überließ der Psychoanalyse das Feld für deren einseitige, mit Spekulationen und Übergeneralisierungen belastete Interpretation; und sie fand sich damit ab, daß der Kunstwissenschaftler diese Interpretation zu seiner eigenen machte oder – wenn ihm das nicht behagte – sich seine (in der Regel eklektizistische) Ad-hoc-Psychologie selbst herstellte. Damit verschenkte sie Wirkungsmöglichkeiten auf einem Gebiet, das – wie der letzte Beethoven-Kongreß bewies – dem interdisziplinären Gespräch aufgeschlossener gegenübersteht als mancher andere Bereich unserer materiellen und ideellen Kultur.

Gewiß: Die gezielte und kontrollierte Erzeugung empirischer Daten ist uns auf dem Problemfeld Biographie/Kunstwerk dort versagt, wo der betreffende Künstler nicht mehr unter den Lebenden weilt. Aber ebenso wie die Geschichtswissenschaft oder Paläanthropologie zu tragfähigen Erkenntnissen gelangen, obwohl sie lediglich vorgegebene, lückenhafte und „weichere" Daten verarbeiten, müßte das auch für die historische biographisch-psychologische Persönlichkeitsforschung gelten.

Persönlichkeit und Kunstwerk

Die persönlichkeitspsychologische Annäherung muß sich zunächst auf den Zusammenhang zwischen Kunstwerk und individueller Persönlichkeitsstruktur des Schöpfers konzentrieren, um danach erst das Problem der Relation Biographie–Kunstwerk psychologisch zu aspektieren. Diese Fragesequenz läßt sich von der Tatsache leiten, daß ein biographisches Ereignis nur auf dem Wege über das *vermittelnde Subjekt* – das dieses Ereignis bewertend verarbeitet – im Kunstwerk seine Spuren hinterlassen kann.

Die musikalische Komposition ist das Produkt eines *Arbeitsprozesses*. In ihr vergegenständlichen sich also, wie in anderen Arbeitsprodukten auch,

– arbeitsspezifische Befähigungen des Produzenten (hier: allgemeine körperliche, intellektuelle, volitive und spezielle musikalisch-kompositorische Fähigkeiten);

- Resultate eines Problemlösungsvorgangs, den der Schöpfer des Produkts selbst bewältigen muß und/oder dessen Bewältigung durch seine Vorgänger als Voraussetzung in seine Arbeit eingeht;
- technologische Bedingungen und Medien der produktspezifischen Vergegenständlichung (einschließlich der in ihnen bewahrten musiktheoretischen Traditionen), in diesem Falle: Mittel, Prinzipien und Regeln der an die Melodik, Harmonik, Notation, Instrumentation usw. gebundenen Kodierung musikalischer Information;
- auf das Verständnis und die Nutzung des Produkts abzielende Absichten, Zwecksetzungen, was im Sektor kompositorischen Schaffens bedeutet: Bindung von Aussagen, Ideen, Botschaften an musikalische Trägerprozesse, die beim Empfänger eine Entschlüsselung der Information ermöglichen[38];
- Intentionen, die darauf gerichtet sind, die Umstände der Produktverwertung in gewissem Umfange mit einzukalkulieren. Das heißt hier z. B. Rücksichtnahme auf Eigenarten und Wünsche des Auftraggebers oder auf situative Bedingungen der Aufführungspraxis.

Bei vielen Produkten von Arbeitsprozessen „verschwindet“ der individuelle (oder kollektive) Produzent in seinem Erzeugnis; Eigenarten seiner Persönlichkeit sind am Ergebnis der Arbeit kaum mehr auszumachen. Eine etwas andere Situation liegt im Falle des individuell erzeugten Kunstwerks vor. Wenn wir sie mit Bezug auf die Person Beethovens konkretisieren, so gelangen wir zu folgenden Aussagen.

Alle Werke sind in bestimmtem Umfange Träger von Merkmalen, die aus der musikgeschichtlichen *Tradition* resultieren. In ihnen kommen Eigengesetzlichkeiten der kompositorischen Vergegenständlichung zum Ausdruck, Prinzipien, Regeln, denen sich der Komponist unterworfen hat. In diesen Traditionen, ferner in den strukturellen und semantischen Merkmalen des Werks überhaupt,

---

[38] Hier ist das gemeint, was Mayer (1978) unter dem Aspekt „musikalisches Material als Sprache“ bei Beethoven untersucht. Darum ist der Begriff „Aussage“ (oder Botschaft, Idee) als Verkürzung aufzufassen. Er bildet nicht alle Funktionen der Sprache, die auch in der Musik in Erscheinung treten, hinreichend ab.

sind Bedingungen dafür enthalten, daß jedes Kunstwerk einen sehr großen *psychologisch unaufklärbaren Anteil* enthält, den der Psychologe dem Musikwissenschaftler zuweisen muß, um eine Grenzüberschreitung seiner Kompetenzen zu vermeiden. Damit soll ganz klar zum Ausdruck gebracht werden, daß sich ein musikalisches Kunstwerk (wie jedes andere) *nur begrenzt* durch eine psychologische Konditional- und Kausalanalyse erschließen läßt, daß es hier geboten erscheint, die psychologischen Mittel mit äußerster Vorsicht zu erproben.

An den investierten Ideen einer Komposition läßt sich das ihnen zugrunde liegende musikalische *Fähigkeitsniveau* ablesen. „Große" Werke heben sich von „kleineren" (unbedeutenden) ab; ein Frühwerk, das noch überwiegend in der musikalischen Tradition steht, ist von den Kompositionen späterer Perioden mit ihren neuartigen, kreativen, ja revolutionierenden Elementen und Tendenzen zu unterscheiden. Für diese Unterscheidung hat die Musikwissenschaft recht valide Kriterien entwickelt, die es ermöglichen, eine werk- und phasenspezifische Einschätzung des qualitativen kompositorischen Kompetenzniveaus vorzunehmen und die lernbedingten Veränderungen dieses Niveaus im Vollzug der Biographie zu konstatieren. Damit ist es auch möglich, lernrelevante biographische Ereignisse ausfindig zu machen, die den Progreß begleiten, z. B. das Wirken der Lehrer (Neefe, Haydn, Schenk, Albrechtsberger, Salieri) oder das von Beethoven betriebene Selbststudium bestimmter Werke der ihm zugänglichen musikalischen Weltliteratur (vgl. dazu Klimowitsky 1978).

Bei Beethoven sind wir in der Lage, uns einen Einblick in die *Genese des künstlerischen Produzierens* zu verschaffen. Sie erschließt sich uns über die Skizzenbücher und Autographe. In diesen Materialien schlägt sich die Arbeitsweise des Komponisten wenn auch nicht vollständig, so doch in Umrissen nieder, und hinter der Arbeitsweise verbirgt sich der spezifische künstlerische *Problemlösungsprozeß* mit seinen musikwissenschaftlich wie psychologisch relevanten Elementen, Regeln und (aktualgenetischen) Entwicklungsstadien (Rolland 1952, Brandenburg 1978, Reitman 1965, Seidel 1976).

Die musikalische Kodierung künstlerischer Aussagen, Ideen, Botschaften bei Beethoven ist nun nicht nur eine Konsequenz der lernend erworbenen allgemeinen und spezifischen Fähigkeiten, die oben erwähnt wurden. Sie ist gleichermaßen eine Konsequenz der persönlichkeitstypischen subjektiven *Repräsentation der objektiven Lebenslage,* also der individuellen *Lebenssituation* zu einem bestimmten biographischen Zeitpunkt. Das „Umschlagen" des Lebens ins Kunstwerk (als Arbeitsprodukt), von dem Goldschmidt spricht, hat – psychologisch gesehen – seine Quelle in der jeweiligen Lebenssituation. Sie kann uns prüfbare Hypothesen für die Motivation und Idee des Kunstwerks liefern. Allerdings tut sie das nur, sofern wir die damit angezielte Fragestellung *differenzieren,* d. h., wenn wir uns dafür interessieren – und das dokumentarisch belegen können –, welche Elemente des Umweltkonzepts (vor allem der Welt- und Lebensanschauung), des Selbstkonzepts, der Zeitperspektive und der subjektiven Lebensqualität in das jeweilige musikalische Kunstwerk eingeflossen sind. Auch das Positionsverständnis darf nicht vergessen werden, bei Beethoven z. B. die Auffassung seines freien künstlerischen Berufs, die – wie häufig belegt – stets auf ein formales wie inhaltliches Fortschreiten, „Weitergehen"[39], über die bisherigen Mittel und Aussagen hinaus, abzielte. Es handelt sich also um die Aufdeckung *werkspezifischer und -relevanter Komponenten der Lebenssituation* auf der Grundlage biographischer Daten und Dokumente. Beispielsweise gewährt uns das Heiligenstädter Testament tiefe Einblicke in Beethovens aktuell deformiertes Selbstvertrauen, die 13 Briefe an Josephine v. Deym verraten uns etwas über ein Liebesverhältnis (als Teil der Lebensanschauung, des Partnerverständnisses), und in den Briefen und Konversationsheften erfahren wir manches über Schaffenspläne und -programme, die Rückschlüsse auf die zukunftsbezogene Zeitperspektive gestatten.

Mit solchen Kenntnissen ausgerüstet, lassen sich psychologisch „angereicherte" Analysen der künstlerischen Aussage durchführen. Der „Dankgesang" z. B. (op. 132, 3. Satz) dürfte seine Quelle auch in einer spezifischen Färbung des Selbstkonzepts haben, hier einer Reflexion über selbsterfahrene Krankheit und Gesundung. Das gleiche gilt möglicherweise für einige Partien der „Missa solemnis", die Schuldgefühle – resultierend aus dem persönlichen Versagen bei der Annexion, Betreuung und Erziehung des Nef-

---

[39] Diesen Ausdruck benutzte Beethoven mehrfach, wenn er seine zentralen künstlerischen Intentionen artikulierte.

fen – und eine beeinträchtigte Selbstkonfidenz und -kongruenz zum Ausdruck bringen (vgl. dazu Goldschmidt 1975, S. 231 ff.). Die Pastoralsinfonie gibt Aufschluß über Beethovens Naturverständnis, wobei zu klären wäre, ob es „naiv" oder „sentimentalisch" (im Schillerschen Sinne) war. Sein Gesellschaftsverständnis begegnet uns überall dort, wo seine Partizipation an den Ideologien der Epoche in Erscheinung tritt (Mayer 1978) – ob nun im revolutionären Gehalt der 3., 5. und 7. Sinfonie, im Festhalten am lichten Ideal von Solidarität und Emanzipation in der 9. Sinfonie (trotz der Schwärze des reaktionären Restaurationsregimes) oder in dem Versuch, in der „Missa" zu einem auch religiös fundierten anklagenden Transzendieren der tristen Wirklichkeit zu gelangen.

Biographie und Kunstwerk

Hier wäre zunächst folgendes voranzustellen. Biographie und Kunstwerk werden als *Relation von Ereignissen* behandelt, die in drei verschiedenen Sphären lokalisiert sind:

(1) Das Ereignis des *individuellen Schaffensprozesses,* der das Kunstwerk hervorbringt und als solcher an die oben genannten Befähigungen (als Basisdispositionen) und repräsentationalen Bedingungen der Lebenssituation gebunden ist, die als *primäre* Quelle der künstlerischen Aussage zu gelten haben. Hier geht es um die Relation Persönlichkeit–Kunstwerk, die soeben besprochen wurde.

(2) Ereignisse in der umfassenden gesellschaftlichen Praxis, im *Makromilieu* des Künstlers, die – über ihre Abbildung in der Lebenssituation – eine *sekundäre* Quelle des Schaffens bilden können. Diese Wirkung ist gebunden an die *Positionen* des Künstlers im Makromilieu (z. B. als Staatsbürger), die ihn Stellung nehmen lassen zu epochalen politischen Vorgängen, zu nationalen Problemen, die ihn als Vertreter einer Klasse oder Schicht, als Bewohner eines Territoriums, einer geographischen Region ausweisen. Ob und welche Einflüsse aus dieser Sekundärquelle kommen, das hängt davon ab, ob sie im Umweltkonzept der Lebenssituation vertreten sind und wie die objektiven Ereignisse dieser Dimension subjektiv verarbeitet wurden.

(3) Ereignisse in der individuellen Lebenspraxis, im *Mikromi-*

lieu des Künstlers. Sie bilden eine *zweite sekundäre* Quelle des Schaffens, so weit sie – und in der Art, wie sie – intern repräsentiert sind. Relevant werden hier die Positionen des Künstlers in seinem engeren Arbeitsbereich (am „Arbeitsplatz"), in der Familie, im Freundes- wie Bekanntenkreis, im Rahmen seiner Wohnverhältnisse usw. (Es muß hier daran erinnert werden, daß der werkbezogene Wirkungsgrad von Ereignissen im Makromilieu in hohem Maße dadurch bestimmt ist, ob diese auch im Mikromilieu zum Tragen kommen, weil das Mikromilieu die Hauptquelle sekundärer Wirkungen auf das Schaffen ist. Es handelt sich hier um eine Art von Summationseffekt.)

Die Problemstellung der Relation Biographie/Kunstwerk bedeutet nun, ins Konkrete gewendet, ein Abtasten des individuellen Lebensvollzugs nach *möglichen Zuordnungen von Ereignissen der ersten zu denen der zweiten/dritten Sphäre.* Die Hervorhebung des hypothetischen Moments solcher Korrespondenzen ist aus folgenden Gründen notwendig.

Wir müssen uns hüten vor mechanistischen Abbildkonzepten. Das Kunstwerk ist kein „Abklatsch" des Lebens. Allemal bedeutet Abbildung Brechung externer Einwirkungen durch interne Bedingungen – als Verstärkung, Hemmung, Verzerrung, Abschirmung usw. Bei Beethoven müssen wir z. B. auch mit taubheitsbedingten Verzerrungs- und Ausfilterungsvorgängen rechnen.

Die Reaktion auf Ereignisse im Makro- oder Mikromilieu ist keineswegs eindeutig, weil diese Ereignisse stets Ansatzpunkte der eigenaktiven *Auseinandersetzung* sind. Das In-Beziehung-Setzen von Umwelt- und Selbstkonzept kann hier weiterhelfen. Ein bestürzendes, tragisches Ereignis im Mikromilieu mag Melancholie, Depression, Trauer auslösen, die in eine Komposition Eingang finden. Es kann aber auch eine homöostatische, abwehrende Gegenreaktion des „Trotzdem" oder „Nun erst recht" erfolgen, die sich im Werk niederschlägt. Eine Liebesbeziehung mag den Künstler zu einer zärtlichen oder jubelnden Dialogkomposition veranlassen; zugleich kann sie jedoch – obwohl weder erkaltet noch gestört – den musikalischen Dialog mit Reflexionen befrachten, die Zweifel, Befürchtungen, Sorge ausdrücken. Beethovens Violinsonaten dokumentieren sehr klar diese beiden Möglichkeiten.

Sehr häufig bilden sich Ereignisse im Makro- oder Mikromilieu zunächst – und bisweilen ausschließlich – in der unspezifischen subjektiven Lebensqualität als allgemeine Befindlichkeit, als Lebensgefühl ab. Von daher können sie die Stimmung, die „Farbe" einer Komposition beeinflussen, ohne daß es möglich ist, eine Zuordnung von Werkidee und biographischem Ereignis vorzunehmen. Eine besondere Schwierigkeit ergibt sich hier dann, wenn sich Ereignisse aus vielen Sphären zu einem kumulativen Effekt zusammenschließen.

Aus der permanent gegebenen und wirksamen individuellen Zeitperspektive resultiert oft eine Art von Immunität gegenüber dem Einfluß aktueller Ereignisse. Vergangene Ereignisse können die Gegenwart verdrängen, außer Kraft setzen. In der Vergangenheit gefestigte Ideale, Überzeugungen, Strebungen, Einstellungen widerstehen aktuellen Gegenströmungen – wie das Finale der 9. Sinfonie zu belegen vermag. Eine analoge Wirkung beobachten wir bei der Antizipation von Zukunft, vor allem bei langfristig angelegten Schaffensplänen. Sie setzen sich in der Regel gegen aktuelle „Stör"-Bedingungen durch, noch dazu bei einem in dieser Hinsicht so sthenischen und konsequenten Künstler wie Beethoven, der z. B. in seinen Sinfonien einen weiträumigen Planungs- und Spannungsbogen kreativen Fortschreitens aufbaute und durchhielt. Das alles bedeutet: Die Suche nach Korrespondenzen zwischen Kunstwerk und Biographie darf nicht der Verführung unterliegen, sich auf die Analyse *zeitgleicher* Ereignisse einzuengen; die Wirkung der Zeitperspektive bringt es mit sich, daß sowohl vergangene als auch (vorweggenommene) zukünftige Ereignisse ihre Spuren im Werk hinterlassen, ja daß sie objektiv übermächtige aktuelle Geschehnisse in der biographischen Sphäre völlig unterdrücken können.

Das Phänomen „Zeitperspektive" liefert auch das entscheidende Argument für die Auflösung scheinbarer Paradoxien im Verhältnis von Kunst und Leben bei Beethoven (Schmidt 1978, S. 452 f.), die bisweilen ins Feld geführt werden, um die angebliche Unfruchtbarkeit dieser Fragestellung zu belegen. Solche Paradoxien finden wir z. B. im zeitlichen Zusammenfallen des Entstehens der 8. Sinfonie mit dem tragischen Höhepunkt eines Liebeskonflikts, der in dem sogenannten Brief an die unsterbliche Geliebte zum Ausdruck kommt (1812), oder in der zeitlichen Parallelität der Nachkomposition des Finalsatzes von op. 130 (anstelle der „Großen Fuge") mit dem exakt nachweisbaren seelischen und körperlichen Verfall als Folge des Suizidversuchs des Neffen (Aufenthalt Beethovens in Gneixendorf b. Wien, September/Oktober 1826). In beiden Fällen handelt es sich um helle, heitere, konfliktarme Kompositionen, entstanden in Zeiten bitterster Lebenserfahrungen. Solche Paradoxien lösen sich auf, wenn man davon ausgeht, daß beide Werke der Niederschlag eines zuvor konzipierten, inhaltlich durchdachten und zukunftsumgreifenden Vorhabens sind, das sich auch gegen widrige aktuelle Zeitumstände und Erfahrungen im Werk durchzusetzen vermochte. Auf die Entstehung der 8. Sinfonie eingehend, meint Goldschmidt, man würde „vor einem Rätsel stehen, sofern in der linearen Übereinstimmung die alleinige Voraussetzung für den Zusammenhang zwischen Kunst und Leben bestünde. Ohne die Interpolierung von Sujet, Konzeption und Werkidee ... wird die Gleichung ... niemals aufgehen" (1978, S. 446). Die psychologische Rechtfertigung einer solchen Interpolierung leitet sich aus dem Faktum der werkrelevanten Zeitperspektive ab.

Stilwandel und Wendepunkte des Lebenslaufs

Obwohl es diesbezüglich noch unterschiedliche Meinungen gibt, so hat sich doch die Auffassung weitgehend durchgesetzt, daß wir bei Beethoven drei Stilperioden unterscheiden müssen. Die erste („jugendliche") endet etwa 1802 (2. Sinfonie, Violinromanzen), um dem heroischen und lyrischen Stil Platz zu machen (Sinfonien 3 bis 7 mit ihrem Wechsel von heroischem Pathos und lyrischer Verinnerlichung; „Fidelio", Kreutzersonate, 5. Klavierkonzert, Trio op. 97). Diese zweite Stilphase reicht bis 1812/13, um dann allmählich – beginnend mit den Werken op. 101, 102 und 115 – dem Spätstil Platz zu machen, der in den letzten Streichquartetten seinen Höhepunkt erreicht.

Die musikwissenschaftliche Validierung des Stilwandels bei Beethoven ist weithin durchgeführt, wenn auch nicht abgeschlossen. Sie ist auch nicht unsere Aufgabe. Uns geht es um die Frage nach der Entsprechung von Stilwandlungen auf der einen Seite und Wendepunkten des Lebenslaufs auf der anderen. Das heißt: Wir haben die Hypothese zu testen, ob Stiländerungen einen mehr oder minder radikalen Wechsel der Lebenssituation Beethovens reflektieren. Argumente, die als Verifikation gelten können, seien im folgenden angeführt. Sie beziehen sich auf die zusätzliche Annahme, daß Stilwandlungen größeren Ausmaßes kaum mit singulären biographischen Ereignissen einhergehen dürften, sondern nur aus *kumulativen Wirkungen* der Zusammenballung von Ereignissen in *mehreren* biographischen Sphären resultieren können.

Der erste Stilwandel (um 1802) bekundet in seiner Hinwendung zum Revolutionär-Heroischen sehr eindeutig die Reflexion von epochalen politischen Ereignissen, die sich vor allem an die Person Napoleons binden. Das ideologische Element des Beethovenschen Umweltkonzepts, sein Gesellschaftsverständnis – republikanische Ideen im Gefolge der Französischen Revolution – geht plötzlich ins Werk ein, ist ihm unmittelbar zu entnehmen.[40] Die Voraussetzungen dafür sind *vor* dem Stilwandel, also in der Lernperiode der letzten Bonner und ersten Wiener Jahre entstanden.

„Der Haupteinfluß revolutionärer ideengebundener Stilgestaltung auf Beethovens Schaffen erfolgt ... durch die Begegnung mit dem Botschafter der französischen Republik, Bernadotte, und Rodolphe Kreutzer, durch das Erschließen des ‚Magazin de Musique à usage des Fètes nationales' (Quelle der französischen Revolutionsmusik, H.-D. S.) im Februar/März 1798 ... Daß solche Einflüsse möglich wurden, ist weder pragmatisch noch opportunistisch zu deuten. Vielmehr ist die Aufnahmebereitschaft dafür vorgeformt in seiner unter spätaufklärerischen Aspekten verlaufenden Bonner Erziehung, wobei vor allem Neefe als Musiker und Eulogius Schneider als Literat im Rahmen der josephinischen Möglichkeiten bewußtseinsbildend auf den jungen Beethoven einwirkten" (Köhler 1978, S. 293). – Diese Tatsachen verdeutlichen auch, wie epochale Ereignisse des Makromilieus durch solche im Mikromilieu vermittelt werden; auch die Identifizierung mit Modellpersonen (Vorbildern) ist hier am Werke.

Wenn man die Frage aufwirft, warum auf der Grundlage dieser Voraussetzungen gerade um 1802 – nicht früher und nicht später – der Stilumbruch eingetreten ist, kann man nicht umhin, ein sehr einschneidendes (also „kritisches") biographisches Ereignis mit einem entsprechenden Erfahrungsniederschlag als Vermittlungsbedingung zu vermuten. Es kann sich hier nur um die Einsicht Beethovens in das unwiderrufliche, fortschreitende Schwinden seiner Hörfähigkeit gehandelt haben, dokumentarisch belegt in Briefen (an Amenda 1800, an Wegeler 1801) und im Heiligenstädter Testament von 1802. Diese Dokumente bezeugen eine seelische Erschütterung ungeheuren Ausmaßes, die Depressionen und Suizidtendenzen zur Folge hatte. Andererseits muß diese tragische Erfahrung enorme Kräfte freigesetzt haben, auch solche größerer Offen-

---

[40] Insofern kann eine ideologische Werkinterpretation einer psychologischen nicht gegenübergestellt werden (wie bei Goldschmidt 1971, S. 46); die Ideologie gehört zum Gesellschaftsverständnis des Individuums, ihr Wirken ins Werk hinein ist stets ein psychischer Prozeß.

heit für die Welt und des Wagens neuartiger Gestaltungen. Das ist den Skizzenbüchern eben dieser Zeitperiode zu entnehmen, die eine Überfülle von Ideen (in Motiven und Themen) für neue Werke enthalten (vgl. Rolland 1952). „Als die Qual am unerträglichsten war, erwachte der Schaffensdrang, und er war gerettet" (ebenda, S. 219). Gerettet wodurch? Offensichtlich auch durch zuvor gewonnenes Lebenswissen, z. B. das der Bewährung in der Verantwortung als jugendlicher Ernährer der Familie (1789–91 in Bonn, als Vormund seiner Brüder), ferner das des musikalischen Erfolges in den Wiener Jahren seit 1795. Das alles stärkte nicht nur sein Selbstvertrauen, sondern begründete auch ein Sendungsbewußsein: „Nur sie, die Kunst, sie hielt mich zurück. Ach, es dünkte mir unmöglich, die Welt eher zu verlassen, bis ich das alles hervorgebracht, wozu ich mich aufgelegt fühlte, und so fristete ich dieses elende Leben" – heißt es im Heiligenstädter Testament.

Die zweite (oft vernachlässigte) Richtung des ersten Stilwandels, die mit dem Begriff „lyrisch" verbunden wird, verweist auf eine andere biographische Quelle – wenngleich die Taubheit möglicherweise eine indirekte Vermittlungsfunktion auch hier erfüllte (in Gestalt der natürlichen Konsequenz von Verinnerlichung, emotionaler Vertiefung, aber auch von Einsamkeit und der Tendenz, dieser zu entfliehen). Diese Quelle ist verbunden mit Beethovens Frauenbekanntschaften, insbesondere mit seinem Verhältnis zu Josephine v. Deym geb. Brunsvik (1804–1812). Wir wollen auf die Details dieser biographischen Ereignisse nicht eingehen, da sie und ihre Beziehungen zu Beethovens Werk jüngst eine breite, ausführliche Darstellung und Würdigung erfahren haben (Goldschmidt 1977). Nur so viel sei gesagt: Eine große Zahl von Werken aus der Zeit zwischen 1804 und 1812 können ohne Bezug auf diesen Intimbereich nicht zureichend interpretiert werden (z. B. der „Fidelio", die 4. Sinfonie, das Violin- und Tripelkonzert und zahlreiche Kammermusikwerke; vgl. Goldschmidt 1974, S. 131 ff.).

Die Entstehungsbedingungen des zweiten Stilwandels sind denjenigen des ersten strukturell sehr ähnlich: Gewichtige epochale Ereignisse korrespondieren mit heftigen persönlichen Lebenskonflikten. Was die ersteren anbetrifft, so hat sie Goldschmidt (1971) folgendermaßen skizziert:

„1814 bis 1815 sind die Jahre des Wiener Kongresses ... Nicht die, Kunstperiode' war für Beethoven 1815 zu Ende gegangen, sondern die heldische

Citoyen-Erwartung zu Grabe getragen. Ein neues, unheldisches Zeitalter nahm seinen Lauf. ‚Was mich anbelangt, so ist geraume Zeit meine Gesundheit erschüttert, wozu auch unser Staatszustand nicht wenig beiträgt wovon bis hierher noch keine Verbesserung zu erwarten, wohl aber sich täglich Verschlimmerung desselben ereignet', schreibt er im Februar 1817 nach Frankfurt ... Bald nach dem Schreiben finden wir ein weiteres nach Prag; darin lesen wir: ‚Leben Sie wohl. – Übrigens macht einen alles um uns nahe her ganz verstummen.' Der eingetretene Schaffensschwund zeigt, daß dies keine Metapher war. Der politische Stoß tat seine Wirkung. Er wäre nicht so betäubend gewesen, wenn er nicht einen zutiefst politischen Künstler getroffen hätte ... Nur wenn man das Ausmaß dieser Herausforderung begreift, wird man die Positionen des späten Beethoven einigermaßen bestimmen können ... Nicht Beethoven hatte seine Positionen zu ändern; die immer schwierigere, immer größeren Kraftaufwand erfordernde Aufgabe lautete vielmehr: an den Positionen eisern festzuhalten unter grundlegend gewandelten Verhältnissen. Gerade die Kontinuität der Positionen in einer kontestierten Welt zwang ihm seinen Stilwandel auf" (S. 48 ff.).

Diese epochalen politischen Ereignisse mit ihren Konsequenzen (auch den ästhetisch-ideologischen der Verwässerung des klassischen Geistes im romantisierten Klassizismus) trafen nun auf einen Mann, dessen letzter Versuch, in eine dauerhaftere Beziehung zu einer Frau einzutreten, endgültig gescheitert war. Der bereits genannte Brief an die „unsterbliche Geliebte" von 1812 ist das entscheidende Dokument dieses biographischen Ereignisses. Auch hier müssen wir uns das Eingehen auf Details ersparen und auf die Monographie Goldschmidts (1977) verweisen. Nur folgendes sei angemerkt: Dieser erschütternde Liebes- und Lebenskonflikt muß zu einer tiefgehenden Sensibilisierung und Deprimierung beigetragen haben, in deren Gefolge die düsteren politischen Ereignisse besonders heftig verarbeitet werden – die seltsamen, pathologisch anmutenden Verstrickungen Beethovens in den Kampf um die Vormundschaft für den Neffen beginnen, ihrem tragischen Höhepunkt und Ende zuzueilen –, aber auch das Kreative neu angestachelt wird, das uns die stilistischen Metamorphosen des Spätwerkes beschert hat. Die angeführten Belege scheinen für unsere Hypothese zu sprechen: Stilwandlungen und biographische Wendepunkte stehen nicht beziehungslos nebeneinander, sondern verflechten sich.

Andererseits darf nicht verkannt werden – an dieser Stelle und mit Bezug zu allen Problemen dieses Exkurses: Wir führen lediglich eine „Einzelfallanalyse“ durch, die durch Parallelbelege an vielen anderen Künstlern (und nicht nur Musikern) gestützt werden müßte.

5.5. Konsequenzen der Prozeßbetrachtung

Persönlichkeit als Prozeß, als Entwicklung – aus diesem Aspekt und den mit ihm verbundenen Bezugssystemen erwachsen zahlreiche Konsequenzen, die früher schon hier und da angeschnitten wurden (s. Abschn. 3.2., 3.5., 4.1. und 5.2.). Zwei von ihnen wollen wir an dieser Stelle nochmals aufgreifen: Diejenigen, welche mit strategischen Orientierungen der Planung und Durchführung von Forschungsvorhaben in Zusammenhang stehen, ferner solche, die in die Persönlichkeitsdiagnostik einfließen sollten.

Forschungsstrategische Konsequenzen

Die forschungsstrategischen Schlußfolgerungen, um die es hier geht, sind vor allem innerhalb der neueren Entwicklungspsychologie, weniger jedoch von der Persönlichkeitspsychologie gezogen worden. Das ist nicht verwunderlich. Der Gesichtspunkt „Persönlichkeit als Prozeß“ kann auch der Entwicklungspsychologie subsumiert werden, die ihren Gegenstand – Veränderung/Konstanz des internen/externen Verhaltens und der damit verbundenen psychischen Zustände, Prozesse und Eigenschaften – persönlichkeitsspezifisch akzentuieren kann, indem sie normative Selektionsaspekte einführt, die unmittelbar oder mittelbar psychologische Kriterien der Eigenaktivität, Bewußtheit und Soziabilität berücksichtigen (s. dazu Abschn. 4.1., Entwicklungsanalyse).

Eine erste forschungsstrategische Konsequenz läßt sich folgendermaßen umschreiben. Wenn der Prozeß der Persönlichkeitsentwicklung im Vordergrund steht, dann ist eine Orientierung notwendig, die den *gesamten Lebenslauf* des Individuums in die Analyse einbezieht. Diese Einsicht haben wir insbesondere der Alternsforschung zu verdanken (Lehr 1977, Rauh 1978, Baltes et al. 1980).

„Persönlichkeit als ständig sich ändernde Konfiguration von Gedanken, Gefühlen und Handlungen, die sich in einer sozialen Umgebung abspielen und das ganze Leben hindurch anhalten (H. A. Murray ...), wird durch eine Psychologie, die mit dem 15. oder 18. Lebensjahr das Ende jeder Veränderung ... gekommen sieht, nicht adäquat erfaßt. Je mehr man sich ... in Persönlichkeitstheorie und Persönlichkeitspsychologie von allzu statischen Konzeptionen der menschlichen Natur entfernte, desto mehr mußte man seine Aufmerksamkeit auch den Veränderungen von Persönlichkeit, Einstellung und Verhalten im Erwachsenenalter zuwenden" (Lehr 1977, S. 36).

Aus dieser Forschungsstrategie ergeben sich diverse methodische Schlußfolgerungen. Sie betreffen zum einen das Problem der optimalen Versuchsplanung bei lebenslaufbezogenen empirischen Untersuchungen der Persönlichkeitsentwicklung. Der Fokus der aktuellen methodischen Diskussion liegt im Feld der Querschnitts- und Längsschnittmethodik und ihrer Verkettungen in sogenannten *Sequenzmodellen.* Die Versuchsplanempfehlungen der Sequenzmodelle berücksichtigen neben der Variablen „Untersuchungszeit" auch die des „Alters" und der „Generationszugehörigkeit" samt den entsprechenden Wechselwirkungen. Auf Einzelheiten kann hier nicht eingegangen werden; über das Wesen dieser Modellbildung gibt es mittlerweile eine breite Literatur (Hinweise bei Rudinger 1978). Eine zweite methodische Schlußfolgerung aus der Strategie des Lebenslaufbezugs betrifft die Frage, welche *biographischen Mikro- und Makroeinheiten* Parameter zur Verfügung stellen, um persönlichkeitstypische Gestaltungs- und Stilformen des Lebensvollzugs zu identifizieren. Innerhalb der einschlägigen Forschung wurden u. a. folgende Einheiten erprobt:

- *Handlungen* und Handlungssequenzen bzw. -gruppen *innerhalb der Arbeits- und Freizeitsphäre.* – Ein typisches Beispiel dafür sind Untersuchungen über die „persönliche Arbeitsweise" (Hakker 1964, 1973). Sie läßt sich folgendermaßen umschreiben:

„Die persönliche Arbeitsweise als stabile und verallgemeinerte, individualisierte Ausführungsweise von Klassen von Arbeitsaufgaben schließt sowohl ein, was für die Aufgabenerfüllung getan wird, als auch wie dies getan wird. Gleichfalls einbezogen ist die Analyse des Arbeitsergebnisses ... In der Arbeitsweise schlägt sich die Auseinandersetzung der Persönlichkeit mit gesellschaftlichen Aufgaben nieder, nämlich mit dem Arbeitsauftrag, welche unter festgelegten Arbeitsbedingungen und den jeweiligen individuellen Leistungsvoraussetzungen erfolgen muß" (Hacker 1973, S. 427 f.).

- *Tagesabläufe* mit den in ihnen enthaltenen Handlungseinheiten, verteilt auf die Arbeits- und Freizeitsphäre. – Im Rahmen der Bonner gerontologischen Längsschnittstudien (Arbeitskreis um H. Thomae) sind z. B. Tagesabläufe der Probanden systematisch in das Projekt einbezogen worden. Auf der Grundlage von Explorationen wurden inhaltlich-thematische Analysen der alltagstypischen Episoden und formale Analysen (mit Hilfe von regulations- und motivationsrelevanten Einschätzungsdimensionen) durchgeführt.

In den Beschreibungen von Altersheimbewohnern traten z. B. situations- und individualspezifische Klassen von Themen auf (an Episoden gebunden): Partnerbeziehung, Lesen und Fernsehen, erlebte Vergangenheit, Wohnbedingungen, Routineverrichtungen u. a. m. Bei einem Vergleich vieler Tagesabläufe der Heiminsassen ist es auf diese Weise möglich, individuelle Stile der Lebensweise unter Heimbedingungen ausfindig zu machen.

In formalen Analysen wurden folgende Einschätzungsdimensionen erprobt (Thomae 1968, S. 130): Ruhe – Aktivität, Gleichförmigkeit – Wechsel, niedriges – hohes Engagement, Verschlossenheit – Offenheit gegenüber der Situation, Störung – Ausgeglichenheit, Abhängigkeit – Unabhängigkeit, geringe – hohe Stabilität, geringe – hohe Thematisierung. Bei einer vergleichenden Untersuchung des durchschnittlichen Arbeits- und Freizeitalltags von Werktätigen mit Hilfe dieser Bewertungskriterien kam zum Vorschein, welche Arbeitseinstellung sich hinter dem Tagesablauf verbirgt und wie sich Lebensgefühle der Zufriedenheit bzw. Unzufriedenheit auf Arbeitszeit und Freizeit verteilen. Es gab auch deutliche Hinweise auf jenen Wirkfaktor, den Sève als „Zeitbedürfnis" charakterisiert hat (s. Exkurs im Abschn. 5.2.).

Im Rahmen kooperativer arbeits- und klinisch-psychologischer Untersuchungen zu Problemen der Eignung und Belastung bei Anlagen- und Meßwartenfahrern der Chemieindustrie (vgl. Krüger 1976, Grabek und Mohaupt 1978) wurde eine Klassifikation von Freizeitaktivitäten versucht (u. a. mit Hilfe der Aspekte Hausarbeit/Einkauf/Inanspruchnahme von Dienstleistungseinrichtungen, Betreuung/Erziehung anderer, Literatur- und Medienkonsum, körperliche Betätigungen usw.), um auf diese Weise den Zusammenhang von Arbeitsplatzbelastung und Freizeitverhalten (als Restitutionsaktivität) zu überprüfen. Zwischen der Höhe des Belastungsgrades und der Art der Freizeitgestaltung war kein Zusammenhang erkennbar, aber extravertierte, geselligkeitsliebende Probanden wiesen ein aktiveres und somit restitutionsförderndes Freizeitverhalten auf.

- *Makroeinheiten der gesamten Biographie.* – Die hier relevanten Ereignisgruppen und Analyseaspekte wurden früher bereits angesprochen und sollen hier nicht wiederholt werden (s. 5.2.,

Wendepunkte des Lebenslaufs). Auch der Exkurs des Abschnitts 5.4. ist in dieser Hinsicht aussagekräftig.

Eine zweite forschungsstrategische Konsequenz besteht darin, den Lebenslaufbezug *ökopsychologisch* auszuweiten, d. h., die repräsentativen verhaltensrelevanten Bedingungen und Dimensionen der individuellen Lebenslage und ihre Veränderungen im Vollzug der Biographie in die Untersuchung einzubeziehen. Dabei ist es wichtig, den Begriff der Ökologie nicht biologisch-„naturalistisch" einzuengen, z. B. in Analogie zum Untersuchungsfeld des zoologisch orientierten Verhaltensforschers. Dessen Problematik erschöpft sich darin „festzustellen, wie eine an sich begrenzte Menge von Raum und Energie unter verschiedenen Tierarten aufgeteilt und welchen zeitlichen Änderungen dies unterworfen ist", und er arbeitet mit Begriffen wie „Konkurrenz, Ernährung und Energieaustausch, Stabilität von Lebensgemeinschaften, Nischen" usw. usf. (Klopfer 1968, S. V).

Einige der hier angesprochenen Sachverhalte sind gewiß auch für die Humanpsychologie relevant[41]; aber die Ökologie menschlichen Lebens und Verhaltens bezieht sich auf mehr, nämlich auf die *historisch* entstandenen, gesellschaftlich eingebundenen kulturellen Vergegenständlichungen im Makro- und Mikromilieu des Individuums, denen es positionsabhängig konfrontiert ist und zu denen es im Vollzug der Aneignung der Kultur Beziehungen aufnimmt (s. dazu Abschn. 3.1.). „Die Ökologie des Menschen hat nicht nur eine räumliche, sondern auch eine historische Ausdehnung" (Rauh 1978, S. 16).

Das Postulat eines solchen „ökologischen Bezugsrahmens" (ebenda) persönlichkeitspsychologischer Untersuchungen ist notwendig, aber für die Realisierung solcher Vorhaben – noch dazu unter der Bedingung zusätzlicher „Belastung" durch den Lebenslaufbezug – nicht hinreichend. Nach wie vor wird von den ökopsychologisch Forschenden beklagt, daß eine theoriegeleitete, valide *Taxonomie der Umweltbedingungen* aussteht (vgl. dazu Walter 1975), insbesondere eine solche, die den Anforderungen von Längsschnitt-

---

[41] Die Tatsache, daß es auf dem XXII. Internationalen Psychologenkongreß in Leipzig (1980) ein Symposium gab, das sich mit den Auswirkungen der Unterernährung auf die psychische Entwicklung beschäftigte, ist ein Beleg dafür.

untersuchungen oder Forschungen im Kontext der oben genannten Sequenzmodelle standhält (Oerter 1978 a).

Man könnte versucht sein, sich darüber zu wundern. In sich fein differenzierte Klassifikate [wie Sachwelt, soziale Welt, Institutionen, Infrastrukturen; oder unmittelbare Umgebung, soziale Netzwerke, ideologische Dimension – mit jeweils physisch-sachlich, sozial und aktional aspektierten Binnendimensionen (Bronfenbrenner 1976); oder die positional aufgeschlüsselten Bereiche des Makro- und Mikromilieus im Abschn. 3. 1.] – könnten sie nicht akzeptable Ansätze einer solchen Taxonomie sein? Darauf ist zu antworten: Im Rahmen bestimmter Problemstellungen sind sie das, wie beispielsweise auch die empirischen Daten des Abschnitts 5. 1. (positionale Entwicklungschancen) belegen können. Einige kulturvergleichende Untersuchungen, z. B. die von Bronfenbrenner (1976) durchgeführten Länder- bzw. Nationalitätenvergleiche, zeigen sogar, daß eine ganz global erfaßte, undifferenzierte „Kultur" als Wirkungsfaktor jugendlichen Verhaltens identifiziert werden kann. Aber man weiß dann eben nicht, *was* real gewirkt hat, weil man nur den kumulativen Effekt eines Faktorenbündels zu erfassen vermag. – Gegenwärtig schälen sich folgende weitgehend ungelöste Probleme einer Umwelttaxonomie heraus:

(1) Es geht nicht nur um eine logische Klassifikation von objektiv gegebenen Realitätsschichten, sondern von psychologisch relevanten, subjektbezogenen Ebenen, Ereignisgruppen der Wirklichkeit. – (2) Eine positional orientierte Klassifikation muß zur relationalen Aspektierung übergehen und damit Interaktionsebenen und entsprechende Dimensionen ausfindig machen. – (3) Der Lebenslaufbezug verlangt die Berücksichtigung unterschiedlicher Subjektbezüge und psychologisch relevanter Wirkungen ein und derselben Umwelt in unterschiedlichen Phasen der individuellen Biographie (Problem der phasenspezifischen und differentiellen Taxonomie). – (4) Bei der Modellierung von taxonomisch differenzierten Umweltwirkungen muß mit nichtlinearen kumulativen Effekten dieser Bedingungen gerechnet werden. Wahrscheinlich gibt es – hinsichtlich der Effekte – eine Rangordnung der Umweltbedingungen. Sie ist bedeutungsvoll, wenn es um die Variablen- und Parameterauswahl empirischer Untersuchungen geht (Problem der Repräsentativität).

Es sei in diesem Zusammenhang jedoch darauf verwiesen, daß in einem bestimmten Bereich der Umweltforschung, nämlich innerhalb von Untersuchungen des Zusammenhangs von Umweltereignissen und Streßwirkung, ein vergleichsweise großer Fortschritt erzielt wurde, wie das Buch von Dohrenwend und Dohrenwend (1974) ausweist. Hier geht es in gewissem Sinne um die Differenzierung und Klassifizierung „kritischer" Ereignisse auf den Dimensionen der individuellen Biographie mit ihren möglichen positiven und negativen Wirkungen (vgl. dazu Abschn. 5.2.). Beispielsweise wurde

im Kontext solcher Forschungen ein Testinstrument entwickelt (der SRRS, Social Readjustment Rating Scale), das es gestattet, populations- und individualspezifische kritische (unter Umständen streßrelevante) biographische Ereignisse zu erfassen und hinsichtlich ihrer Ichnähe zu bewichten (Holmes und Rahe 1967). Mit Testinstrumenten dieser Art ist es möglich, kulturvergleichende, aber auch klinisch-psychologische Fragestellungen zu bearbeiten; das oben genannte Buch von Dohrenwend und Dohrenwend enthält Beispiele dafür. Um eine grobe Vorstellung von solchen Forschungsmöglichkeiten zu vermitteln, sei im folgenden die Gewichtsrangordnung kritischer Lebensereignisse mitgeteilt, wie sie an einer weißen US-amerikanischen Standardisierungspopulation (Region der Westküste) erhoben wurde (aus Miller, Bentz et al., in: Dohrenwend und Dohrenwend 1974). Aus Raumgründen wählen wir die mit ungeraden Zahlen belegten Ereignisse aus:
1. Tod einer geliebten Person, 3. Trennung der Ehepartner, 5. Tod eines nahen Familienmitglieds, 7. beträchtlicher persönlicher Schaden, schwere Krankheit, 9. Aussöhnung in der Ehe, 11. Hinzukommen eines neuen Familienmitglieds, 13. sexuelle Schwierigkeiten, 15. Veränderungen des finanziellen Status, 17. Veränderungen im Verhältnis zu einer geliebten Person, 19. Tod eines nahen Freundes, 21. Ärger mit Schwiegersohn oder -tochter, 23. außerordentliche persönliche Leistung, 25. Veränderung in den Lebensbedingungen, 27. beträchtliche Revision persönlicher Gewohnheiten, 29. Wechsel des Wohnorts, 31. Veränderungen im Erholungsbereich, 33. Veränderungen im kirchlichen Aktivitätsbereich, 35. Veränderung in den Schlafgewohnheiten, 37. Veränderung in den Eßgewohnheiten, 39. Weihnachtsfest. Untersuchungen dieser Art und Richtung sind auch wichtig, wenn es um die Präzisierung solcher Sachverhalte wie Lebensweise, Grenzsituation, Streß, Lebensqualität geht.

Eine dritte forschungsstrategische Konsequenz, die soeben bereits anklang, läßt sich als *Interaktionsorientierung* bezeichnen. Sie bedeutet: Persönlichkeitsentwicklung ist „ein aktiver Prozeß der gegenseitigen Person-Umwelt-Beeinflussung (Rauh 1978, S. 18). „Theoretisch hat eine solche Sichtweise zur Folge, daß Entwicklung nicht mehr als ein Werdens-, Entfaltungs- oder Prägungsprozeß beschrieben werden kann, sondern eher Ähnlichkeit mit einem Prozeß ständiger Problemlösungsversuche hat. Entsprechend stehen in zunehmendem Maße nicht mehr nur ‚Produkte' von Entwicklung ... im Zentrum des Interesses, sondern Strategien des Meisterns von Situationen und des Lösens von Problemen und subjektive Strukturen der Interpretation solcher Situationen" (ebenda, S. 19). Leontjew (1979) betont, man müsse davon ausgehen, „daß die reale Basis der Persönlichkeit des Menschen die Gesamtheit dihrer Natur nach gesellschaftlichen Beziehungen des Menschen zur Welt ist, und zwar der Beziehungen, die realisiert werden. Das erfolgt durch seine Tätigkeit ..." (S. 175 f.).

Wie wir meinen, dokumentiert unser Text an vielen Stellen die theoretische und forschungsstrategische Interaktionsorientierung – beispielsweise durch die Unterscheidung von Anforderungs- und Gestaltungskomponenten (Abschn. 3.1.), durch die Hervorkehrung eigenaktiver positionaler Mobilität und Belastung, ferner der Identifizierung mit Positionen und allgemein der „Eroberung" von Subjektfunktionen (Abschn. 3.1. und 3.2.), durch die Charakterisierung der Sozialisation als sozial-kommunikativ gestützte Interaktion. Im Zusammenhang mit unserer Diskussion der Beziehungen zwischen Eigenschaft und Tätigkeit (Abschn. 3.6.) ist nochmals zu betonen, daß psychische Eigenschaften (als Basisdispositionen) Bedingungen wie Resultat der personalen Interaktion sind.

Dies ist ganz im Sinne der Persönlichkeitstheorie von Merlin zu verstehen, in welcher der *Beziehungsaspekt* eine große Rolle spielt:

„Merlin kommt zu der Schlußfolgerung, daß ... Temperament, Charakter, Fähigkeiten und Gerichtetheit keine Eigenschaftsklassifikate und damit auch keine Subsysteme der Persönlichkeit darstellen, sondern verschiedene Funktionen einer Eigenschaft der Persönlichkeit ... Nach Merlin sind die Komponenten der Persönlichkeit ihre Eigenschaften. Jede von diesen ist gleichzeitig Ausdruck sowohl der Gerichtetheit, des Charakters und der Fähigkeiten ... Persönlichkeitseigenschaften werden als Beziehungen gekennzeichnet ... Sie charakterisieren die Persönlichkeit als Subjekt umweltverändernder Tätigkeit. Die Persönlichkeit realisiert in ihrer Tätigkeit Grundbeziehungen zu Menschen, Gruppen, Gegenständen, Sachverhalten und sich selbst. Diese Beziehungen sind ... voneinander abhängig und bedingen eine Vielzahl von Persönlichkeitsmerkmalen, die sich deskriptiv als Syndrome darstellen (‚Symptomkomplexe')." Im ganzen geht es um die Einheit von Möglichkeiten (Eigenschaften) und Strebungen (Beziehungen), unter dem Aspekt der Entwicklung und Widersprüche in dieser Einheit (Schröder 1979, S. 37 ff.).

Der Interaktionsaspekt wirft verschiedene forschungsmethodische Fragen auf. Eine wollen wir herausgreifen, weil sie uns sehr wesentlich zu sein scheint. Wenn die positionalen Chancen des Individuums im Vollzug seiner Biographie (Abschn. 5.1.) richtig eingeschätzt werden sollen, dann genügt es nicht, die jeweiligen Bedingungen seiner Lebenslage *statisch* – gleichsam als neben dem Individuum stehend – zu charakterisieren. Psychologisch relevant sind die *aktiven Beziehungen* des Individuums zu diesen Bedingungen, die daraus resultierenden Wechselwirkungen. Ein Kind, das in seinem Lebensraum die große Bibliothek der Eltern vorfindet, vermag diese Bildungsmöglichkeit nur zu nutzen, wenn es liest, und das gern, ja leidenschaftlich. Die ungünstige Klassenlage der Eltern, die im Abschnitt 5.1. (Tab. 5.1.) als Beispiel angeführt wurde, erzeugt auch dadurch ein Entwicklungsrisiko des Kindes, daß die „Vermittlungsoperationen" der Eltern die Beziehungen des Kindes zu den Bedingungen seiner Klassenlage so gestalten, daß es sie weder äußerlich noch innerlich zu überwinden vermag. Erforderlich wäre eine frühzeitige Orientierung der Eltern auf den Klassenkampf, also eine spezifische politische Akzentuierung der Erziehung. Allgemein gesagt geht es also um folgendes: Die Taxonomie der Umweltbedingungen muß – über die statisch beschreibbaren Bedingungen hinaus – zu den Beziehungs- und Interaktionsmerkmalen der individuellen Tätigkeit vordringen. Ein treffendes Beispiel für das Gemeinte liefern vergleichende Untersuchungen von Lehr und Bonn (1974), die Oerter (1978 b) unter dem Aspekt der Differenzierung „objektiver und subjektiver Komponenten" zweier verschiedener „Lebensräume" analysiert. Dabei handelte es sich um Jugendliche in der BRD, die aus der „unteren Mittelklasse" (UMK) bzw. „oberen Mittelklasse" (OMK) stammten. Oerter hebt u. a. folgende Beziehungs- und Interaktionskomponenten als wesentlicher für die Unterscheidung der beiden Gruppen hervor als die üblichen statischen Beschreibungsmerkmale (wie sozioökonomischer Status, Wohnungsgröße usw.):

- Ausmaß der *Nutzung* des Raums der elterlichen Wohnung für persönliche, eigenständige Betätigungen;
- Grad der *Erweiterung* des Erfahrungshorizonts durch Reisen, vor allem durch solche ohne Begleitung der Eltern;
- Intensität und Extensität der *eigenaktiven Planung* der gesamten Freizeitaktivitäten;
- *Zentrierung* der sozialen Beziehungen mehr innerhalb oder außerhalb der Familie;
- Ausmaß von *Hilfe und Unterstützung* durch die Eltern bei der Bewältigung von Umweltanforderungen.

Solche dynamischen Beschreibungsmerkmale haben dann den Vorteil, daß sich die jeweiligen Lebensräume *aktional* beschreiben lassen:

„Der Lebensraum des UMK-Jugendlichen ist stärker und einengender auf die Erwachsenenwelt ausgerichtet, und zwar auf ein Erwachsenendasein, in dem die Handlungsmöglichkeit eingeschränkt und stärker vorprogrammiert ist. Berufsrolle und Familienrolle sind stärker fixiert und lassen weniger Freiheitsgrade zu. Diese Einengung des Lebensraums hat demzufolge auch weniger Unsicherheit, was durch den Jugendlichen, der in einem solchen Lebensraum aufwächst, subjektiv als besser ausbalancierter Zustand erlebt wird.

Der Lebensraum des OMK-Jugendlichen ist weniger intensiv auf die Erwachsenenwelt ausgerichtet . . . Die größere Ausdehnung des Lebensraumes und die höhere Anzahl von Freiheitsgraden ist aber auch durch größere Unsicherheit gekennzeichnet . . ." (ebenda, S. 120). Unsicherheit bedeutet hier jedoch Chancenvergrößerung durch Risiko, Bewährung, Erlernen von Autonomie!

Der Interaktionsaspekt ist auch geeignet, für eine häufig gestellte Frage, nämlich die nach dem *ontogenetischen Beginn* der Persönlichkeitsentwicklung (Schmidt 1974 b, Leontjew 1979, S. 168), wenigstens die Antwortrichtung anzugeben. Das wesentliche Kriterium scheint, wie schon früher gesagt, der Übergang von einer Objekt- zur Subjektposition des Individuums zu sein, d. h. der Übergang zur Gewinnung und Festigung von Gestaltungsfeldern innerhalb der anforderungsbestimmten Lebenslage. Wenn man dieses Kriterium zugrunde legt, so ist zunächst interessant, daß schon im Verhalten des Neugeborenen und Säuglings Keimformen solcher Gestaltungen auffindbar sind. Die gegenwärtige psychologische Kleinstkindforschung belehrt uns darüber, in welch hohem Ausmaß Inhalt, Form, Intensität usw. des kindlichen Verhaltens in diesem Lebensalter die Aktionen und Reaktionen des erwachsenen Erziehers determinieren, also seine Aufmerksamkeit, Zuwendung, Bindung, seine Strategie und Taktik der Erziehung beeinflussen (Schaffer 1977, Grossmann 1978). Daraus ist zu schlußfolgern, daß die Persönlichkeitsentwicklung des Individuums ein Prozeß ist, der mit der Geburt beginnt – zunächst unmerklich (nur in Feinanalysen eruierbar), dann immer deutlicher und für jeden wahrnehmbar. Besonders auffällige Indikatoren der Eroberung von Gestaltungsfeldern begegnen uns in folgenden frühkindlichen Entwicklungsphänomenen:

– Eigenständige, vom Erzieher weder angeregte noch kontrollierte lokomotorische und greifmotorische (manipulierende) Aktivitäten – als räumliche Erkundungen und experimentierende, gegenständliche Funktionsspiele des Kindes im Alter von etwa anderthalb Jahren;

- Versuche des 2- bis 3jährigen Kindes, sich in konfliktären sozialen Situationen, in denen seine Handlungsintentionen und die des Erziehers nicht harmonieren, gegen den Erzieher durchzusetzen (Oppositions- und Trotztendenzen);
- Anzeichen reflexiven Verhaltens in den handlungsbezogenen sprachlichen Monologen des 2- bis 3jährigen und in den metalinguistischen Phänomenen der Fremd- und Selbstkorrektur, des „Spielens“ mit der Sprache, ihren Einheiten und Regeln (vgl. dazu Sinclair et al. 1978).

Es ist also offensichtlich nicht möglich, ein bestimmtes Alter festzulegen, von dem an das Individuum als Persönlichkeit anzusprechen ist. Auch für die frühe Kindheit trifft zu, was für den gesamten Lebenslauf gültig bleibt: Das Individuum ist stets *in einem bestimmten Grade* Persönlichkeit, je nachdem, inwieweit seine Lebenslage und seine persönlichen Fähigkeiten es gestatten, seine gleichzeitige Objekt- und Subjektposition in Richtung einer Verstärkung der letzteren zu verschieben.

Psychodiagnostische Konsequenzen

Wenn an dieser Stelle – und auch im folgenden Kapitel 6 – Konsequenzen für die psychodiagnostische Tätigkeit abgeleitet werden, so ist es zunächst wichtig, *Voraussetzungen* dieser Tätigkeit zu nennen, die *nicht behandelt* werden, weil sie in einschlägigen Darstellungen psychodiagnostischer Aufgaben, Mittel und Ziele enthalten sind (z. B. in Rösler et al. 1970, Witzlack 1977):

(1) Jede wissenschaftlich begründete Psychodiagnostik setzt das Vorhandensein eines entsprechenden Instrumentariums diagnostischer Verfahren voraus, dessen Beherrschung der Psychologe in seiner Ausbildung lernt und in seiner späteren Praxis vervollkommnet.

(2) Psychodiagnostische Tätigkeit ist niemals darauf gerichtet, Individuum oder Persönlichkeit an sich und vollständig zu erfassen und zu beschreiben. Ausgangspunkt der Beurteilung ist stets eine spezielle Fragestellung (z. B. Schulfähigkeit, Schuldfähigkeit, psychotherapeutische Indikation). Diese Fragestellung führt zu Hypothesen über die vorrangig abzuklärenden Verhaltens- und Eigenschaftsbereiche und dementsprechend über die jeweils einzubeziehenden diagnostischen Verfahren (Fragebögen, Tests, Interviews

usw.). Es geht also um die Akzentuierung von Diagnoseschwerpunkten und auch um die Entscheidung für bestimmte, im jeweiligen Zusammenhang relevante Bewertungsnormen des diagnostischen Urteils.

(3) Das im Ergebnis der diagnostischen Untersuchung sich niederschlagende Urteil bedarf einer verbalen Formulierung, die auf den Rezipienten des Urteils (z. B. einen Psychotherapeuten, Richter oder Staatsanwalt, Lehrer) Rücksicht zu nehmen hat – der das Urteil verstehen und verarbeiten muß – und die sich von hoher ethischer Verantwortung leiten läßt, um einen Mißbrauch (oder auch nur ein Mißverständnis) des diagnostischen Urteils so weit wie möglich auszuschließen.

Diese Voraussetzungen nehmen wir im folgenden also als gegeben an. Unsere Aufgabe reduziert sich demgemäß darauf, psychodiagnostisch handhabbare *Orientierungs- und Beschreibungsaspekte* zusammenzufassen, die fragestellungsabhängig angewendet werden können. Um das zu tun, greifen wir zurück auf den gesamten vorherigen Text, filtern die diagnostischen Aspekte aus und stellen sie geordnet zusammen. Auf diese Weise meinen wir, dem hier angezielten praktischen Zweck am besten zu entsprechen. Er läuft darauf hinaus, folgende Gesichtspunkte der psychodiagnostischen *Anamnese* in den Vordergrund zu rücken:

I. Raumzeitliche Struktur des Lebenslaufs (Phasen)

1. Schwangerschaft und Geburtsverlauf
2. Frühe und vorschulische Kindheit
3. Schulkindalter
4. Jugendalter
5. Frühes Erwachsenenalter
6. Spätes Erwachsenenalter

II. Allgemeine Untersuchungsaspekte (vor allem Entwicklungslinien betreffend)

1. Bildungsweg und -effekte
2. Berufsentscheidung und -entwicklung
3. Entwicklung sozialer Bindungen und Gesellungen
4. Herausbildung von Lebensweise und Lebensstil (einschließlich der Freizeitaktivitäten)
5. Herausbildung gesellschaftlicher und politischer Aktivitäten
6. Positionale Chancen/Risiken der jeweiligen Phase
7. Biologische Chancen/Risiken der jeweiligen Phase

III. Spezielle Parameter des Lebenslaufs

1. Positionale Mobilität und Belastung in bestimmten Phasen bzw. Entwicklungslinien (z. B. Berufsentwicklung), und zwar
   - anforderungsbedingt
   - selbst herbeigeführt
2. Positionskonflikte und -verluste in bestimmten Phasen bzw. Entwicklungslinien
3. Kritische Ereignisse, die in bestimmte Phasen bzw. Entwicklungslinien fallen, prägend wirken, ichnahe Entscheidungen verlangen:
   - Bindungs-, Identifizierungs- und Trennungserlebnisse, bezogen auf Personen und Positionen
   - Bildungserlebnisse
   - Leistungserlebnisse (Erfolge/Mißerfolge)
   - Gefährdungserlebnisse (Grenzsituationen)

Dieser schematische Überblick, psychodiagnostisch-anamnestisch trächtige Fragerichtungen betreffend, soll im folgenden durch Anmerkungen und Erläuterungen vervollständigt werden.

Zu I. – Hier geht es im Grunde nur um die Vorgabe von Etappen der individuellen Biographie, die je nach Fragestellung in sich differenziert werden können.

Zu II. – Die hier zusammengefaßten Aspekte können in gewissem Sinne als obligatorisch bezeichnet werden, dies insofern, als sie in umfänglicheren Persönlichkeitsbeurteilungen (z. B. auch im Rahmen einer Eignungsuntersuchung, einer forensischen Begutachtung, einer neuroserelevanten und therapiebezogenen Diagnosestellung) so gut wie vollständig in Erscheinung treten – jedenfalls, wenn es sich um einen Erwachsenen handelt. Bei der Persönlichkeitsbeurteilung eines Kindes schränken sich die Aspekte natürlich ein (es verbleiben die Punkte 1, 3, 6 und 7), und es kommt ein hier nicht aufgeführter ins Spiel, der vielleicht am ehesten mit dem Begriff „Allgemeinentwicklung" umrissen wird. Psychodiagnostisch wäre diesem Aspekt das Instrument des Entwicklungstests zuzuordnen.

Zu III. – Diese Aspekte dürften zum größten Teil fakultative sein, d. h. nur in Abhängigkeit von speziellen Untersuchungsabsichten und mit Bezug auf ältere Jugendliche und auf Erwachsene eingesetzt werden können. Die inhaltliche Ausfüllung der einzelnen Aspekte erfordert die Rückbesinnung auf den Text der Kapitel 3 und 5.1. bis 5.2. Es liegt auf der Hand, daß insbesondere die klinisch-diagnostische Praxis auf diese Aspekte angewiesen ist – in der Regel freilich in Form ihrer fragestellungsabhängigen Verfeinerung und oft auch Ergänzung.

Es versteht sich von selbst, daß die diagnostische Anwendung aller genannten Aspekte zu Aussagen über die biographisch bedingte Dialektik von Konstanz und Veränderung der Operations- und Repräsentationsdispositionen führen muß. Denn sonst wäre ja die Anwendung Selbstzweck; sie müßte die Antwort auf die Frage schuldig bleiben, was der Lebensvollzug nun eigentlich bewirkt hat und was – prognostisch gesehen – auf der Grundlage des bisher Bewirkten für die künftige Entwicklung des Individuums zu erwarten ist.

5.6. Zusammenfassung

(1) Am Beispiel der Elternpositionen, der Geschlechtspositionen, der familiären und der Ausbildungsbedingungen kann gezeigt werden, inwiefern die Position des Heranwachsenden und seiner primären Bezugsgruppe in hohem Ausmaß die künftige Persönlichkeitsentwicklung mitbestimmen. Aus den positiven/negativen Charakteristika dieser Positionen ergeben sich Entwicklungschancen und -risiken. Letzteres gilt im Prinzip auch für die biologischen Ausgangsbilanzen. Bei den genetischen Chancen ist jedoch zu beachten, daß aus methodischen Gründen der Erbanteil am Zustandekommen psychischer Leistungen nicht isoliert abzuschätzen ist. Die Überbewertung des Anlagenmoments, die wir hier und da in der Literatur finden, ist eindeutig als bürgerlich-reaktionäre Apologetik zu identifizieren. Bei den organisch-gesundheitlichen Chancen muß ihr Mitbedingtsein durch Lebensweise-Faktoren in Rechnung gestellt werden, zudem darf man die Möglichkeiten einer Kompensation nicht außer acht lassen. Dort, wo biologische Ausgangsbilanzen als Risiken in Erscheinung treten, ergibt sich ihre Gefahr vor allem aus der Verflechtung mit sozialen Risiken.

(2) Es ist nützlich, die Persönlichkeitsentwicklung unter dem Aspekt der Sozialisation zu beschreiben. Auf diese Weise ist es u. a. möglich, die gesellschaftliche und soziale Determination dieses Prozesses zu konkretisieren und die Quellen seiner Dynamik aufzudecken. Außerdem verhilft uns der Sozialisationsaspekt dazu, entwicklungsdeterminierende Wendepunkte der indviduellen Biographie (deren Orte, „kritische" Ereignisse, konkrete Entwicklungseffekte usw.) als relevante Parameter ausfindig zu machen. In die-

sem Zusammenhang lassen sich auch Vorzüge und Mängel des Sèveschen Zeitplankonzepts aufdecken.

(3) Die Analyse des Prozesses der Persönlichkeitsentwicklung wirft das Problem des Verhältnisses von Veränderung und Konstanz (bezogen auf Verhalten und Eigenschaften) auf. Dabei ist zu beachten, daß dieses Verhältnis ein dialektisches ist, was u. a. bedeutet: Zu allen Zeiten beobachten wir sowohl Veränderung als auch Konstanz (letzteres als Habitualisierung, Chronifizierung). Es ist gegenwärtig nur schwer möglich, die Wahrscheinlichkeit dafür anzugeben, unter welchen Bedingungen bei konstanter/variabler Umwelt ein konstantes/variables Verhalten zu erwarten ist und umgekehrt.

(4) Am Beispiel der Biographie Beethovens läßt sich zeigen, auf welche Weise eine psychologisch-biographische Analyse für die interdisziplinäre Kooperation zwischen Psychologie und Kunstwissenschaft genutzt werden kann. Das gilt insbesondere für die Präzisierung der Beziehungen zwischen Kunstwerk und Biographie, aber beispielsweise auch derjenigen zwischen Stilwandlungen und biographischen Wendepunkten.

(5) Aus dem Prozeßaspekt erwachsen forschungsstrategische Konsequenzen. Sie lassen sich mit Hilfe der Stichworte Lebenslaufbezug, ökopsychologische Orientierung und Interaktionsorientierung kennzeichnen. Außerdem wirft der Prozeßaspekt psychodiagnostische Konsequenzen auf. Es ist möglich, an Hand der im Text aufgeworfenen Probleme und dargestellten Einsichten ein Schema diagnostisch ergiebiger Beschreibungsdimensionen anzubieten, das sowohl für die Anamnese als auch für die psychologisch-biographische Praxis von Nutzen sein könnte.

6. Persönlichkeit als Zustand

Im Gegensatz zum Kapitel 5, in dem die Entwicklung der Persönlichkeit im Vordergrund stand, konzentrieren wir uns jetzt auf die Charakteristik des Zustandsbildes. Es ist Resultat der jeweils vorausgegangenen Lebensgeschichte – gleichsam als geronnene Entwicklung – und schließt zugleich Entwicklungsmöglichkeiten des künftigen Lebensvollzugs in sich ein. So gesehen ist die Zustandsbeschreibung nicht nur konstatierende Psychodiagnose des hier und jetzt Vorliegenden, sondern auch Grundlage einer Prognostizierung des in der Zukunft möglichen Handelns. Daß das Diagnostizieren einfacher und zuverlässiger ist als das Prognostizieren, wurde schon früher begründet (Abschn. 5.3.).

Im folgenden geht es zunächst um Vorgehensweisen, die für die alltägliche psychologische Praxis der Persönlichkeitsbeurteilung charakteristisch sind. Sie richten sich auf die fragestellungsabhängige, zugleich normierte Beschreibung der Einzelpersönlichkeit. Das ist aber nicht der einzig mögliche Fall. Ein zweiter ist dadurch gekennzeichnet, daß die Einzelpersönlichkeit einem Klassifikationssystem, d. h. einem System von Persönlichkeitstypen, eingeordnet wird. Auch mit dieser Art von Zustandsbeschreibung (und ihren theoretischen wie methodischen Voraussetzungen) werden wir uns in diesem Kapitel beschäftigen.

6.1. Alternativen der Zustandsbeschreibung

Wenn man die Geschichte der Psychologie unter dem Gesichtspunkt analysiert, welche Beschreibungsaspekte verwendet wurden, um gegebenenfalls mit diagnostischen Intentionen das Verhalten und die Dispositionen des Individuums zu beschreiben, so stößt man auf zahlreiche Beschreibungsalternativen, von denen drei hier ausgewählt seien. Allen ist gemeinsam, daß sie mit Klassifizierungsversuchen verbunden sind (jedoch solchen, die nichts mit dem oben genannten Typenproblem zu tun haben).

Die „klassische" Dreiteilung

Diese Alternative stellt nicht das umgebungsbezogene Handeln des Individuums in den Vordergrund, sondern die psychischen Prozesse *(Funktionen)* und die mit ihnen verbundenen Fähigkeiten, also die internen Operations- und Dispositionsvoraussetzungen des Handelns.

Dabei wird auf eine Funktionsdreiteilung zurückgegriffen, die in dem Sinne als klassisch bezeichnet werden kann, als sie ihren Ursprung in den Schichtenkonzeptionen der antiken Philosophie besitzt (s. Abschn. 4. 3.). Differenziert werden dort die psychischen Funktionsklassen *Denken, Fühlen und Wollen.* Die Langzeitwirkung des antiken Vorbildes läßt sich in allen großen Psychologielehrbüchern des vorigen Jahrhunderts nachweisen, ja sie reicht weit hinein in unser Jahrhundert. Ein Beispiel dafür ist das Rubinsteinsche Werk „Grundlagen der Allgemeinen Psychologie" (russ. 1940, dtsch. 1958).

Der Hauptteil des Buches enthält die Kapitel Empfindung und Wahrnehmung, Gedächtnis, Einbildungskraft, Denken, Sprache, Aufmerksamkeit, Emotionen, Wille. Abgetrennt davon werden die Kapitel über das Handeln und die Tätigkeit, ferner solche, die – in einem gesonderten Teil des Buches – als persönlichkeitsspezifisch ausgewiesen sind: Gerichtetheit, Fähigkeiten, Temperament, Charakter, schließlich Selbstbewußtsein und Lebensweg der Persönlichkeit.

Unschwer ist zu erkennen: Nicht nur in den Kapiteln des Hauptteils, sondern ebenso in dem Teil, der die Persönlichkeit im Auge hat, ist die Orientierung an der Trias Kognition/Emotion/Motivation abzulesen. Deren Funktionen sind mit dem Handeln nicht organisch verbunden, sondern verselbständigen sich auf eine eigentümliche Weise.

In den persönlichkeitspsychologischen Publikationen des Arbeitskreises um Kossakowski (Kossakowski 1971, Kossakowski und Otto 1971, Kossakowski und Lompscher 1977) wird der Versuch unternommen, diese klassischen Funktionseinheiten mit der Handlung zu vernetzen. Das geschieht, indem sie als *„Komponenten der Tätigkeitsregulation“* gefaßt werden (Abb. 6.1.).

Eine Umsetzung dieses Funktions-, Komponenten- und Eigenschaftsschemas in das Vorhaben einer psychodiagnostischen Beschreibung würde demnach bedeuten: Ingangbringen der Funktio-

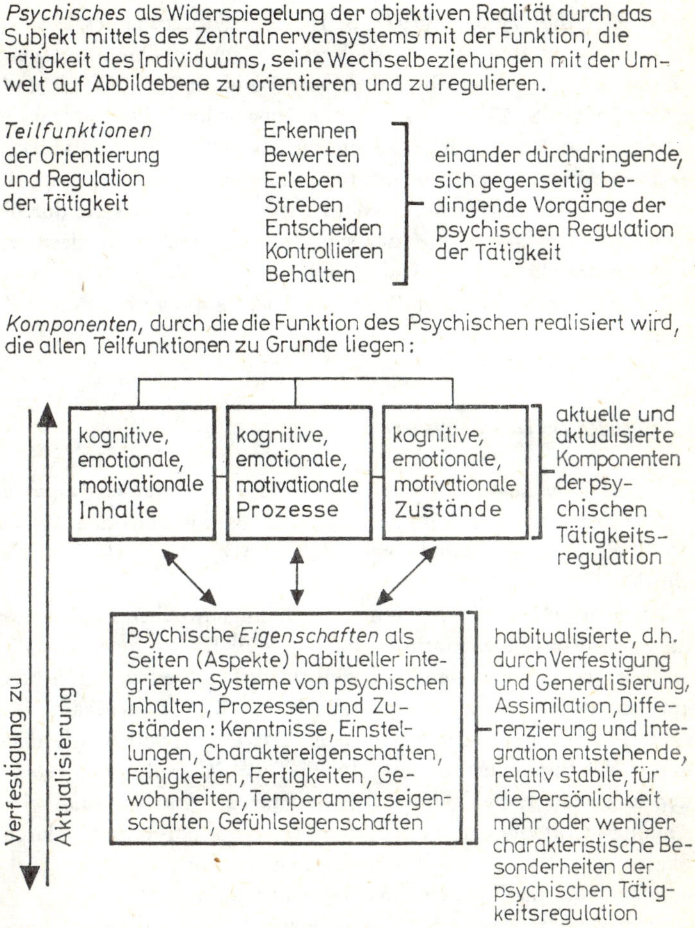

Abb. 6.1.: Aspekte der psychischen Tätigkeitsregulation (aus Kossakowski et al. 1977).

nen (durch ein geeignetes diagnostisches Instrumentarium) – Erfassung der Inhalte, Prozesse und Zustände – Inferenzen über psychische Eigenschaften. Die Beschreibungsdaten könnten im Rahmen der Trias Kognition, Emotion, Motivation klassifizierend geordnet werden.

Ein solches Vorgehen (vgl. dazu auch die Differenzierungen bei Kossakowski 1980 a, S. 37 ff.) korrespondiert mit diagnostischen Strategien, die Witzlack (1977, S. 135) der Forderung des „Tätigkeitsbezugs" unterordnet. Auch Versuche, im Problemlösungsverhalten diagnostisch ergiebige Parameter zu entdecken (Krause und Krause 1980, S. 180 ff.), wären hier einzuordnen. Die diagnostische Erfassung von Komponenten der Tätigkeitsregulation schlägt zwar eine Brücke zwischen dem Individuum und spezifischen (z. B. schulischen) Tätigkeitsanforderungen, macht aber weder die durchschnittlichen noch die individualspezifisch-konkreten Erfordernisse und Bewährungslagen des Individuums in seiner Sachwelt, sozialen Welt und gesellschaftlichen Welt zum Ausgangspunkt der Beschreibung.

Faktorielle Beschreibungsdimensionen

Das gilt in wesentlich höherem Maße für Beschreibungsaspekte und -dimensionen, die im Rahmen der Faktorentheorien (u. a. Guilford, Eysenck, Cattell, vgl. Abschn. 4.3.) empirisch ermittelt wurden.

Ein sehr bekanntes (und in der psychodiagnostischen Praxis häufig eingesetztes) Deskriptionssystem, das 16 Dimensionen umfaßt und eine relativ umfassende Persönlichkeitsbeschreibung (gerichtet auf zeitstabile Merkmale) gewährleisten soll, ist innerhalb der Cattell-Schule ausgearbeitet worden. Das korrespondierende diagnostische Instrument ist der „16-PF-Test" (Cattell 1965, 1966), der es gestattet, Fähigkeits-, Temperaments-, Antriebs- und Gesinnungsmerkmale der untersuchten Person auf uni- oder bipolaren Skalen „abzutragen". Als Beispiele seien genannt:

- allgemeine Intelligenz vs. mentaler Defekt;
- Ichstärke vs. Ichschwäche (u. a. emotionale Stabilität vs. emotionale Labilität, Frustrationstoleranz vs. Frustrationsintoleranz);
- Antriebsspannung (groß vs. gering);

– Radikalismus vs. Konservativismus (auf weltanschauliche Gesinnungen bezogen).

Pawlik (1968) hat den Versuch unternommen, auf der Grundlage der Forschungen von Guilford, Eysenck und Cattell 6 sehr „weite" Beschreibungsdimensionen – er nennt sie „Persönlichkeitsbereiche" – faktorenanalytisch zu ermitteln (es handelt sich um Faktoren zweiter Ordnung), und zwar folgende:

- Extraversion vs. Introversion,
- emotionale Anpassung vs. Neurotizismus,
- Gefühlsbestimmtheit (stark vs. schwach),
- Unabhängigkeit vs. Abhängigkeit der Meinungsbildung,
- hohe vs. niedrige Kooperationsbereitschaft und
- starke vs. schwache Willenskontrolle.

Die Bedeutung solcher Aspekte, Dimensionen und diagnostischen Instrumente darf nicht unterschätzt werden. Sie gewährleisten einen Einblick in das intraindividuelle Eigenschaftsgefüge, und die Untersucher bemühen sich – was die diagnostischen Gütekriterien der verwendeten Verfahren anbelangt – in der Regel um deren Objektivität, Reliabilität und Validität.

Andererseits bleibt der Einwand bestehen, daß es sich hier um ein *subjekt- oder individualzentriertes* Vorgehen handelt, das die Verflechtung des Individuums mit seinen konkreten Anforderungs- und Gestaltungsfeldern weitgehend unberücksichtigt läßt.

Das „weitgehend" ist zu betonen! Wenn Cattell „Rollenzüge" und aktuelle modulierende Zustände (z. B. situationsspezifische Stimmungen oder Ängste) in seinem Apriori-Modell berücksichtigt (s. dazu Abschn. 4.3.), so zeigt das an, inwiefern das von uns als positional und situational gekennzeichnete Moment der Bindung des Individuums an seinen Lebensraum sehr wohl gesehen wird. Aber es wird eben nur gesehen, nicht jedoch zum Ausgangspunkt der Beschreibung gemacht.

Multiple Strukturbeschreibung

Eine Möglichkeit, die Einseitigkeiten der beiden oben charakterisierten Alternativen zu überwinden, besteht darin, die folgenden *Prinzipien* bei der Zustandsbeschreibung anzuwenden: Erstens – die Positions- und Relationsbestimmung des Individuums (im Sinne der Ausführungen des Abschn. 3.1.) zum Ausgangspunkt der Beschreibung zu machen; zweitens – aus der Differenzierung von Anforderungs- und Gestaltungsmomenten (bzw. -feldern) Kriterien für die Einschätzung der Persönlichkeitsreife zu gewinnen; und drittens – bei der Beschreibung des Eigenschaftsgefüges nicht nur Operations- und Repräsentationsdispositionen zu unterscheiden, sondern die (primär philosophischen) Grundkategorien Eigenaktivität, Bewußtheit und Soziabilität als implizite Klassifizierungsaspekte zu verwenden, die darauf abzielen, nochmals (über das zweite Element unseres Prinzips hinaus) das Verhältnis von Persönlichkeitsstatus und Bewährungscharakter der Lebenslage in den Mittelpunkt zu rücken.

Im Sinne dieser Prinzipien filtern wir aus dem gesamten bisherigen Text diejenigen Einsichten und Sachverhalte aus, die sich in einem *Schema diagnostisch relevanter Beschreibungsaspekte* zusammenfassen lassen[42]:

I. Positions- und Relationsbeschreibung

1. Positionen des Individuums im Makromilieu, insbesondere bezogen auf das Territorium, die soziale Klasse/Schicht, das Geschlecht und die Generation
2. Positionen des Individuums im Mikromilieu, insbesondere bezogen auf Wohnbedingungen, territoriale Infrastrukturen und -prozesse, Beruf und Arbeitsplatz, Familie, Freundes- und Bekanntenkreis, politisch-gesellschaftliche Organisationen und Aktivitätsfelder, Freizeitsphären
3. Relationen des Individuums, bezogen auf die oben genannten Positionen, dabei Anwendung der folgenden diagnostisch aussagekräftigen Aspekte:
   - Differenzierung von Anforderungs- und Gestaltungsfeldern
   - motivbildende Identifizierung mit Positionen
   - positionale Belastung
   - Positionskonflikte (und Versuche ihrer Lösung)
   - Lebensweisen (in den Handlungssphären) und ihre Widersprüche

---

[42] Im Falle der praktischen Diagnostik muß natürlich die Zustands- durch eine Prozeßbeschreibung ergänzt werden.

II. Dispositionsbeschreibung

1. Somatisch-medizinischer Status (vom Arzt zu erheben)
2. Operationsdispositionen der Handlungsdynamik:
   - Aktivation (Vigilanz, Konzentration, Belastbarkeit, Resistenz gegenüber Ermüdung/Sättigung/Monotonie usw.)
   - Temperament (Psychodynamik, Affektivitätsmerkmale, emotionale Stabilität/Labilität usw.)
   - Handlungsorganisation (Zielbildung und -spannung, Initiative, Risikoneigung, Angstniveau usw.)
   - Handlungstechniken (s. 3.5.)
3. Operationsdispositionen der mentalen Informationsverarbeitung:
   - Wahrnehmungs-, Orientierungsfähigkeiten
   - Dimensionen der Intelligenz (Fähigkeiten des Problemlösens)
   - Gedächtnis- und Lernfähigkeiten
   - kognitive Stile
4. Operationsdispositionen der sozialen Aktivität:
   - Kommunikationsfähigkeiten [Ausdrucksverhalten, interpersonelle Wahrnehmung (soziale Kognition), Gesellungsstreben usw.]
   - Kooperationsfähigkeiten (An- und Einpassung, Dominanzstreben, Zuverlässigkeit, Ego-/Soziozentrizität usw.)
5. Repräsentationsdispositionen, die in Handlungsvollzüge als Bedingung oder Resultat eingebettet und Quellen sinngebender Motive sind, die sich einschätzen lassen unter den Aspekten Wissen, Verständnisniveau, Überzeugungskomponenten und Werte/Ideale/Normen (s. dazu 3.3.):
   - Umweltkonzept (Natur- und Sachweltverständnis, Sozialverständnis – individuelles Menschenbild, Partnerkonzept, Geschlechtsstereotype, moralische Bezugssysteme usw., Gesellschaftsverständnis als politisches Wissen und Denken)
   - Positionsverständnis, bezogen auf die Sphären Arbeit, Lernen und Qualifizierung, Familie, Freundschaft, Politik und Gesellschaft, Kultur und Kunst
   - Selbstkonzept als Dispositionsverständnis, Selbstkonfidenz und Selbstideal
   - Zeitperspektive (ihre Orientierungsrichtung und Ausdehnung, ihr Realitätsgrad, die Akzentuierung von „kritischen" Ereignissen)
   - subjektive Lebensqualität (Lebensgefühl), unter anderem in-

diziert durch erlebte Gestaltungsmöglichkeiten, Abhängigkeit/Unabhängigkeit, Entwicklungschancen/-risiken, Bekräftigungen (Erfolge/Mißerfolge), Konfliktgehalte der Lebenssituation.

Diesem Schema praktisch-diagnostischer Beschreibungsaspekte sind noch die folgenden Ergänzungen anzufügen:

(1) Auch hier wieder gilt – wie bereits im Kapitel 5 für den Fall der psychologischen Biographik und Anamnese ausgesagt –, daß es sich nur um Orientierungsgesichtspunkte der Persönlichkeitsdiagnose handelt. Sie werden über die konkrete diagnostische Fragestellung automatisch eingeschränkt. Ihre Umsetzung in den Diagnoseprozeß bedarf der Beherrschung zusätzlicher Prinzipien, Strategien und Instrumentarien der diagnostischen Theorie und Praxis.

(2) Differenziertere Beschreibungsaspekte (und diagnostische Techniken der Erfassung korrespondierender Zustände, Prozesse oder Eigenschaften) sind in der Literatur zur empirischen Persönlichkeitspsychologie (z. B. über faktorielle Beschreibungsdimensionen) auffindbar. Der Begriff „Schema" ist hier also ganz wörtlich zu nehmen. Um es in einem Bilde zu sagen: Hier und da haben wir Gleitkerne gesetzt, stellenweise ist der Rohbau fertig, aber nirgendwo handelt es sich um ein bezugsfertiges Haus! Dieser Tatsache haben wir auch dadurch Rechnung zu tragen versucht, daß wir – wo immer möglich – solche Begriffe verwendet haben, deren Bedeutungsverständnis nicht an die Kenntnis der Terminologie irgendeiner Schule oder Richtung gebunden ist.

(3) Auf der Grundlage vorausgegangener Detailaspekte, -ermittlungen und -beschreibungen läßt sich eine *zusammenfassende* (stets natürlich akzentuierende) *Persönlichkeitscharakteristik* formulieren. Das ist mit Hilfe folgender Begriffsklassen möglich:

- Beschreibung des personalen *Handlungsraums und -rahmens,* dies im Sinne der Kennzeichnung positional bedingter Anforderungs- und Gestaltungsfelder und der mit ihnen gegebenen Chancen und Risiken der Selbstverwirklichung;
- Beschreibung der *Aktionskompetenzen,* dies im Sinne der Kennzeichnung von Operationsdispositionen, die in den Anforderungs- und Gestaltungsfeldern mit einer bestimmten Effektivität zum Tragen kommen;
- Beschreibung der *Mentalität,* dies im Sinne der Kennzeichnung

von Welt- und Lebensanschauung als Quelle der sinngebenden Motivation des Handelns;
- Beschreibung des *Charakters*, dies im Sinne der Kennzeichnung solcher psychologischen Qualitäten personaler Eigenaktivität, Bewußtheit und Soziabilität, die in leistungsbezogenen und sozialen Bewährungslagen mit höheren Belastungsgraden zum Ausdruck kommen.

6.2. Typologische Klassifikation

Im Gegensatz zur individualisierenden Intention der Zustandsbeschreibung, wie sie im Abschnitt 6. 1. besprochen wurde, trägt die typologische Bestimmung eine *generalisierende* Tendenz in die Persönlichkeitspsychologie hinein. Sie setzt Individualität voraus und verallgemeinert sie über Vergleichs- und Ordnungsprozeduren, die sich auf *Stichproben* von Individuen beziehen.

„Der Typenforscher versucht . . ., der fast unübersehbaren Mannigfaltigkeit in den Erscheinungsformen menschlichen Wesens . . . in der Weise intellektuell Herr zu werden, daß er bestimmte, sich als zusammengehörig erweisende seelische Merkmalskomplexe herausarbeitet, die er als typisch bezeichnet, und dann einzelne Individuen diesen Typen zuordnet bzw. mit ihnen vergleicht. So gesehen, wären die Typen zunächst einmal als Merkmalskomplexe (manche sprechen auch von „Merkmalsvergesellschaftungen", H.-D. S.) aufzufassen" (Strunz 1960).

Aus diesem Zitat geht hervor, daß wir uns zum Zwecke des genaueren Verständnisses der Typenproblematik zunächst explizit und ausführlicher als bisher den merkmalsbezogenen Ordnungsprozeduren in Gestalt der Klassifikation zuwenden müssen.

Was ist Klassifikation?

Als Klassifikation bezeichnet man eine „Gruppierung von Objekten bzw. Erscheinungen nach ihren Merkmalen . . . Im weitesten Sinne . . . jede Art von Kategorisierung, Typisierung sowohl als Prozeß als auch als Resultat; im letzteren Falle dann auch Klassifikationssystem, Taxonomie, Typensystem genannt" (Clauß et al. 1976).

In materiellen Systemen können sich Gruppierungen spontan vollziehen. Als Beispiele seien die Struktur von Kristallen, der Galaxis, von Erdkern und -kruste oder des Zentralnervensystems genannt. Die klassifizierungsrelevanten Merkmale sind hier *objektiv-real* als zusammengehörige Entitäten des Systems präsent: Es „existiert die Aufgliederung gewissermaßen schon und muß nur entdeckt werden" (Klaus und Buhr 1979, S. 577). Also nicht die Existenz der Ordnung, sondern nur ihre Widerspiegelung als „*natürliche* Klassifikation" ist an einen Beobachter gebunden.

Die „*künstliche* Klassifikation" dagegen ist lediglich der Ordnungsintention eines Beobachters verpflichtet, ist also ein *Konstruktions*prozeß. Man denke an die Klassifikation der Wörter eines Lexikons oder an die willkürliche Festlegung von Bezirksgrenzen eines nationalen Territoriums. Künstliche Klassifikationen können vollzogen und wieder rückgängig gemacht werden, sie können diese oder jene Merkmalsmenge berücksichtigen. Über ihre Gültigkeit entscheiden Sinn- und Zweckkriterien: „Künstliche Klassifikationen ... können wertvolle Hilfsmittel zur praktischen Beherrschung und Ordnung einer Menge von Dingen, Individuen usw. sein" (ebenda). Vom Standpunkt des dialektischen Materialismus, der die objektiv-reale Veränderung und Entwicklung aller Materieformen (und ihrer ideellen Abbilder) in den Mittelpunkt rückt, muß jede künstlich-klassifikatorische Bemühung die *Begrenztheit* ihres Vorgehens berücksichtigen. Eine Verabsolutierung von Klassifizierungsresultaten wäre undialektisch.

> Klassifikationen „sind strukturell relativ, weil die nähere Untersuchung fast durchweg Übergänge zwischen den einzelnen Teilklassen aufzeigen kann ... Die Klassifikationen erweisen sich im allgemeinen als zeitlich relativ insofern, als sie dem zeitlichen Wandel unterworfen sind und im Verlaufe der geschichtlichen Entwicklung in mehr oder minder langen Zeiträumen eine Änderung erfahren" (ebenda).

Natürliche und künstliche Klassifikationen führen zu Ordnungsbegriffen als „Klassifikationsresultaten von Objekten bzw. Erscheinungen nach ihren Merkmalen. Sie können in benannter Form als sprachlicher Begriff oder in unbenannter Form als nichtsprachlicher oder vorsprachlicher Begriff vorliegen. Sie strukturieren oder klassifizieren den Orientierungsbereich und ermöglichen eine umgebungsangepaßte Reaktion bei wechselnden Objekten (Clauß et al. 1976, S. 65).

Innerhalb der psychologischen Begriffsbildungsforschung sind in neuerer Zeit Differenzierungen erarbeitet worden, die für Probleme der typologischen Klassifikation relevant sind (Sprung und Kukla 1980). Sie stellen die *Merkmalscharakteristik* und die daraus folgende *Klassifizierungsoperation* in den Mittelpunkt der Betrachtung. Aus diesem Grunde sind sie, wie sich jetzt zeigen wird, für die typologische Analyse und Synthese wichtig.

Alternativen typologischer Analyse und Synthese

Die Art und Weise, Merkmale auszuwählen, zu verarbeiten und typologisch zu klassifizieren, kann mit unterschiedlichen Mitteln geschehen. Einen ersten Zugang zu diesen Mitteln erhalten wir über die Prüfung der jeweils realisierten *Merkmalsverarbeitung*. Ihr wollen wir uns zunächst zuwenden.

(1) *Kategoriale Orientierung.* – Eysenck und Rachman (1967) machen im Zusammenhang mit der klassischen Temperamentslehre des Hippokrates und Galenus (Typen: Melancholiker, Choleriker, Sanguiniker, Phlegmatiker) auf die folgende Tatsache aufmerksam:

> Dieses Einteilungssystem „konfrontiert uns sofort mit den Hauptproblemen der Klassifikation, deren erstes als Frage formuliert werden kann: ‚Kategorial oder dimensional?' Immanuel Kant ... vertrat entschieden eine kategoriale Auffassung, d. h. die Ansicht, daß jede Person einer bestimmten Kategorie zugeordnet werden könnte. Sie sei jeweils melancholisch, phlegmatisch, sanguinisch oder cholerisch, während irgendeine Mischform nicht zulässig wäre. Diese Auffassung der Kategorien ähnelt den in der Psychiatrie verwendeten Krankheitseinheiten und ihren entsprechenden Diagnosen" (S. 24 f.).

Auch Kendell (1978, S. 121 ff.) geht davon aus, daß das Begriffspaar kategorial/dimensional zwei grundlegende methodologische, methodische und diagnostische Entscheidungsalternativen kennzeichnet.

Im Sinne der Begriffsbildungsforschung handelt es sich bei der kategorialen Orientierung um die Verarbeitung *alternativ-diskreter* Merkmale. Sie schließen sich wechselseitig aus; es gilt nur „das eine oder das andere ..., es gibt kein intermediäres ‚Zwischen' bei den Merkmalen (oder es ist uninteressant)" (Klix 1976, S. 166). Aus dem Alltag kennen wir die Merkmalskategorien rund/eckig oder links/rechts, die entsprechende Typen von Objekten oder Positionen bilden. Innerhalb der Psychologie ist die kategoriale Orientierung überall dort möglich (und durchaus angemessen), wo das Vorliegen bzw. Nichtvorliegen eines Symptoms (oder Syndroms) über die Einordnung des Individuums in ein Typensystem entscheidet. Verwendbare diskret-alternative Merkmale wären, so gesehen – um ein Beispiel aus der klinischen Kinderpsychologie zu nennen –, die Symptome Daumen- bzw. Fingerlutschen, Nägelknabbern, nächtliches Einnässen, Tics usw., um zwei Typen von Kindern gegenüberzustellen, nämlich mit bzw. ohne sogenannte Kinderfehler (vgl. dazu Meyer-Probst 1980). Diese Typologie ist für die Diagnostik kindlicher Verhaltensstörungen belangvoll.

In vielen Fällen wird eine kategoriale Orientierung aber auch dann realisiert, wenn es sich in Wahrheit um *relational-stetige* Merkmale handelt. Hier besagt der Begriff „relational" folgendes: „Es kommt bei der Bestimmung des Merkmals auf eine zweite, eine Bezugsgröße an, die meist ein Nullpunkt ist, aber nicht sein muß" (z. B. Nullpunkte der Zeit- und Längenmessung); und „stetig" bedeutet: „Prinzipiell existieren alle Zwischenzustände bei Ausprägungsgraden auf einer Dimension (und sind für die Klassenzuordnung belangvoll)" (Klix 1976, S. 166). Die kategoriale Verarbeitung relational-stetiger Merkmale bedeutet z. B., daß wir kontinuierliche Veränderungen der Größe oder der Menge in polaren Typen wie groß/klein oder viel/wenig verdichten.

Dieser Modus der Merkmalsverarbeitung begegnet uns in bestimmten Begriffsstrukturen „naiver Verhaltenstheorien" des Alltagsbewußtseins (vgl. dazu Clauß 1980).

„Naive Theorien neigen zu Grobklassifikationen, zu Schwarz-Weiß-Unterscheidungen. Für den Lehrer gehört daher jeder seiner Schüler einer der drei Gruppen an: den guten, den unauffälligen oder den schlechten Schülern. Den beiden randständigen Gruppen gegenüber besitzen Lehrer recht prägnante und konstante Stereotypvorstellungen" (ebenda, S. 83). In Wahrheit relationalstetige Merkmalsausprägungen werden z. B. den polaren Eigenschaftstypen faul/fleißig, begabt/unbegabt, ehrlich/unehrlich, geschickt/ungeschickt usw. zugeordnet.

Auch bei Beschreibungen des „ersten Eindrucks" (nach flüchtiger Kenntnis eines anderen Menschen) oder bei Zeugenaussagen, die sich auf eine analoge Beobachtungssituation beziehen, finden wir diese Art der Merkmalsverarbeitung vor („der Mann war groß, schmächtig, dunkel angezogen, hatte eine hohe Stimme"). Auch in der belletristischen Literatur begegnet sie uns, vor allem aber im Volksmärchen (des Grimmschen Typs), wo sie der Auffassungsfähigkeit des Vorschulkindes entgegenkommt (Ch. Bühler 1918). Die verbreitete Neigung, außerhalb, aber auch innerhalb wissenschaftlicher Begriffsbildungen relational-stetige Merkmale kategorial zu verarbeiten, hängt offensichtlich mit der Wirkung der *„Prägnanzregel"* zusammen. Sie wurde in der Gestaltpsychologie beschrieben als perzeptive Reaktion auf das Erscheinen komplexer Objekte und Ereignisse (Helwig 1951, Metzger 1954). Komplexe Sachverhalte werden durch die perzeptive Prägnanzintention vereinfacht.

In vorwissenschaftlichen und wissenschaftlichen psychologischen Typensystemen, in denen es um die Gruppierung von Individuen geht, nimmt die kategoriale Verarbeitung relational-stetiger Merkmale die folgende Gestalt an: Zugrunde gelegt werden mehrere, in der Regel jedoch sehr wenige Merkmalsdimensionen (mit kontinuierlichen Ausprägungsgraden), deren jede dann kategorial (meist polar) verarbeitet wird. Auf diese Weise entstehen dann Typen als „Bündel" von Eigenschaften, und die Typen schließen sich gegenseitig aus. Um nochmals auf das Beispiel des Lehrerstereotyps „schlechter Schüler" zurückzukommen: Er erscheint als „langsam, ungeschickt, nachlässig, zerstreut, verschlossen, nicht ausgeprochen kameradschaftlich, außerdem eher verwahrlost, charakterlich schlecht, böse, unehrlich, ungezogen und feige" (Clauß 1980, S. 83). Ältere psychologische Typenlehren verfahren im Prinzip ebenso (vgl. dazu Helwig 1951); ihre Klassifizierungsoperationen sind folgendermaßen zu beschreiben (Abb. 6.2.).

Innerhalb der zu klassifizierenden Individuenmenge existiere ein Satz von Eigenschaftsdimensionen *a* bis *e* mit relational-stetigen Merkmalen in den Ausprägungsgraden 1 bis 5 (z. B. $a_1, a_2, \ldots, a_5$). Dieser Satz wird nun mit einem ersten Filter sondiert, das nur die Dimensionen *a* und *b* passieren läßt. Ein zweites Filter führt eine weitere Einschränkung ein:

Es läßt nur die extremen, polaren Ausprägungsgrade 1 und 2 dieser Merkmalsdimensionen für die Typenbestimmung zu. Alle Individuen der Stichprobe, die den Bedingungen $\{a_1 \vee a_2, b_1 \vee b_2\}$

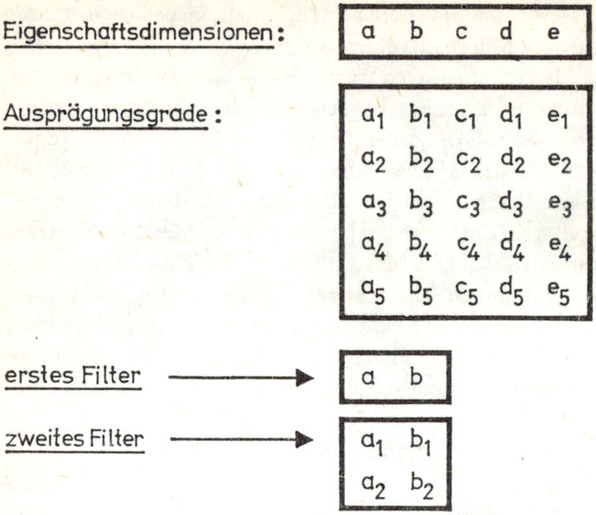

Abb. 6.2.: Methodische Vorgehensweise der Erzeugung kategorialer Typen.

genügen, lassen sich in einem Typ zusammenfassen. Es dürfte klar sein, daß ein solches Verarbeitungs- und Klassifizierungverfahren der Realität nicht gerecht wird.

(2) *Dimensionale Orientierung.* – Das Bild der gegenwärtigen Persönlichkeitsforschung wird, soweit sie sich typologischen Problemen zuwendet, vor allem durch diese Annäherung geprägt. Sie ist dem Schema von Abb. 6.3. zu entnehmen.

Ausgangspunkt ist ein sehr breiter Satz von Eigenschaftsdimensionen (*a* bis *z*) mit den Merkmalsausprägungen 1 bis 5. Es wird nun vorausgesetzt, daß die Ausprägungsgrade auf jeder Dimension normal verteilt sind. Jedes Individuum besetzt auf jeder Dimension einen bestimmten Ausprägungsgrad, ist also in diesem Sinne ein „Schnittpunkt von Dimensionen" (Guilford, Eysenck). Das bedeutet auch: Die relational-stetigen Merkmale werden *als solche verarbeitet und nicht künstlich kategorisiert.* Bei empirischen Untersuchungen ist es unmöglich, den gesamten Dimensionssatz in entsprechenden Daten abzubilden. Es muß vielmehr eine hypothesengeleitete Selektion bestimmter zugelassener (aber möglichst zahlreicher) Dimensionen erfolgen. Das geschieht durch den Einsatz eines begrenzten Methodeninventars (Tests, Fragebögen, Experi-

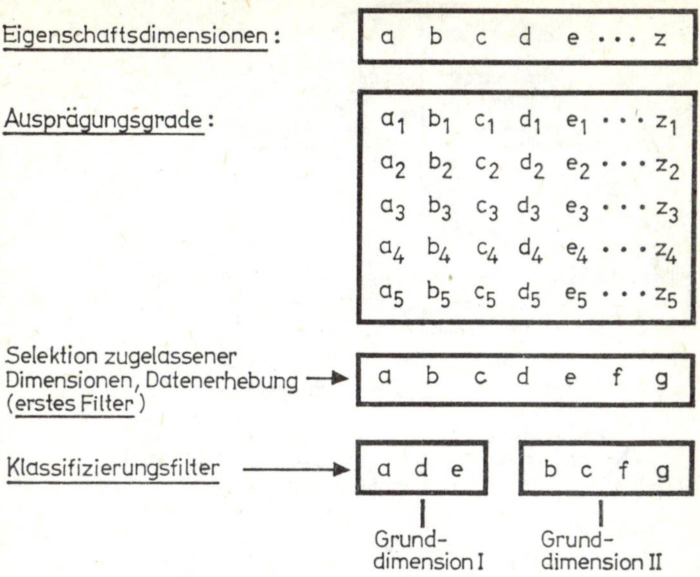

Abb. 6.3.: Methodische Vorgehensweise der Erzeugung dimensionaler Typen.

mente), das damit zugleich eine Filterfunktion ausübt. Das Methodenfilter stellt Daten bereit, die in Abb. 6.3. den begrenzten Merkmalsdimensionen *a* bis *g* entsprechen. Die untersuchten Individuen der Stichprobe besetzen auf den Skalen dieser Dimensionen bestimmte Plätze, je nachdem, welchen Ausprägungsgrad des Merkmals sie gerade verkörpern. Diese Merkmalsdaten einer möglichst großen Stichprobe werden nun einem Klassifizierungsfilter zugeführt, das auf mathematisch-statistischer Basis arbeitet (Faktoren-, Clusteranalyse; s. 4.3. Faktorenmodelle). Ihm gelingt es herauszufinden, welche Merkmale bzw. Dimensionen Komplexe bilden, also vergesellschaftet auftreten, Bindungen aneinander aufweisen. In einem gestuften Verdichtungsprozeß treibt dieses Filter die Datenanalyse bis zur Auffindung von Grunddimensionen voran; in Abb. 6.3. sind es z. B. zwei Dimensionen. Mit Hilfe spezieller diagnostischer Verfahren ist es dann möglich, auch den Ort eines Individuums auf den Grunddimensionen zwischen zwei Polen genau zu bestimmen. Diese Pole werden dann benannt, in Eysencks Temperamentslehre beispielsweise introvertiert vs. extravertiert

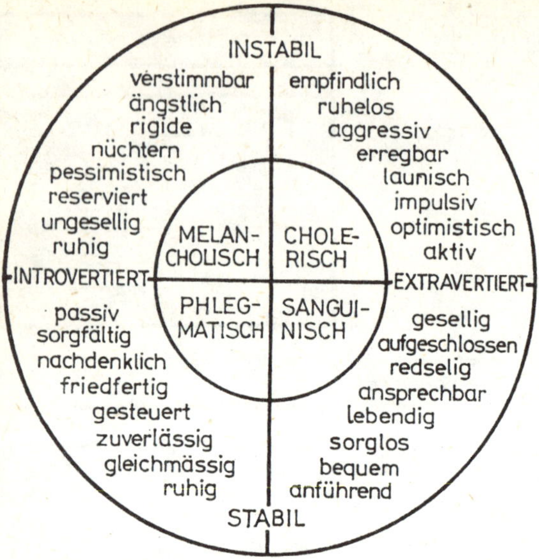

Abb. 6.4.: Die Grunddimensionen Intro-/Extraversion und Stabilität/Instabilität (aus Eysenck und Rachman 1967).

und stabil vs. instabil (Abb. 6.4.). Aus den Schnittpunkten dieser Grunddimensionen hat Eysenck 2 Neurosetypen abgeleitet (Neurosen erster bzw. zweiter Ordnung): Wenn sich hohe Introversions- und Instabilitätsausprägungen schneiden, dann handelt es sich um eine Dysthymie (Angstneurose), wenn das Analoge hinsichtlich Extraversion und Instabilität geschieht, so entsteht das Bild einer Soziopathie.

Die Vorzüge der dimensionalen Orientierung liegen klar auf der Hand. Der Realität relational-stetiger Merkmalsausprägung wird Rechnung getragen durch eine *entsprechende* Verarbeitungsprozedur, und die Entscheidungsregeln für die Selektion der klassifizierungsrelevanten Dimensionen und für die Verarbeitung der Merkmale sind durch die eingesetzten Methoden klar definiert, so daß die Klassen, Typen und ihre begriffliche Kennzeichnung ein Maximum an Eindeutigkeit aufweisen. Der kritischen Sichtung der dimensionalen Orientierung sind Ansatzpunkte und Richtungen vorgezeichnet: Sie hat zu prüfen, welche Selektionsaspekte bei der

Methodenwahl wirksam waren und ob sie akzeptabel sind, und sie muß die Grenzen der Klassifizierungsoperationen streng bestimmen (hinsichtlich des Meßmodells, der Skalengüte usw.).

(3) *Empirische oder intuitive Fundierung.* – Diese beiden Alternativen trennen wissenschaftliches und vorwissenschaftliches Vorgehen bei der Typenbestimmung. Von empirischer Fundierung können wir überall dort sprechen, wo die Daten, die einer kategorialen oder dimensionalen Analyse und Synthese zugeführt werden, dem Kanon der empirischen Persönlichkeitsforschung in Hinsicht auf Methodologie und Methodik entsprechen und wo die Verarbeitung dieser Daten ebenderselben Methodologie und Methodik folgt (vgl. zu diesen Standards Sprung 1982). Der Begriff „intuitive Fundierung" weist dagegen auf einen Modus der Typenbestimmung hin, der in naiven Verhaltenstheorien ebenso angetroffen wird wie im Vorfeld der neueren psychologischen Typenlehren. Was letzteres anbelangt, so sei auf Schillers Gegenüberstellung „naiver" und „sentimentalischer" Dichter, Nietzsches Gegensatzpaar „apollinisch" und „dionysisch", Schneiders Psychopathentypen oder Sprangers Welt- und Lebensanschauungstypologie verwiesen (ausführliche Charakteristika bei Helwig 1951). Auch typologische Begriffe wie „Klassik", „Romantik", „Barock" oder „sozialistischer Realismus" sind in diesem Sinne mehr intuitiv als empirisch begründet.

Eine genauere Analyse des intuitiven Moments der Typenbestimmung fördert zutage, daß es sich hier um die Bildung hochgradig *„unscharfer Begriffe"* handelt. Wir finden sie dort vor, wo die zu klassifizierende Objektwelt außerordentlich komplex ist und trotz der verwirrenden Dimensions- und Merkmalsfülle begrifflich „gemeistert" werden muß. Der Sachverhalt „Komplexität" meint hier folgendes: Die Merkmale besetzen mehrere Merkmalsdimensionen, sie sind in der Regel miteinander korreliert, sie sind relational-stetig, sie haben ein unterschiedliches Gewicht (wenn es um die Zugehörigkeitsbestimmung geht), sie lassen häufigkeitsstatistische Erwägungen zur Geltung kommen, und sie können gegebenenfalls sogar ganz fehlen, sind also untereinander kompensierbar, wenn die Klassifikation vollzogen wird. Klix (1976, S. 167 ff.) und Kukla (in Klix 1976, S. 215) nennen die Beispiele Großstadt, Laie/Experte, altmodisch/modisch. In der neueren Begriffsbildungsforschung ist man den Regeln dieser Art Typisierung auf der Spur, aber die dabei gewonnenen Erkenntnisse sind nicht geeignet (und werden es auch in Zukunft kaum sein), eine hochgradig unscharfe Begriffsbildung zu einer wissenschaftlichen Methode der Typenbestimmung zu qualifizieren. Zumindest gilt das für die Persönlichkeitspsychologie, in der das Typisieren mit diagnostischer Absicht und also Verantwortung verbunden ist. Und welche Verwirrung typologische Charakteristika wie Klassik und Romantik in der kunstwissenschaftlichen Forschung spielen können, ist an der Diskussion über die Einordnung des Schubertschen Werkes abzulesen. Auch der fortwährende Streit um den Inhalt dessen, was man sozialistischer Realismus nennt, belegt die Schwierigkeiten, von denen hier die Rede ist.

Wir können festhalten: Sowohl die kategoriale als auch die dimensionale Orientierung sind als methodologische und methodisch-diagnostische Annäherung an das persönlichkeitspsychologische Typenproblem zulässig und brauchbar, wenn sie sich an das *real vorliegende Merkmalsrelief* (alternativ-diskret, relational-stetig) anpassen und die immer erforderlichen Selektionen und Reduktionen kontrollieren und bei Schlußfolgerungen berücksichtigen. Zu fordern ist aber in jedem Falle eine empirische Fundierung, wie sie hier beschrieben wurde.

6.3. Beispiele typologischer Annäherung

Wenn man die Literatur über Persönlichkeitstypen analysiert, so schälen sich – unabhängig von der jeweils gewählten Orientierung – verschiedenartige Merkmalsbereiche heraus, je nachdem, welcher theoretisch oder praktisch relevante (und dementsprechend durch bestimmte Hypothesen nahegelegte) Klassifizierungsaspekt eine Rolle spielt. Aus der Vielzahl möglicher Merkmalsbereiche wählen wir Beispiele aus. Unsere Selektion läßt sich davon leiten, in welchem Maße eine typologische Annäherung immer noch oder in neuerer Zeit als einflußreich und anregend zu betrachten ist. Die typologischen Orientierungen, die innerhalb der Faktorenmodelle in Erscheinung treten, lassen wir hier beiseite, weil sie – verstreut über den Text – früher schon relativ ausführlich charakterisiert wurden.

Positionale Typen

Als positionale Typen können wir Klassen von Individuen bezeichnen, deren übereinstimmende Dispositionen und Handlungsweisen aus ihrer *identischen Position* im Makro- oder Mikromilieu resultieren. Innerhalb der bürgerlichen (und zum Teil auch der marxistisch orientierten) Sozialpsychologie erscheinen positionale Typen unter dem Namen *„Sozialrolle"* (vgl. Hiebsch und Vorwerg 1980). Der sowjetische Persönlichkeitspsychologe Merlin (1976) spricht von „sozialen Typen".

Bereits Lenin hat den hier zu diskutierenden Sachverhalt erkannt und beschrieben:

> „Lenin zeigte, daß gesellschaftliche Beziehungen die menschlichen Handlungen nicht unmittelbar, sondern über das gesellschaftliche Bewußtsein beeinflussen. Durch aufmerksames Studium sozialpsychologischer Erscheinungen unterschiedlicher gesellschaftlicher Klassen und Schichten deckte Lenin ihre Rolle bei der Verhaltensdetermination auf. Er bereicherte die marxistische Auffassung vom sozialen Wesen der Persönlichkeit durch glänzende Charakteristiken verschiedener sozialer Persönlichkeitstypen (Leibeigener, Gutsbesitzer, großer und kleiner Bourgeois, liberaler politischer Funktionär, sogenannter ‚Volksfreund', Intellektueller, Beamter, Kleinbürger, kleiner Unternehmer, fortschrittlicher Arbeiter, Revolutionär, Opportunist u. a.)" (Kostjuk, in Lompscher 1974, S. 109).

In diesem Zitat sind Beispiele für positionale Typen genannt. Man muß sich aber darüber klar sein, daß prinzipiell *jede* Position im Makro- und Mikromilieu dem Individuum, das sie einnimmt, einen verhaltensdeterminierenden Stempel aufdrückt, d. h. nicht allein die Klassen- oder Schichtposition, die der Politiker Lenin im Auge hatte. „Der soziale Typ der Persönlichkeit wird durch den Klassentyp nicht völlig erschöpft" (Merlin 1976, S. 191). So gesehen, gibt es eben auch positionale Typeneigenschaften, die wir bei Schotten, Russen, Bürgern der BRD, Vätern, Lehrern, Diplomaten usw. usf. ausfindig machen können.

Wie kommt es zur Herausbildung positionaler Typeneigenschaften? – Die Antwort auf diese Frage ist – in Abhängigkeit von der jeweils vorliegenden theoretischen Konzeption – sehr unterschiedlich.

Die bürgerlichen Rollentheoretiker erfassen (als Folge ihrer Psychologisierungstendenzen) das Phänomen nur an der Oberfläche.

Die Sozialrolle – als Verdichtung von funktionsrelevanten Werten, Normen und Erwartungen der jeweiligen „Bezugsgruppe" – veranlaßt ihrer Meinung nach das Individuum, das die Funktion ausübt, sich den rollenspezifischen Werten, Normen und Erwartungen durch sein Verhalten anzupassen. „Somit wird der soziale Typ der Persönlichkeit ... vor allem und vorwiegend durch den gesellschaftlichen Überbau in Gestalt sozialer Verhaltensnormen und dabei in Abhängigkeit von der rein subjektiven Orientierung des Menschen" bestimmt (ebenda, S. 190).

Die historisch-materialistisch orientierte Persönlichkeits- und Sozialpsychologie akzentuiert vier Sachverhalte. (1) Das, was man als soziale Rolle oder als sozialen Typ bezeichnet, reflektiert die Stellung des Individuums im objektiven Funktionsgefüge seiner Lebensbedingungen, seiner Lebenslage, also die Position in unserem Sinne. Diese Korrespondenz ist mittelbar oder unmittelbar nachweisbar. (2) Relativ stabile positional-typologische Eigenschaften können wir nur dort erfassen, wo das Individuum vor „kritische" Entscheidungssituationen der Lebensbewährung gestellt ist (denken wir etwa an das Verhalten von Arbeitern in einer Streik-Urabstimmung; ebenda, S. 192). Solche stabilen positional-typologischen Eigenschaften sind das Ergebnis einer persönlichen Identifizierung mit den Anforderungen der Position auf der Basis sinngebender Motive, die über das Positionsverständnis das Selbstbild nachhaltig formt. Außerhalb von echten Bewährungssituationen tritt häufig ein mehr „konventionelles Rollenverhalten" in Erscheinung, das äußerlichen Stereotypen (des Gehabes, des Ausdrucksverhaltens usw.) folgt. (3) Die Position ist – wie in Kapitel 3 dargelegt – als Relation betrachtet ein Anforderungs- und Gestaltungsfeld, bedingt somit kein streng fixiertes „Zeremoniell" oder „Ritual", ist keine „Zwangsjacke". „Der Gestaltungsspielraum ermöglicht die aktive Funktion des Subjekts, es wird dabei nicht nur als Produkt der objektiven Rollenanforderungen, sondern auch als Initiator sozialer Wechselwirkung angesehen" (Hiebsch und Vorwerg 1980, S. 253). Somit unterscheiden sich Individuen, die identische Positionen einnehmen, hinsichtlich ihrer Fähigkeiten und Motive, den Gestaltungsspielraum auszuschöpfen. Je mehr sie das tun, desto stärker weichen sie vom jeweiligen positionalen Typ in seiner extremen Ausprägung ab. (4) In diesen Alternativen – Position als Anforderungs- und Gestaltungsfeld – liegt ein Gefahrenmoment der Persönlichkeitsentwicklung: „Wenn eine Rolle ohne Ich-Beteiligung übernommen wird und es keine Entwicklung zu Identifikation oder Verinnerlichung gibt, kann das Individuum psychischen Schaden erleiden. Die Ausübung einer Rolle ohne Ich-Beteiligung entspricht einer Selbstpräsentation, die mit dem Selbstbild nicht übereinstimmt" (ebenda, S. 253). Kon (1970, S. 173) weist in diesem Zusammenhang auf „Elemente der Entfremdung", auf „innere Spannungen", auf das Gefühl der „Gezwungenheit des Verhaltens" hin. Daraus resultiert die Forderung, daß alle gesellschaftlichen Institutionen der „Erstarrung" der in ihnen repräsentierten Positionen zu formal-konventionellen Handlungsmustern, zu leeren Gehabenshülsen mit allen Mitteln entgegenarbeiten müssen, daß sie verpflichtet sind, den *Gestaltungs*spielraum der Positionen so breit wie möglich zu halten.

Aktivationstypen

Bereits im Abschnitt 2.3. sind wir auf ein Persönlichkeitsmodell eingegangen, das von Maddi (1972) stammt und die Diskrepanzen zwischen habituellem und aktuellem Aktivierungsniveau zum Ausgangspunkt der Betrachtung macht. Innerhalb dieses Konzepts haben Maddi und seine Mitarbeiter auch einen typologischen Ansatz entwickelt, um interindividuelle Unterschiede klassifizieren zu können. Die Aspekte (Dimensionen) und Grundmerkmale dieses Ansatzes sind Tab. 6.1. zu entnehmen, bedürfen jedoch einer zusätzlichen Erläuterung.

Ausgangspunkt ist die typologische Gegenüberstellung von Individuen mit hohem/niedrigem Aktivierungsniveau, das hier als habituell, gewohnt aufgefaßt wird. Eine nähere Bestimmung erfahren

Tab. 6.1.: *Der typologische Ansatz von Maddi. Die Originalbegriffe von Maddi wurden frei übertragen. Erläuterungen im Text*

Aspekte	Ausprägungsgrade (Pole)
1. Aktivationsniveau	hoch – niedrig
2. Informationsaufnahme	wird angestrebt – wird gemieden
3. Informationsquellen	extern – intern
4. Informationseigenschaften	Bedeutsamkeit – Intensität – Variabilität
5. Informationssuche	aktiv/antizipierend – passiv/korrigierend

diese Typen, wenn man ihr Informationsaufnahme-Verhalten untersucht: Erstere streben Stimulierung, Informierung an, letztere tun das in erheblich geringerem Maße. Jeder dieser beiden Typen läßt sich nun mit Hilfe der Aspekte (Dimensionen) 3 bis 5 feiner differenzieren, so daß – wenn man nur die polaren Ausprägungen in Betracht zieht – 24 Persönlichkeitstypen entstehen. Interpretiert man das System als dimensional, so wird deutlich, daß ein sehr dichtes Netz von Beschreibungsmerkmalen gewonnen ist. Es liefert eine Fülle von Möglichkeiten, um insbesondere zu einer psychologischen Konkretisierung von Dispositionen zu gelangen, die der Kategorie *„Eigenaktivität"* zuzuordnen sind. Dies ist auch der Grund, warum wir diese Typologie in unsere Beispiele eingefügt haben, obwohl – wie Maddi zugibt – nicht für alle Beschreibungsdimensionen befriedigende diagnostische Instrumente zur Verfügung stehen. Das typologische System ist also streckenweise konstruiert, weist – diagnostisch betrachtet – Leerstellen auf. Wesentlich ist jedoch, daß diese Typologie es gestattet, auch psychophysiologische Parameter (der Vigilanz, des Arousal usw.) für diagnostische Zwecke zu verwenden.

Zum Zwecke der Veranschaulichung wollen wir zwei der von Maddi charakterisierten Typen herausgreifen und ihre genaue Beschreibung wiedergeben (in freier Übertragung):

„Die hochaktivierte Person mit aktiver Informationssuche und einer Bevorzugung externer Informationsquellen ist ein Draufgänger, der sich den Herausforderungen der physischen und sozialen Umwelt stellt. Sie ist energisch und geradezu gefräßig dort, wo es um Bedürfnisbefriedigung geht. Interessiert an sehr vielen konkreten, greifbaren Ereignissen und Dingen, bleibt sie hart ‚am Mann'. Obwohl kaum durch Konformitätszwänge belastet, ist sie ein Mensch der Tatsachen, nicht der Fantasien. Grübeleien und Tagträume sind nicht ihre Sache. Sie ist geradlinig und -sinnig, nicht kompliziert und spitzfindig, vielmehr risikogeneigt und enthusiastisch. An permanenten Kontakten, Begegnungen mit Menschen und Sachen ist sie hochgradig interessiert. Sofern das Bedürfnis nach bedeutungshaltigen Informationen ausgeprägt ist, verfolgt sie Probleme und Ursachen – mehr wie ein Staatsmann, Geschäftsmann oder Journalist, weniger wie ein Gelehrter. Aber wenn es mehr um das Intensitätsmoment von Informationen geht, ist sie in stärkerem Maße auf Aktivität, ja Tumult aus – etwa als Sportler, Soldat oder Lebemann. Herrscht das Bedürfnis nach variablen Informationen vor, zeigt sie Neugierde, bezogen auf Ursachen und Mechanismen, die Menschen und Dinge beherrschen – als Abenteurer, Entdecker oder Weltreisender.

Wenden wir uns nun der hochaktivierten Person zu, bei der sich die aktive Informationssuche an interne Quellen bindet. Ihr ist diese Aktivität kaum äußerlich anzumerken. Was nach außen hin in Erscheinung tritt, ist ein Reichtum an Wissen und an Ergebnissen der aktiven internen Orientierung. Sie ist ein Denker, ein Tagträumer, sie beantwortet Herausforderungen, die aus den Grenzen von Geist und Körper resultieren, sie hat kaum Bezug zu den konkreten Ereignissen und Affären der Außenwelt. Sie ist spitzfindig und kompliziert, bekundet Tiefe und eine bemerkenswerte kognitive und emotionale Differenziertheit. Sie ist nicht gesellig, könnte aber einige enge, intime Freunde haben. Allgemein gesagt: Sie ist nicht interessiert an den offensichtlichen Oberflächenmerkmalen von Leuten und Sachen. Wenn das Bedeutungsbedürfnis überwiegt, führt sie ein geistiges Leben, neigt zu wissenschaftlichen, philosophischen Grübeleien. Ein hohes Bedürfnis nach Informationsintensität läßt sie Sensationen und Emotionen suchen – vielleicht als Dichter oder Liebender. Sollte das Bedürfnis nach Informationsvariabilität vorherrschen, dann strebt sie nach Originalität im Kontext kreativer, erfinderischer Bemühungen" (Maddi 1972, S. 371).

Es ist – von diesen Beschreibungen her – offensichtlich, daß der Autor teilweise den Rahmen eines engeren Aktivationskonzepts sprengt, daß er Totalitätsansprüche der Persönlichkeitserfassung anmeldet, die in diesen Grenzen kaum erfüllbar sind. Die eigentlich wissenschaftliche Bewährung dieser Typologie scheint mehr eine Aufgabe der Zukunft zu sein, wenn man an die aufgezeigten Mängel denkt.

Konstitutionstypen

Typologien, die ihren Ausgang von *körperbaulichen Eigenarten* nehmen (mit ihren anthropometrisch bestimmbaren Wachstumstendenzen und Merkmalen; vgl. dazu Grimm 1966), sind vor allem in den zwanziger bis vierziger Jahren ausgearbeitet worden. Am bekanntesten sind die Typensysteme von Kretschmer (1921) und Sheldon (1940, 1942, 1954). Beide gehen davon aus, daß es überzufällige Zusammenhänge zwischen typologisch beschreibbaren Charakteristika des Körperbaus (relativ unabhängig vom Geschlecht) einerseits und solchen im psychischen Eigenschaftsbereich andererseits gibt. Beide unterscheiden sich hinsichtlich der Methodologie der Problemnäherung: Kretschmer akzentuiert eine mehr kategoriale Orientierung, während Sheldon explizit dimensional ausgerichtet ist (vgl. dazu Helwig 1951). Über die innere Verwandtschaft beider Typensysteme gibt Tab. 6.2. Auskunft; gleichzeitig sind ihr Grundbegriffe zu entnehmen, die bis heute im persönlichkeitspsychologischen Vokabular enthalten sind.

Tab. 6.2.: *Die Konstitutionstypen von Kretschmer und Sheldon in einem Überblick (mit ausgewählten psychischen Komponenten). Es sind lediglich die polaren Ausprägungen, ferner keine sekundären Konstitutionskomponenten (und dementsprechende Varianten) dargestellt*

Körperbau-Komponenten	Psychische Komponenten (ausgewählt)
Kretschmer	
Leptosom oder dysplastisch	*Schizothymie:* zugleich sensibel und stumpf, Ich-Umwelt-Spannung, introvertiert, autistisch, rigoros-dogmatisch, ordentlich, diszipliniert, verschlossen, zynisch-sarkastisch
Pyknisch	*Zyklothymie:* Stimmung zwischen angeregt-heiter oder niedergeschlagen-traurig, gesellig, kompromißbereit, realistisch-angepaßt, großzügig, extravertiert, humorig
Athletisch	*Visköses Temperament:* langsam, bedächtig, wortkarg, torpid, konzentriert, rigid, stabil, treu, explosiv-zornig
Sheldon	
Ektomorphie (zart – dünn – schlank)	*Cerebrotonie:* reizempfindlich, zurückhaltend, gehemmt, sexuell ansprechbar, introvertiert, neugierig-wissensdurstig
Endomorphie (eckig – dick – füllig)	*Viszerotonie:* bequem, extravertiert, tolerant, genußfreudig, gesellig, offenherzig
Mesomorphie (eckig – gedrungen – muskulös)	*Somatotonie:* aktiv-energisch, aggressiv, unempfindlich, skrupellos, gutmütig, treuherzig, rigid, humorlos

Es ist außerordentlich schwer, den konstitutionstypologischen Ansatz einzuschätzen. In der Literatur finden sich sehr widersprüchliche Aussagen und konträre Standpunkte. Offensichtlich ist die Belastung des Problems durch dogmatisierte theoretische und methodologische Vorentscheidungen – als Biologismus versus Soziologismus – sehr beträchtlich. Dazu haben die Konstitutionstypologen selbst erheblich beigetragen, in diesem Falle durch ihren mehr oder minder ausgeprägten *Biologismus*. Er ist den Arbeiten der Kretschmer-Schule (bezüglich der Literatur s. Helwig 1951) eindeutig zu entnehmen, in denen Geisteskrankheiten, Psychopathien, psychische Normalverfassung, geniale Produktivität (von Künstlern, Wissenschaftlern, Staatsmännern usw.) und kriminelle Handlungen mit kategorial erfaßten Körperbauvarianten in einen deterministischen Zusammenhang gebracht wurden. Ähnliche Tendenzen, gemischt sogar mit rassistischen Einsprengseln, sind bei Sheldon und seinen Schülern nachzuweisen. Sie machen a priori die konstitutionstypologische Annäherung fragwürdig, ja suspekt (vgl. dazu Sève 1972, S. 218 ff.).

Lindzey (1973) referiert in einem kritischen Resümee eine Reihe von empirischen Untersuchungen, die – basierend auf dem Sheldonschen Meßansatz – positive korrelationsstatistisch begründete Zusammenhänge zwischen Körperbauvariablen und psychischen Merkmalen belegen. Diese Daten können vervollständigt werden durch Ergebnisse, wie sie z. B. Cortés und Gatti (1973) im Bereich der Motivation erzielten: Mesomorphie ist hoch positiv korreliert mit dem Leistungsbedürfnis, während Ektomorphie mit starken Sexualbedürfnissen verknüpft ist. Es gibt also aussagekräftige Befunde, die üblichen Standards der Methodik genügen. Andererseits ist, wie Lindzey betont, die methodologische Basis konstitutionsbiologisch fundierter Arbeiten, die vor allem für die Interpretation wesentlich ist, nach wie vor problematisch. Er belegt das an Hand folgender Argumente:

(1) Trotz erheblicher Fortschritte auf diesem Gebiet besteht nach wie vor Unklarheit über psychologisch relevante Körperbaudimensionen und über die Regeln oder Vorschriften ihrer anthropometrischen Objektivierung. (2) Es ist gegenwärtig auch keine Klarheit über das Zutreffen bestimmter Hypothesen, den Zusammenhang zwischen morphologischen und psychologischen Variablen betreffend, zu gewinnen. Umstritten sind noch immer die folgenden 3 Hypothesengruppen:

- Bestimmte prägende Umweltereignisse determinieren gleichsinnig Morphologie wie Verhalten;
- morphologische Charakteristika determinieren direkt oder indirekt ein spezifisches Verhalten, indem sie es begrenzen oder begünstigen (u. a. auch über die Wirkung von „Rollen“);
- es gibt biologische Faktoren (genetische, physiologische), die

beispielsweise im Sinne einer Pleiotropie (Polyphänie) sowohl morphologische als auch Verhaltensmerkmale determinieren. (Die Prüfung dieser Hypothese ist erschwert, weil „über die genetischen Grundlagen des Körperbaus ... nichts bekannt ist", Stern 1968, S. 610.)

Lindzey hält es für zweckmäßig, innerhalb neuer Forschungsansätze exakt objektivierte Körperbaumerkmale als mögliche *Vermittlungs*variable des Einflusses ontogenetisch früher (prägender) Lebenserfahrungen, der Wirkung von Psychopharmaka und Drogen, ferner des Einflusses der Fremdwahrnehmung in der sozialen Kommunikation (und von daher auf Erfolg/Mißerfolg und Selbstwahrnehmung) zu untersuchen. Hier gibt es bereits Forschungserfahrungen, die dafür sprechen, daß morphologische Merkmale, wenn überhaupt, dann wohl nur als Vermittler von Umweltwirkungen in die Ausprägung psychischer Merkmale eingreifen.[43]

Dafür sei ein Beispiel aus der jugendpsychologischen Literatur erwähnt: „Bei bestimmten Interessen, die für Jugendliche typisch sind, waren in Einzelfällen gesicherte Unterschiede zwischen (körperlich, H.-D. S.) retardierten und akzelerierten Mädchen aus 8. Klassen zu beobachten. Dies spricht (vor allem, da solche Unterschiede in 6. Klassen nicht aufweisbar waren) dafür, daß akzelerierte Mädchen des 8. Schuljahres wegen ihrer körperlichen Reife häufig bereits wie über 14 Jahre alte Mädchen behandelt werden. Da das 14. Lebensjahr einen Wendepunkt in der Altersnormierung bedeutet, können solche Einflüsse bereits tief wirksam werden ...

Die Annahme liegt nahe, daß ein reiferer somatischer Entwicklungsstand nur dann psychisch wirksam wird, wenn er die soziale Umwelt veranlaßt, neue Maßstäbe an Leistung und Verhalten des reifenden Jugendlichen anzulegen" (Kossakowski 1966, S. 77).

Typen der höheren Nerventätigkeit

Diese Typologie, in der regelhafte Abhängigkeiten von *nervalen Prozeßeigenschaften* und psychischen Merkmalen zugrunde gelegt werden, geht auf die Untersuchungen der Pawlow-Schule (beginnend 1909/10) zurück (Pawlow 1953, Iwanow-Smolenski 1954, Teplow 1956, 1963, Nebylizyn 1966, Berlyne 1968). Pawlow wurde

---

[43] Das folgende Beispiel wird auch durch neuere Untersuchungen von M. Reißner (in Friedrich und Müller 1980) bestätigt.

auf typologische Charakteristika aufmerksam, als er im Zusammenhang mit seinen Untersuchungen über bedingte Reflexe an den Versuchshunden individuelle Unterschiede des Lernens und der „neurotischen Entgleisung“ beobachtete. Die Schüler Pawlows (als erste Krasnogorski und Iwanow-Smolenski) interessierten sich für Möglichkeiten der Übertragung der Tierbefunde auf den Menschen. Seitdem wird – bis in die Gegenwart hinein – besonders in der Sowjetunion an der Vervollkommnung dieses typologischen Systems menschlichen Verhaltens intensiv gearbeitet.

Ausgangspunkt der Pawlowschen Typologie war eine *eindimensionale,* zugleich *kategoriale* Klassifikation. Die Dimension nannte er „Stärke“, die Pole bildeten Erregung und Hemmung. Die Hunde wurden als Temperamentstypen den Polen zugeordnet:

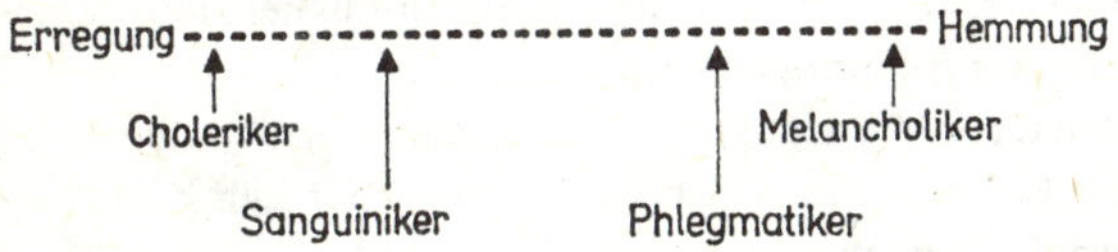

Grundlage der Klassifikation bildeten Verhaltensindikatoren (des Freilandverhaltens, des Lernverhaltens im Experiment), von denen her auf einen dominierenden nervalen Erregungs- bzw. Hemmungsprozeß geschlossen wurde.

Sehr bald erwies sich eine Weiterentwicklung als notwendig. Es wurden *drei* Klassifizierungsaspekte erprobt, außerdem erfolgte ein Übergang zur *dimensionalen* Orientierung. Jetzt konnten – allein bei Einbeziehung der polaren Ausprägungen – bereits 24 Typen differenziert werden, wenn man die 3 Dimensionen „Stärke“ (der Erregung/Hemmung), „Gleichgewicht“ (von Erregung/Hemmung) und „Beweglichkeit“ (Übergang von Erregung zu Hemmung und umgekehrt) in die typologische Analyse einbezog. Das folgende Schema verdeutlicht den erzielten Fortschritt (E = Erregung, H = Hemmung):

(1) Stärke: stark – schwach

(2) Gleichgewicht: gleichgewichtig – ungleichgewichtig

/ \

E-Dominanz H-Dominanz

(3) Beweglichkeit: mobil – träge

/ \ / \

E H E H

Unabhängig von der möglichen Typenvielfalt betonte Pawlow, daß in der Realität 4 Hundetypen ganz überwiegend vorkommen, nämlich der Choleriker (stark, ungleichgewichtig, E > H), der Sanguiniker (stark, gleichgewichtig, mobil), der Phlegmatiker (stark, gleichgewichtig, träge) und der Melancholiker (schwach). Er hielt also in gewissem Sinne an der klassischen Temperamentslehre fest.

Bereits zu Lebzeiten Pawlows versuchte man, stabile Indikatoren zu finden, mit deren Hilfe es möglich war, die drei zunächst hypothetischen Typendimensionen *zu objektivieren und zu operationalisieren.* Das geschah seinerzeit

- durch normierte Daten aus der Beobachtung des tierischen Freilandverhaltens und allgemein des Verhaltens außerhalb der Lernexperimente;
- durch Parameter, die sich aus dem Lernprozeß bei der Ausarbeitung bedingter Reaktionen ergaben, und
- durch Parameter, die im Zusammenhang mit pharmakologischen Tests (z. B. Wirkung von Koffein oder Brom auf den Konditionierungsprozeß) gewonnen wurden.

Diese Forschungen sind in neuerer Zeit verstärkt worden, vor allem innerhalb der Teplow-Schule (Nebylizyn und Gray 1972). Neben den oben genannten Parametern wurden u. a. interindividuelle Unterschiede sensorischer Schwellen, des Verhaltens im Assoziationsexperiment (Latenz, Stabilität und Geschwindigkeit von Assoziationen), des EEGs und der PGR unter der Bedingung von Konditionierungen zugrunde gelegt – jetzt unter Einbeziehung des Menschen in entsprechende Experimente und Tests. Außerdem wurden mathematisch-statistische Verfahren eingesetzt (Faktorenanalyse), um Grunddimensionen zu objekivieren. [Dabei ergab sich u. a., daß man den allgemeinen Faktor Stärke auftrennen muß in „Stärke der Erregung" und „Stärke der Hemmung", ferner fand Nebylizyn eine neue Dimension („Dynamismus"), die sich auf Parameter des Verhaltens im Assoziationsexperiment bezieht.] Auf diese Weise ist es heute möglich, eine Untersuchungsbatterie zusammenzustellen, die es gestattet, einen Probanden ziemlich sicher innerhalb des Raums von 3 oder 4 Typendimensionen „unterzubringen".

Im Zusammenhang mit diesen Untersuchungen wurde die in der Pawlow-Schule ungeklärte Frage nach dem *Wesen von Erregung und Hemmung* – den Basisprozessen der nervalen Tätigkeit – klarer gestellt und unter Berücksichtigung der internationalen neurophysiologischen Forschungsbefunde befriedigender beantwortet. Wie wir heute wissen, ist es erforderlich, das zentrale Moment der Erregung, die Bildung von neuronalen Aktionspotentialen, mit Aktivierungskomponenten (des retikulären und limbischen Systems) subkortikaler Areale in Beziehung zu bringen. Erregung wäre demnach der aktivierungsabhängige Tonus der Hirnrinde als Basis der Informationsverarbeitung. Bei der Hemmung handelt es sich um einen eigenständigen aktiven Prozeß der Erregungsdämpfung oder -abschaltung, der mit der Tätigkeit spezifischer Hemmsynapsen in Zusammenhang steht.

Seit Mitte der fünfziger Jahre wurden Zusammenhänge zwischen den oben beschriebenen typologischen Charakteristika und anderen Verhaltensmerkmalen (nicht nur solchen des Temperaments) gesucht und gefunden. Die Stärke der Erregung erwies sich z. B. als positiv korreliert mit schneller Erholung (nach Ermüdungszuständen) und mit einem Widerstand gegenüber Konfliktbelastungen; die Stärke der Hemmung ist verbunden mit hohen Graden der Konzentration und der Selbstkontrolle; Menschen mit gleichgewichtigen nervalen Grundprozessen zeigen eine geringere Neuroseanfälligkeit; und hohe Beweglichkeit korrespondiert mit allgemeiner Angepaßtheit und Flexibilität. Forschungsergebnisse dieser Art machen es möglich, sie in die psychodiagnostische Praxis zu überführen, dies insbesondere dort, wo eignungsdiagnostische Fragestellungen in den Vordergrund rücken. Beispielsweise gehört die typologische Charakteristik der nervalen Grunddimensionen bei Kosmonauten zum Standardprogramm der Auswahl dieses Personenkreises, der besonders hohen, ja extremen Bewährungslagen ausgesetzt ist.

Es ist einleuchtend, daß die hier vorliegende Annäherung an das Typenproblem der konstitutionsbiologischen turmhoch überlegen ist. Die nervalen Strukturen und Prozesse sind das *unmittelbare*, „benachbartste" materielle Substrat des Psychischen, während es nach wie vor unklar bleibt, auf welchem Wege körperbauliche Eigenarten die Manifestation psychischer Merkmale „erreichen" sollen. Dennoch: Auch eine nerval-neuronal fundierte Typologie birgt die Gefahr biologistischer Fehldeutungen in sich. Allein die Tatsache, daß immer wieder auf die erbliche Determination typologischer Charakteristika des Nervensystems hingewiesen wird

(z. B. von Merlin 1976) – also die belegte Lernfähigkeit des Neurons unreflektiert bleibt –, deutet die Gefahr an. Für alle biologisch begründeten Typensysteme gelten Argumente, wie sie Sève (1972) sicherlich mit Recht vorbringt:

„Selbst wenn man gelten läßt, daß Arbeiten wie die von Sheldon bis zu einem gewissen Verständnis der *Form,* des individuellen *Stils* bestimmter Aspekte der *Verhaltensweise* kommen können . . ., ist doch ganz klar, daß sie uns nie etwas zum *wirklichen Inhalt* des persönlichen Lebens sagen können, folglich auch nichts zu seinen *wesentlichen Strukturen* und seiner *inneren Entwicklungslogik.*

Was ein Mensch aus seinem Leben macht und was sein Leben aus ihm macht – das ist es, was ich auf einer dieses Namens werten Psychologie der Persönlichkeit fassen könnte . . ." (S. 221).

Dieses „Was" „. . . geht unseres Erachtens . . . dem objektiven Sinn des Lebens eines Menschen auf den Grund, *seinem Tätigkeitsinhalt, nicht seiner ‚typologischen Form',* dem, was er macht, und nicht bloß der Art und Weise, wie er es macht – zumal dann, wenn diese ‚Art und Weise' auf Grund ganz nichtiger Kriterien beschrieben wird" (S. 222).

6.4. Zusammenfassung

(1) Für eine Zustandsbeschreibung der Persönlichkeit, wie sie im Rahmen der alltäglichen diagnostischen Praxis durchgeführt wird, bieten sich verschiedene Alternativen an. Die Beschreibung kann sich an die „klassische" Dreiteilung der Funktionsbereiche Denken-Fühlen-Wollen anlehnen, sie kann sich an faktoriellen Beschreibungsdimensionen orientieren oder im Sinne einer multiplen Strukturbeschreibung betrieben werden. Die letztgenannte, hier bevorzugte Art der Deskription geht von der Positionsbestimmung der Persönlichkeit aus und setzt indirekt die Grundkategorien Eigenaktivität, Bewußtheit und Soziabilität als pragmatische Klassifizierungsaspekte ein. Ein solcherart begründetes Beschreibungsschema (der Positions- und Relationsbestimmung, der Dispositionserfassung) wird vorgestellt und erläutert.

(2) Im Gegensatz zu dieser individualisierenden Beschreibung bringt die typologische Beschreibung von Persönlichkeiten eine generalisierende Intention zum Tragen. Sie basiert auf einer klas-

sifizierenden Merkmalsverarbeitung und verwendet verschiedene Annäherungen (kategoriale und dimensionale Orientierung). Vor allem die dimensionale Orientierung bestimmt das Bild der gegenwärtigen Persönlichkeitsforschung, sofern sie typologische Klassifikationen anstrebt.

(3) Der Einsatz verschiedener Strategien der typologischen Klassifikation läßt sich an Beispielen demonstrieren. Vorgestellt werden positionale Typen, Aktivationstypen, Konstitutionstypen und Typen der höheren Nerventätigkeit. Im Zusammenhang mit den beiden letztgenannten Formen wird die Gefahr der biologistischen Fehldeutung aufgewiesen.

7. Epilog: Persönlichkeit als psychologische und gesellschaftliche Aufgabe

Im Zusammenhang mit der Diskussion des Persönlichkeitsprinzips (Abschn. 4.4.) – und darüber hinaus in vielen anderen Passagen des Textes – sind wir der Frage nachgegangen, inwiefern psychologisches Handeln auf die Entwicklung und Förderung der Persönlichkeit bezogen ist oder Einfluß nimmt. Ohne Übertreibung kann man sagen: Es gibt kein psychologisches Arbeitsgebiet, das nicht wenigstens hier und da (und oftmals überall und ständig) diese Aufgabe in sich einschließt. Es scheint uns im Schlußkapitel eines Grundrisses der Persönlichkeitspsychologie zweckmäßig, ja sogar notwendig zu sein, diese Tatsache nochmals zu betonen. Sie läßt sich am besten dort explizieren, wo wir auf Nahtstellen zwischen grundlagenorientierter Persönlichkeitsforschung einerseits und praxisbezogenen Problemstellungen andererseits stoßen. Aus diesem Grunde sollen jetzt Vertreter unserer klinischen, pädagogischen, Arbeits- und Sozialpsychologie sprechen, und zwar in der Regel in Form ihrer wörtlichen Zitierung. Sie alle stellen Beziehungen zwischen ihrem speziellen Applikationsfeld und der Persönlichkeitspsychologie her, genauer: Sie fühlen sich der Verwirklichung des Persönlichkeitsprinzips auf je eigene Weise verpflichtet.[44]

In der *klinischen Psychologie* hat sich in den letzten Jahren vor allem das Problem der Therapiezielbestimmung als Gegenstand erwiesen, der ansprechbar ist für den Brückenschlag, von dem oben gesprochen wurde. Die folgenden Äußerungen vermögen das eindrucksvoll zu belegen:

---

[44] Diese Intentionen, die uns heute selbstverständlich erscheinen, sind das Ergebnis eines intensiven Meinungsstreits (vgl. dazu die Referate und Diskussionen auf dem IV. und V. nationalen Kongreß der DDR-Psychologen). Er führte zur Überwindung isolierender Vorgehensweisen und trug zur Vereinheitlichung theoretischer Grundauffassungen und praxisbezogener Forschungsstrategien bei.

„Wir gehen bei unseren Überlegungen davon aus, daß Psychotherapie ... bei den Patienten Einstellungen und Wertmaßstäbe gegenüber der Umwelt und gegenüber sich selbst beeinflußt, ihre Lebens- und Selbstgestaltung im Hinblick auf die Entscheidungs- und Handlungsfähigkeit gegenüber den in der konkreten Lebenslage bestehenden gesellschaftlichen Anforderungen verändert und schließlich auch ihre Fähigkeiten zur Konflikt- und Lebensbewältigung entwickeln kann. Es ist offensichtlich, daß die damit angestrebte Befähigung der Patienten zu einer ‚normalen' Bewältigung von Lebensaufgaben immer im Zusammenhang mit gesellschaftlichen Möglichkeiten, Anforderungen und Normen steht" (Helm und Thom 1976, S. 10).

„Die Ausarbeitung gesellschaftlich relevanter Therapiezielbestimmungen ist jedoch nicht einfach durch die Übernahme geltender gesellschaftlicher Erziehungsziele und Persönlichkeitsideale möglich. Sie erfordert vielmehr die Beachtung der Besonderheiten der Psychotherapie als ... Behandlung von psychischen Störungen ..., die ‚Krankheitswert' annehmen können ... Deshalb sind Therapieziele nicht einfach identisch mit Zielen der Persönlichkeitsbildung im Rahmen der Pädagogik oder der gesellschaftlichen Erziehungspraxis ..." (ebenda, S. 11).

In der Psychotherapie „wird zunehmend auf persönlichkeitsbezogene Störungskomponenten geachtet", z. B. „Einstellungen, Bewertungen und Wahrnehmungsweisen gegenüber dem Selbst ..., den gesellschaftlichen Anforderungen der Umwelt, Normen und Werten; Fähigkeiten zur Selbstgestaltung, zur eigenen Entscheidung, zur Kooperation und zur emotional befriedigenden Kommunikation, zur realitätsgerechten Kritik und Verantwortungsübernahme, zur Produktivität und Leistung. Die Struktur solcher Komponenten und deren Entwicklungsbedingungen bilden auch den Gegenstand der psychologischen Theorie der Persönlichkeit."

Es läßt sich konstatieren, „daß ein allgemeiner Trend in der gegenwärtigen Psychotherapie im internationalen Maßstab als verstärkte Zuwendung zu Verfahren charakterisiert werden kann, die auf die Persönlichkeit und ihre Umweltbezüge zielen" (ebenda, S. 12 f.).

Die Therapiezielbestimmung muß sich auch von den folgenden Kategorien leiten lassen, „die eine notwendige Konsequenz und Bedingung der objektiv existierenden gesellschaftlich-ökonomischen Struktur darstellen": „*Bewußtheit* über die gesellschaftlichen Zusammenhänge und Erfordernisse einschließlich des Selbstbewußtseins von der eigenen Stellung im gesellschaftlichen Lebensprozeß und in sozialen Gruppen"; „*schöpferische Aktivität* des Subjekts im Sinne der Fähigkeit und Bereitschaft, auf konstruktive und neue Weise Lösungsmöglichkeiten für gesellschaftlich bedeutsame Aufgaben zu schaffen"; „*Kollektivität*" als „Bereitschaft zur eigenen Teilnahme an der Gestaltung des gesellschaftlichen Lebensprozesses ..., die zugleich auch immer soziale Kommunikation und kollektives Handeln fördert" (ebenda, S. 15 f.; ferner Helm 1979, Strauß und Dummer 1979, Zeigarnik 1980).

Um eine durchaus analoge Situation handelt es sich in der *pädagogischen Psychologie,* weil auch sie normabhängige Veränderungen der Persönlichkeit – über die psychologisch fundierte Optimierung von Erziehungs- und Bildungsprozessen – ins Auge faßt. Diese Tatsache ist der einschlägigen Literatur zu entnehmen:

Der pädagogischen Psychologie geht es „um die speziell gestaltete und geführte Aneignung der gesellschaftlich entstandenen und von der Gesellschaft entsprechend ihren Entwicklungsbedingungen ausgewählten und fixierten ‚menschlichen Wesenskräfte' und die dadurch verursachten Veränderungen in der Persönlichkeit ... Pädagogische Einwirkung auf die Persönlichkeitsformung ist nicht anders als über die In-Gang-Setzung und Gestaltung von Tätigkeiten des Objekts pädagogischer Einwirkung möglich, dessen Eigenart vor allem darin besteht, tätiges Subjekt zu sein. Die zu Erziehenden sind nicht passive Objekte, die irgendwelche Einwirkungen einfach über sich ergehen lassen, sondern mehr oder weniger weit entwickelte Persönlichkeiten mit Selbstbewußtsein, Zielstellungen, Meinungen, Absichten, Erfahrungen usw., die sich mit der Umwelt aktiv auseinandersetzen. Sie sind auch nicht nur Objekt fremder pädagogischer Einwirkungen, sondern werden zum ‚Objekt' der eigenen ‚pädagogischen Einwirkung' auf sich selbst: Die Selbsterziehung gewinnt mit vorausschreitender Persönlichkeitsentwicklung zunehmend an Bedeutung ..." (Lompscher 1974, S. 16 f.).

Eine solche „Persönlichkeitsorientierung" der pädagogischen Psychologie hat natürliche Konsequenzen für den Inhalt der Forschung. Lompscher (1975) verweist u. a. auf geplante bzw. durchgeführte Untersuchungen über „Bedingungen der Entwicklung von Selbständigkeit und Verantwortungsbewußtsein" (z. B. im Kontext der Problemlösungsforschung), um die Ergebnisse „bei der problemhaften Gestaltung des Unterrichts selbst anzuwenden" (S. 10 f.), ferner auf die Notwendigkeit, „die psychologische Analyse ... noch stärker auf den Prozeß der Kollektiventwicklung und seine Bedingungen, auf psychologische Aspekte der kollektiven Tätigkeit und deren Auswirkung auf die Persönlichkeit" zu konzentrieren (S. 14). In dem von Kossakowski et al. (1977) herausgegebenen Sammelwerk „Psychologische Grundlagen der Persönlichkeitsentwicklung im pädagogischen Prozeß" werden entsprechende Forschungsergebnisse in die Praxis überführt.

Es kann – gleichsam zusammenfassend – festgestellt werden: „Die besonders seit Beginn der siebziger Jahre geführten Diskussionen um die Notwendigkeit einer verstärkten persönlichkeitstheoretischen Orientierung der Pädagogischen Psychologie und in diesem Zusammenhang um die konsequentere Realisierung der marxistischen Tätigkeitskonzeption haben zur Ausarbeitung differenzierter Vorstellungen über die wesentlichen Komponenten psychischer Tätigkeitsregulation und die Bedingungen ihrer pädagogischen Beeinflussung in unterschiedlichen Tätigkeitsbereichen geführt" (Lompscher und

Prillwitz 1980). Die genannten Autoren dokumentieren viele neuere Forschungsergebnisse, welche die Persönlichkeitsorientierung belegen und konkretisieren.

Innerhalb der *Arbeitspsychologie* ist die Situation vergleichsweise kompliziert. Der Arbeitsprozeß unterliegt primär ökonomischen Normativen, unter anderem dem Wertgesetz. Besonders auf dem Weltmarkt (aber nicht nur dort) konkurrieren die Waren lediglich durch Qualität und ökonomischen Wert; es ist dort irrelevant, ob die produzierenden Werktätigen im Herstellungsprozeß ihre Persönlichkeitsentwicklung stimuliert oder deformiert haben. Wenn nun der Arbeitspsychologe für die Produktion wirksam werden will, dann muß er einen Kompromiß schließen: Einerseits strebt er eine Wertverbesserung der Ware an (d. h., er versucht, mit psychologischen Mitteln die Arbeitsproduktivität zu steigern), andererseits will er an der persönlichkeitsförderlichen Gestaltung von Arbeitsmitteln, -plätzen und -regimes mitwirken. Zum Glück schließt sich beides nicht aus: Subjektiv befriedigende, persönlichkeits„freundliche" Arbeitsbedingungen bewirken in der Regel gleichzeitig eine Steigerung der Arbeitsproduktivität. Aber in welchem Ausmaß? Ist der Effekt marktwirksam, vor allem dort, wo die Regeln der kapitalistischen Produktionsweise noch hochgradig den Austausch beherrschen? – Trotz dieser Problematik beurteilen unsere Arbeitspsychologen die Situation nicht pessimistisch. Sie sehen viele Ansatzpunkte für eine erfolgreiche Wirksamkeit:

„Unter der Zielstellung der Persönlichkeitsförderung im Arbeitsprozeß geht es unter sozialistischen Produktionsverhältnissen darum, solche Bedingungen in der Produktion zu realisieren, die der Förderung der Persönlichkeit dienen. Das schließt die Bestgestaltung der Arbeitsplätze ein" (Wendrich 1976, S. 33).

Unsere gesellschaftlichen Bedingungen sind im Prinzip dafür günstig: „Im Sozialismus ist die Funktion des Arbeiters im Produktionsprozeß bestimmt durch – die Gestaltung der Planungs- und Leitungsprozesse, die immer stärker seine Mitwirkung erfordern, – die Produktionsvorbereitung, in die er auf vielfältige Art und Weise einbezogen ist, – die Produktionsorganisation, auf die er Einfluß nimmt und die seine Produktionstätigkeit integriert, – die gesellschaftlichen Beziehungen im Produktionsprozeß, die der führenden Rolle der Arbeiterklasse entsprechen und – die Stellung der technologischen und technischen Prozesse. Diese Funktion ergibt sich aus dem veränderten Charakter der Arbeit, nachdem die Arbeiterklasse die Verfügungsgewalt über die Produktionsmittel erlangt hat" (ebenda, S. 42).

Folgende Alternativen der Tätigkeit des Arbeitspsychologen bieten sich an: „Im Rahmen der Projektierung von Tätigkeiten (1) Aufgaben der Arbeits- und Arbeitsmittelgestaltung nach psychologischen Kriterien zu lösen, (2) psychologische Grundlagen der Qualifizierung und der Leitungstätigkeit zu schaffen sowie (3) im betrieblichen Gesundheitsschutz mitzuwirken. Wichtige Voraussetzung für die Erfüllung der genannten Aufgaben ist, eine optimale Beanspruchung zu erreichen. Auf arbeits- und ingenieurpsychologische Kriterien der Tätigkeit bezogen heißt das, daß der Arbeitsprozeß, ohne den Werktätigen negativ zu beeinflussen, zuverlässig ausführbar sein muß. Erst wenn diese Forderung erfüllt ist, sind die Voraussetzungen für persönlichkeitsformende Arbeit geschaffen" (Hacker und Timpe 1980, S. 66).

In einem Aufsatz über Wege und Möglichkeiten persönlichkeitsfördernder Arbeitsgestaltung demonstriert Timpe (1980) folgende Lösungswege: Eine Funktionsverteilung zwischen Mensch und Maschine, die dem Werktätigen Führungs- und Gestaltungsmöglichkeiten zuweist; „Abbau arbeitsbedingter negativer Einflüsse"; „anspruchsvolle kognitive Arbeitsanforderungen"; „Erhöhung der Aktivität der Werktätigen" (S. 133 ff.). Die zuletzt genannte Alternative wird so erläutert: Die Persönlichkeitsbildung vollzieht sich auch „über die Erhöhung des Anteils schöpferischer Elemente in allen mit der Tätigkeit verbundenen Aufgaben. Dazu sind die verschiedenen Formen der sozialistischen Demokratie, der Wettbewerb, die Neuererbewegung, die Teilnahme an Planung und Leitung u. a. zu zählen", Möglichkeiten, um die „Subjektrolle bei der Gestaltung ihrer Arbeits- und Lebensbedingungen zu verwirklichen" (S. 137).

Die Arbeitspsychologen scheinen jedoch bisher zu wenig der Tatsache Rechnung zu tragen, daß es eine Vielzahl von Arbeitsverrichtungen und -plätzen gibt, bei denen es in absehbarer Zeit kaum oder nicht möglich sein wird, sie mit Potenzen auszustatten oder anzureichern, die der Persönlichkeitsentwicklung des dort Tätigen dienlich sind. Hier wären Prinziplösungen auszuloten, die in das *außerhalb* des Arbeitsprozesses liegende Mikromilieu, in die dort angesiedelten Lebensweisen der Werktätigen hineinreichen. Der *gesamte Lebensprozeß* (die Lebensbedingungen wie Befähigungen des Individuums einschließend), nicht nur der Arbeitsprozeß, ist Grundlage der Persönlichkeitswerdung. Diese breite Orientierung darf der Arbeitspsychologe nicht künstlich einschränken, trotz seiner beruflichen Spezialisierung!

Eine Persönlichkeitsorientierung im bisher demonstrierten Sinne verwirklicht sich in der anwendungsorientierten *Sozialpsychologie* vor allem in den Bestrebungen der psychologisch begründeten Verbesserung von Leitungsprozessen, einschließlich des sogenannten

Verhaltenstrainings (Vorwerg und Vorwerg 1980), und in der Erforschung eines spezifischen Befähigungskomplexes, der „sozialen Kompetenz" (Schröder und Vorwerg 1978, Schröder und Petermann 1979). Die folgenden Aussagen verdeutlichen, worum es bei diesen Intentionen geht:

„Der persönlichkeitspsychologische Aspekt der Leitung sozialer Prozesse ist . . . lange vernachlässigt worden . . .
1975 wurde ein neuer Gesichtspunkt wirksam (Kongreßband 1975) . . . Kooperatives Verhalten als ein sozialer Prozeß, der in allen gesellschaftlichen Bereichen unseres Lebens von Bedeutung ist, ist begründet auf einer wechselseitigen Widerspiegelungsleistung der beteiligten Personen. Das kooperative Verhalten beruht auf zuverlässigem Wissen über den Partner und der Voraussagbarkeit des Partnerverhaltens in bestimmten kooperativen Leistungssituationen. Es beruht auf der Beurteilung des Partners als Persönlichkeit. Der Zusammenhang und das Ineinandergreifen von persönlichkeitspsychologischen und sozialpsychologischen Fragestellungen wurde . . . bewußt herausgearbeitet, weil sich damit neue Möglichkeiten für die wissenschaftliche Begründung sozialer Prozesse erschließen (Vorwerg und Vorwerg 1980, S. 54 f.).

Der Begriff „soziale Kompetenz" zielt auf jene Kommunikations- und Kooperationsbefähigungen des Individuums ab, die wir in unserem Text der Kategorie „Soziabilität" zugeordnet haben. „Soziale Kompetenz wird als Eigenschaft eines zielstrebigen Systems aufgefaßt, die durch dessen Handlungsvoraussetzungen (Verhaltensdispositionen), mögliche Handlungsresultate (soziales Verhalten), die Umwelt des Systems (soziale Umgebung und Anforderung) und die Entscheidungswahrscheinlichkeit des Systems (Entscheidung für ein konkretes Verhalten) bestimmt wird" (Schröder und Petermann, S. 53 f.). Empirisch geht es um die „Erkundung der individuellen Besonderheiten der Mechanismen und der Variablen sozial kompetenten Verhaltens sowie die differentielle Psychologie von zugehörigen Informationsverarbeitungsprozessen", z. B. „Attribuierung, Interpretation und Selbstkontrolle", „soziales Durchsetzungsverhalten", „Kooperationsbereitschaft" (Vorwerg und Vorwerg 1980, S. 61 f.).

Das Verhaltenstraining bezweckt die Optimierung des sozialen Verhaltens (im Sinne der Verbesserung sozialer Kompetenz) von Personen, die soziale Leitungs- und Lenkungsfunktionen ausüben (z. B. Leiter, Lehrer, Psychotherapeuten). Es „wurden vor allem Programme entwickelt, die sich an den Kooperationsanforderungen orientieren, die durch Untersuchungen über die Führungsfunktion und deren Teilfunktionen fundiert waren. Darüber hinaus haben wir . . . von Anfang an Programme erprobt, die allgemeine Anforderungen an zwischenmenschliche Kommunikation trainierten . . . Außerdem gibt es Trainingsprogramme, die spezifische . . . Persönlichkeitsmerkmale trainieren wie Denkflexibilität, realistische Kooperationsbereitschaft, Leistungsmotivation, realistische Personwahrnehmung, angemessene Durchsetzungsfähigkeit und andere Merkmale sozial kompetenten Verhaltens" (ebenda, S. 62).

Die ausführlich zitierten Stellungnahmen unserer klinischen, pädagogischen, Arbeits- und Sozialpsychologen belegen, daß und auf welche Weise sich die Persönlichkeitspsychologie in diesen Subdisziplinen gleichsam fortsetzt – und oftmals dort erst sicht- und greifbare Gestalt annimmt. Es gilt jedoch, noch einen Schritt weiter zu gehen – über die Grenze unserer jeweils spezifischen psychologischen Annäherung hinaus. Damit treten wir ein in das *soziale und gesellschaftliche Medium* unserer theoretisch oder praktisch orientierten persönlichkeitspsychologischen Bemühungen.

In diesem Medium (als Mikro- und Makromilieu) müssen wir uns umsehen, es analysieren, bewerten und verändern. Denn in ihm vollzieht sich die Persönlichkeitsentwicklung derjenigen, die wir untersuchen, beraten, behandeln und trainieren. Unsere psychologisch begründeten, auf das Individuum bezogenen Prinzipien, Techniken und Maßnahmen der Stimulierung dieser Entwicklung sind nur das eine. Sie bleiben wirkungslos, sie verpuffen, wenn uns nicht unterstützende soziale und gesellschaftliche Lebensbedingungen unserer Probanden oder Patienten entgegenkommen. Diese Bedingungen innerhalb des *Mikromilieus* positiv zu beeinflussen – das fällt noch in den psychologischen Aufgabenkreis hinein, z. B. als Ehepaar- oder Familienberatung, als „Milieutherapie". Wir müssen aber über das Mikromilieu hinaus *ins Makromilieu* vorstoßen.

Wir wissen, wo überall auf der Welt menschenverachtende Diktaturen und inhumane Verhältnisse – als Konsequenz von Ausbeutung, Entmachtung und manipulierter Verdummung – Selbstverwirklichung und Persönlichkeitsentfaltung abtöten oder deformieren. Hier ist unsere parteiliche, tätige Solidarität vonnöten, unsere Hilfs-, ja Opferbereitschaft. Kommunistische und christliche Ethik können sich hier entgegenkommen – als Anleitung zum Handeln.

Aber wir sind auch gehalten, im Sinne des Mitarbeitens, -planens und -regierens unsere eigenen Verhältnisse zu überprüfen. Wir besitzen ein gutes, tragfähiges, zukunftsträchtiges Gesellschaftsmodell. Es stellt im Prinzip, von den in ihm schlummernden Möglichkeiten her gesehen, und darüber hinaus in vielen konkreten Basis- und Überbaustrukturen einen fruchtbaren Nährboden für individuelle Selbstverwirklichung und Persönlichkeitsentwicklung bereit. Jedoch: Es gibt allemal eine natürliche Spanne zwischen Möglichkeit und Wirklichkeit. Wir sehen die Erungenschaften und Erfolge, aber wir haben uns auch den Schwierigkeiten, den Widersprüchen zu stellen – vor allem den überwindbaren. In der neueren Literatur werden Richtungen einer solchen Problematisierung angegeben und Ansatzstellen dingfest gemacht (u. a. Thom 1978, Schmidt 1979 b). Die Identifizierung von Problemen schlägt in konkrete Fragen um: Wie können die Formen und Inhalte der aktiven Mitgestaltung von gesellschaftlichen Basisprozessen, die unseren Werktätigen gegenwärtig verfügbar sind, ausgebaut und differenziert werden, um ihnen Eigentümer- und Subjektpositionen zu sichern, die wir in unseren innenpolitischen Programmen anstreben und nach denen sie verlangen? Ist hier nicht manches erstarrt, weil zu sehr formalisiert, müßte es nicht mit einem Mehr an aktivierender Dynamik angereichert werden – etwa nach dem Modell der Neuererbewegung? – Haben Presse und Massenmedien stets den wissensdurstigen, urteils- und entscheidungsfähigen Bürger im Auge, helfen sie mit, diese Persönlichkeitsqualitäten zu entwickeln? – Wie können wir Mängeln des Warenangebots und der Warenstreuung, welche die Lebensweise unserer Menschen belasten, noch entschiedener begegnen? – Wäre es nicht denkbar, unser großartiges Wohnungsbauprogramm und unsere Möbelfabrikation mit mehr Ideen der stofflichen und ästhetischen Differenzierung zu durchtränken, um nivellierende Einförmigkeit bei so manchen Wohnwaben und Schrankwandserien einzudämmen? Wohngebiete, Häuser, Wohnungen, Möbel – sind nicht auch sie mögliche Mittler und Mittel lebendiger Kommunikation und Individuation? Könnte hier nicht das Beispiel unseres farbigen Bücher-, Schallplatten-, Konzert- und Theaterangebots anregend wirken? – Wäre unser gegenwärtig immer noch hochgradig stoffzentriertes Bildungssystem nicht mehr als bisher mit Anforderungen an personale Eigeninitiative, Selbständigkeit, Originalität und Kooperationsfähigkeit anzureichern? – Inwieweit weisen uns Fälle neurotischer Entwicklungen, krimineller Entgleisungen, von Ehescheidungen und Suiziden auf ungelöste Probleme unserer Lebensbedingungen hin (trotz teilweise niedrigen Raten, wenn man internationale Vergleichszahlen heranzieht)?

Fragen über Fragen. – Ihre tätige Beantwortung verlangt gebieterisch die Einbettung unseres psychologischen Tuns in *politisches* Denken und Handeln. Die hier nur grob skizzierten Probleme lösen wir nicht mit unseren spezialisierten professionellen Mitteln. Einflußnahme und Wirkung sind hier nur möglich, wenn wir uns einfügen in die Front derjenigen, die als politisch Handelnde an der Vervollkommnung unseres Gesellschaftsmodells arbeiten – wach, beharrlich, kritisch, belastungswillig und unerschrocken. Diese Arbeit reicht vom entschiedenen Kampf für den Frieden in der Welt – als der großen Rahmenbedingung von Persönlichkeitsentwicklungen – bis hin zum unduldsamen Sicheinsetzen für das Recht auf Selbstverwirklichung, das unserem Arbeitskollegen oder Wohnungsnachbarn beschnitten sein mag. Das alles muß der Selbstverwirklichung als *Massenerscheinung* zugute kommen, es ist wesentlich, vielleicht ausschlaggebend für das letztmögliche, höchste Ziel unserer Bemühungen:

> „... denn die Psychologie der Persönlichkeit ... wird ihren Namen erst dann wahrhaft verdienen, wenn sie, soweit das von ihr abhängt, Instrument der vollständigen Entfaltung aller Persönlichkeiten ist" (Sève 1972, S. 222).

Literatur

Abert, H.: W. A. Mozart. Bd. I. Leipzig 1978

Adler, A.: Individual Psychology. In: C. Murchison (Ed.), Psychologies of 1930. Worcester/Mass. 1930

Allport, G. W.: Persönlichkeit. Stuttgart 1949

Allport, G. W.: Gestalt und Wachstum in der Persönlichkeit. Meisenheim (Glan) 1970

Ananjew, B. G.: Der Mensch als Gegenstand der Erkenntnis. Berlin 1974

Ananjew, B. G., und J. I. Stepanowa: Die Entwicklung der psychophysiologischen Funktionen bei jüngeren Erwachsenen. Berlin 1975

Anastasi, A.: Differentielle Psychologie. Unterschiede im Verhalten von Individuen und Gruppen. Weinheim/Basel 1976

Anochin, P. K.: Das funktionelle System als Grundlage der physiologischen Architektur des Verhaltensaktes. Abh. a. d. Gebiet d. Hirnforschung u. Verhaltensphysiol. Bd. 1, Jena 1967

Anochin, P. K.: Beiträge zur allgemeinen Theorie des funktionellen Systems. Abh. a. d. Gebiet d. Hirnforschg. u. Verhaltensphysiol. Bd. 8, Jena 1978

Anzyferowa, L. I.: Einige Fragen der Persönlichkeitsforschung in der gegenwärtigen Psychologie der kapitalistischen Länder. In: E. W. Schorochowa (Hrsg.), Zur Psychologie der Persönlichkeit. Berlin 1976

Anzyferowa, L. I.: Das Prinzip der Einheit von Bewußtsein und Tätigkeit und die Methodologie der Psychologie. In: E. W. Schorochowa (Hrsg.), Methodologische und theoretische Probleme der Psychologie. Berlin 1974

Atkinson, J. W., and J. O. Raynor (Hrsg.): Motivation and Achievement. Washington, D. C. 1974

Autorenkollektiv Wissenschaftspsychologie: Materialistische Wissenschaft und Psychologie. Köln 1975

Backhausen, W. J.: Entwicklung eines Kommunikationsmodells als ST-System. Z. Psychol. 182, 1974

Baltes, P. B., H. W. Reese and L. P. Lipsitt: Life-span developmental psychology. Ann. Rev. Psychol. 31, 1980

Belitz, H.-J.: Die Selektionstheorie. In: G. Heberer (Hrsg.), Die Evolution der Organismen, Bd. II/1. Stuttgart 1974[3]

Bergius, R.: Formen des Zukunftserlebens. München 1957

Berlyne, D. E.: Behavior theory as personality theory. In: E. F. Borgatta and W. W. Lambert (Eds.), Handbook of Personality Theory and Research. Chicago 1968

Bertalanffy, L. v.: Biophysik des Fließgleichgewichts. Braunschweig 1953

Birbaumer, N.: Physiologische Psychologie. Berlin/Heidelberg/New York 1975

Bonaparte, M.: Edgar Poe, eine psychoanalytische Studie. Wien 1934

Borgatta, E. F., and W. W. Lambert (Eds.): Handbook of Personality Theory and Research. Chicago 1968

Böttcher, H. R.: Psychoanalyse und Persönlichkeitstheorie. In: J. Helm, H.-D. Rösler und H. Szewczyk (Hrsg.), Klinische Psychologie. Berlin 1979

Bottenberg, E. H.: Kognitive Attitüden und Persönlichkeit. Würzburger Psychologische Untersuchungen, Bd. 2. Frankfurt (Main) 1972

Brandenburg, S.: Über die Bedeutung der Skizzen Beethovens. In: H. Goldschmidt, K.-H. Köhler und K. Niemann (Hrsg.), Beethoven-Kongreßbericht, Leipzig 1978

Brandt, L. W.: $(Vl \equiv Vp) \vee (Vl \not\equiv Vp)$. Z. Sozialpsychol. 2, 1971

Brim, O. G.: Macro-structural influences on child development and the need for childhood social indicators. Am. J. Orthopsychiatry 45, 1975

Bronfenbrenner, U.: Ökologische Sozialisationsforschung (Hrsg. K. Lüscher). Stuttgart 1976

Bronfenbrenner, U.: Anlage und Umwelt: Eine Neuinterpretation der vorliegenden Ergebnisse. In: U. Bronfenbrenner, Ökologische Sozialisationsforschung (Hrsg. K. Lüscher). Stuttgart 1976

Bühler, Ch.: Das Märchen und die Phantasie des Kindes. Beiheft 17 d. Z. angew. Psychol. Leipzig 1918

Burckhardt, J.: Die Kultur der Renaissance in Italien. 1860

Buss, A. R.: Toward an unified framework for psychometric concepts in the multivariate development situation: Intraindividual change and inter- and intraindividual differences. In: J. R. Nesselroade and P. B. Baltes (Eds.), Longitudinal Research in the Behavioral Sciences: Design and Analysis. Penns. State University 1977

Carnap, R.: Theoretische Begriffe der Wissenschaft. Z. philos. Forsch. 14, 1960

Cattell, R. B.: Factor theory psychology: A statistical approach to personality. In: W. S. Sahakian (Ed.), Psychology of Personality. Chicago 1965

Cattell, R. B. (Ed.): Handbook of Multivariate Experimental Psychology. Chicago 1966

Clauß, G. u. a. (Hrsg.): Wörterbuch der Psychologie. Leipzig 1976

Clauß, G.: Zur Psychologie kognitiver Stile. In: M. Vorwerg (Hrsg.), Zur psychologischen Persönlichkeitsforschung 1. Berlin 1978

Clauß, G.: Naive und wissenschaftliche Psychologie: Über persönlichkeitspsychologisches Alltagsbewußtsein. In: M. Vorwerg (Hrsg.), Psychologische Persönlichkeitsforschung 3. Berlin 1980

Cortés, J. B., and F. M. Gatti: Physique and motivation. In: G. Lindzey et al. (Eds.), Theories of Personality: Primary Sources and Research. New York/London 1973[2]

Cranach, M. v.: Methods of Inference from Animal to Human Behaviour. The Hague/Paris 1976

Dannhauer, H.: Geschlecht und Persönlichkeit. Berlin 1973

Davison, G. C., und J. M. Neale: Klinische Psychologie. Ein Lehrbuch. München/Wien/Baltimore 1979

Dettenborn, H., und H.-H. Fröhlich: Psychologische Probleme der Täterpersönlichkeit. Berlin 1971

Dohrenwend, B. S., and B. P. Dohrenwend: Stressful Life Events: Their Nature and Effects. New York/London 1974

Eibl-Eibelsfeldt, I., und K. Lorenz: Die stammesgeschichtlichen Grundlagen menschlichen Verhaltens. In: G. Heberer (Hrsg.), Die Evolution der Organismen, Bd. III. Stuttgart 1974[3]

Eitner, A.: Geropsychologie. In: S. Eitner u. a. (Hrsg.), Praktische Gerohygiene. Dresden 1975

Elkonin, D. B.: Zum Problem der Periodisierung der psychischen Entwicklung im Kindesalter. In: Psychologische Probleme der Entwicklung sozialistischer Persönlichkeiten. APW-Konferenzbericht. Berlin 1972

Eysenck, H.-J.: The Structure of Human Personality. London 1953

Eysenck, H.-J., und S. Rachman: Neurosen – Ursachen und Heilmethoden. Berlin 1967

Feldes, D.: Die Messung der Einstellung des Pflegepersonals psychiatrischer Institutionen gegenüber Patienten. In: J. Helm (Hrsg.), Psychotherapieforschung. Berlin 1972

Fjodorow, E. K.: Die Wechselwirkung zwischen Natur und Gesellschaft. Berlin 1974

Freier, W., und H.-D. Schmidt: Information und Entscheidung. Z. Psychol. 180/181, 1973

Freud, A.: Das Ich und die Abwehrmechanismen. München 1964

Freud, S.: Eine Kindheitserinnerung des Leonardo da Vinci. Gesammelte Werke, Bd. VIII. London 1943

Freud, S.: Das Unbehagen in der Kultur. Gesammelte Werke, Bd. XIV. London 1955

Freud, S.: Abriß der Psychoanalyse. Gesammelte Werke, Bd. XVIII. London 1941

Friedrich, W. (Hrsg.): Kritik der Psychoanalyse und biologistischer Konzeptionen. Berlin 1977

Friedrich, W.: Zur Kritik bürgerlicher Begabungstheorien. Berlin 1979

Friedrich, W., und H. Müller (Hrsg.): Zur Psychologie der 12- bis 22jährigen. Berlin 1980

Galperin, P. J.: Die Entwicklung der Untersuchungen über die Bildung geistiger Operationen. In: H. Hiebsch (Hrsg.), Ergebnisse der sowjetischen Psychologie. Berlin 1967

Galton, F.: Inquiries into Human Faculty and its Development. London 1883

Goldschmidt, H.: Der späte Beethoven. Versuch einer Standortbestimmung. In: H. A. Brockhaus u. a. (Hrsg.), Ber. ü. d. Intern. Beethoven-Kongr. 10.–12. Dezember 1970 i. Berlin. Berlin 1971

Goldschmidt, H.: Die Erscheinung Beethoven. Leipzig 1974

Goldschmidt, H.: Beethoven. Werkeinführungen. Leipzig 1975

Goldschmidt, H.: Um die unsterbliche Geliebte. Eine Bestandsaufnahme. Leipzig 1977

Goldschmidt, H.: Biographie und Kunstwerk. In: H. Goldschmidt u. a. (Hrsg.), Beethoven-Kongreßbericht. Leipzig 1978

Goldschmidt, H., K.-H. Köhler und K. Niemann (Hrsg.): Ber. üb. d. Intern. Beethoven-Kongr. 20. bis 23. März 1977 i. Berlin. Leipzig 1978

Göllnitz, G., und H.-D. Rösler (Hrsg.): Psychologische Untersuchungen zur Entwicklung hirngeschädigter Kinder. Berlin 1977[2]

Grabek, K., und D. Mohaupt: Abschlußbericht zum Jugendforschungsobjekt „Empirische Untersuchungen zu Problemen der Eignung und Belastung bei Anlagen- und Meßwartenfahrern". Sektion Psychol. Humboldt-Universität zu Berlin 1978 (unveröffentl.)

Grimm, H.: Grundriß der Konstitutionsbiologie und Anthropometrie. Berlin 1966[3]

Grossmann, K. E.: Emotionale und soziale Entwicklung im Kleinkindalter. In: H. Rauh (Hrsg.), Jahrbuch der Entwicklungspsychologie 1, 1979. Stuttgart 1978

Guilford, J. P.: Persönlichkeit. Weinheim 1964

Guilford, J. P.: Intellectual aspects of decision making. In: A. T. Welford and J. E. Birren (Eds.), Decision Making and Age. Basel/New York 1969

Guthke, J., und G. Lehwald: Das Problem der Methodenabhängigkeit von Untersuchungsresultaten in Persönlichkeitspsychologie und Psychodiagnostik. In: M. Vorwerg (Hrsg.), Zur psychologischen Persönlichkeitspsychologie 3. Berlin 1980

Gutjahr, W.: Die Messung psychischer Eigenschaften. Berlin 1971

Hacker, W.: Die Arbeitsweise als Persönlichkeitsmerkmal. Probl. Erg. Psychol. 10, 1964

Hacker, W.: Allgemeine Arbeits- und Ingenieurpsychologie. Berlin 1973

Hacker, W. (Hrsg.): Spezielle Arbeits- und Ingenieurpsychologie 1 und 2. Berlin 1980

Hacker, W., und H. Raum (Hrsg.): Optimierung von kognitiven Arbeitsanforderungen. Berlin 1980

Hacker, W., und K.-P. Timpe: Arbeits- und Ingenieurpsychologie und Persönlichkeitsentwicklung. In: A. Kossakowski (Hrsg.), Psychologie im Sozialismus. Berlin 1980

Hartmann, N.: Der Aufbau der realen Welt. Berlin 1940

Haug, F. u. a.: Kritik der Handlungsstrukturtheorie. In: K. Holzkamp (Hrsg.), Forum Kritische Psychologie 6. Berlin 1980

Havighurst, R. J.: Developmental Tasks and Education. New York 1972[3]

Heberer, G.: Der Ursprung des Menschen. Jena 1972[3]

Heberer, G.: Die subhumane Abstammungsgeschichte der Menschheit. In: G. Heberer (Hrsg.), Die Evolution der Organismen, Bd. III. Stuttgart 1974[3]

Heckhausen, H.: Motivationsanalysen. Berlin/Heidelberg/New York 1974

Helm, J.: Über Gestalttheorie und Persönlichkeitspsychologie. In: Handbuch der Psychologie, 4. Bd. Göttingen 1960

Helm, J.: Erkenntnistheoretische Fragen und empirische Ergebnisse zum Problem ‚Bewußtsein und Unbewußtes'. Z. Psychol. 175, 1968

Helm, J.: Selbstverwirklichung als Therapieziel? In: J. Helm, H.-D. Rösler und H. Szewczyk (Hrsg.), Klinische Psychologie. Berlin 1979

Helm, J., und A. Thom: Zur gesellschaftlichen Relevanz persönlichkeitsbezogener Zielstellungen in der Psychotherapie. In: J. Helm, E. Kasielke, J. Mehl und E.-H. Strauß (Hrsg.), Neurosenpsychologie. Berlin 1976

Helm, J., H.-D. Rösler und H. Szewczyk (Hrsg.): Klinische Psychologie – Theoretische und ideologische Probleme. Berlin 1979

Helwig, P.: Charakterologie. Stuttgart 1951[2]

Herrmann, Th.: Lehrbuch der empirischen Persönlichkeitsforschung. Göttingen 1969

Herrmann, Th.: Persönlichkeitsmerkmale. Bestimmung und Verwendung in der psychologischen Wissenschaft. Stuttgart 1973

Hess, R. D.: Social class and ethnic influences on socialization. In: P. H. Mussen (Ed.), Carmichael's Manual of Child Psychology (Vol. II.). New York/London 1970[3]

Hiebsch, H.: Sozialpsychologische Grundlagen der Persönlichkeitsformung. Berlin 1966

Hiebsch, H.: Einige Anmerkungen zum Problem des ‚Verhältnisses zwischen dem Biologischen und dem Sozialen'. In: H. Hiebsch und L. Sprung (Hrsg.), Aufgaben, Perspektiven und methodologische Grundlagen der marxistischen Psychologie in der DDR. Berlin 1973

Hiebsch, H., und M. Vorwerg: Einführung in die marxistische Sozialpsychologie. Berlin 1972[7]

Hiebsch, H., M. Vorwerg u. a.: Sozialpsychologie. Berlin 1980

Holmes, T. H., and R. H. Rahe: The Social Readjustment Rating Scale. J. Psychosom. Res. 11, 1967

Holzinger, J.: The relative effect of nature and nurture influences on twin differences. J. Educ. Psychol. 20, 1929

Holzkamp, K.: Sinnliche Erkenntnis. Historischer Ursprung und gesellschaftliche Funktion der Wahrnehmung. Frankfurt (Main) 1973

Holzkamp, K.: Gesellschaftlichkeit des Individuums. Aufsätze 1974–1977. Köln 1978

Holzkamp-Osterkamp, U.: Grundlagen der psychologischen Motivationsforschung 1 und 2. Frankfurt (Main)/New York 1975, 1976

Hugler, H.: Die Personeinschätzung neurotischer Patienten. Diss. (A), HU Berlin, Sektion Psychologie 1978

Irle, M.: Lehrbuch der Sozialpsychologie. Göttingen 1975

Iwanow-Smolenski, A. G.: Grundzüge der Pathophysiologie der höheren Nerventätigkeit. Berlin 1954

Jaroschewski, M.: Psychologie im 20. Jahrhundert. Berlin 1975

Jaspers, K.: Psychologie der Weltanschauungen. Berlin 1925[3]

Johst, V.: Biologische Verhaltensforschung am Menschen. Berlin 1982[2]

Jonas, H.: Das Prinzip Verantwortung. Versuch einer Ethik für die techno logische Zivilisation. Frankfurt (Main) 1979

Jones, E.: Das Leben und Werk von Sigmund Freud, Bd. 1. Bern/Stuttgart 1960

Kagan, J.: Das Auftreten von Angst während der frühen Kindheit. In: U. M. Lehr und F. E. Weinert (Hrsg.), Entwicklung und Persönlichkeit. Stuttgart/Berlin 1975

Kasielke, E.: Untersuchungen zum Problem der Konflikterfassung bei neurotischen Patienten. Probl. Erg. Psychol. 72, 1980

Keiler, P.: Wissenschaftstheoretische und methodische Probleme einer Phylogenie des Psychischen. In: K. A. Schneewind (Hrsg.), Wissenschaftstheoretische Grundlagen der Psychologie. München/Basel 1977

Kelly, G. A.: The Psychology of Personal Constructs. New York 1955

Kelly, G. A.: The language of hypothesis: Man's psychological instrument. J. Indiv. Psychol. 20, 1964

Kendell, R. E.: Die Diagnose in der Psychiatrie. Klin. Psychol. u. Psychopathologie, Bd. 2. Stuttgart 1978

Kiener, F.: Empirische Kontrolle psychoanalytischer Thesen. In: Handbuch der Psychologie, Bd. 8 (Klinische Psychologie) 2. Halbband. Göttingen 1978

Klaus, G. (Hrsg.): Wörterbuch der Kybernetik. Berlin 1967

Klaus, G., und M. Buhr (Hrsg.): Philosophisches Wörterbuch. Berlin 1969[6]

Klimowitsky, A.: ‚Gloria' von Palestrina als Modell des ‚Heiligen Dankgesanges'. In: H. Goldschmidt u. a. (Hrsg.), Beethoven-Kongreßbericht. Leipzig 1978

Klix, F.: Die relative Sehgröße der Gegenstände bei Eigenbewegung des Wahrnehmenden. Z. Psychol. 160, 1956
Klix, F.: Information und Verhalten. Berlin 1971
Klix, F. (Hrsg.): Psychologische Beiträge zur Analyse kognitiver Prozesse. Berlin 1976
Klix, F.: Erwachendes Denken. Berlin 1980 a
Klix, F.: Die Allgemeine Psychologie und die Erforschung kognitiver Prozesse. Z. Psychol. 188, 1980 b
Klix, F., W. Gutjahr und J. Mehl (Hrsg.): Intelligenzdiagnostik. Berlin 1967
Klix, F., und B. Krause: Zur Definition des Begriffs Struktur, seiner Eigenschaften und Darstellungsmöglichkeiten in der Experimentalpsychologie. Z. Psychol. 176, 1969
Klopfer, P.: Ökologie und Verhalten. Jena 1968
Köhler, K.-H.: Die Reflexion der historischen Zeitereignisse in den Konversationsheften Beethovens. In: H. Goldschmidt u. a. (Hrsg.), Beethoven-Kongreßbericht. Leipzig 1978
Köhler, W., J. Landsberg und Ch. Pulvermacher: Ist Intelligenz erblich? Das Argument 18, 1976
Kon, I. S.: Soziologie der Persönlichkeit. Berlin 1971
Kossakowski, A.: Über die psychischen Veränderungen in der Pubertät. Berlin 1966
Kossakowski, A. (Hrsg.): Zur Psychologie der Schuljugend. Berlin 1969
Kossakowski, A.: Über einige persönlichkeitstheoretische Grundlagen der Pädagogischen Psychologie. In: A. Kossakowski und J. Lompscher (Hrsg.), Ideologisch-theoretische und methodologische Probleme der pädagogischen Psychologie. Berlin 1971
Kossakowski, A.: Handlungspsychologische Aspekte der Persönlichkeitsentwicklung. Berlin 1980 a
Kossakowski, A. (Hrsg.): Psychologie im Sozialismus. Berlin 1980 b
Kossakowski, A.: Zur Rolle der Orientierungstätigkeit für das selbständige Handeln der Persönlichkeit. In: A. Kossakowski (Hrsg.), Psychologie im Sozialismus. Berlin 1980 c
Kossakowski, A., und Kh. Otto (Hrsg.): Psychologische Untersuchungen zur Entwicklung sozialistischer Persönlichkeiten. Berlin 1971
Kossakowski, A. u. a. (Hrsg.): Psychologische Grundlagen der Persönlichkeitsentwicklung im pädagogischen Prozeß. Berlin 1977
Kossakowski, A., und J. Lompscher: Teilfunktionen und Komponenten der psychischen Regulation der Tätigkeit. In: A. Kossakowski u. a. (Hrsg.), Psychologische Grundlagen der Persönlichkeitsentwicklung im pädagogischen Prozeß. Berlin 1977
Kraus, F.: Allgemeine und spezielle Pathologie der Person. Leipzig 1926[2]
Krause, B., und W. Krause: Human problem solving. In: F. Klix and

B. Krause (Eds.), Psychological Research Humboldt-Universität Berlin 1960–1980. Berlin 1980

Kretschmer, E.: Körperbau und Charakter. Berlin 1921

Kröber, G. (Hrsg.): Studien zur Logik der wissenschaftlichen Erkenntnis. Berlin 1967

Krüger, T.: Analyse der Wirkung von Einflußgrößen auf die Belastungsverarbeitung. Dipl.-arbeit Sektion Psychologie Humboldt-Universität zu Berlin 1976 (unveröffentl.)

Kühn, H.: Bürgerliche Psychologie in der BRD. Berlin 1980

Kurzfassungen, XXII. Intern. Kongr. f. Psychologie, Leipzig 1980, Bd. 1 u. 2 (Manuskriptdruck)

Lander, H.-J.: Der Strukturbegriff in der Psychologie. Probl. Erg. Psychol. 33, 1970

Langenheder, W.: Theorie menschlicher Entscheidungshandlungen. Sozialisation und Kommunikation, Bd. 3. Stuttgart 1975

Lawick-Goodall, J. van: Wilde Schimpansen. Hamburg 1971

Lee, W.: Decision Theory and Human Behavior. New York/London 1971

Lehr, U. M.: Psychologie des Alterns. Heidelberg 1977[3]

Lehr, U. M, und F. E. Weinert (Hrsg.): Entwicklung und Persönlichkeit. Stuttgart/Berlin 1975

Lehr, U. M., and R. Bonn: Ecology of adolescents as assessed by the daily round method in an affluent society. Contr. Hum. Devpmt. 1, 1974

Leontjew, A. N.: Probleme der Entwicklung des Psychischen. Berlin 1964

Leontjew, A. N.: Der historische Aspekt bei der Untersuchung der menschlichen Psyche. In: H. Hiebsch (Hrsg.), Ergebnisse der sowjetischen Psychologie. Berlin 1967

Leontjew, A. N.: Tätigkeit, Bewußtsein, Persönlichkeit. Beiträge zur Psychologie, Bd. 1. Berlin 1979

Lersch, Ph.: Der Aufbau der Person. München 1966[10]

Lewin, K.: Vorsatz, Wille und Bedürfnis. Berlin 1926

Lewin, K.: Field theory and learning. 41st Yearbook Nat. Soc. Study of Educ. Part II, Chicago 1942

Lewin, K.: Field Theory in Social Science. Selected Theoretical Papers, ed. by D. Cartwright. New York 1951

Lewin, K.: Zeitperspektive und Moral. In: K. Lewin, Die Lösung sozialer Konflikte. Ausgew. Abhandl. üb. Gruppendynamik, herausgeg. v. G. Weiss-Lewin. Bad Nauheim 1953

Lewin, K.: Grundzüge der topologischen Psychologie. Bern/Stuttgart/Wien 1969

Lewis, M.: What do we mean when we say ‚infant intelligence scores'? A sociopolitical question. In: M. Lewis (Ed)., Origins of Intelligence. New York/London 1976

Lindzey, G.: Morphology and Behavior. In: G. Lindzey et al. (Eds.), Theories of Personality: Primary Sources and Research. New York/London 1973[2]

Lindzey, G., C. S. Hall and M. Manosevitz (Eds.): Theories of Personality: Primary Sources and Research. New York/London 1973[2]

Lompscher, J.: Der Gegenstand der Pädagogischen Psychologie und ihr Beitrag zur Lösung bildungspolitischer Aufgaben. Probl. Erg. Psychol. 50, 1974

Lompscher, J. (Hrsg.): Lenins philosophisches Erbe und Ergebnisse der sowjetischen Psychologie. Berlin 1974

Lompscher, J.: Aufgaben und Perspektiven der pädagogisch-psychologischen Forschung. Probl. Erg. Psychol. 55, 1975

Lompscher, J., und G. Prillwitz: Psychologische Grundlagen der Persönlichkeitsentwicklung im pädagogischen Prozeß. In: A. Kossakowski (Hrsg.), Psychologie im Sozialismus. Berlin 1980

Lorenzer, A.: Grundprobleme einer materialistischen Sozialisationstheorie. In: H. Walter (Hrsg.), Sozialisationsforschung. Bd. I–III. Stuttgart/Bad Canstatt 1973–1975

Löwe, H.: Einführung in die Lernpsychologie des Erwachsenenalters. Berlin 1970

Lubin, B., and E. E. Levitt (Eds.): The Clinical Psychologist. Background, Roles, and Functions. Chicago 1967

Lüers, H., K. Sperling und B. E. Wolf: Genetik und Evolutionsforschung bei Tieren. In: G. Heberer (Hrsg.), Die Evolution der Organismen. Bd. II/1. Stuttgart 1974[3]

Maddi, S. R.: Personality Theories: A Comparative Analysis. Homewood, Ill. 1972

Mann, Th.: Freud und die Zukunft. In: Th. Mann, Adel des Geistes. Zwanzig Versuche zum Problem der Humanität. Berlin/Weimar 1965

Mantell, D. M.: Das Potential zur Gewalt in Deutschland. Der Nervenarzt 42, 5, 1971

Marx, K.: Das Kapital. Kritik der politischen Ökonomie. Berlin 1969

Marx, K., und F. Engels: Ausgewählte Werke in sechs Bänden. Berlin 1972

Mathey, F. J.: Zur Schichttheorie der Persönlichkeit. In: Handbuch der Psychologie, 4. Bd. Göttingen 1960

Matussek, P.: Die Konzentrationslagerhaft und ihre Folgen. Berlin/Heidelberg/New York 1971

Mayer, G.: Zum Personalstil Beethovens. Materialstand und ideologische Dimension. In: G. Mayer, Weltbild – Notenbild. Zur Dialektik des musikalischen Materials. Leipzig 1978

Mehl, J.: Über den gegenwärtigen Stand des Problems klinischer und statistischer Vorhersage. In: H.-D. Rösler u. a. (Hrsg.), Persönlichkeitsdiagnostik. Berlin 1970

Merlin, W. S.: Prinzipien der psychologischen Charakterisierung von Persönlichkeitstypen. In: E. W. Schorochowa (Hrsg.), Zur Psychologie der Persönlichkeit. Berlin 1976

Metzger, W.: Psychologie. Die Entwicklung ihrer Grundannahmen seit der Einführung des Experiments. Darmstadt 1954[2]

Meyer-Probst, B.: Biologische und psychosoziale Bedingungen der Entwicklung von Risikokindern – Rostocker Längsschnittstudie bei Sechsjährigen. Diss. (B), Wilhelm-Pieck-Universität Rostock 1980

Milgram, S.: Behavioral study of obedience. J. abnorm. soc. Psychol. 67, 1963

Miller, G. A., E. Galanter and K. H. Pribram: Plans and the Structure of Behavior. New York 1960

Mussen, P. H. (Ed.): Carmichael's Manual of Child Psychology. New York/London 1970[3]

Nagera, H.: Vincent van Gogh. A Psychological Study. London 1967

Nebylizyn, V. D.: Some questions relating to the theory of properties of the nervous system. Proc. XVIII. Intern. Congr. Psychol. Moskau 1966

Nebylizyn, V. D., and J. A. Gray: Biological Bases of Individual Behavior. New York/London 1972

Noack, K.-P.: Unhaltbarkeit und Konsequenzen eines Vorurteils: Theo Herrmanns Phänomenalismus. In: M. Vorwerg (Hrsg.), Zur psychologischen Persönlichkeitsforschung 3. Berlin 1980

Oerter, R. (Hrsg.): Entwicklung als lebenslanger Prozeß. Hamburg 1978a

Oerter, R.: Entwicklung im Jugendalter – ein umweltorientierter Ansatz. In: H. Rauh (Hrsg.), Jahrbuch der Entwicklungspsychologie 1/1979. Stuttgart 1978 b

Oerter, R., E. Dreher und M. Dreher: Kognitive Sozialisation und subjektive Struktur. München 1977

Pawlik, K.: Dimensionen des Verhaltens. Bern/Stuttgart 1968

Pawlow, I. P.: Sämtliche Werke. Berlin 1953

Peck, R. F.: Probleme bei der Messung intra- und interindividueller Differenzen der Begriffsentwicklung innerhalb verschiedener Kulturen. In: U. M. Lehr und F. E. Weinert (Hrsg.), Entwicklung und Persönlichkeit. Stuttgart/Berlin 1975

Pervin, L. A.: Current Controversies and Issues in Personality. New York/Toronto 1978

Pervin, L. A.: Personality: Theory, Assessment, and Research. New York/London 1980[3]

Petermann, F.: Methodische Grundlagen Klinischer Psychologie. Weinheim/Basel 1977

Platonow, K. K.: Das Persönlichkeitsprinzip in der Psychologie. In: E. W. Schorochowa (Hrsg.), Methodologische und theoretische Probleme der Psychologie. Berlin 1974

Rachman, S. (Hrsg.): Critical Essays on Psychoanalysis. Oxford 1963
Rauh, H. (Hrsg.): Jahrbuch der Entwicklungspsychologie 1/1979. Stuttgart 1978
Rauh, H.: Der Wandel von der traditionellen zur modernen Entwicklungspsychologie. In: H. Rauh (Hrsg.), Jahrbuch der Entwicklungspsychologie 1, 1979. Stuttgart 1978
Regel, H.: Einige psychologische Aspekte zur Genese, Diagnostik und Prophylaxe von Suizidversuchen. Probl. Erg. Psychol. 65, 1978
Reitman, W.: Cognition and Thought – An Information-Processing Approach. New York 1965
Reykowski, J. (Hrsg.): Studies on the mechanisms of prosocial behavior. Univ. of Warsaw, Inst. of Psychol. Vol. 3. Warsaw Univ. Press 1975
Ritter, H., und W. Engel: Genetik und Begabung. In: H. Roth (Hrsg.), Begabung und Lernen. Stuttgart 1969
Rösler, H.-D.: Leistungshemmende Faktoren in der Umwelt des Kindes. Leipzig 1967
Rösler, H.-D., H.-D. Schmidt und H. Szewczyk (Hrsg.): Persönlichkeitsdiagnostik. Berlin 1970
Rösler, H.-D., H. Engel u. a.: Entwicklung und Rückbildung psychischer Störungen – Nachuntersuchung an geistig Behinderten. Z. Psychol. 184, 1976
Rogers, C. R.: On Becoming a Person: A. Therapist's View of Psychotherapy. Boston 1961
Rolland, R.: Beethovens Meisterjahre. Berlin 1952
Roth, E.: Persönlichkeitspsychologie. Eine Einführung. Stuttgart 1972[3]
Rothacker, E.: Schichten der Persönlichkeit. Leipzig 1941
Rubinstein, S. L.: Grundlagen der Allgemeinen Psychologie. Berlin 1958
Rubinstein, S. L.: Sein und Bewußtsein. Berlin 1962
Rudinger, G.: Intelligenz im Alter. Phil. Diss. Univ. Bonn 1971
Rudinger, G.: Erfassung von Entwicklungsveränderungen im Lebenslauf. In: H. Rauh 1978 (Hrsg.), Jahrbuch der Entwicklungspsychologie 1, 1979. Stuttgart 1978
Scarr-Salapatek, S.: Unknowns in the IQ equation. Science 174, 1971
Schaffer, H. R. (Ed.): Studies in Mother-Infant Interaction. London/New York 1977
Schmidt, B.: Methodische Ansätze und Ergebnisse bei der Analyse der Überlagerung von primären und sekundären Hirnschadenfolgen. Z. Psychol. 187, 1976
Schmidt, H.-D.: Leistungschance, Erfolgserwartung und Entscheidung. Berlin 1966
Schmidt, H.-D.: Allgemeine Entwicklungspsychologie. Berlin 1970
Schmidt, H.-D.: Als psychologischer Sachverständiger im Essener ‚Dora'-Prozeß. Probl. Erg. Psychol. 35, 1970

Schmidt, H.-D.: Kritische Bemerkungen zu einer aussagepsychologischen Untersuchung. Kriminalistik. Z. ges. kriminal. Wiss. u. Praxis 28, 10, 1974 a

Schmidt, H.-D.: Normativer Aspekt und Persönlichkeitsbegriff. Probl. Erg. Psychol. 48, 1974 b

Schmidt, H.-D.: Zum Problem des Konstruktbegriffs in der empirischen Persönlichkeitsforschung und -diagnostik. Z. Psychol. 182, 1974 c

Schmidt, H.-D.: Die psychische Entwicklung des Menschen als Sozialisationsprozeß. Probl. Erg. Psychol. 52, 1975

Schmidt, H.-D.: Methodologische Probleme der entwicklungspsychologischen Forschung. Probl. Erg. Psychol. 62, 1977 a

Schmidt, H.-D.: Einige Bemerkungen zum Problem der biologischen Grundlagen der Persönlichkeit. Z. Psychol. 185, 1977 b

Schmidt, H.-D.: Diskussionsbemerkungen zum Problem ‚Biographie und Kunstwerk'. In: H. Goldschmidt u. a. (Hrsg.), Beethoven-Kongreßbericht. Leipzig 1978

Schmidt, H.-D.: Kritische Anmerkungen zum psychoanalytischen Entwicklungskonzept. In: J. Helm, H.-D. Rösler und H. Szweczyk (Hrsg.), Klinische Psychologie. Berlin 1979 a

Schmidt, H.-D.: Zur Präzisierung des entwicklungspsychologischen Aneignungskonzepts. Z. Psychol. 187, 1979 b

Schmidt, U. J., G. Brüschke u. a.: Zur Situation der älteren Bürger in der DDR. Z. Alternsforschg. 29, 1974

Schnabl, S.: Intimverhalten, Sexualstörungen, Persönlichkeit. Berlin 1972

Scholz, R.: Wissenschaftlicher Humanismus und humanistische Psychologie – Kritik an Rogers. In: K. Holzkamp (Hrsg.), Forum Kritische Psychologie 6, 1980

Schorochowa, E. W. (Hrsg.): Zur Psychologie der Persönlichkeit. Berlin 1976

Schorochowa, E. W.: Sozialistische Lebensweise und die Psychologie des Menschen. In: A. Kossakowski (Hrsg.), Psychologie im Sozialismus. Berlin 1980

Schröder, H.: Einige Aspekte, Entwicklungstendenzen und Ergebnisse persönlichkeitspsychologischer Forschung in der Sowjetunion. In: M. Vorwerg (Hrsg.), Zur psychologischen Persönlichkeitsforschung 2. Berlin 1979

Schröder, H., und M. Vorwerg: Soziale Kompetenz als Zielgröße für Persönlichkeitsstruktur und Verhaltensmodifikation. In: M. Vorwerg (Hrsg.), Zur psychologischen Persönlichkeitsforschung 1. Berlin 1978

Schröder, H., und H. Petermann: Zu persönlichkeitspsychologischen Voraussetzungen der klinischen Psychologie und Psychopathologie. In: J. Helm, H.-D. Rösler und H. Szewczyk (Hrsg.), Klinische Psychologie. Berlin 1979

Schurig, V.: Die Entstehung des Bewußtseins. Frankfurt (Main)/New York 1976

Seidel, R.: Denken. Psychologische Analyse der Entstehung und Lösung von Problemen. Frankfurt (Main)/New York 1976

Seidel, R., und G. Ulmann: Gibt es einen Intelligenzbegriff in der Aneignungstheorie? In: K. H. Braun und K. Holzkamp (Hrsg.), Ber. ü. d. I. Kongr. Kritische Psychologie i. Marburg v. 13.–15. Mai 1977, Bd. II. Köln 1977

Sève, L.: Marxismus und Theorie der Persönlichkeit. Berlin 1972

Sève, L.: Psychoanalyse und historischer Materialismus. In: W. Friedrich (Hrsg.), Kritik der Psychoanalyse und biologistischer Konzeptionen. Berlin 1977

Sheldon, W. H.: The Varieties of Human Physique. New York 1940

Sheldon, W. H.: The Varieties of Temperament. New York 1949

Sheldon, W. H.: Atlas of Men. New York 1954

Simenauer, E.: Rainer Maria Rilke. Legende und Mythos. Bern 1953

Sinclair, A., R. J. Jarvella and W. J. M. Levelt: The Child's Conception of Language. Berlin/Heidelberg/New York 1978

Sintschenko, P. I.: Probleme der Gedächtnispsychologie. In: H. Hiebsch (Hrsg.), Ergebnisse der sowjetischen Psychologie. Berlin 1967

Smirnow, G. L.: Die Herausbildung der sozialistischen Persönlichkeit. Berlin 1975

Solle, R.: Der feldtheoretische Ansatz. In: Handbuch der Psychologie 7. Bd. (1. Halbband). Göttingen 1969

Solomon, M.: Beethoven. New York 1977

Spranger, E.: Lebensformen. Geisteswissenschaftliche Psychologie und Ethik der Persönlichkeit. Halle (Saale) 1922[3]

Sprung, L.: Zur Methodologie differentieller psychologischer Untersuchungen – Historisches, Überlegungen, Beispiele, Probl. Erg. Psychol. 73, 1980

Sprung, L., und H. Sprung: Grundlagen der psychologischen Methodologie und Methodik. Berlin 1982

Sprung, L., and F. Kukla: Concept formation. In: F. Klix and B. Krause (Hrsg.), Psychological Research Humboldt-Universität Berlin 1960–1980. Berlin 1980

Stadler, M., F. Seeger und A. Raeithel: Psychologie der Wahrnehmung. München 1975

Stegmüller, W.: Theorie und Erfahrung. Heidelberg 1970

Steigerwald, R.: Herbert Marcuses dritter Weg. Berlin 1969

Sterba, E., und R. Sterba: Ludwig van Beethoven und sein Neffe. München 1964

Stern, C.: Grundlagen der Humangenetik. Jena 1968[2]

Stern, W.: Die differentielle Psychologie und. ihre methodischen Grundlagen. Leipzig 1921[3]
Stern, W.: Die menschliche Persönlichkeit. Person und Sache, 2. Band. Leipzig 1923[3]
Stern, W.: Allgemeine Psychologie. Den Haag 1935
Stiehler, G.: Der dialektische Widerspruch. Berlin 1966
Strauß, E.-H., und W. Dummer: Verhaltenstherapie ohne Persönlichkeit? In: J. Helm, H.-D. Rösler und H. Szewczyk (Hrsg.), Klinische Psychologie. Berlin 1979
Strunz, K.: Das Problem der Persönlichkeitstypen. In: Handbuch der Psychologie, 4. Bd. Göttingen 1960
Teichmann, H., B. Heider und U. Kleinpeter: Risiko- und Kontrollkinder im Längsschnittvergleich (3. Lebensjahr). Z. Psychol. 184, 1976
Teplow, B. M. (Hrsg.): Typologische Eigenschaften der höheren Nerventätigkeit beim Menschen. Bd. 1, Moskau 1956, Bd. 3, Moskau 1963 (russ.)
Thom, A.: Philosophische Überlegungen zur Stellung des Subjekts in der Persönlichkeitspsychologie. In: M. Vorwerg (Hrsg.), Zur psychologischen Persönlichkeitsforschung 1. Berlin 1978
Thomae, H.: Das Individuum und seine Welt. Eine Persönlichkeitstheorie. Göttingen 1968
Thomae, H.: Konflikt, Entscheidung. Verantwortung. Stuttgart 1974
Thomae, H.: Soziale Probleme der Gerontologie. In: M. Blohmke u. a. (Hrsg.), Handbuch der Sozialmedizin. Stuttgart 1976
Timpe, K.-P.: Wege und Möglichkeiten persönlichkeitsfördernder Arbeitsgestaltung. In: A. Kossakowski (Hrsg.), Psychologie im Sozialismus. Berlin 1980
Tomaszewski, T.: Tätigkeit und Bewußtsein. Weinheim/Basel 1978
Tschesnokowa, J. J.: Das Selbstbewußtsein der Persönlichkeit. In: E. W. Schorochowa (Hrsg.), Zur Psychologie der Persönlichkeit. Berlin 1976
Turner, M. B.: Philosophy and the Science of Behavior. New York 1967
Ulmann, G.: Sprache und Wahrnehmung. Frankfurt (Main)/New York 1975
Vogel, Chr.: Neue Aspekte zur Evolution des Menschen. Nova Acta Leopoldina, N. F. Sonderheft Nr. 218 A, Bd. 42, Halle (Saale) 1978
Vorwerg, M.: Grundlegende Probleme der persönlichkeitspsychologischen Forschung. In: M. Vorwerg (Hrsg.), Zur psychologischen Persönlichkeitsforschung 1. Berlin 1978
Vorwerg, M.: Explikation weiterer Grundprobleme der persönlichkeitspsychologischen Forschung. In: M. Vorwerg (Hrsg.), Zur psychologischen Persönlichkeitsforschung 2. Berlin 1979
Vorwerg, M.: Zur psychologischen Persönlichkeitsforschung 3. Berlin 1980
Vorwerg, G., und M. Vorwerg: Persönlichkeits- und sozialpsychologische Grundlagen der Leitung sozialer Prozesse. In: A. Kossakowski (Hrsg.), Psychologie im Sozialismus. Berlin 1980

Wacker, A. (Hrsg.): Die Entwicklung des Gesellschaftsverständnisses bei Kindern. Frankfurt (Main)/New York 1976
Walter, H. (Hrsg.): Sozialisationsforschung. Bd. I–III. Stuttgart/Bad Cannstatt 1973–1975
Wendrich, P.: Persönlichkeitsförderung im Arbeitsprozeß oder Humanisierung der Arbeit. Probl. Erg. Psychol. 58, 1976
Windelband, W.: Geschichte und Naturwissenschaft. Rektoratsrede 1894. In: Präludien. Aufsätze und Reden zur Philosophie und ihre Geschichte. Tübingen 1915[5]
Witzlack, G.: Grundlagen der Psychodiagnostik. Berlin 1977
Wohlwill, J. F.: Strategien entwicklungspsychologischer Forschung. Stuttgart 1977
Wolfram, H.: Zur Diagnostik des Entscheidungsverhaltens mit Hilfe von Selbstbeurteilungen. Diss. (A), Sektion Psychologie der Humboldt-Universität zu Berlin 1973
Wolfram, H.: Der Entscheidungs-Q-Sort (EQS) als Methode in der Neurosendiagnostik. In: J. Helm u. a. (Hrsg.), Neurosendiagnostik. Berlin 1974
Wundt, W.: Erlebtes und Erkanntes. Stuttgart 1920
Zeigarnik, B. W.: Ergebnisse und Perspektiven der Pathopsychologie. Z. Psychol. 188, 1980
Zimmermann, W.: Methoden der Evolutionswissenschaft. In: G. Héberer (Hrsg.), Die Evolution der Organismen. Bd. I. Stuttgart 1967[3]
Zimmermann, W.: Zu einigen theoretischen und methodisch-metrischen Problemen der Persönlichkeitsdiagnostik sozialer Eigenschaften im Schulalter. Z. Psychol. 187, 1979
Zwingmann, Ch. (Hrsg.): Selbstvernichtung. Frankfurt (Main) 1965

Nachtrag zur 2. Auflage

Filip, S.-H.: Kritische Lebensereignisse. München 1981
Kossakowski, A., and K. Obuchowski (Eds.): Progress in Psychology of Personality. Berlin 1982
Lantermann, E. D.: Interaktionen – Person, Situation und Handlung. München 1980
Löwe, H., U. Lehr und J. E. Birren (Hrsg.): Psychologische Probleme des Erwachsenenalters. Berlin 1983
Oesterreich, R.: Handlungsregulation und Kontrolle. München 1981
Schmidt, H.-D., and G. Tembrock (Eds.): Evolution and Determination of Animal and Human Behaviour. Berlin 1982
Schröder, H. (Hrsg.): Psychologie der Persönlichkeit und Persönlichkeitsentwicklung. Ber. üb. 1. Winterschule f. Persönlichkeitspsychologie. Man.-druck, Leipzig, Berlin 1982
Vorwerg, M., und H. Schröder (Hrsg.): Persönlichkeitspsychologische Grundlagen interpersonellen Verhaltens. Bd. I, II. Man.-druck, hrsg. v. Rektor der Karl-Marx-Universität Leipzig 1980

Personenregister

Abert, H. 160
Adler, A. 36 f.
Albrechtsberger, J. G. 202
Allport, G. W. 16, 36 f., 68
Ananjew, B. G. 33, 168 f., 194
Anastasi, A. 122
Anochin, P. K. 76, 79, 94, 126
Anzyferowa, L. I. 47, 128, 139
Aristoteles 37, 123
Atkinson, J. W. 69, 71

Bach, J. S. 160
Backhausen, W. J. 92 f.
Baltes, P. B. 71, 211
Beethoven, L. v. 59, 197 ff., 204 ff., [224]
Belitz, H.-J. 18
Bentz, K. W. 216
Berlyne, D. E. 250
Bernadotte 208
Bertalanffy, L. v. 44
Birbaumer, N. 78
Birren, J. E. 14
Bonaparte, M. 199
Bonaparte, Napoleon 208
Bonn, R. 218
Borgatta, E. F. 119
Böttcher, H. R.
Bottenberg, E. H. 81
Brandenburg, S. 202
Brandt, L. W. 141
Brecht, B. 57
Brim, O. G. 133
Bronfenbrenner, U. 48, 133 f., 159, 163, 215
Bruder, O. G. 141
Brüschke, G. 61, 174
Bühler, Ch. 237
Buhr, M. 101, 114, 123, 224
Burckhardt, J. 26
Buss, A. R. 192

Carnap, R. 95, 99, 110
Cattell, R. B. 110, 126, 128, 228 f.
Clauß, G. 15, 45, 65, 81, 234 ff.
Cortés, J. B. 249
Cranach, M. v. 159

Dannhauer, H. 137, 150, 152
Davison, G. C. 144
Dettenborn, H. 137, 181 f.
Deym, J. v. 203, 209
Dilthey, W. 116, 123
Dohrenwend, B. P. 76, 215 f.
Dohrenwend, B. S. 76, 215 f.
Dummer, W. 257

Ebbecke, U. 68
Eibl-Eibelsfeldt, I. 18
Eitner, A. 174
Elkonin, D. B. 176
Engel, W. 159, 220
Engels, F. 17, 22 ff., 26, 31, 49, 178
Eysenck, H.-J. 126, 128, 163, 228 f., 235, 238 ff.

Feldes, D. 30
Fjodorow, E. K. 55

Freier, W. 82
Freud, A. 42
Freud, S. 39 ff., 43, 100, 124, 178, 199
Friedrich, W. 43, 154, 156, 163, 195, 250
Fröhlich, H. H. 137, 181 f.
Fromm, E. 36

Galanter, E. 94
Galenus 235
Galperin, P. J. 48, 82, 134
Galton, F. 120
Gatti, F. M. 249
Goebbels, J. 178
Goethe, J. W. v. 178
Gogh, Th. van 178
Gogh, V. van 178
Goldschmidt, H. 197 ff., 203 f., 207 ff.
Goldstein, K. 37
Göllnitz, G. 164
Gottschaldt, K. 135
Grabek, K. 213
Gray, J. A. 252
Grimm, H. 247
Grossmann, K. E. 219
Guilford, J. P. 96 ff., 102, 126, 128, 136, 228 f., 238
Guthke, J. 139
Gutjahr, W. 29, 117

Hacker, W. 47 f., 76, 82, 89, 91 f., 94, 134 f., 137, 142, 173, 212, 260
Hartmann, N. 123
Haug, F. 92
Havighurst, R. J. 172
Haydn, J. 202
Heberer, G. 18 f.
Heckhausen, H. 69, 71
Hegel, G. W. F. 17, 189
Heider, B. 166 f.
Heise, W. 198
Helm, J. 38, 63 f., 70, 129, 142, 257
Helwig, P. 124, 237, 241, 248 f.
Herder, J. G. 26
Herrmann, Th. 47, 95, 99 f., 106, 109 ff., 117 f., 126
Hess, R. D. 148 f.
Hiebsch, H. 13, 22 f., 31 f., 48, 65, 74, 120, 243 f.
Hippokrates 235
Hitler, A. 178
Holmes, T. H. 216
Holzinger, J. 158
Holzkamp, K. 19, 53, 55
Holzkamp-Osterkamp, U. 17, 20, 24, 43, 86
Hugler, H. 45

Irle, M. 160
Iwanow-Smolenski, A. G. 250 f.

Jaroschewski, M. 37, 39, 68, 130 f.
Jarvella, R. J. 220
Jaspers, K. 37, 75
Jensen, A. R. 161
Johst, V. 19, 47
Jonas, H. 55
Jones, E. 39
Jülg, B. 178
Jung, C. G. 39

Kagan, J. 103, 106 ff.
Kant, I. 235
Kasielke, E. 14, 175
Katz, D. 68
Keiler, P. 19
Kelly, G. A. 44 f.
Kendell, R. E. 235
Kiener, F. 42
Kierkegaard, S. 37
Klages, L. 124
Klaus, G. 101, 114, 123, 191, 224
Kleinpeter, U. 166 f.
Klimowitsky, A. 202

Klix, F. 19, 31, 47, 64, 78, 80, 91, 94, 106, 123, 139 f., 142, 236, 241
Klopfer, P. 214
Koffka, K. 123
Köhler, K.-H. 197, 208
Köhler, W. 123, 135, 159
Kon, I. S. 48, 173, 245
Kossakowski, A. 13 f., 28, 48, 76, 82, 133, 226 ff., 243, 250, 258
Krasnogorski, N. J. 251
Kraus, F. 124
Krause, B. 228
Krause, W. 123, 228
Kretschmer, E. 247, 249
Kreutzer, R. 208
Kröber, G. 95
Krüger, T. 213
Kühn, H. 115, 118
Kukla, F. 235, 241

Lambert, W. W. 119
Lander, H.-J. 123
Landsberg, J. 159
Langenheder, W. 82
Lawick-Goodall, J. v. 19
Lee, W. 82
Lehr, U. M. 14, 168, 174, 180, 211 f., 218
Lehwald, G. 139
Lenin, W. I. 57, 243
Leontjew, A. N. 16, 19, 21, 68, 81, 84, 86 f., 176, 195, 216, 219
Lersch, Ph. 124
Lessing, G. E. 26
Levelt, W. J. M. 220
Levitt, E. E. 144
Lewin, K. 43, 70, 74, 129 ff., 134 f., 145
Lewis, M. 160, 163
Lindzey, G. 37, 249 f.
Lipsitt, L. P. 71, 211
Lompscher, J. 142, 226, 243, 258
Lorenz, K. 18
Lorenzer, A. 39, 134
Löwe, H. 14, 168
Lubin, B. 144
Lüers, H. 18

Maddi, S. R. 35 f., 39, 44, 46, 76, 246 f.
Mann, Th. 40, 178
Mantell, D. M. 140 f.
Marcuse, H. 39
Marx, K. 16 f., 21 ff., 26 f., 31 f., 34, 54, 178
Maslow, A. 36
Mathey, F. J. 124
Matussek, P. 76
Mayer, G. 201, 204
McClelland, D. C. 44
McGuinness, E. 78 f.
Mehl, J. 116
Mehlhorn, H.-G. 155 f., 195
Merlin, W. S. 217, 243, 254
Metzger, W. 68, 237
Meyer-Probst, B. 167, 236
Milgram, S. 140 f.
Miller, G. A. 94, 216
Mohaupt, D. 213
Mozart, W. A. 160
Müller, H. 154, 156, 195, 250
Müntzer, Th. 26, 57
Murray, H. A. 39, 212
Mussen, P. H. 119

Nagera, H. 199
Neale, J. M. 144
Nebylizyn, V. D. 250, 252
Neefe, Ch. G. 202
Niemann, K. 197
Nietzsche, F. 26, 241
Noack, K.-P. 95, 99, 105, 111
Nuttin, J. 37

Obuchowski, K. 14
Oerter, R. 133, 172, 192, 195, 215
Otto, Kh. 133, 226

Pawlik, K. 229
Pawlow, I. P. 250 ff.
Peck, R. F. 106
Pervin, L. A. 45, 126, 163
Petermann, H. 261
Plato 37
Platonow, K. K. 138, 140
Poe, E. A. 199
Pribram, K. H. 78 f., 94
Prillwitz, G. 258
Pulvermacher, Ch. 159

Rachman, S. 43, 235, 240
Raeithel, A. 63
Rahe, R. H. 216
Rank, O. 39
Rauh, H. 132, 169, 190, 211, 214, 216
Raum, H. 137
Raynor, J. O. 69, 71
Reese, H. W. 71, 211
Regel, H. 180
Reich, W. 39
Reißner, M. 250
Reitman, W. 202
Reykowski, J. 68
Rilke, R. M. 178, 199
Ritter, H. 159
Rodin, A. 178
Rogers, C. R. 36 f., 69
Rolland, R. 202, 209
Rösler, H.-D. 13, 152, 154, 164 f., 220
Roth, E. 100, 106, 121
Rothacker, E. 125
Rousseau, J. J. 26
Rubinstein, S. L. 64, 95 ff., 113, 140, 168, 176, 226
Rudinger, G. 136, 190, 192, 212

Salieri, A. 202
Saporoshez, A. W. 176
Sartre, J.-P. 37
Scarr-Salapatek, S. 158, 163
Schaffer, H. R. 219
Schenk, J. B. 202
Schiller, F. 178, 204, 241
Schmidt, B. 164
Schmidt, H.-D. 14, 18, 27 f., 31, 43, 47, 71, 74, 82 f., 94 f., 105, 125, 135, 168 ff., 173, 175, 193 f., 206, 219 f., 263
Schmidt, U. J. 61, 174
Schnabl, S. 196
Schneider, E. 208
Schneider, K. 241
Scholz, R. 38
Schorochowa, E. W. 52, 74
Schröder, H. 217, 261
Schurig, V. 18 ff., 47
Seeger, F. 63
Seidel, R. 161, 202
Sève, L. 23 f., 39, 42, 47, 53, 90, 183 ff., 213, 249, 254, 264
Sheldon, W. H. 247, 249, 254
Shulman, C. 102
Simenauer, E. 199
Sinclair, A. R. 220
Sintschenko, P. I. 102, 176
Smirnow, G. L. 27 f., 48, 176
Solle, R. 129
Solomon, M. 198 f.
Spranger, E. 87, 123, 241
Sprung, H. 114, 117, 140, 241
Sprung, L. 114, 117, 122, 140, 235, 241
Stadler, M. 63
Stegmüller, W. 95
Steigerwald, R. 39
Stepanowa, J. I. 194
Sterba, E. 199
Sterba, R. 199
Stern, C. 250
Stern, W. 15, 84, 120 ff., 127
Stiehler, G. 43
Strauß, E.-H. 257

Streisand, J. 198
Strunz, K. 233
Sullivan, G. 39
Szewczyk, H. 220

Teichmann, H. 166 f.
Tembrock, G. 14
Teplow, B. M. 250, 252
Thom, A. 257, 263
Thomae, H. 58, 61, 68, 72, 75, 83, 87, 90 f., 106, 116, 128, 131, 147, 168, 177, 179, 192, 195, 213
Timpe, K.-P. 260
Tomaszewski, T. 76, 82
Torres, C. 57
Tschesnokowa, J. J. 68
Turner, M. B. 95

Ulman, G. 106, 161
Usnadse, D. N. 82, 85

Vinci, L. da 199
Vogel, Chr. 19
Vorwerg, M. 13, 24, 32, 48, 63, 65, 76, 82, 85 f., 95, 142, 243 f., 261
Vorwerg, G. 261

Wacker, A. 148
Walter, H. 48, 214
Wendrich, P. 259
Wertheimer, M. 123
Windelband, W. 115
Witzlack, G. 47, 95, 191 f., 220, 228
Wohlwill, J. F. 192
Wolfram, H. 70, 83, 102
Wundt, W. 178

Zeigarnik, B. W. 257
Zimmermann, W. 95
Zwingmann, Ch. 75

Nachwort

Orientierende Hinweise für den hiesigen Leser
von Klaus Holzkamp

Ich halte dieses Buch nicht lediglich für eine weitere einschlägige Publikation auf unserem Markt. Meiner Auffassung nach kann Schmidts »Grundriß« – sowohl als Basistext für Studierende wie im Zusammenhang wissenschaftlicher Diskussionen persönlichkeitspsychologischer Fragen – hierzulande eine besondere Funktion erfüllen – und dies nicht *obwohl*, sondern *gerade weil* es unter den anderen gesellschaftlichen Verhältnissen eines sozialistischen Landes, der DDR, entstanden ist.

Schmidt sieht sich in seinem Buch explizit dem »dialektischen und historischen Materialismus« bzw. der »marxistische(n) Philosophie« verpflichtet (S. 12). Dies dürfte bei uns häufig fast routinemäßig das hier herrschende Mißtrauen aktivieren: Spruchblasen? Verbeugung vor den Herrschenden in der DDR? Bloße Ideologie? Dogmatismus? Indoktrination? Wissenschaftsfremde Politisierung? Gleichzeitig aber ist Schmidts Buch in besonderem Maße dazu geeignet, die Flachheit solcher wohlfeiler Vor-Urteile offenzulegen: Einerseits nämlich gibt es in Schmidts »Grundriß« kaum eine Zeile, die ihre Fundiertheit im Marxismus verleugnen kann – und andererseits ergibt sich gerade daraus der wissenschaftliche Rang dieses Buches, und dies wiederum ist ein wesentlicher Aspekt seiner Bedeutung auch für uns. – Ich will das an einigen Punkten zu verdeutlichen suchen:

1. Auf das Ganze gesehen dokumentiert sich in Schmidts Buch eine bei uns ungebräuchliche, ja vielleicht als befremdlich erscheinende spezifisch »historische« Haltung zur Geschichte und den Errungenschaften unseres Faches: Schmidt unterliegt nicht der hier verbreiteten »marktgerechten« Tendenz, mit der Herausstellung des jeweils »modernsten« Standes der (Persönlichkeits-)Psychologie – mindestens implizit – alle früheren Konzeptionen und Resultate als nun »veraltet« abzutun und in den Hintergrund zu drängen, sondern bemüht sich (im Einklang mit der in der DDR

gepflegten marxistisch begründeten Haltung zum »historischen Erbe«) hier *alle* aus ihrem jeweils eigenen geschichtlichen Kontext heraus als wesentlich und bedeutsam einzustufenden wissenschaftlichen Ansätze gleichermaßen zur Geltung zu bringen. Diese »unverkürzte« historische Perspektive erbringt nun speziell für einen einführenden »Grundriß« den großen Vorteil, daß dabei ein quasi »ausgeruhter« Blick auf die Teildisziplin eröffnet wird und so der Leser in der umsichtigen Würdigung des schon Geleisteten den historischen Zusammenhang notwendiger Weiterentwicklungen genauer erkennen und sich so der bei uns »nahegelegten«, aus Profilierungszwang genährten wissenschaftlichen »Trend-Setterei« leichter entziehen kann.

2. Indessen ist bei Schmidt nicht nur die (im positiven Sinne) »historisierende« Sichtweise auf das Fach, sondern auch (und mehr noch) das marxistisch begründete historische Herangehen an den zu behandelnden *Gegenstand* so ungebräuchlich innerhalb der »Mainstream«-Psychologie wie durch seine wissenschaftliche Fundiertheit nützlich für einen einführenden Text: Indem Schmidt nämlich (im 1. Kapitel) den »qualitativen Sprung« von der naturgeschichtlichen zur gesellschaftlich-historischen Entwicklung rekonstruiert, gewinnt er mit der Herausstellung der »Vergegenständlichung« und »Aneignung« als Spezifika menschlicher Lebenstätigkeit im Prozeß gesellschaftlicher Arbeit nicht lediglich beliebig »gesetzte«, d. h. bloß definitorische, sondern in historischer Empirie *begründete* Rahmenbestimmungen menschlicher Individualität, in welcher sich im Spannungsfeld zwischen objektiver Determination und subjektiver Veränderungsmöglichkeit die »Gesellschaftlichkeit« und die »Natürlichkeit« menschlicher Existenz vermittelt. Die von Schmidt in diesem Kontext herausgehobenen Grundbestimmungen der Individualität/Persönlichkeit: »Eigenaktivität«, »Bewußtheit« und »Soziabilität« geraten so nicht zu abstrakten Dimensionen des isolierten Individuums in seiner unmittelbaren »Umwelt«, sondern charakterisieren unter drei miteinander zusammenhängenden Aspekten das *Verhältnis* zwischen Individuum und Gesellschaft, genauer: zwischen gesellschaftlicher Produktion/Reproduktion und individueller Daseinsbewältigung und Entwicklung. Damit hat Schmidt aber gleichzeitig grundlegende Gesichtspunkte gewonnen, mit denen er seinen *gesamten* einführenden Text strukturieren und so für den Leser verständlich *im Zu-*

sammenhang entfalten kann und darin gleichzeitig über Kriterien für die kritische Einordnung und »Aufhebung« des weiterführenden Erkenntnisgehalts der von ihm dargestellten persönlichkeitspsychologischen Ansätze und Resultate verfügt.

3. Unter den mannigfachen Konsequenzen der so zu fassenden marxistischen Fundiertheit des Schmidtschen Buches für seine konkreten persönlichkeitspsychologischen Konzeptionen erscheint mir besonders bemerkenswert der daraus sich ergebende spezifische *Praxisbezug* all seiner Ausführungen. »Persönlichkeit« erscheint hier nämlich nicht als Inbegriff nicht weiter rückführbarer Dimensionen, Eigenschaften, Strukturen bzw. bloßes Resultat verjährter (womöglich vorwiegend frühkindlicher) »Sozialisationsbedingungen«, sondern wird verständlich aus der Wechselwirkung des Individuums mit seinen konkreten gesellschaftlichen Lebensverhältnissen. So entwickelt Schmidt (in seinem 3. Schlüsselkapitel zur »Topographie der personalen Aktivität«) im Ausgang von der *objektiven* Lebenslage/Lebensweise des Individuums schrittweise all jene Vermittlungen zum subjektiven Lebensprozeß, aus denen das Handeln und die Befindlichkeit der Person in ihrer *gerade so und nicht anders bestimmten Lebenslage* begreiflich werden und so auch die *Bedingungen und Möglichkeiten praktischer Veränderungen der subjektiven Situation/Entwicklung durch tätige Rückwirkung auf die eigenen objektiven Lebensumstände* faßbar werden. Aus einer so verstandenen Persönlichkeitspsychologie ergeben sich nicht nur zwanglos Folgerungen für eine notwendige Umgestaltung psychologischer Praxisfelder wie Diagnostik und Therapie: Schmidt entwickelt in diesem Zusammenhang auch einen *ökologischen* Ansatz, der – gerade indem er nicht als modisches Spezialkonzept auftritt, sondern im marxistischen Prinzip der Vermittlung zwischen objektiven gesellschaftlichen Lebensbedingungen und individuell/subjektiver Lebenstätigkeit begründet ist – gängige naturalistische Verkürzungen vermeidet und letztlich der *gesamten Psychologie* ihre Aufgabe beim Kampf gegen die Zerstörung der menschlichen Lebenswelt durch den Menschen zuzuweisen vermag.

4. Die bisher genannten Gesichtspunkte sind auf bestimmte Weise integriert in der Art, wie Schmidt die Persönlichkeit als *individuellen Entwicklungsprozeß* erfaßt (Kap. 5): Indem hier »Entwicklung« als allgemeine Daseinsweise und Aufgabe des

Menschen begriffen wird, ist die gängige subdisziplinäre Abgrenzung der Persönlichkeitspsychologie gegen die Entwicklungspsychologie tendenziell aufgehoben. Dabei überwindet Schmidt – indem er die vergegenständlichend-aneignende *Tätigkeit* des Individuums in den Mittelpunkt der begrifflichen Aufschlüsselung des Entwicklungsprozesses stellt – auf der einen Seite die verkürzte Sicht auf Entwicklung als bloßen (endogen bzw. durch Umwelteinflüsse bedingten) sich am Individuum vollziehenden Ablauf, vermeidet aber auf der anderen Seite auch die spontaneistische Mystifikation der Entwicklungsaktivität als abstrakte, sich »von innen heraus« unter beliebigen gesellschaftlichen Verhältnissen entfaltende »Selbstverwirklichung«: Das Konzept der Persönlichkeitsentwicklung klärt sich so aus dem Spannungsfeld zwischen subjektiven Entwicklungsnotwendigkeiten und objektiven Entwicklungsmöglichkeiten als umfassendste menschliche Lebensaufgabe, bei deren Bewältigung die Erhöhung subjektiver Lebensqualität von der Verantwortung für die Schaffung gesellschaftlicher Verhältnisse, unter denen dies möglich ist, nicht getrennt werden kann. Auf dieser konzeptionellen Grundlage erreicht Schmidt, indem er bei der differenzierten Erfassung des Lebenslaufs mit seinen Wendepunkten und Krisen, seiner Dialektik von Veränderung und Kontinuität, allgemeinste lebenspraktische Bezüge herstellt, wiederum gleichzeitig den didaktischen Zweck, in seinem Einführungstext grundlegende Klärungen für fruchtbare Weiterarbeit auf dem Gebiet zu vermitteln. Als exemplarisch in diesem Zusammenhang sei auf Schmidts Art der Behandlung des Anlage-Umwelt-Problems (S. 156 ff.) verwiesen: Er kommt hier in sorgfältiger Diskussion vorfindlicher Ansätze und Methoden zu einer fundierten Zurückweisung aller Vorstellungen, in denen unter Ausklammerung des tätigen Umweltausgriffs der Individuen »Anlage-« und »Umwelt«-Anteile der Entwicklung getrennt und gegeneinander aufgerechnet werden sollen, gelangt dabei zu einer Differenzierung zwischen den *artspezifischen biologischen* Entwicklungsmöglichkeiten des Menschen zur Vergesellschaftung und der Genese *individueller Unterschiede* aus unterschiedlichen *gesellschaftlichen* Entwicklungschancen – und läßt so die hier gebräuchlichen biologistischen oder soziologistischen Problemverkürzungen weit hinter sich.

Die Spezifik von Schmidts marxistisch begründetem Persönlichkeitskonzept – dessen Relevanz auch für uns ich an einigen Punkten verdeutlichen wollte – wurde von mir eingangs mit seinem Entstehungsort, der sozialistischen DDR, in Verbindung gebracht. Wenn ich Schmidt also damit quasi einen »Standortvorteil« einräumte, so war eigentlich schon die Frage provoziert, ob mit dem DDR-Standort nicht auch »Nachteile«, d. h. Probleme mit dem Buch bei seinem Gebrauch unter unseren kapitalistischen Verhältnissen, verbunden sein müssen. In der Tat lassen sich aus der Besonderheit, in der Schmidt das Persönlichkeitsproblem samt seiner marxistischen Fundierung akzentuiert, Gründe dafür beibringen, aus dem Charakter des Schmidtschen Buches als einführenden Basistext, von dem aus weitergelernt und weitergedacht werden soll, angesichts unserer bürgerlichen Klassenrealität spezifische Konsequenzen zu ziehen; es sind gedankliche Vorkehrungen vonnöten, um der Gefahr entgegenzuwirken, daß unter unseren gesellschaftlichen Verhältnissen mit dem Buch in einer Weise weiterverfahren wird, die marxistischen Prinzipien (und damit den Intentionen seines Autors) zuwiderläuft und so den spezifischen Nutzen des Buchs für uns verwässern oder zurücknehmen könnte. – Ich will versuchen, auch dies an einigen Punkten zu verdeutlichen:

1. Angesichts antagonistischer Klassenverhältnisse ist in der bürgerlichen Gesellschaft die Herausarbeitung von *Interessenzusammenhängen und -widersprüchen*, insbesondere des Widerspruchs zwischen kapitalistischem Verwertungsinteresse und dem gesellschaftlichen Allgemeininteresse, ein wesentlicher Aspekt marxistischer Analysen auf allen Ebenen. Unter sozialistischen Verhältnissen kann sich hingegen das Problem gesellschaftlicher Interessengegensätze naturgemäß nicht in dieser Weise stellen. In Schmidts Buch führt dies dazu, daß nicht nur der Gesichtspunkt der Interessenwidersprüche, sondern der Interessenbezug generell in den Hintergrund der Betrachtung tritt. Damit dokumentiert sich in Schmidts Ausführungen häufig eine Art von »zweiter Naivität« gegenüber gesellschaftlichen Anforderungen, deren prinzipielle Konkordanz mit den Lebensinteressen der Individuen nicht in Frage gestellt, ja nicht einmal explizit thematisiert wird. Es ist klar, daß wir an dieser Stelle persönlichkeitspsychologisch weiterdenken und weiterforschen müssen: Es gilt, das begrifflich-methodische Rüstzeug zu schaffen, um das widersprüchliche, viel-

fach gebrochene und mystifizierte Ineinander von kapitalistischem Verwertungsinteresse und den allgemeinen Lebensinteressen der Individuen sowohl in den »bürgerlichen« Erscheinungsformen der Persönlichkeits*psychologie* wie der Persönlichkeit als deren *Gegenstand* durchschaubar zu machen, um daraus die Konsequenzen für die psychologische Wissenschaft wie die verallgemeinerte Lebenspraxis ziehen zu können.

2. Dies bedeutet zunächst, daß wir Schmidts kritische Analysen *überkommener persönlichkeitspsychologischer Vorstellungen* auf die Herausarbeitung der *Vermittlungsebene gesellschaftlicher Interessenwidersprüche* hin weiterführen müssen. Es kann uns nicht genügen, wie Schmidt (etwa in Kap. 2) die jeweiligen Persönlichkeitskonzepte lediglich nach den allgemeinsten Prinzipien des marxistischen Herangehens auf ihr verhaltensbiologisches Konzept, den Charakter der angesetzten Interaktionsbeziehung zwischen Individuum und Umwelt, der Wesensbestimmung dieser Umwelt und ihr modelltypisches Entwicklungskonzept hin zu befragen und danach zu entscheiden, was an ihnen zu verwerfen und was »aufhebenswert« ist. Vielmehr muß in konkreten Analysen der gesellschaftlichen Genese und Verflochtenheit der traditionellen Persönlichkeitskonzepte deren *Funktion* im gesellschaftlichen Interessengefüge, insbesondere der *Zusammenhang zwischen ihren spezifischen Erkenntnisbeschränkungen und ihrer Verwertbarkeit für Kapitalinteressen* herausanalysiert werden. Nur auf diesem Wege sind die Gefahren der unbemerkten Vereinnahmung auch fortschrittlich gemeinter psychologischer Ansätze durch das Verwertungsinteresse zu erkennen und so Kriterien gewinnbar, auf welche Weise im Feld der für uns unaufhebbaren Interessenverflechtungen (persönlichkeits-)psychologische Wissenschaft und Praxis eher im Sinne allgemeiner Lebensinteressen der Menschen zu entwickeln sind.

3. Weiterhin müssen wir auch mit Bezug auf die *»Persönlichkeit«* als *Gegenstand* der wissenschaftlichen Betrachtung den *Interessen-Gesichtspunkt* in höherem Grade explizieren und konkretisieren, als Schmidt dies getan hat. Auf der (persönlichkeits-)psychologischen Ebene bedeutet dies, den Aspekt der *subjektiven Funktionalität* individueller Intentionen, Handlungen und Entwicklungsanstrengungen im Verhältnis zu gesellschaftlichen Interessenkonstellationen möglichst präzise und umfassend heraus-

zuarbeiten. Dabei ist – ausgehend von der psychologischen Grundvorraussetzung, daß vom Individuum *alle* von ihm *intendierten* Lebensäußerungen subjektiv als *funktional* (d. h. in seinem Interesse liegend) erfahren werden (andernfalls könnte es sie nicht *intendieren*) – differenziert der Frage nachzugehen, unter welchen Bedingungen das Individuum dennoch *objektiv gegen seine Interessen handeln* kann. Dies muß uns der persönlichkeitspsychologischen Aufschlüsselung des Problems näher bringen, in welchen Begründungszusammenhängen *subjektiver Funktionalität* das Individuum um seiner unmittelbaren Absicherung und seines kurzfristigen Nutzens willen die vom Verwertungsstandpunkt geprägten *herrschenden Interessen als die seinen übernimmt und »verinnerlicht« und so seinen allgemeinen langfristigen Lebens- und Entwicklungsinteressen zuwiderhandelt:* Es gilt, die mannigfachen, vielfach mystifizierten subjektiven Erscheinungsformen eines solchen *Sich-Einrichtens in der Abhängigkeit* mit wissenschaftlichen Mitteln für die Betroffenen durchdringbar zu machen, damit sie in der praktischen Erkenntnis des Zusammenhangs zwischen subjektivem Ungenügen, Leiden an sich selbst und der Welt, erfahrener Perspektiv- und Entwicklungslosigkeit und dem Arrangement mit den herrschenden Verhältnissen subjektive »Gründe« finden, um zusammen mit anderen in gleicher Interessenlage für gesellschaftliche Verhältnisse zu kämpfen, unter denen man nicht mehr zur unmittelbaren Existenzsicherung an der eigenen Unterdrückung teilhaben muß und nicht mehr sich selbst nur auf Kosten anderer behaupten kann.

4. Ins Grundsätzliche gewendet bedeutet dies: Marxistisch fundierte (Persönlichkeits-)Psychologie unter bürgerlichen Verhältnissen muß ihre Grundbegrifflichkeit und Methodik in besonderem Maße schärfen, um die vielfältigen und subtilen Weisen der *Kontrolle über Menschen* und deren »Verinnerlichung«, wie sie in den »Privatformen« bürgerlicher Existenz und ihren ideologischen Ausdrucksformen als »Selbstverständlichkeiten« alltäglicher Lebenspraxis und Daseinsbewältigung vorgegeben bzw. »angeboten« sind, zu erfassen. Dies schließt ein die wissenschaftliche »Sensibilisierung« *für die immer neuen Varianten, in welchen hier im Namen der Subjekte und in scheinbarer Wahrung ihrer Interessen über diese verfügt* wird, und sie so ihren eigenen Lebensinteressen entfremdet werden. Eine solche analytische Identifi-

zierung des »Kontrollstandpunktes« im scheinbaren »Subjektstandpunkt« bedeutet auch eine peinlich sorgfältige Abklärung der Bedingungen und Formen, unter denen *Anleitung, Erziehung, Machtausübung* etc. *nicht* strukturell den Interessen der Betroffenen zuwidergeht. Dies schließt ein das Aushalten und Ausdiskutieren des Paradoxons, jemanden durch *Fremd*beeinflussung zur *»Eigen*aktivität« bringen zu wollen (also den Satz »Sei eigenaktiv« als eine Variante der berühmten Selbstaufhebungs-Formel »Sei spontan« zu analysieren). Sicherlich kann dies nicht heißen, Macht, Autorität, Leitung, Erziehung abstrakt zu negieren: Wir stehen hier vielmehr vor der schwierigen Aufgabe, diejenigen Vermittlungen herauszuarbeiten, durch welche dabei tatsächlich die Bedingungen für Eigenaktivität geschaffen sind, d. h. praktische Erkenntnisprozesse inauguriert werden können, unter welchen sich das Individuum nicht in bewußtloser Übernahme fremder Standpunkte, sondern (obwohl über Alternativen frei verfügend) aus eigenem Entschluß der Anforderung unterstellt (und so auch die damit übernommenen Anstrengungen, Risiken etc. in vollem Engagement als seine eigene Sache mittragen kann). – Aus Schmidts gesamtem Buch, insbesondere aber den Seiten 262 ff., geht hervor, daß er den hier vertretenen Auffassungen sehr nahe steht. Indessen, wenn er z. B. schreibt, in »diesem Medium (als Mikro- und Makromilieu) müssen wir uns umsehen, es analysieren und verändern«, denn »in ihm vollzieht sich die Persönlichkeitsentwicklung derjenigen, die wir untersuchen, beraten, behandeln und trainieren« (S. 262), so muß er sich (mindestens unter unseren gesellschaftlichen Verhältnissen) die Frage gefallen lassen: Wer sind hier »wir«, und wer sind »diejenigen«? Und wieweit sind hier, indem davon die Rede ist, daß »wir« die Lebensbedingungen der Betroffenen verändern müssen, damit »diejenigen« sich entwickeln können, doch wieder die Lebensverhältnisse implizit als von außen gesetzt betrachtet? Wieweit ist so Persönlichkeitsentwicklung nicht zentral als aktive gemeinsame Schaffung der eigenen gesellschaftlichen Entwicklungsbedingungen, sondern als Entwicklung »unter« Bedingungen gefaßt, die *andere* für mich herstellen, die also *mich* nichts angehen, für die *ich* nicht mitverantwortlich bin? – Die adäquate begriffliche und praktische Erschließung des Verhältnisses von subjektiver Eigenaktivität und gesellschaftlicher Anforderung ist sicherlich ein schwieriges Problemfeld, zu dessen Klärung wir alle noch beträchtliche Anstrengungen aufbringen müssen. Aber vielleicht gehört dazu auch die Entwicklung einer wissenschaftlichen Sprache, in der das Gewollte nicht durch die Art der Formulierung immer wieder zurückgenommen wird.